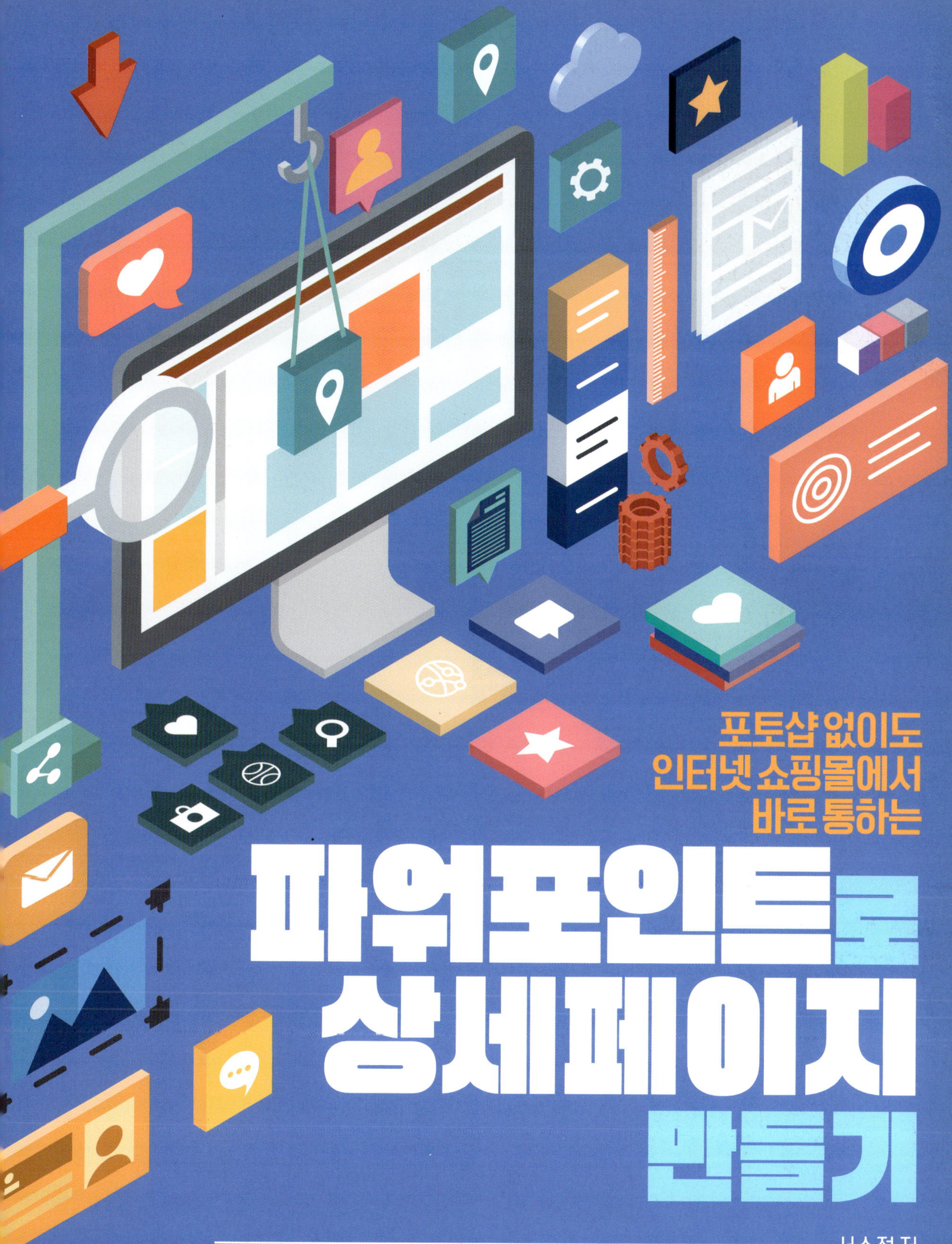

포토샵 없이도
인터넷 쇼핑몰에서
바로 통하는

파워포인트로 상세페이지 만들기

서수정 저

www.digitalbooks.co.kr

| 만든 사람들 |
기획 IT·CG기획부 | 진행 박예지 | 집필 서수정 | 편집·표지디자인 D.J.I books design studio

| 책 내용 문의 |
도서 내용에 대해 궁금한 사항이 있으시면
저자의 홈페이지나 디지털북스 홈페이지의 게시판을 통해서 해결하실 수 있습니다.
디지털북스 홈페이지 www.digitalbooks.co.kr
디지털북스 페이스북 www.facebook.com/ithinkbook
디지털북스 카페 cafe.naver.com/digitalbooks1999
디지털북스 이메일 digital@digitalbooks.co.kr
저자 이메일 kukujj@naver.com

| 각종 문의 |
영업관련 hi@digitalbooks.co.kr
기획관련 digital@digitalbooks.co.kr
전화번호 (02) 447-3157~8

※ 잘못된 책은 구입하신 서점에서 교환해 드립니다.
※ 이 책의 일부 혹은 전체 내용에 대한 무단 복사, 복제, 전재는 저작권법에 저촉됩니다.

머릿말

디자인교과서를 운영하면서 많은 상세페이지들을 제작하였습니다.

아주 작은 개인 업체부터 대기업 상세페이지까지 다양한 업종의 상세페이지를 제작하면서
각 업종과 회사의 규모별로 필요한 상세페이지가 다르다는 걸 느꼈습니다.

작은 회사일수록 상품의 품질과 신뢰를 바탕으로 친근하게 상세페이지가 제작되어야 하고
(판매가 늘면서 규모가 커진다면 그때는 대기업과 같은 디자인에 초점을 둬야합니다.)
대기업일수록 이미지적으로 고급스럽게 제작해야합니다.

대부분의 업체에서는 고급인력이 제작하기 때문에 작은 업체나 대기업이나
비슷한 가격의 제작가를 요구하게 되었습니다.

그럴 때마다 안타까운 생각이 들었습니다.
'꼭 이렇게 많은 돈을 드려서 상세페이지를 제작해야할까? 소상공인들에게 이런 고가의 상세페이지가
꼭 필요할까?'
그렇다고 포토샵을 배워서 제작을 하기에는 그 포토샵을 배우는 시간을 기획과 마케팅 그리고 보다 좋
은 상품을 만드는데 투자하는 것이 바람직한 선택인 것 또한 분명합니다.

그래서 '누구나 상세페이지를 예쁘게 보기 편하게 만들 방법이 없을까?' 하는 생각을 하게 되었습니다.
저희 고객들을 보면 소상공인들도 컴퓨터를 쓸 수 있다고 하면 파워포인트까지는 대부분 다룰 수 있다
는 길 알있습니다.

'파워포인트를 이미지형식으로 저장할 수 있는 것을 이용해보면 어떨까?' 하고 생각했습니다.

파워포인트로 상세페이지 제작하는 방법에 대해 연구하면서 정말 많은 방법으로 표현할 수 있다는 사
실을 알게 되었습니다.

본 책에서는 그러한 방법들을 설명하고 있습니다. 또한, 책에서 표현된 방법 이외의 다른 방법들을 시
도해보는 것도 좋을 것이라 생각합니다.

이 책이 시작하는 창업자들, 소상공인들에게 많은 도움이 되기를 기대합니다.

Contents

PART 01   파워포인트로 상세페이지 시작하기

Chapter 01   상세페이지란?   10
Chapter 02   상세페이지 기획하기   11
Chapter 03   파워포인트로 만드는 상세페이지 특징   13
Chapter 04   상세페이지 제작에 필요한 파워포인트 핵심기능   14
    Section 01   파워포인트 다운로드 및 설치하기   14
    Section 02   새로운 작업 창 생성 및 저장하기   16
    Section 03   텍스트 입력 및 편집하기   25
    Section 04   도형 삽입 및 편집하기   32
    Section 05   이미지 삽입 및 편집하기   46
    Section 06   텍스트 및 이미지 정렬하기   60
    Section 07   끊기는 이미지 연결하기   71
    Section 08   상세페이지 등록을 위한 이미지 저장하기   75
    Section 09   이미지 색상 보정하기   78

PART 02   파워포인트로 상세페이지 제작하기

Chapter 01   마케팅 전략이 담긴 상세페이지 만들기   88
    Section 01   시선을 사로잡는 상세페이지 최상단 만들기   88
    Section 02   상품의 핵심포인트를 디자인적으로 전달하기   92
    Section 03   상품의 특징을 구체적으로 나열하여 자세히 설명하기   94
    Section 04   가장 특징적인 면과 강조하고 싶은 부분 표현하기   100
Chapter 02   오픈마켓, 소셜마켓을 위한 상세페이지 만들기   104
    Section 01   임팩트 있는 인트로 만들기   104
    Section 02   깔끔하고 보기 편한 상품 선택하기   117
    Section 03   상품별 알찬 설명하기   124
Chapter 03   상품군별 상세페이지 만들기   134
    Section 01   인테리어, 소품   135
    Section 02   패션, 잡화, 화장품   154
    Section 03   식품, 농수산물   178
    Section 04   유아동, 애견, 스포츠   229

PART 03 파워포인트로 기타페이지 간단히 제작하기

Chapter 01 파워포인트로 썸네일 만들기 262
   Section 01   기본형 썸네일 만들기 263
   Section 02   디자인 가미형 썸네일 만들기 264
   Section 03   주목형 썸네일 만들기 265
   Section 04   공격형 썸네일 만들기 267

Chapter 02 파워포인트로 이벤트 페이지 만들기 270
   Section 01   회원가입 이벤트 만들기 271
   Section 02   구매 후기 이벤트 만들기 275
   Section 03   카카오톡 이벤트 만들기 280

Chapter 03 파워포인트로 배너 만들기 287
   Section 01   큰 크기 배너 만들기 288
   Section 02   중간 크기 배너 만들기 291
   Section 03   작은 크기 배너 만들기 294

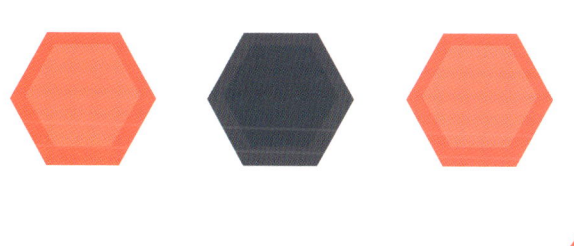

PART 1

CHAPTER 01 상세페이지란?

'상세페이지'라는 단어는 업계에서는 정말 많이 쓰는 단어인데도 불구하고 그 의미가 백과사전에는 나와 있지 않습니다.

상세페이지는 한마디로 상품을 판매하기 위해 필요한 상세한 내용을 기술한 페이지입니다.

인터넷 쇼핑에서 각 판매 사이트에 들어갔을 때 이 상품이 어떤 상품인지 기술해놓은 페이지를 말합니다.

매장에 가서 직접 살 수 있다면 직접 보고, 만져 보고, 입어보고, 판매하는 분께도 이것저것 물어볼 수도 있지만 온라인상에서는 그러한 것들이 불가능하기 때문에 그런 궁금증을 해결해주고 구매 욕구를 높여주는 것이 바로 상세페이지입니다.

상세페이지를 오프라인에 비유하자면 상품을 안내하는 판매자 또는 홈쇼핑 쇼 호스트와도 같습니다. 상품의 특징, 소재, 무게, 크기, 느낌, 색상 등을 소비자가 알기 쉽게 알려주고 상품에 대한 신뢰를 심어줍니다.

이러한 상세페이지는 고객이 이해하기 쉽고 편하게 만드는 것이 가장 중요하며 이에 보기좋은 표현방법을 쓴다면 더욱 좋습니다.

상세페이지 기획하기

상세페이지 제작에 있어서 가장 기본적이고 중요한 것이 바로 기획입니다.
상품의 특장점이 체계적으로 정리되지 않았다면, 화려한 그래픽은 무의미합니다.
기획과 디자인이 조화를 이루었을 때 상세페이지 효과를 제대로 볼 수가 있습니다.

1단계 : 상세페이지 기획 - 자료수집

상세페이지 기획의 가장 기초적인 단계는 바로 자료수집입니다.

가장 먼저 판매할 상품과 같은 상품이나 유사한 상품들의 기존 상세페이지를 수집해보세요.
특히 판매가 잘 되고 있는 상품(N사이트 쇼핑, 오픈마켓, 대형종합 몰 등에서 상위 랭킹에 등록되어 있는 상품)들의 자료를 많이 수집하세요.
내용의 구성은 어떻게 되어있고 어느 포인트에서 고객들의 마음을 사로잡을지에 대한 연구가 가장 기본입니다.

2단계 : 상세페이지 기획 - 문서의 영역 설계

두서없는 상세페이지는 NO! 흐름이 있는 상세페이지 기획이 필요합니다.

기초적으로 상세페이지에 전달할 내용의 영역을 생각하세요.

일반적으로 가장 적합한 상세페이지 흐름 방식은
❶ 관심유도영역 - 고객이 "어? 이거 뭐지?"하고 관심을 가질만한 내용을 담는 영역입니다. 이때 이탈이 없어야 아래 내용까지 시선을 이동하게 됩니다.
❷ 확신영역 - 제품의 우수함을 보여줌으로써 구매의 확신을 갖도록 합니다.
❸ 상세정보영역 - 고객이 최종으로 구매를 결정하기 전에 궁금증을 해소할 수 있는 상세 정보를 제공합니다.
관심유도 영역에서는 상품의 가장 특징적인 면들을 한눈에 파악할 수 있도록 내용구성 및 디자인되어야 합니다.
확신영역에서는 특징적인 면들을 좀 더 상세히 구성해주세요. 상품후기나 인증서 등을 보여 줄 수 있다면 구매를 결정하는데 더욱 유리해집니다.

마지막으로 상세정보영역은 되도록 보기 편하게 만들어 주는 것이 좋습니다. 또한, 디자인적인 것을 너무 강조하거나 새로운 방법으로 구성하는 경우 오히려 고객에게 내용 전달이 되지 않고 긴장감이 지속되어 구매를 포기하게 할 수도 있으니 이 점을 유의 하는 것이 좋습니다.

3단계 : 상세페이지 기획 – 구체적인 문구 작성

상세페이지에 바로 사용할 문구들을 영역별로 작성합니다.

문구를 작성할 때는 각 영역별로 주제가 되는 타이틀 문구와 서브 타이틀 그리고 상세문구로 작성하는 것이 좋습니다.

고객들은 긴 글을 다 읽지 않고 타이틀을 먼저 보게 되고 나머지 문구는 추가적으로 정보를 보고싶을 때 활용하기 때문에 반드시 눈에 띄는 타이틀이 있어야 합니다.

문구는 미괄식으로 작성되어서는 안 되고 두괄식으로 작성되어야 합니다.

예를 들어 사과를 판매하는 경우 "이 사과는 달콤하고 신선합니다."라는 미괄식 문구보다는 "달콤하고 신선한 우리사과"의 두괄식 구조가 정보 전달에 더욱 좋으며 지루함을 덜 느끼게 도와줍니다.

파워포인트로 만드는 상세페이지 특징

인터넷 판매에 있어서 가장 중요한 요소는 마케팅, 홍보, 브랜딩, 상세페이지 등을 들 수 있습니다. 이 중에서도 온라인에서 판매를 하고자 한다면 상세페이지는 기본적으로 갖춰야합니다.
많이 알려진 상품이라면 해당 상품에 대한 정보를 고객들이 이미 가지고 있으므로 가격만으로도 경쟁력을 갖출 수 있겠지만 그런 경우가 아니라면 상세페이지 없이 상품을 판다는 건 무모하지 않을 수 없습니다. 많은 돈을 투자하여 홍보를 하더라도 마지막 상세페이지에서 고객의 마음을 사로잡지 못하면 홍보비만 소진되고 맙니다. 특히 작은 업체일수록 상세페이지가 판매에 매우 큰 영향을 주게 됩니다. 고객이 해당 업체에 대해 알수 있는 방법이 그 한 페이지뿐이기 때문입니다.

상세페이지 제작비용은 생각했던 거 보다 매우 고가입니다. 가격이 매우 저렴한 업체부터 매우 비싼 업체까지 다양하게 있지만, 고퀄리티를 보장받기 힘든 경우가 많으며, 저렴한 비용의 상세페이지라 하더라도 상품수가 많아지거나 하게 되면 그 가격은 만만치 않습니다. 그렇다고 상세페이지를 위해 포토샵을 새로 배워서 하기에는 시간적인 낭비를 무시할 수 없습니다. 그 시간을 사진 촬영이나 마케팅에 투자하는 것이 상대적으로 더 현명하다고 생각합니다.

인터넷에서 쉽게 찾을 수 있는 상세페이지 제작 툴은 생각보다 사용이 쉽지만은 않습니다. 그 툴에 익숙해질 시간이라면 포토샵에 익숙해질 수도 있는 시간이라고 생각됩니다. 특히, 현 시점에서 상세페이지 제작 툴은 사용이 자유롭지 못해서 사실상 파워포인트에서 표현하는 정도와 매우 유사합니다.

특히 근래의 디자인들은 화려한 표현보다는 심플하고 정확한 정보전달에 초점을 두고 있기 때문에 파워포인트로도 어느 정도의 퀄리티를 기대할 수 있습니다. 또한, 모바일에서도 정보전달이 잘 될 수 있는 디자인을 만드는데는 파워포인트로 디자인 하는 것이 꽤 유리할 수 있습니다.

이러한 이유로 저자는 컴퓨터에 익숙한 사람이라면 누구나 쉽게 사용할 수 있는 파워포인트를 도구로 상세페이지를 만드는 것을 연구하였습니다. 초기 창업자들이 부담 없이 상세페이지를 만드는 것에 도움이 되길 바라는 마음으로 이 책을 쓰게 됐습니다.

상세페이지 제작에 필요한 파워포인트 핵심기능

SECTION 1. 파워포인트 다운로드 및 설치하기

파워포인트 2016 기본 화면의 구성과 메뉴 및 툴의 위치를 파악함으로써 보다 빠르고 효율적인 작업을 할 수 있습니다. 상세페이지 제작의 첫걸음을 내딛어 볼까요?

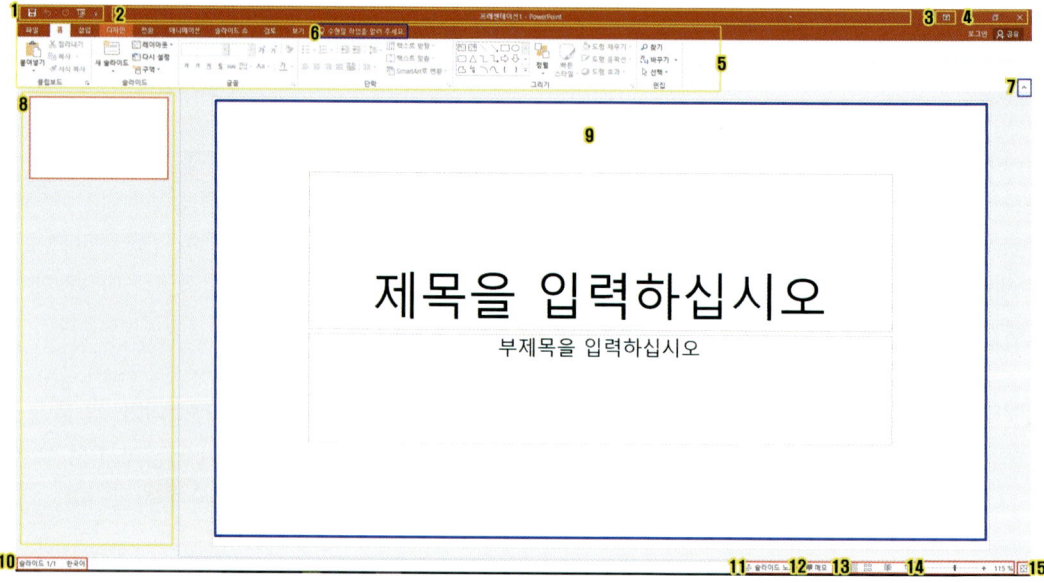

❶ **빠른 실행 도구 모음** : 자주 사용하는 명령을 등록하여 사용시 클릭 한번으로 불필요한 작업을 줄일 수 있습니다. 맨 오른쪽 아래 방향 화살표를 누르고 원하는 명령을 추가할 수 있습니다.

❷ **제목 표시줄** : 현재 내가 작업중인 파일의 제목이 표시됩니다.

❸ **리본 메뉴 표시 옵션** : 리본 메뉴의 자동 숨기기, 탭 표시, 탭 및 명령 표시를 설정할 수 있습니다.

❹ **창 조절 버튼** : 작업중인 창의 크기를 최소화, 최대화하거나 닫을 수 있습니다.

❺ **리본 메뉴** : 파워포인트 작업 시 필요한 각종 명령들을 모아놓은 곳으로 그룹별로 필요한 기능들을 배치해놓았습니다. 파일, 홈, 삽입, 디자인, 전환, 애니메이션, 슬라이드 쇼, 검토, 보기로 구성되어 있으며 문서 작업시 가장 중요하고 많이 사용하게되는 메뉴입니다.

❻ **텔미(tell me)** : 수행하고자 하는 작업내용을 창에 입력하면 찾기 어려운 기능이나 필요한 툴을 빠르게 찾아서 사용할 수 있습니다.

❼ **리본 메뉴 축소 버튼** : 화면을 보다 넓게 보면서 작업하기 위해 리본 메뉴를 축소시키는 기능입니다. 메뉴 탭(파일, 홈, 삽입, 디자인 등)을 임의로 더블클릭하면 리본 메뉴를 축소 또는 보이게 할 수 있습니다.

❽ **슬라이드 미리보기** : 슬라이드의 축소 보기 창으로 한번에 여러 슬라이드의 미리 보기가 가능하고 삭제 및 복사, 이동 등이 가능합니다.

❾ **슬라이드 작업 창** : 여러 메뉴의 기능들을 이용하여 실제로 파워포인트 작업을 하는 메인 창입니다.

❿ **상태표시줄** : 현재 작업 중인 슬라이드의 번호 및 언어종류가 표시됩니다.

⓫ **슬라이드 노트** : 슬라이드 하단에 관련 정보나 발표내용을 입력함으로써 발표를 할 때 참고하거나 따로 인쇄할 수 있습니다.

⓬ **메모** : 해당 슬라이드에 대한 의견 및 메모를 남길 수 있어 여러명의 의견을 공유하기 좋습니다.

⓭ **화면보기** : 슬라이드의 보기방식(기본 보기, 여러슬라이드, 읽기용, 슬라이드쇼)을 변경할 수 있습니다.

⓮ **확대축소 조절 창** : 마우스로 조절 바를 움직임으로써 슬라이드 작업 창의 크기를 확대 또는 축소 할 수 있습니다.

⓯ **현재 창 크기에 맞춤 버튼** : 슬라이드를 현재 창 크기에 맞춥니다.

SECTION 2. 새로운 작업 창 생성 및 저장하기

1. 새로운 작업 창 생성하기

파워포인트 2016 아이콘을 클릭하여 실행하면 최근에 작업한 파일목록과 서식파일들이 표시됩니다.

이미 제작된 서식을 이용하면 보다 빠르고 임팩트 있는 프레젠테이션을 만들 수 있습니다.

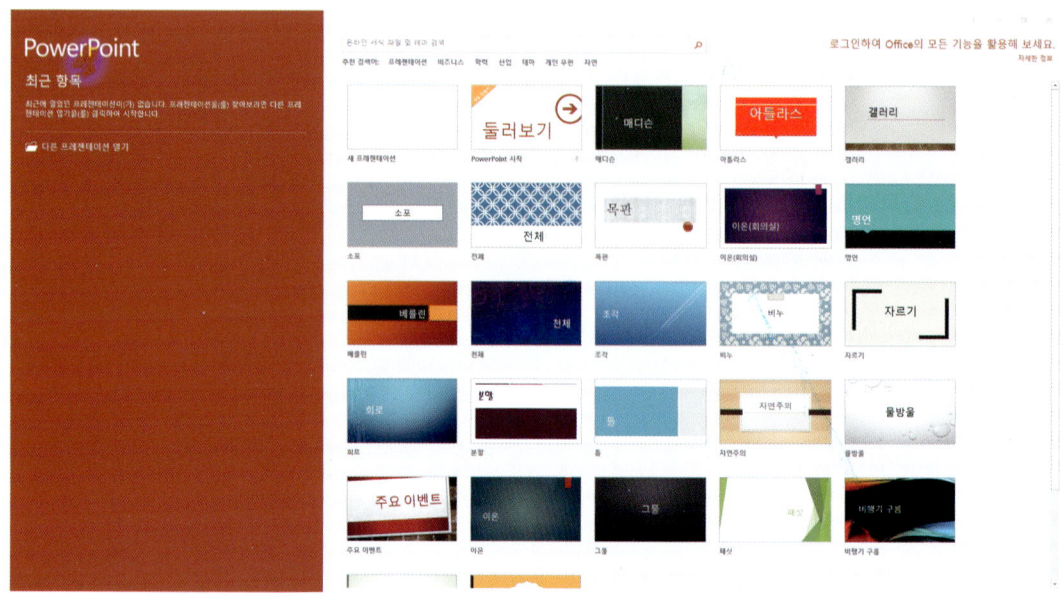

❶ 상세페이지 제작을 위한 작업은 기본적으로 새 프레젠테이션 서식을 이용하므로 '**새 프레젠테이션**'을 클릭하여 작업 창을 생성합니다.

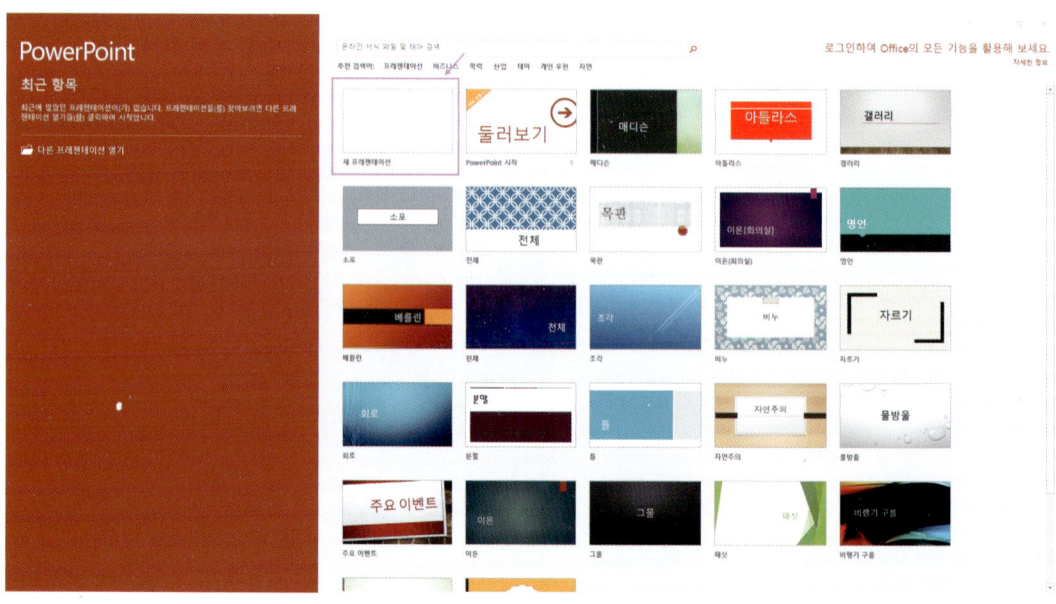

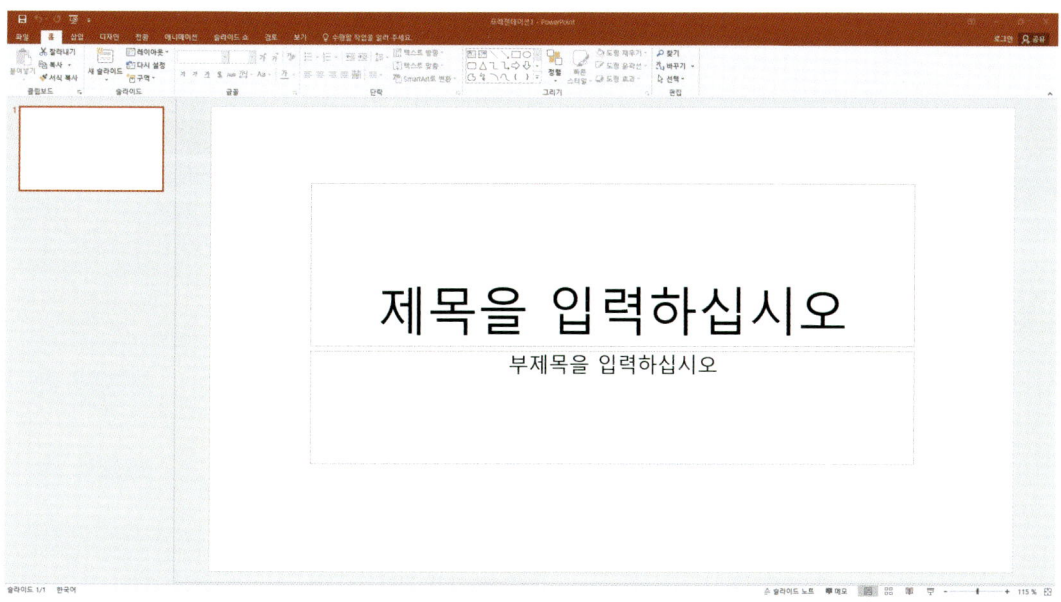

2. 새 슬라이드 생성하기

여러 장의 슬라이드를 제작하기 위해서는 새 슬라이드를 생성하거나 복사를 해야합니다. 슬라이드를 생성하기 위해서는 ❶ 탭 메뉴 중 '**홈**'에 있는 '**새 슬라이드**' 아래 방향 화살표를 클릭 후 원하는 레이아웃의 새 슬라이드를 선택하면 '**슬라이드 미리보기 창**'에 새 슬라이드가 생성됩니다.

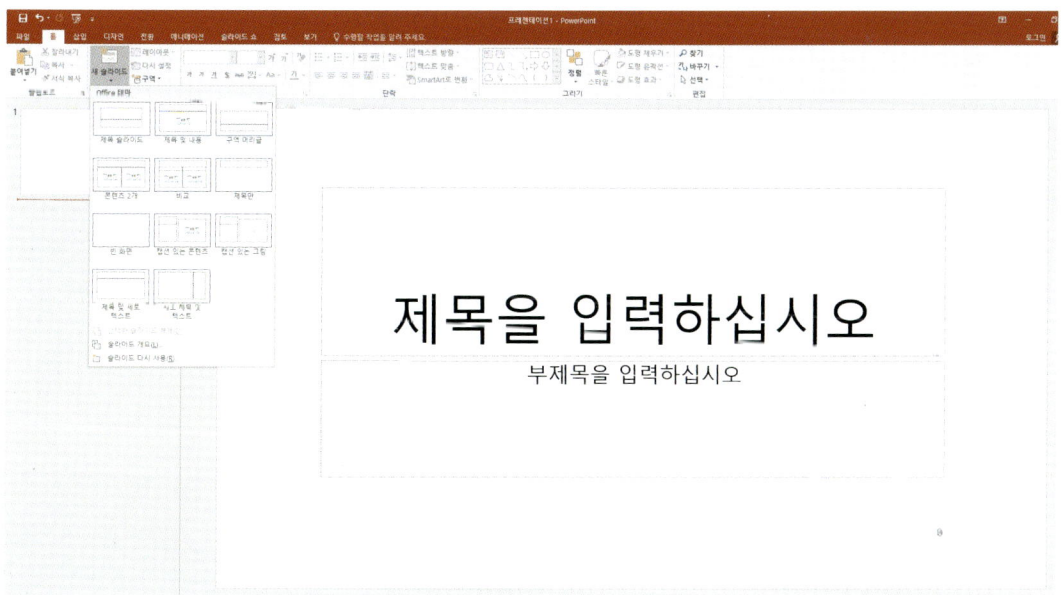

❷ 보다 간편하게 슬라이드를 추가하기 위해서는 '**슬라이드 미리보기**' 창에서 마우스 오른쪽 클릭 후 '**새 슬라이드**'를 선택하면 됩니다.

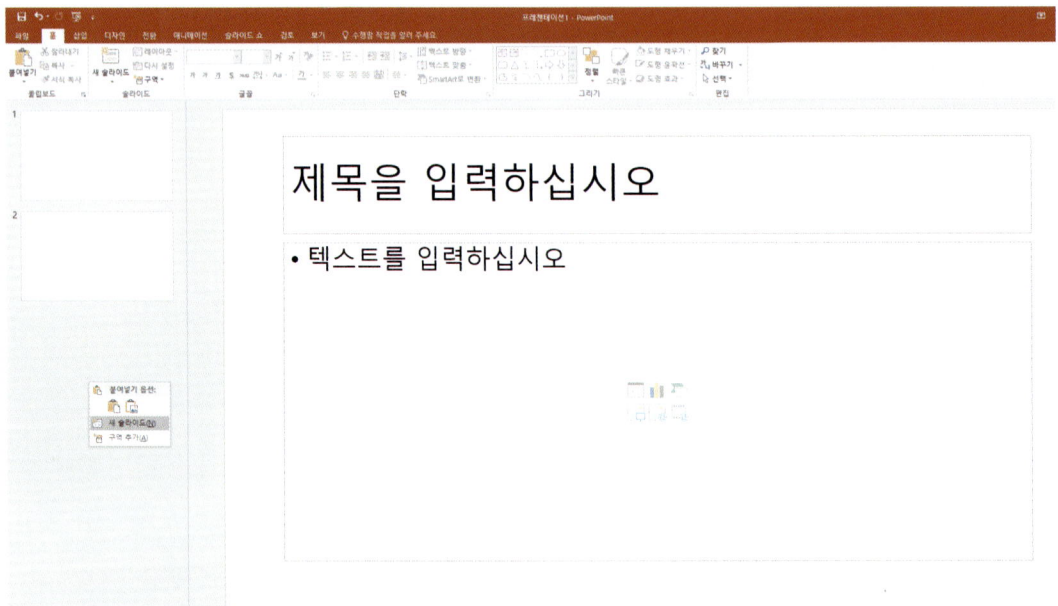

3. 슬라이드 방향 바꾸기/사이즈 설정하기

기본적으로 슬라이드는 가로방향으로 설정되어 있습니다. 하지만 상세페이지 제작을 위해서는 슬라이드를 세로방향으로 쓰는 것이 적합하므로 슬라이드의 방향을 바꾸는 방법을 알아보도록 하겠습니다.

❶ 상단 메뉴 탭 중 '**디자인**' 탭으로 들어갑니다.

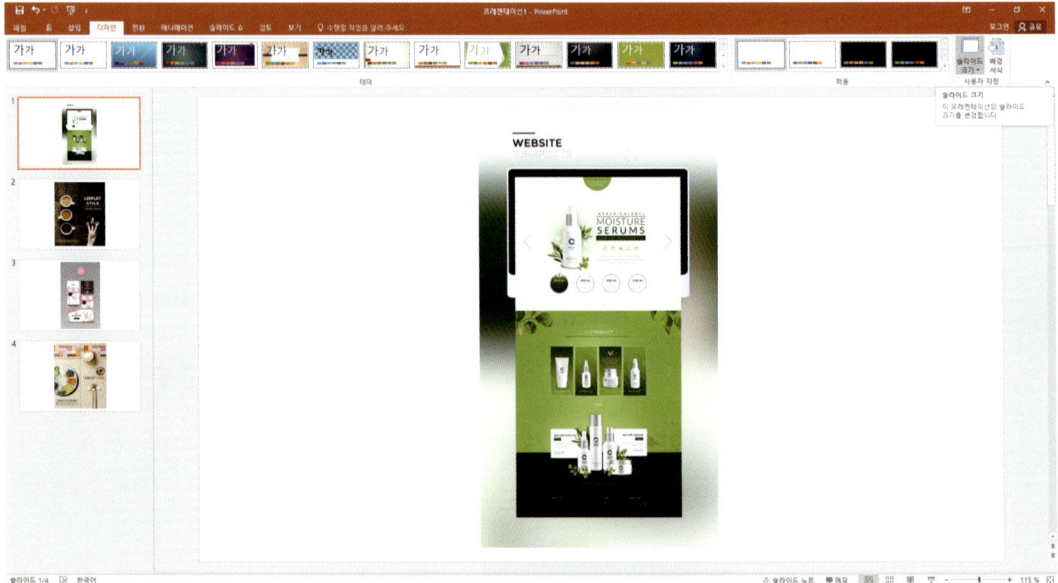

❷ '**디자인**' 탭 오른쪽 끝에 '**슬라이드 크기**'를 클릭 후 '**사용자 지정 슬라이드 크기**'로 들어갑니다.

❸ 팝업 창 방향 섹션의 슬라이드 방향을 가로에서 세로로 바꿔 주신 후 너비와 높이를 지정해주세요. 슬라이드 크기는 '**사용자 지정**'으로 설정하여 확인버튼을 누릅니다.

❹ 확인버튼을 누르면 '**최대화**', '**맞춤확인**' 둘 중 선택을 하게 되는데 '**맞춤확인**'를 선택해주세요.

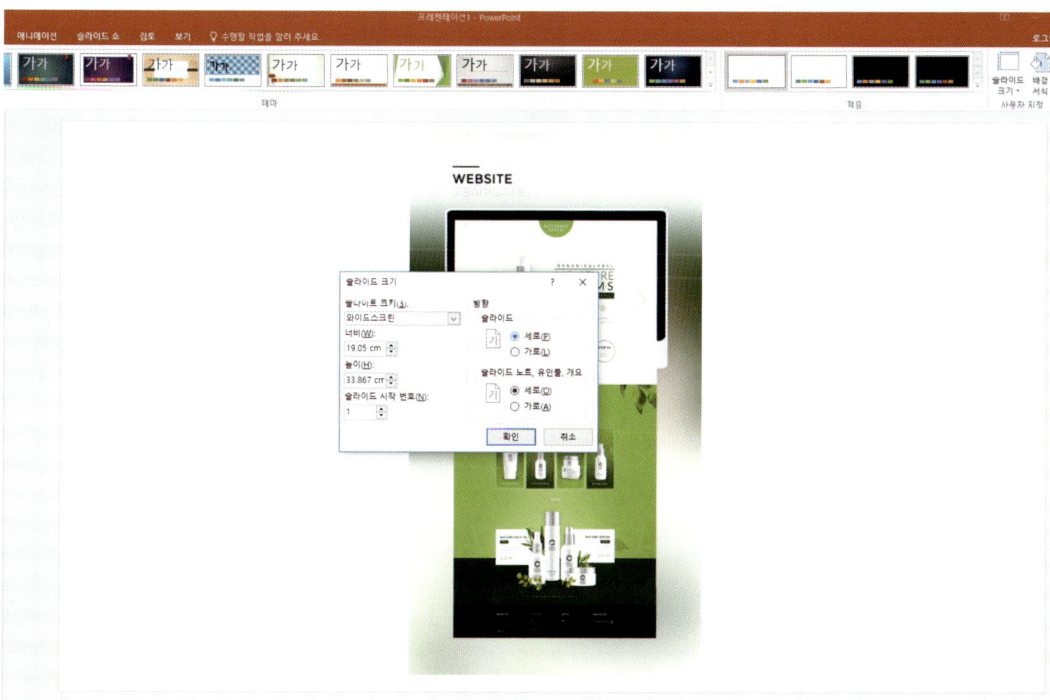

TIP

1. 웹에서 사용되는 px단위
웹에서는 오프라인과 다르게 px단위를 사용하게됩니다. 파워포인트는 사실상 px 단위가 표기되진 않습니다. 하지만 슬라이드 크기에서 너비와 높이에 100px처럼 'px'라고 단위를 붙여 입력하면 cm로 자동변환 됩니다. 단위가 변환된 상태로 사용하면 원하는 px로 저장이 가능합니다.

2. 일반적인 상세페이지 사이즈
상세페이지 사이즈는 지정되어 있지 않습니다. 상품을 등록하실 쇼핑몰의 상세페이지 내 범위에서 작업 하시면 됩니다. 일반적으로 소셜 및 종합쇼핑몰에서 가로 860px를 사용하면 대부분의 사이트에서 등록이 가능합니다. 세로는 원하시는 사이즈로 작업하시면 됩니다.

3. 상세페이지가 아주 긴 경우?
사이즈가 매우 긴 상세페이지의 경우 파워포인트에서는 99.999cm가 세로 최대이기 때문에 슬라이드 하나를 제작하고 다른 슬라이드를 제작하여 따로 저장해 이어붙여 사용합니다.

❺ 작업을 완료하시면 보시는 것처럼 좌측 '**슬라이드 미리보기 창**'의 슬라이드들이 한번에 세로방향으로 전환되게 됩니다.

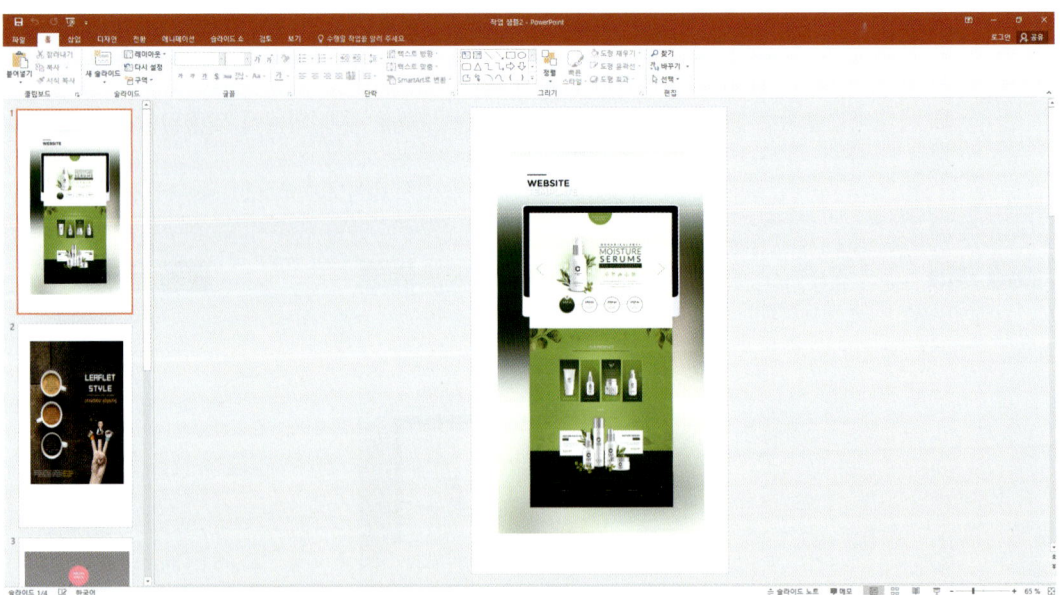

4. 슬라이드 복사, 이동, 삭제

4-1. 슬라이드 복사

❶ 복사를 하고자 하는 슬라이드를 선택 후 메뉴 탭 중 '**홈**'으로 들어가서 맨 왼쪽 클립보드 영역의 '**복사**'를 선택합니다.

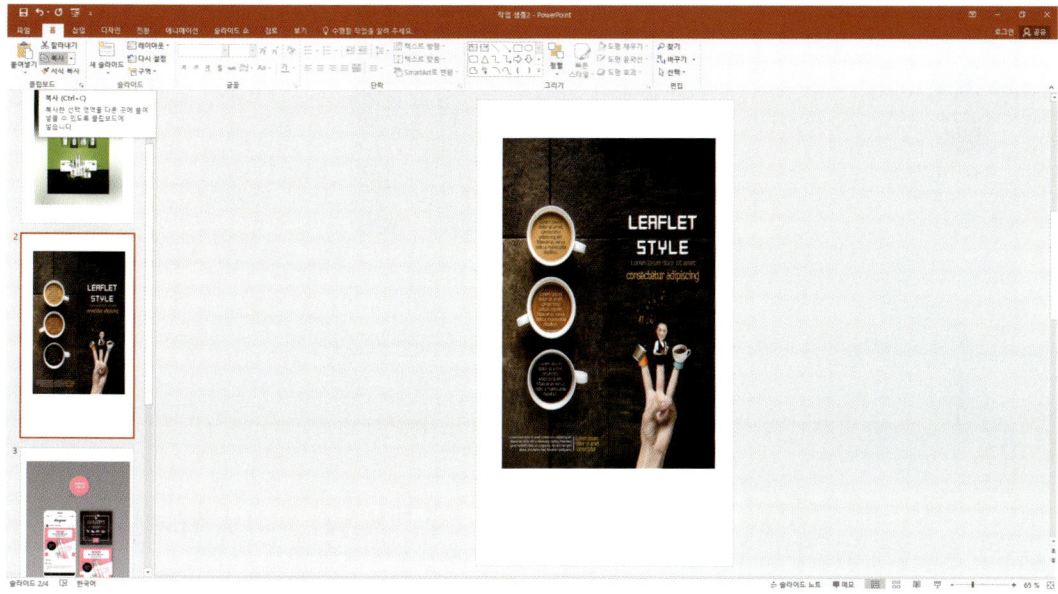

❷ 복사를 한 후 '**슬라이드 미리보기**' 창의 원하는 위치를 클릭 후 클립보드 영역의 '**붙여넣기**' 버튼을 누릅니다. 2번과 3번 슬라이드 사이를 선택하여 붙여넣기를 해보겠습니다.

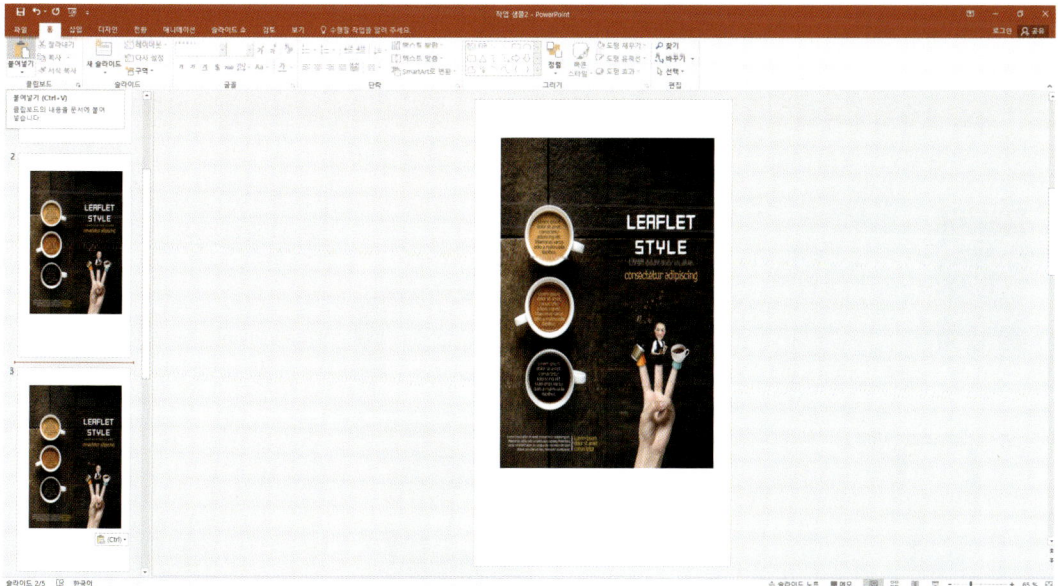

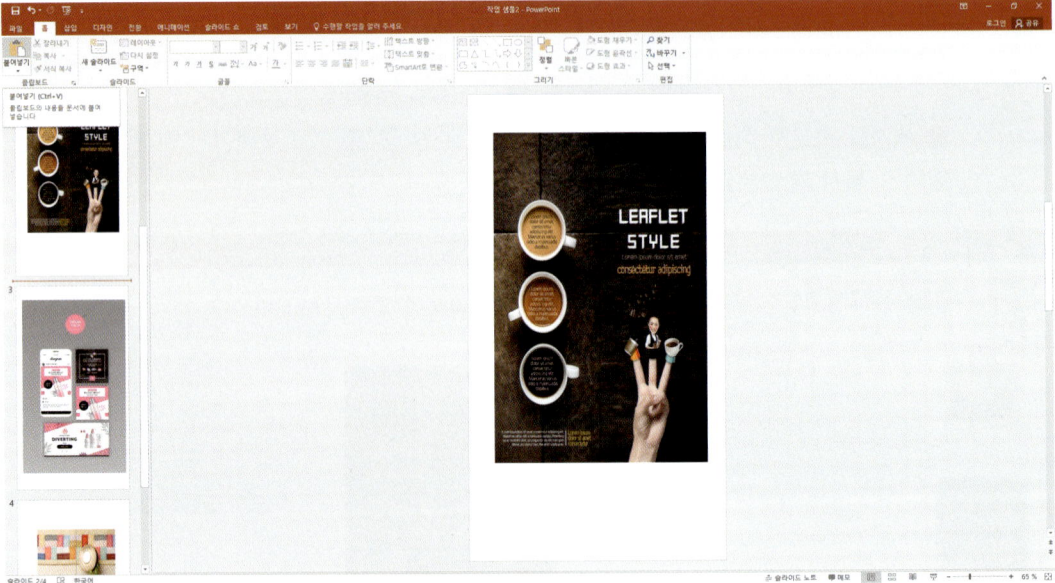

> **TIP**
>
> 빠르게 복사를 하기위해서는 원하는 슬라이드를 선택 후 'CTRL+C'를 한 후 원하는 위치를 클릭, 'CTRL+V'를 클릭하면 여러 단계를 거치지 않고 빠르게 슬라이드를 복사 할 수 있습니다.

4-2. 슬라이드 이동

❶ 슬라이드의 순서를 바꾸거나 이동하고 싶을 때는 원하는 슬라이드를 클릭 후 원하는 위치로 드래그하면 쉽게 위치 이동을 할 수 있습니다. ❷ 1번 슬라이드를 2번과 3번 슬라이드 사이로 이동해보도록 하겠습니다.

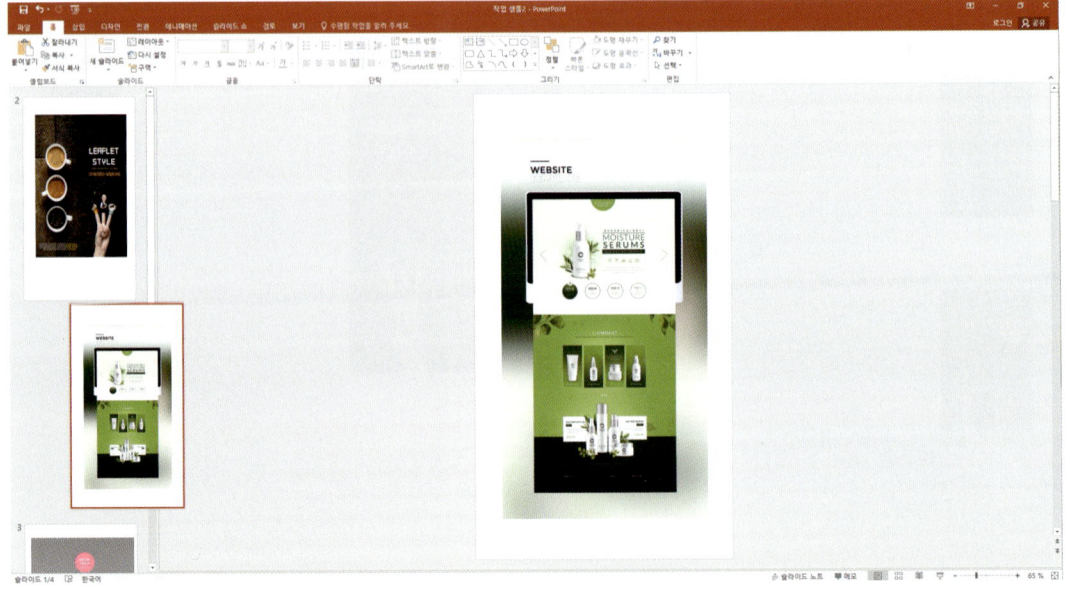

4-3. 슬라이드 삭제

❶ 불필요한 슬라이드를 삭제하고 싶을 때는 삭제하고자 하는 슬라이드를 선택 후 마우스 오른쪽 클릭을 합니다. ❷ 오른쪽 클릭 메뉴 창에서 슬라이드 삭제를 선택합니다.

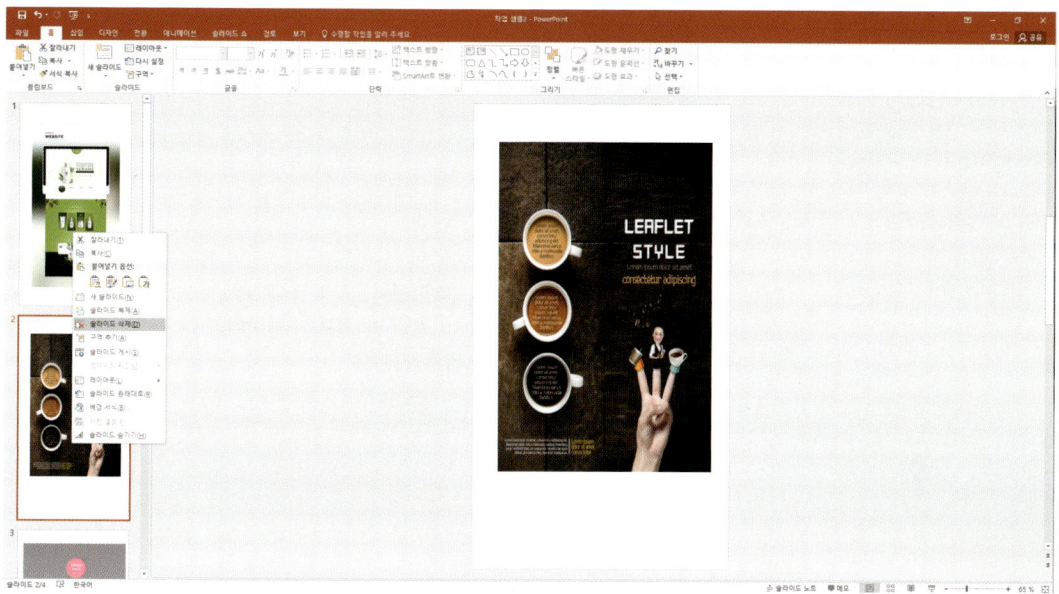

TIP

빠르게 슬라이드를 선택 후 'Delete' 버튼을 누르시면 간편하게 삭제하실 수 있습니다.

5. 작업내용 저장하기

❶ 문서작업 후 저장하기 위해서는 메뉴 탭 중 '**파일**'의 '**저장**' or '**다른 이름으로 저장**'을 누르거나 왼쪽 상단 디스크모양의 아이콘 을 클릭합니다.

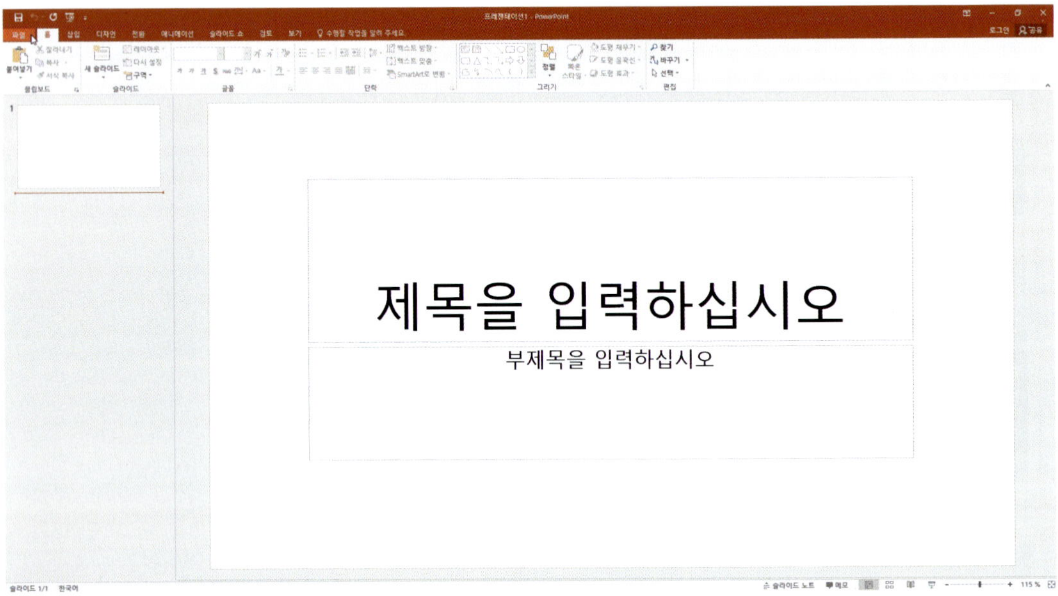

❷ '**이 PC**'를 클릭 후 저장하고자 하는 폴더 위치를 선택하고 파일명을 입력, 저장버튼을 누릅니다.

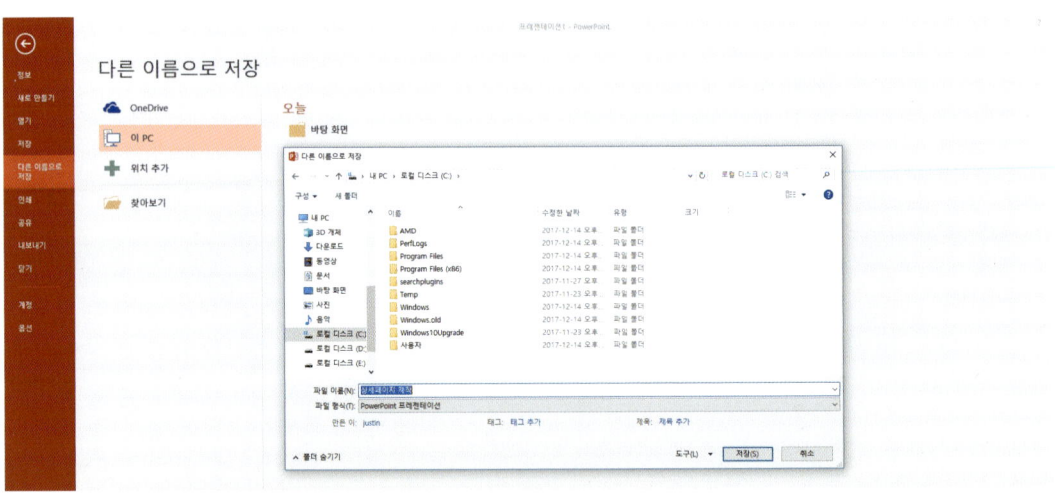

SECTION 3. 텍스트 입력 및 편집하기

프레젠테이션은 정보를 청중에게 정확하고 이해하기 쉽게 전달하는 것이 그 목적입니다. 우리가 제작하려고 하는 상세페이지도 정보의 전달이라는 면에서 프레젠테이션과 그 목적을 같이 하고 있으며 보다 많은 양의 정보를 쉽고 자세하게 전달해야 하는 만큼 텍스트의 중요성은 크다고 할 수 있습니다. 지금부터 함께 텍스트를 입력해보고 편집해보도록 하겠습니다.

1. 텍스트 입력하기
1-1. '제목 개체 틀'에 텍스트 입력하기

❶ 텍스트 입력을 원하는 슬라이드를 왼쪽 '**슬라이드 미리보기**' 창에서 선택하고 그 속의 개체 틀을 클릭 후 텍스트를 입력합니다. ❷ 입력을 완료하면 개체 틀 밖을 클릭하거나 '**Esc**'버튼을 두 번 누릅니다.

❸ 연습으로 2번 슬라이드의 제목 개체 틀에 '**파워포인트로 상세페이지 만들기**'를 입력해 보겠습니다.

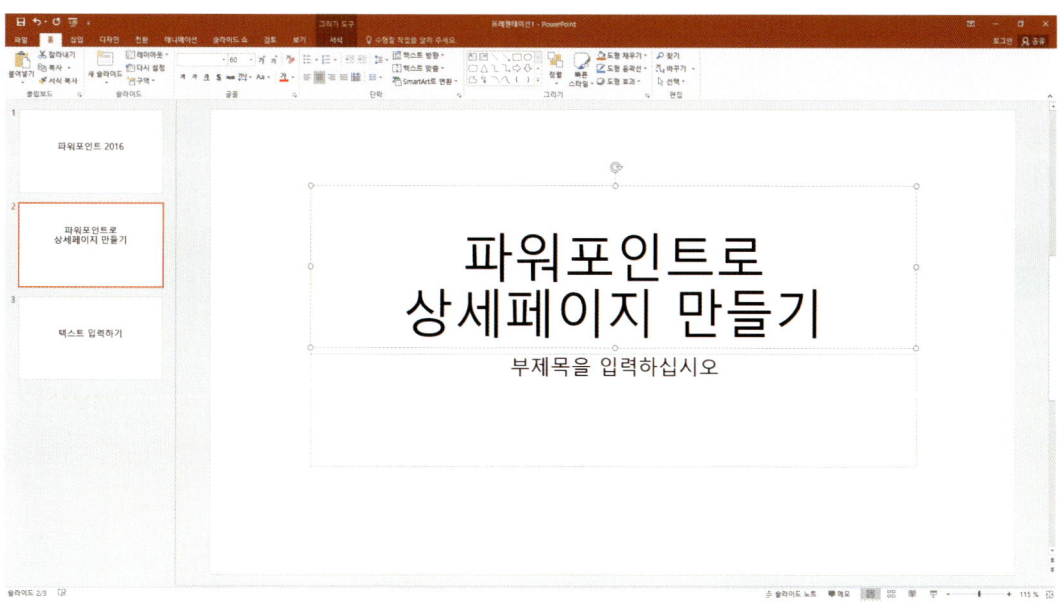

1-2. '글상자'에 텍스트 입력하기

❶ 상단 메뉴 탭 중 '**삽입**' 탭 안의 텍스트영역에서 '**텍스트 상자**' 화살표를 선택합니다.

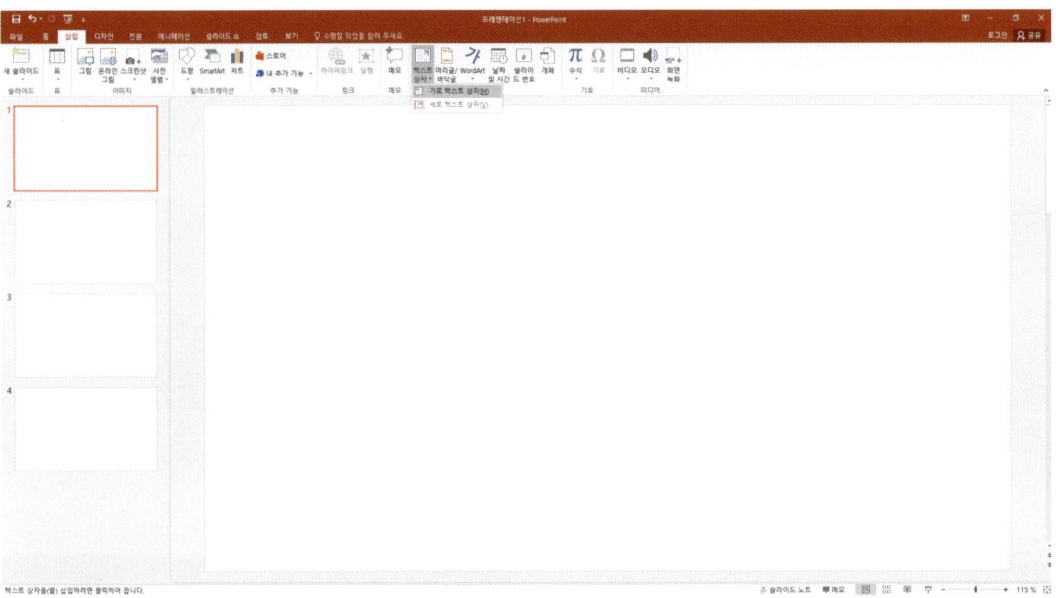

❷ 하위 메뉴 중 '**가로 텍스트 상자**'나 '**세로 텍스트 상자**'를 선택하여 슬라이드의 원하는 위치에 드래그합니다. 새로 생긴 개체 틀 안에 원하는 내용의 텍스트를 입력합니다.

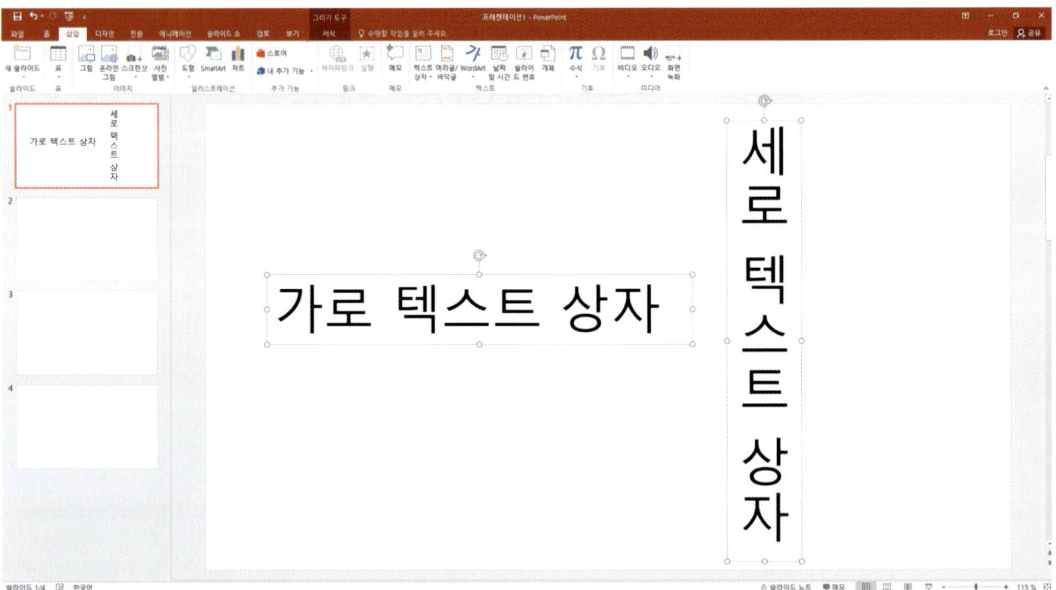

> **TIP**
>
> 빠른 글상자 입력을 위해서는 메뉴 탭 중 '**홈**' 탭 안의 그리기 영역 중 아이콘을 클릭하고 드래그합니다.

1-3. 'WordArt'로 텍스트 입력하기

❶ 기본적인 폰트 외에 텍스트를 좀 더 보기 좋고 임팩트 있게 표현하고 싶을 때 'WordArt'를 사용하시면 전문가 느낌의 텍스트를 표현할 수 있습니다.

❷ 상단 메뉴 탭 중 '**삽입**' 탭의 '**텍스트**' 영역의 '**WordArt**'를 클릭하여 원하는 디자인을 선택합니다.

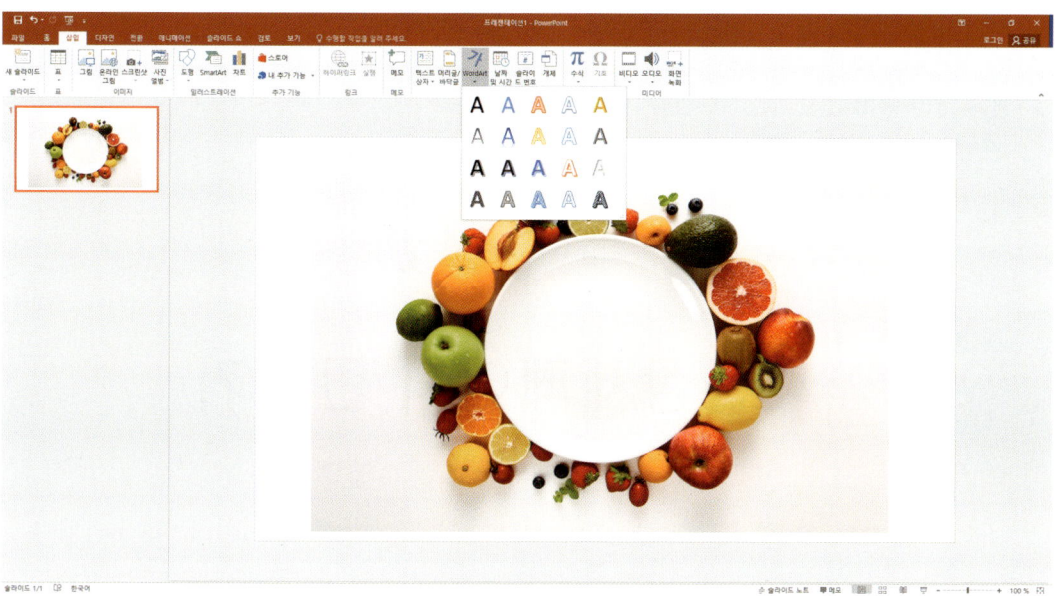

❸ 원하는 디자인을 선택 후 입력하고자 하는 텍스트를 입력합니다. 메뉴 탭 중 '**서식**' 탭의 '**WordArt 스타일**' 영역 안에 있는 '**텍스트 채우기**', '**텍스트 윤곽선**', '**텍스트 효과**' 기능을 이용하여 텍스트 색상 및 윤곽선을 변경하거나 그림자, 입체효과 등의 특수효과를 표현할 수 있습니다.

2. 글꼴 변경하기

❶ 글꼴을 변경하기 위해서는 원하는 개체 틀을 선택한 후 메뉴 탭 중 '**홈**' 탭 안의 '**글꼴**' 영역으로 갑니다.

글꼴을 모아놓은 상자 화살표를 클릭 후 원하는 폰트를 선택합니다. ❷ 마우스포인터로 글꼴을 이동하면 개체 틀 안의 글꼴이 폰트에 따라 변하는 것을 확인할 수 있습니다.

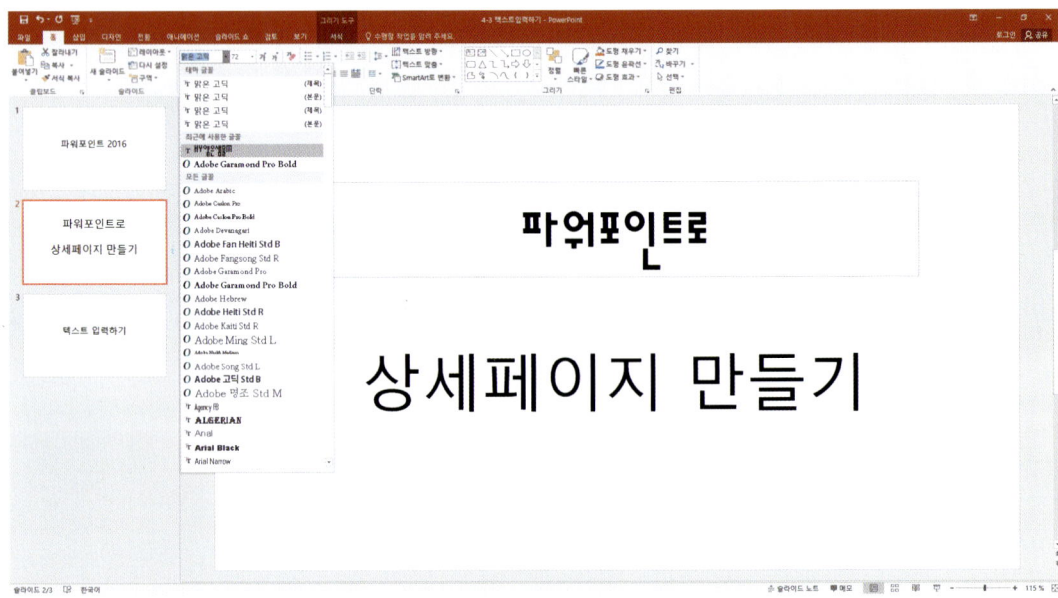

❸ 부분적으로 글꼴을 변경하고자 할 때는 원하는 부분만 드래그한 후 글꼴을 변경합니다.

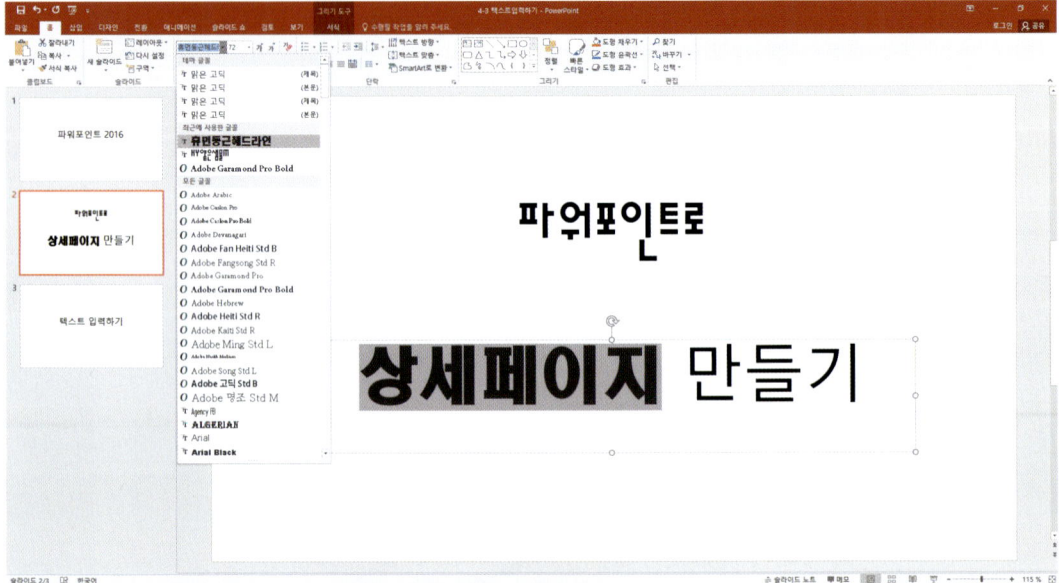

TIP

기본 폰트 외에 새로운 폰트를 사용하기 위해서는 유료 폰트를 구입하거나 무료 폰트를 다운받아 사용하시면 됩니다. 폰트를 컴퓨터에 설치하여 사용하기 위해서는 다운받은 폰트를 더블클릭한 후 팝업 창 상단의 '**설치**'를 클릭하시면 됩니다.

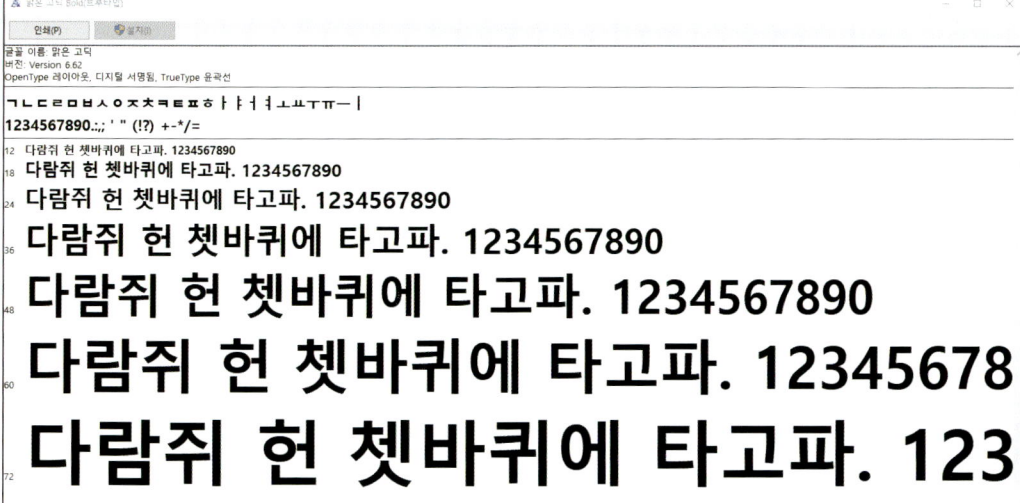

폰트 설치의 또 다른 방법으로는 다운받은 폰트를 '시작 ▶ 제어판 ▶ 모양 및 개인설정 ▶ 글꼴'로 이동하여 글꼴 폴더 안으로 복사 또는 이동합니다.

3. 글꼴 크기 변경하기

❶ 글꼴 크기를 변경하기 위해서는 먼저 개체 틀을 클릭하거나 원하는 텍스트를 드래그합니다. ❷ 메뉴 탭 중 '**홈**' 탭의 '**글꼴**' 영역의 글꼴 크기 숫자를 변경합니다.

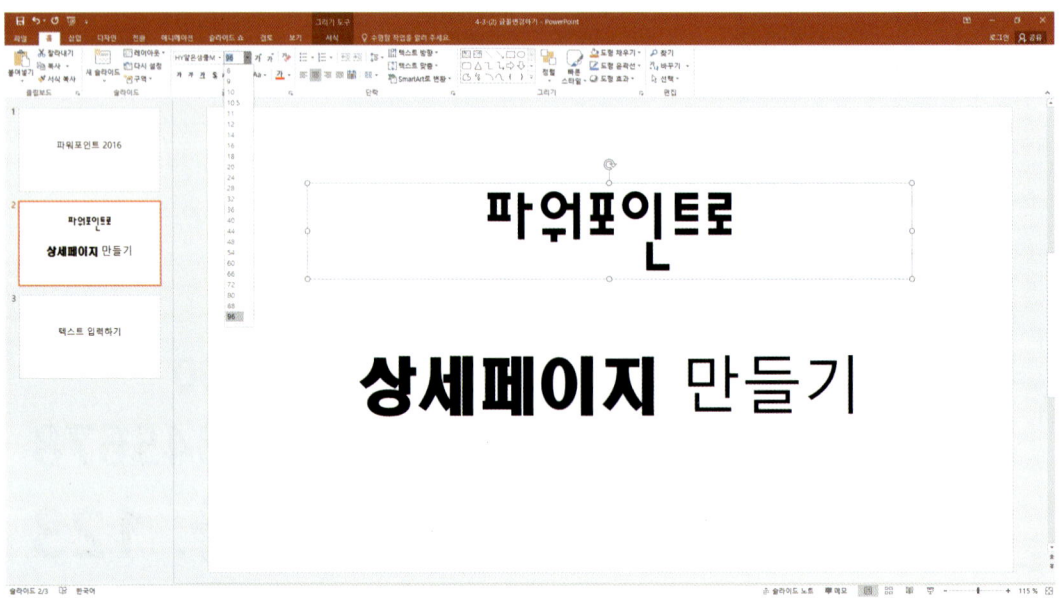

TIP

시간과 불필요한 동작을 줄이기 위해 단축키를 이용하여 글꼴 크기를 변경할 수도 있습니다. 원하는 텍스트를 드래그한 후 'CTRL' 버튼을 누른 상태에서 '[' 또는 ']' 버튼으로 글꼴 크기를 작게 또는 크게 할 수 있습니다.
- 글꼴 크게 하기 : 'CTRL +]'
- 글꼴 작게 하기 : 'CTRL + ['

4. 글꼴 색상 변경하기

❶ 슬라이드 2번의 '**상세페이지**' 텍스트 색상을 바꿔보도록 하겠습니다. '**상세페이지**' 텍스트를 드래그한 후 메뉴 탭 중 '**홈**' 탭의 '**글꼴**' 영역의 화살표 버튼을 누릅니다. 색상 목록 중 빨강색을 선택하면 '**상세페이지**' 텍스트 색상이 검정색에서 빨강색으로 변경됩니다.

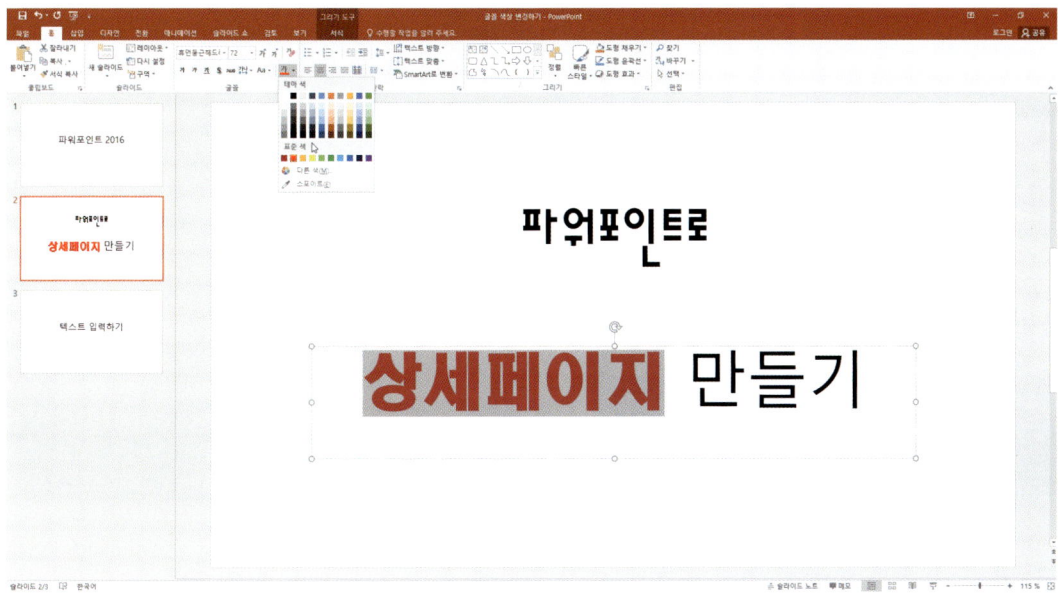

❷ 색상 목록에 있는 색 외에 사용자가 임의로 지정한 색을 다시 사용하고 싶을 때는 '**스포이트**' 기능을 이용하여 색상을 추출할 수 있습니다. 우선 대상 텍스트를 드래그 후 글꼴 영역의 글꼴 색 펼침 버튼을 누르고 '**스포이트**'를 선택합니다.

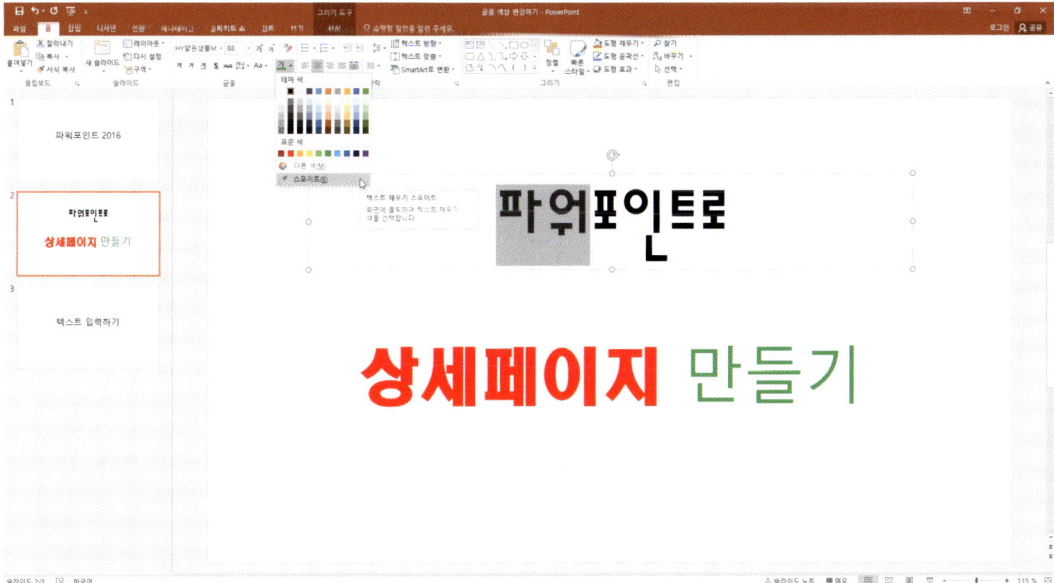

❸ 스포이트 모양의 커서를 원하는 색상이 있는 곳으로 가져가서 클릭하면 드래그 영역의 텍스트 색상이 바뀌게 됩니다.

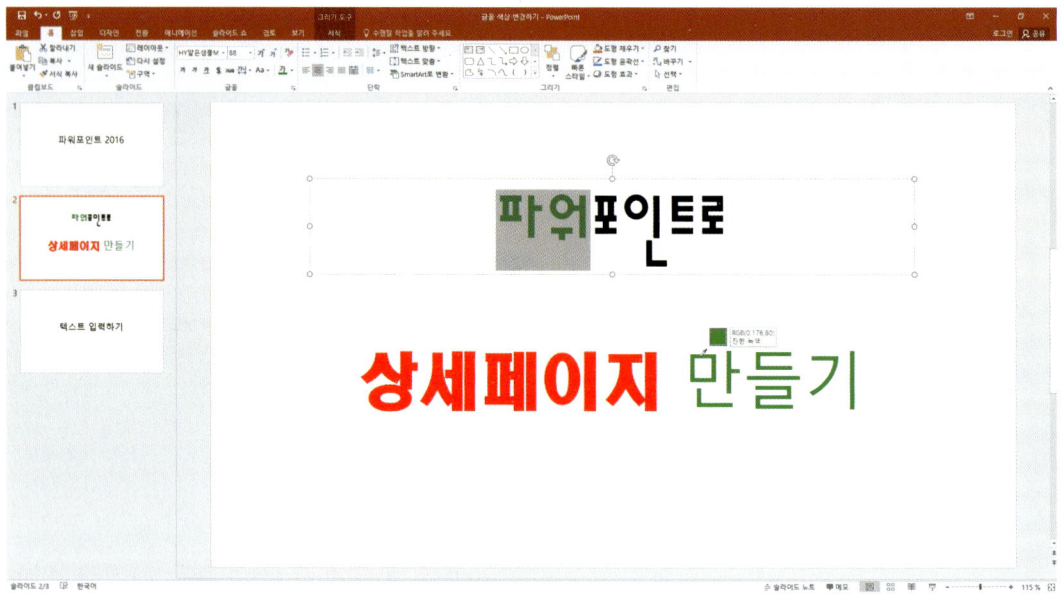

SECTION 4. 도형 삽입 및 편집하기

파워포인트에서는 도형들을 사용해 내용을 도식화 하거나 다양한 디자인을 하게 되면 정보의 전달력과 사람들의 관심도를 높일 수 있습니다. 이처럼 우리가 배우려는 상세페이지 제작에서 도형은 쓰임이 많고 손쉽게 원하는 디자인을 표현할 수 있는 가장 간단하면서도 중요한 작업입니다. 임팩트 있는 타이틀의 배경을 디자인하거나 상세설명 포인트 디자인까지 그 쓰임이 매우 다양합니다.
도형의 입력과 편집을 자유자재로 할 수 있도록 지금부터 실습을 시작해보도록 하겠습니다.

1. 도형 삽입 및 그룹화하기
1-1. 도형 삽입하기

❶ 도형을 입력하기 위해서는 상단 메뉴 탭 중 '**삽입**'으로 들어가서 '**일러스트레이션**' 영역의 '**도형**'을 선택합니다.

❷ 원하는 도형을 선택 후 작업 창의 원하는 위치에 드래그하면 쉽게 도형을 입력할 수 있습니다.

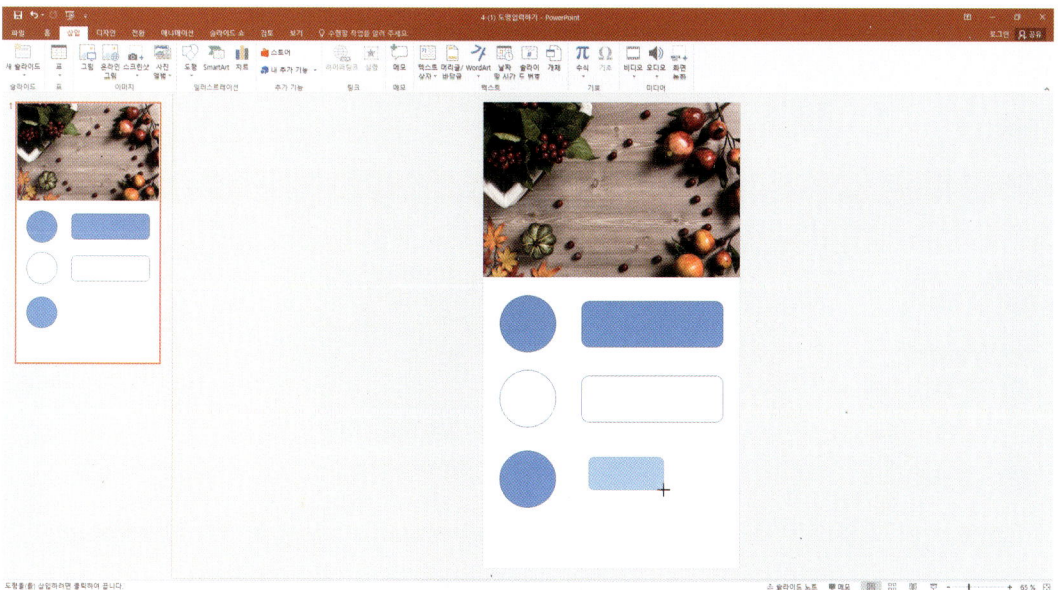

1-2. 도형 그룹화하기

여러 개의 도형을 한번에 이동하고 동시에 같은 효과를 주고 싶을 때 사용하시면 됩니다. 대상 도형들을 그룹으로 설정하면 한 개씩 이동하고 작업할 필요가 없어 보다 효율적으로 작업할 수 있습니다.

❶ 도형들을 그룹화 하기 위해서는 원하는 대상들을 복수 선택해야 합니다. 도형을 여러 개 선택할 때는 '**CTRL**' 또는 '**SHIFT**'를 누른 채 원하는 도형을 하나씩 선택해 주거나 드래그하여 한꺼번에 선택하시면 됩니다.

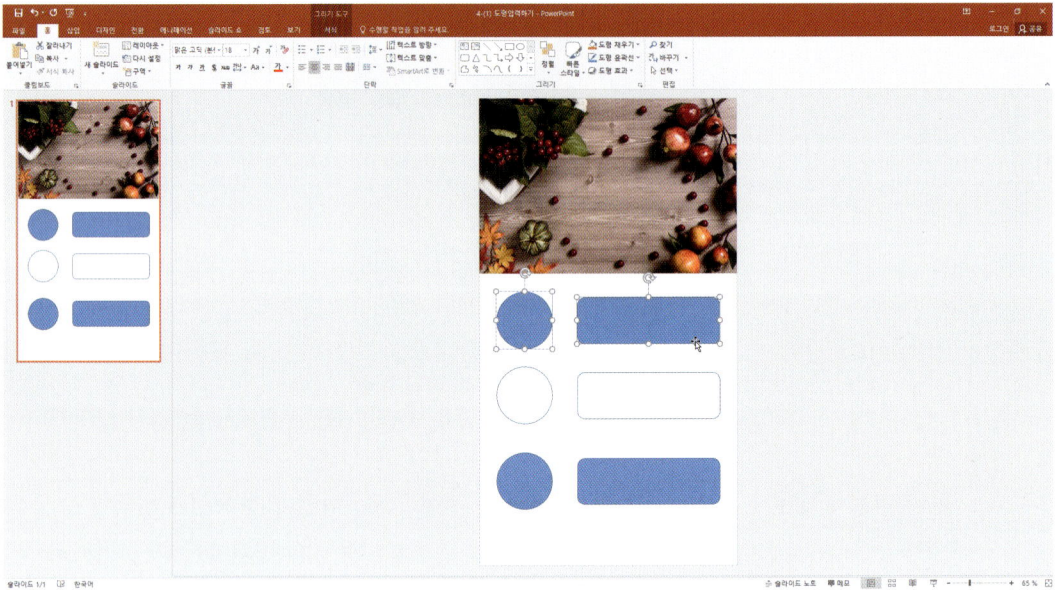

❷ 원하는 도형을 복수선택 후 도형 위에 마우스 포인터를 두고 오른쪽 클릭을 합니다. 오른쪽 클릭 메뉴창 중 '**그룹화**'를 선택하고 그 하위 메뉴 중 '**그룹**'을 선택하시면 됩니다.

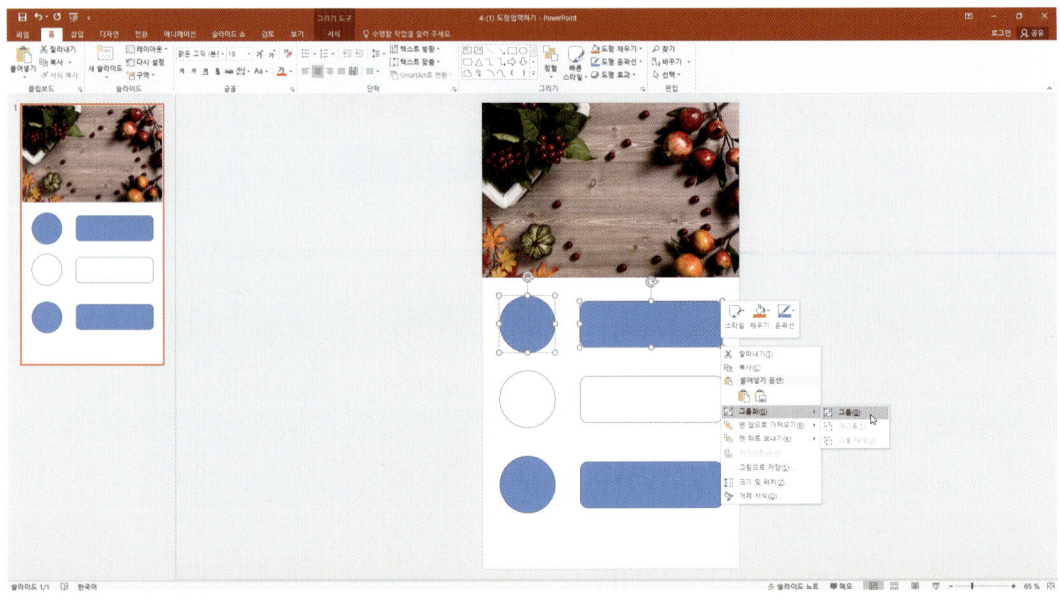

❸ 그룹화된 도형들을 다시 각각 분리하고 싶을 때는 그룹화된 도형을 선택 후 오른쪽 클릭을 합니다. 오른쪽 클릭 메뉴창 중 '**그룹화**'를 선택하고 그 하위 메뉴 중 '**그룹 해제**'를 선택하시면 됩니다.

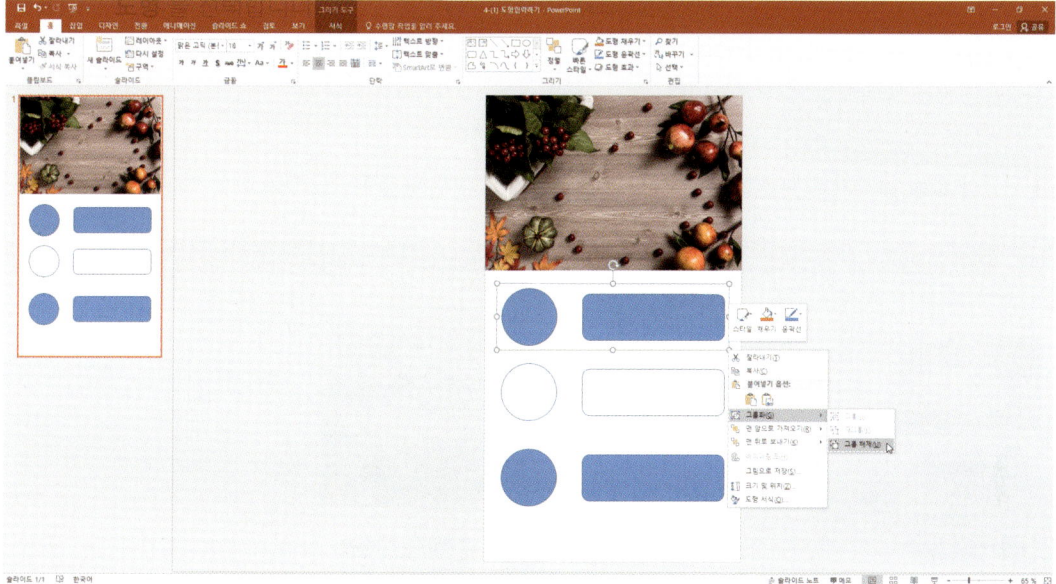

TIP

'**그룹화**' 역시 단축키를 사용하여 간단하게 작업할 수 있습니다. 그룹화를 원하는 도형을 복수 선택 후 '**CTRL + G**'을 누르면 그룹화되고 그룹화 해제를 원하는 개체를 선택 후 '**CTRL + SHIFT + G**'를 누르면 그룹이 해제됩니다.
- 그룹화 하기 : '**CTRL + G**'
- 그룹화 해제하기 : '**CTRL + SHIFT + G**'

2. 도형 이동 및 복사하기
2-1. 도형 수직, 수평 이동하기

도형을 이동하는 가장 편한 방법은 마우스로 클릭 후 드래그 하는 것인데 '**스마트가이드**'를 사용하지 않은 상태에서는 내가 원하는 정확한 위치로 도형을 배치하기가 쉽지 않습니다. 수평, 수직 이동을 위해서는 키보드를 이용하여도 되지만 이동속도가 느리므로 '**SHIFT**' 키를 이용한 방법을 알아보도록 하겠습니다.

❶ 가운데 있는 글자가 있는 상자를 다른 도형들과 정렬하기 위해 수직으로 이동해보겠습니다.

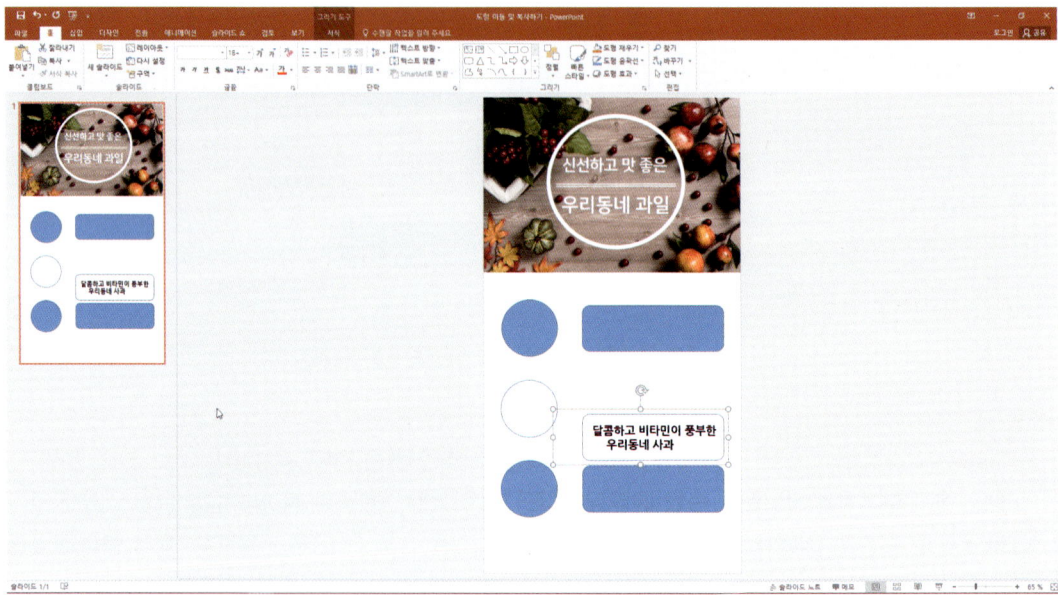

❷ '**SHIFT**' 키를 누른 상태에서 해당 도형을 선택 후 마우스로 이동시킵니다.

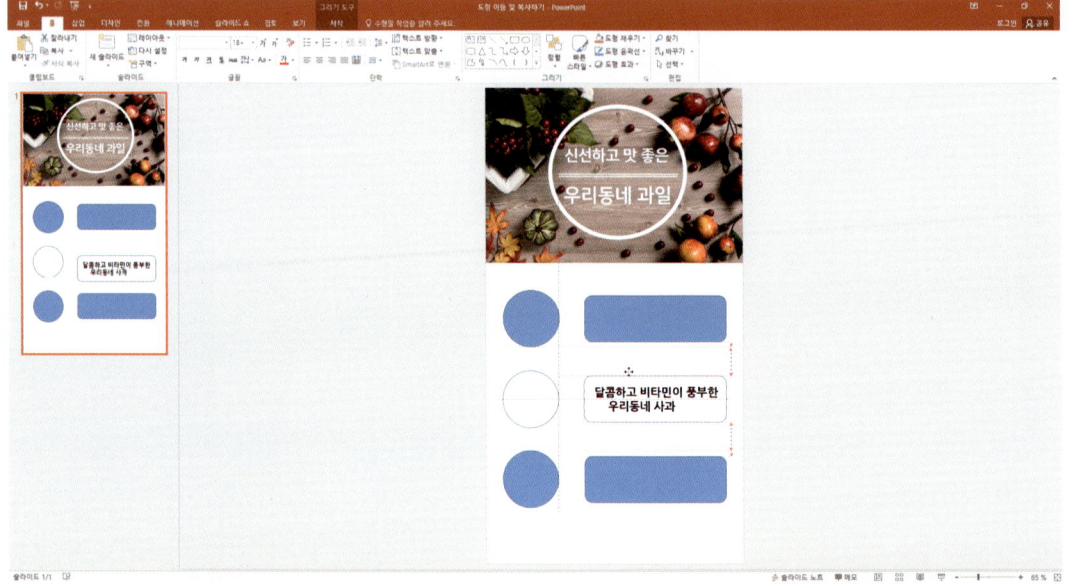

2-2. 도형 복사하기

❶ 도형복사는 간단하게 도형을 선택하고 'CTRL + C', 'CTRL + V'를 하면 됩니다.

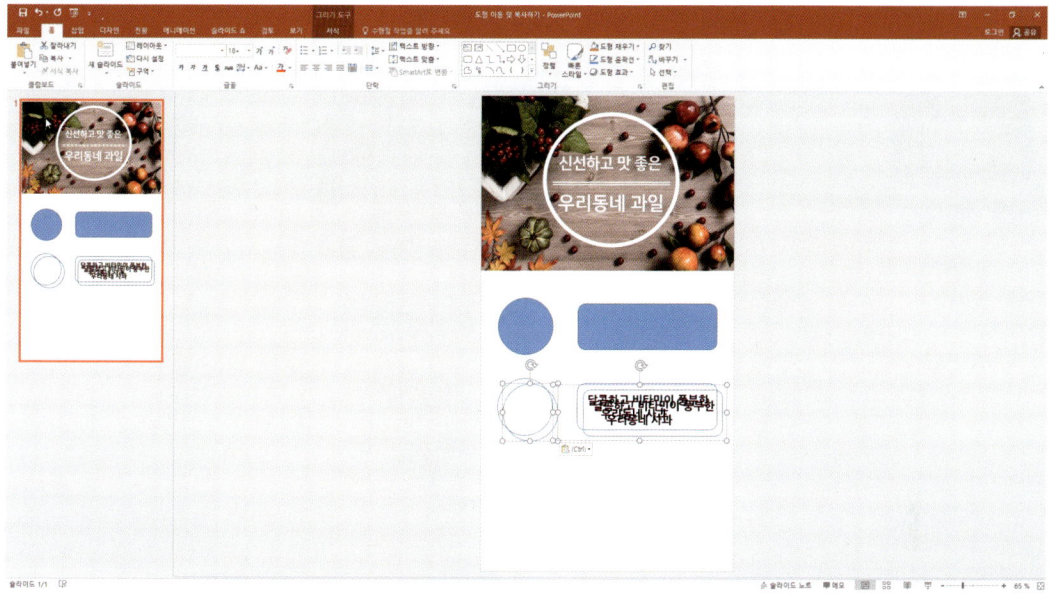

❷ 복사된 도형을 원하는 위치로 이동시킵니다.

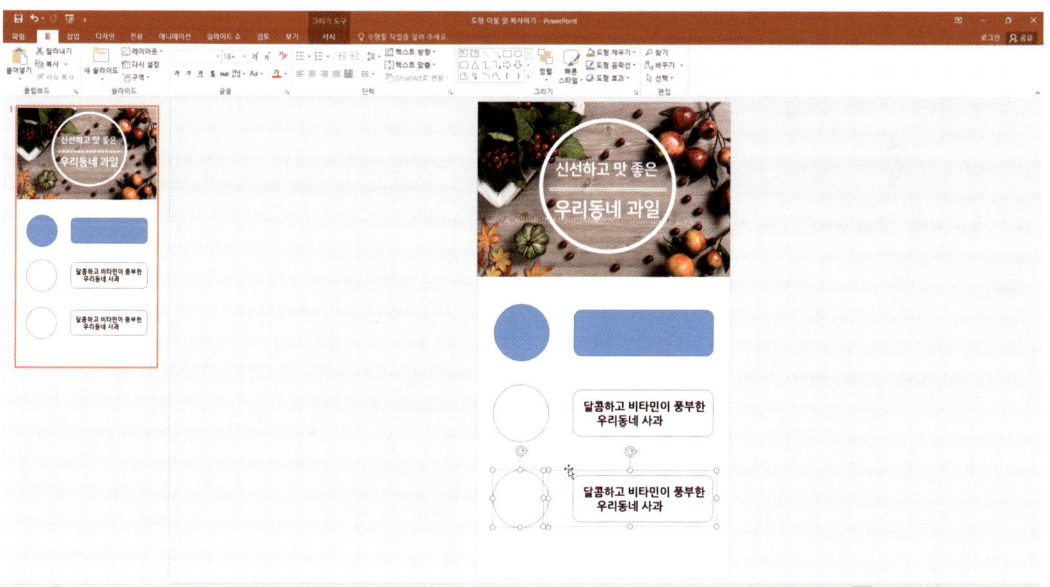

❸ 또 다른 복사방법으로는 복사를 하고자 하는 도형을 선택하고 '**CTRL**'키를 누른 상태에서 마우스로 클릭 후 드래그하는 방법이 있습니다.

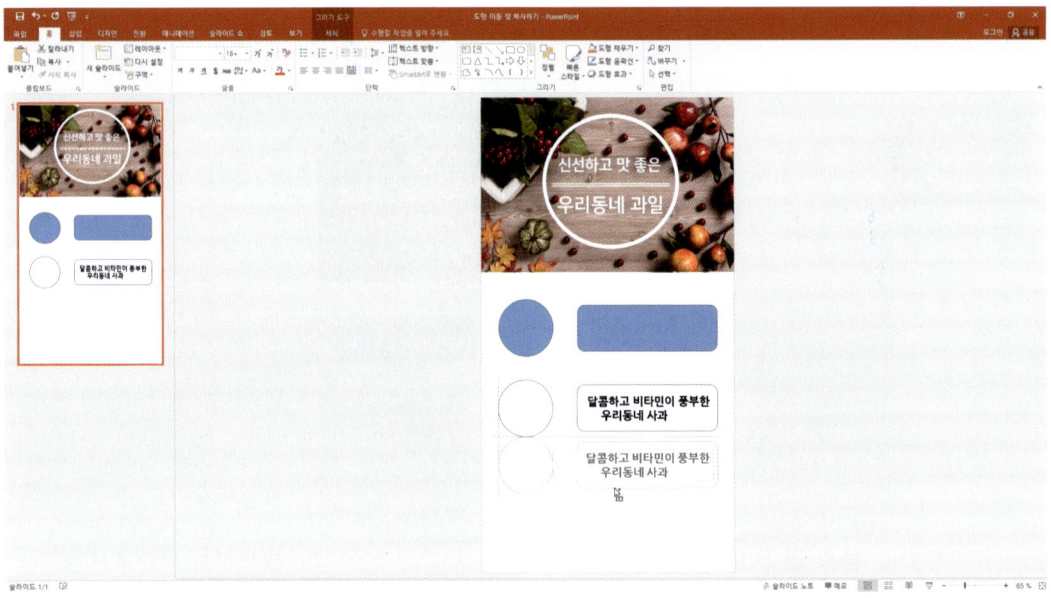

3. 도형 크기, 색 변경 및 회전하기
3-1. 도형 크기 변경하기

❶ 도형의 크기를 변경하기 위해서는 크기를 변경하고자 하는 도형을 클릭하고 모서리를 잡은 후 원하는 크기로 변경합니다.

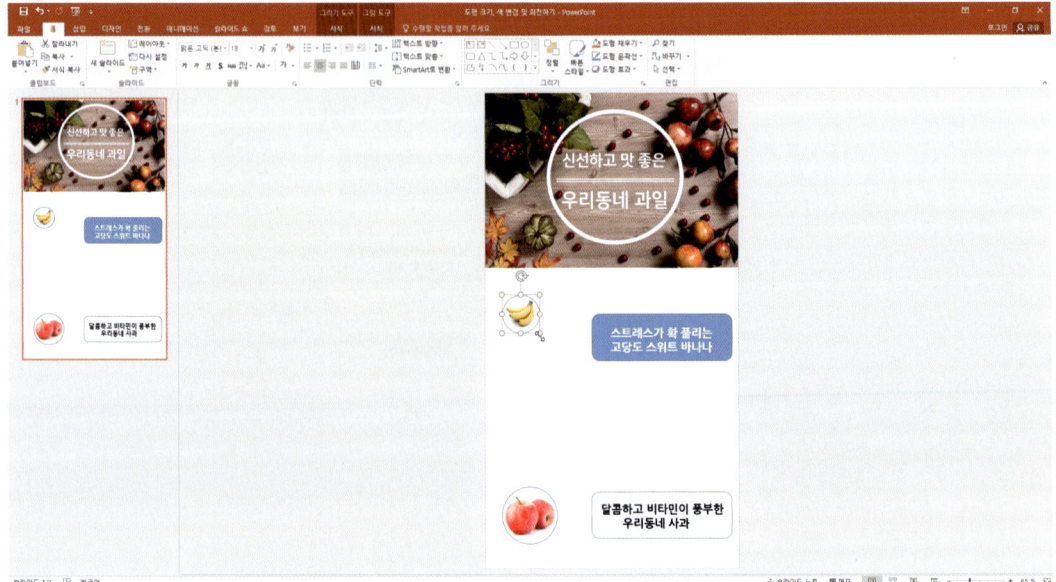

❷ 이때 도형의 비율을 유지하면서 크기를 변경하고자 할 때는 '**SHIFT**'키를 누른 상태에서 마우스로 도형의 크기를 변경하면 됩니다.

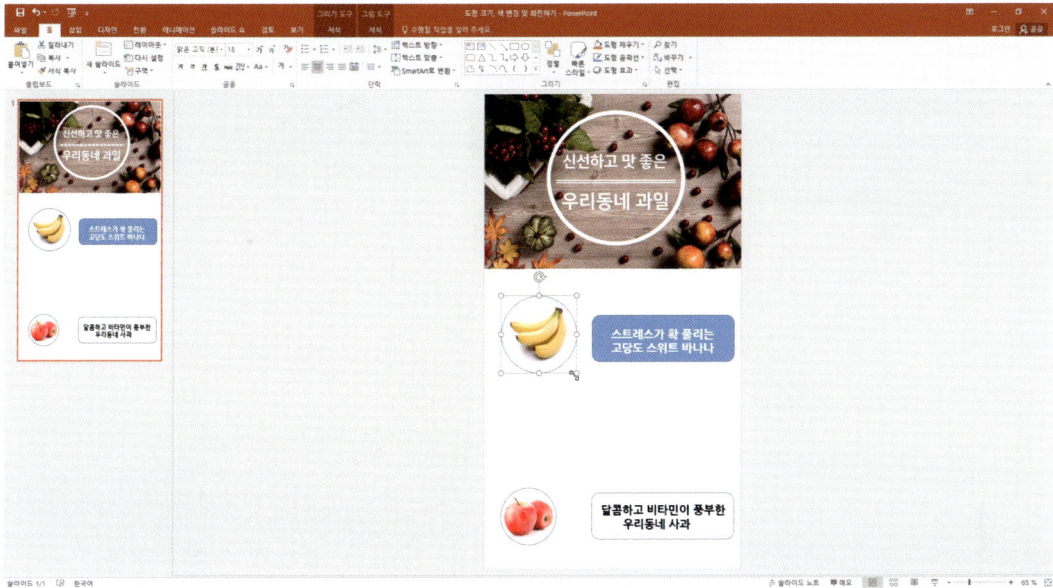

❸ 도형의 크기는 '**도형서식**'에 들어가서 수치를 입력함으로써 변경할 수도 있습니다.

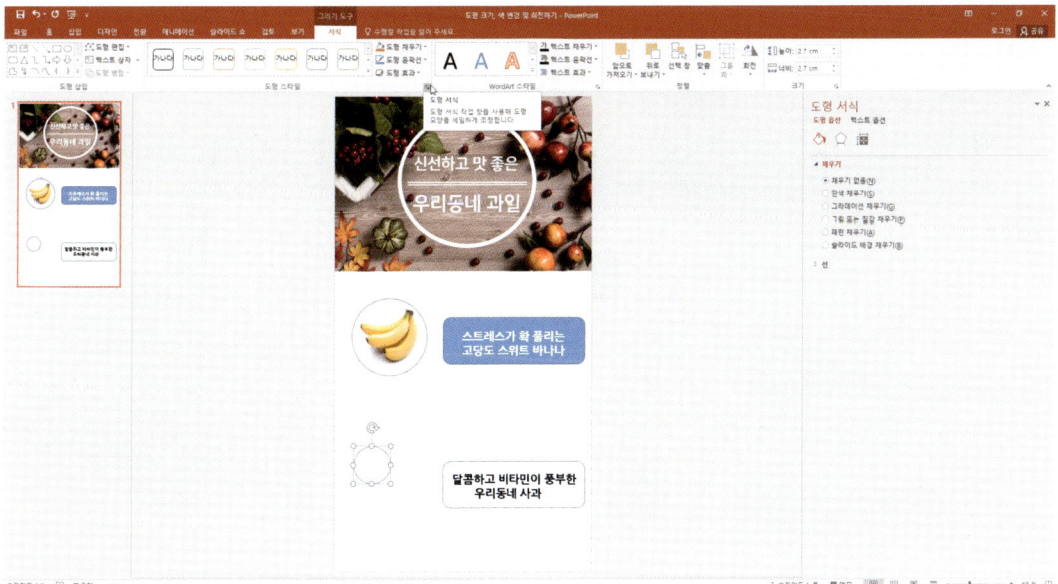

> **TIP**
>
> 도형서식에 들어가는 방법은 상단 메뉴 탭 중 '**서식**' 탭의 '**도형스타일**' 영역의 우측 하단 화살표를 누르거나 크기를 변경하고자 하는 도형을 클릭 후 오른쪽 클릭, 메뉴 중 '**도형서식**'으로 들어가는 것입니다.

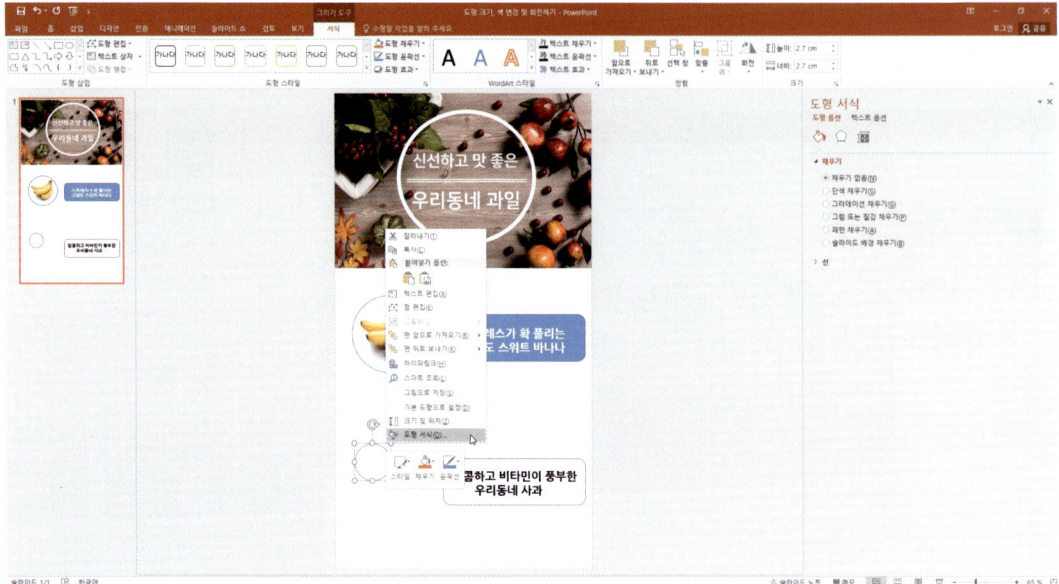

❹ 도형서식으로 들어가면 오른쪽에 도형 서식 창이 뜨고 그곳에서 '**크기 및 속성**' 아이콘
을 클릭합니다. 크기의 높이와 너비 수치를 입력해주면 도형의 크기가 바뀌게 됩니다.

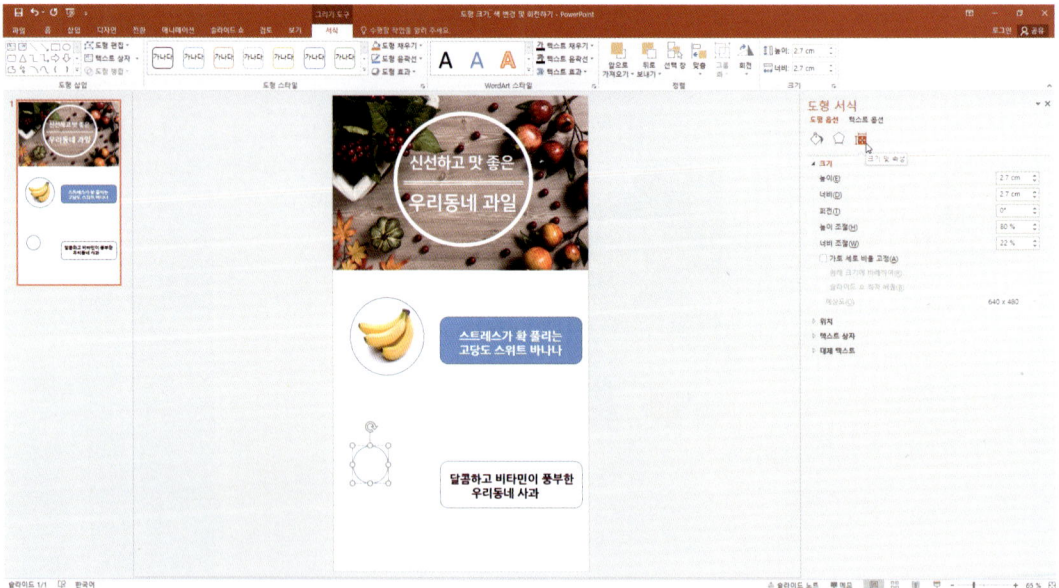

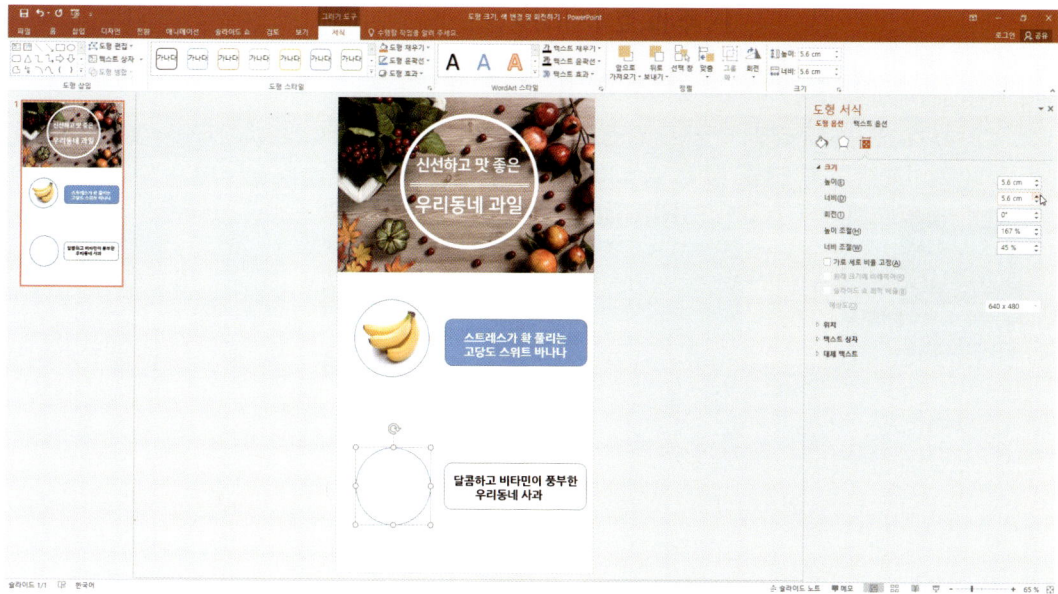

3-2. 도형 색 변경하기

도형의 색은 도형 안의 색을 채우거나 테두리선 색상을 변경하는 등의 방법으로 변화를 줄 수 있습니다. 그 밖에도 이미 만들어져 있는 도형스타일을 적용함으로써 보다 쉽게 도형 색과 디자인을 변경할 수도 있습니다.

❶ 색상을 변경하고자 하는 도형을 선택 후 메뉴 탭 중 '**서식**' 탭의 '**도형스타일**' 영역 중 '**도형 채우기**'로 들어갑니다.

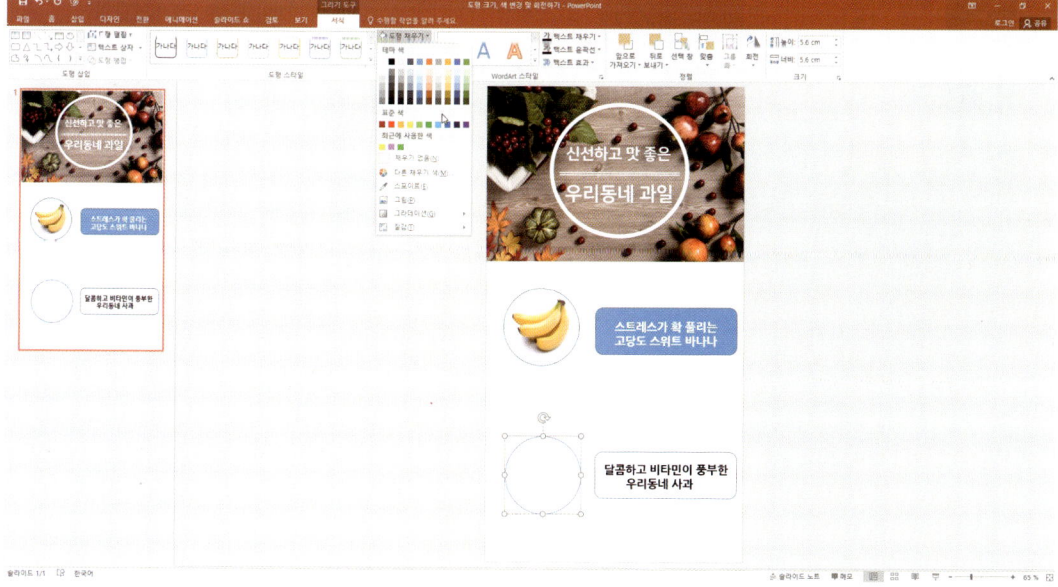

❷ 테마색이나 표준색 중 원하는 색상을 선택하게 되면 도형 안에 자동으로 선택된 색이 채워지게 됩니다.

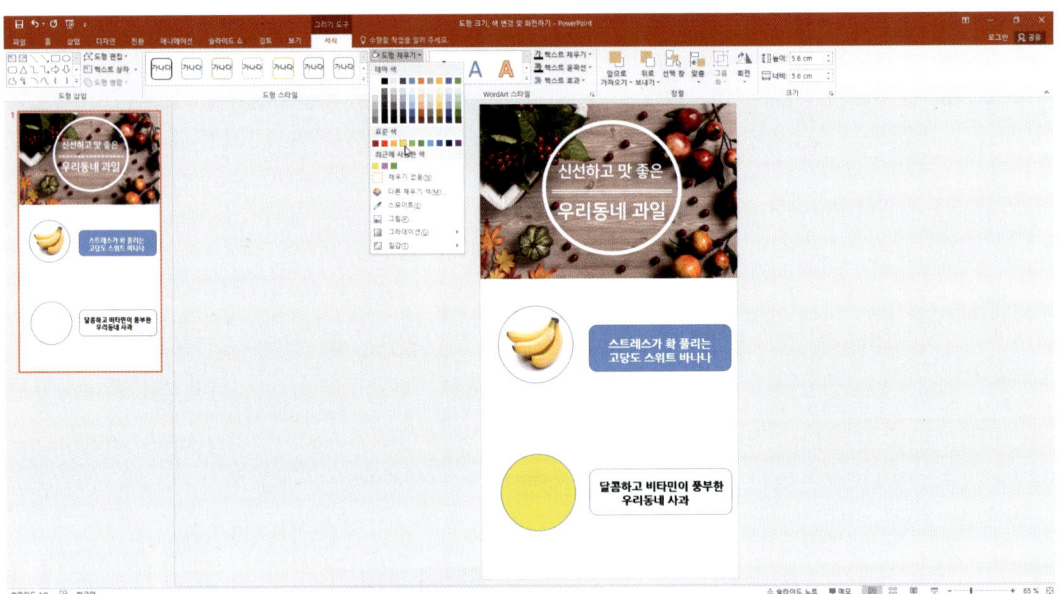

❸ 만약 원하는 색이 없다면 '**도형 스타일**' 영역의 '**도형 채우기 ▶ 다른 채우기 색**'으로 이동하여 '**표준**'이나 '**사용자 지정**'에서 원하는 색상을 선택하거나 투명도를 조절할 수 있습니다.

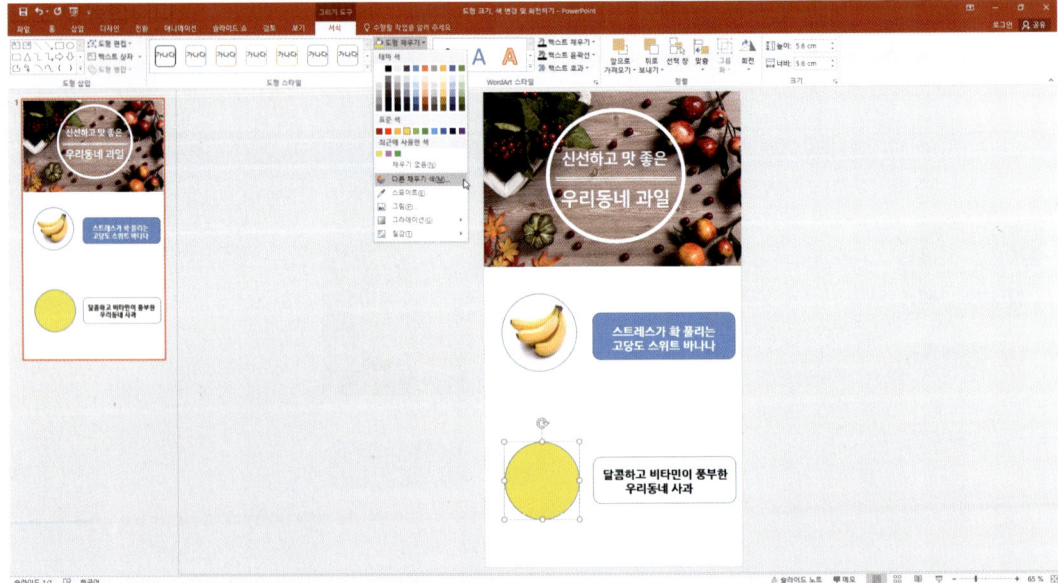

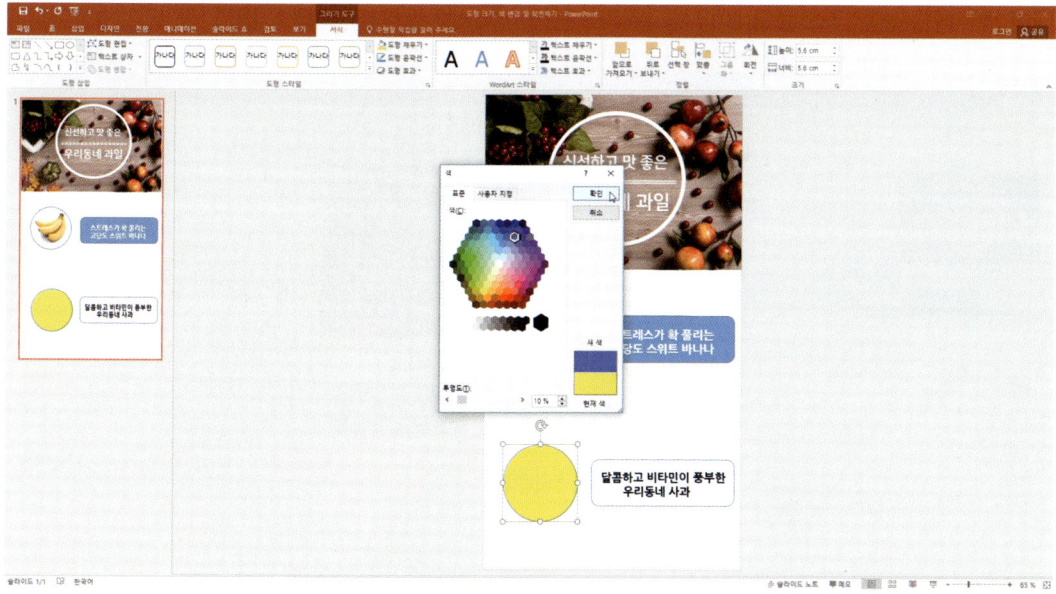

3-3. 도형 회전하기

도형 회전 연습을 위해 '**45도**' 만큼 돌아가 있는 두 번째 상세설명 상자를 반대로 '**45도 회전**' 시켜 원상태로 만들어보겠습니다.

★마우스를 이용한 회전

❶ 도형을 회전시키기 위해 회전하고자 하는 도형을 선택합니다.

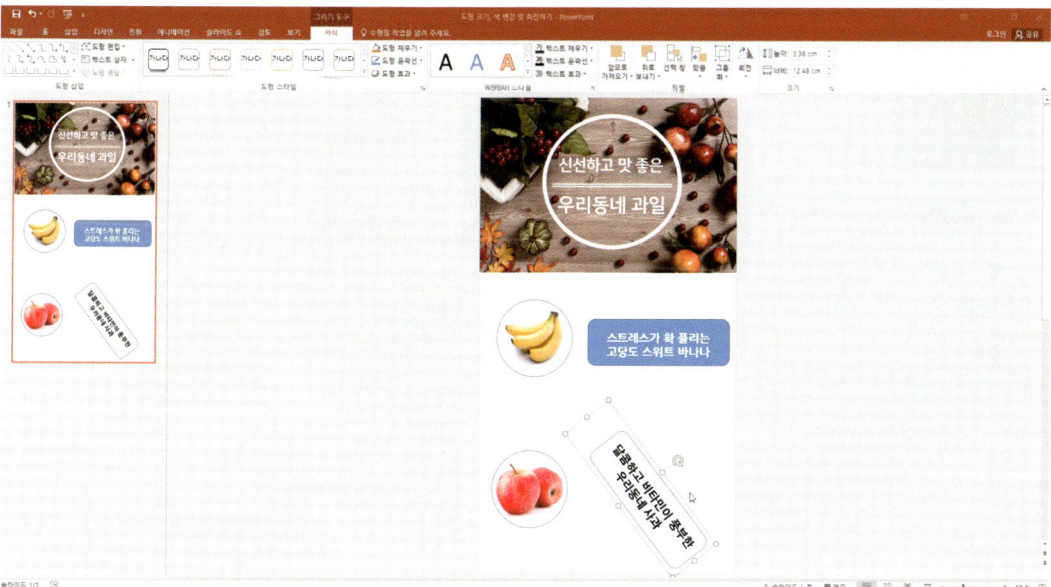

❷ 선택된 도형 상단에 동그란 화살표 모양 ⟳ 툴을 마우스로 클릭 후 회전시킵니다.

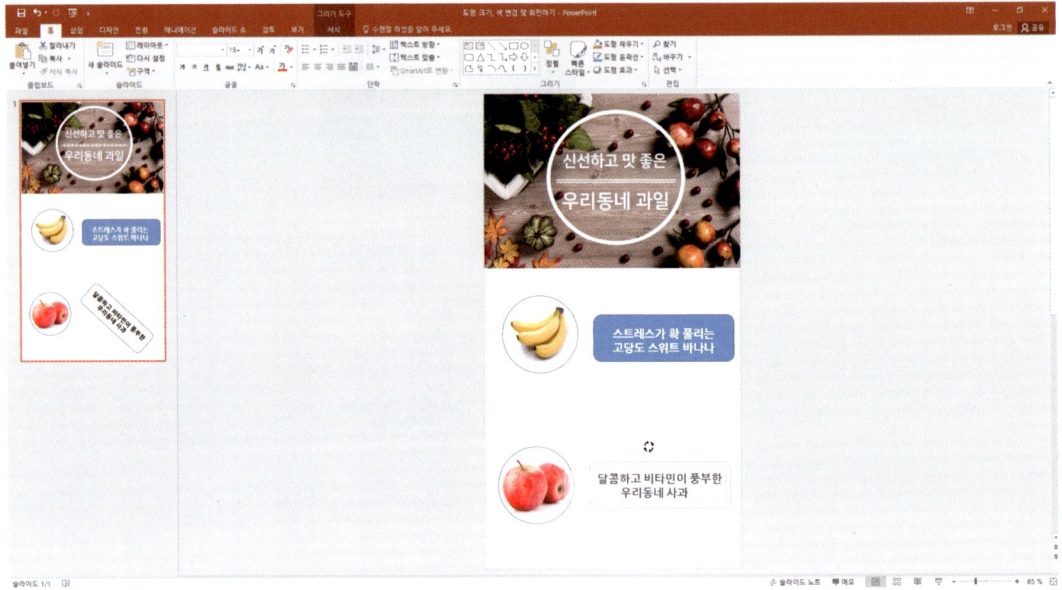

★도형 서식을 이용한 회전

❶ 회전하고자 하는 도형을 선택 후 마우스 오른쪽 버튼을 클릭 후 맨 아래 있는 '**도형 서식**' 으로 이동합니다.

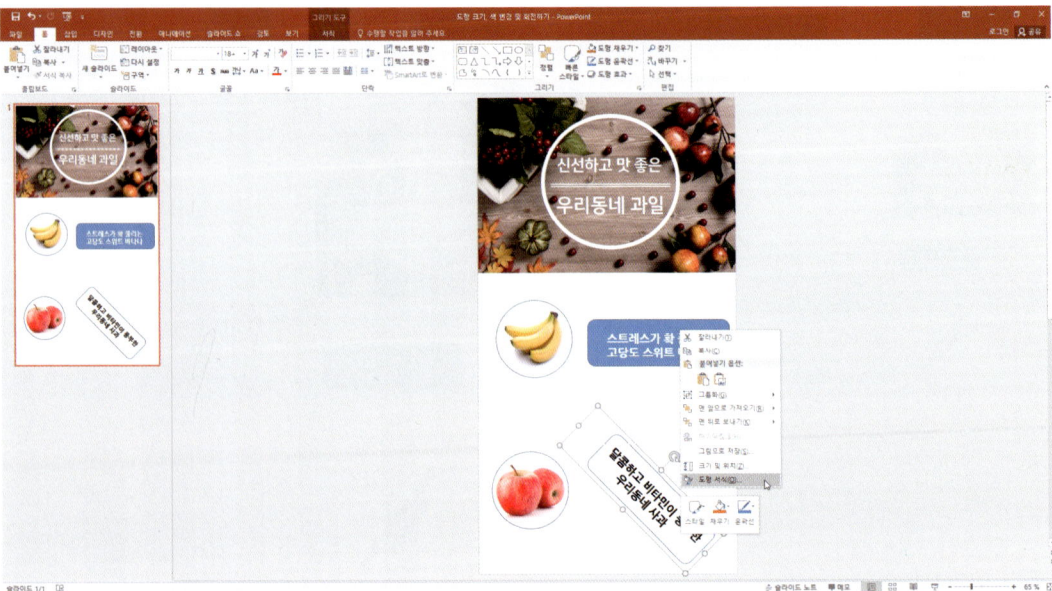

❷ 도형서식으로 들어가면 오른쪽에 도형 서식 창이 뜨고 그곳에서 '**크기 및 속성**' 아이콘
을 클릭합니다.

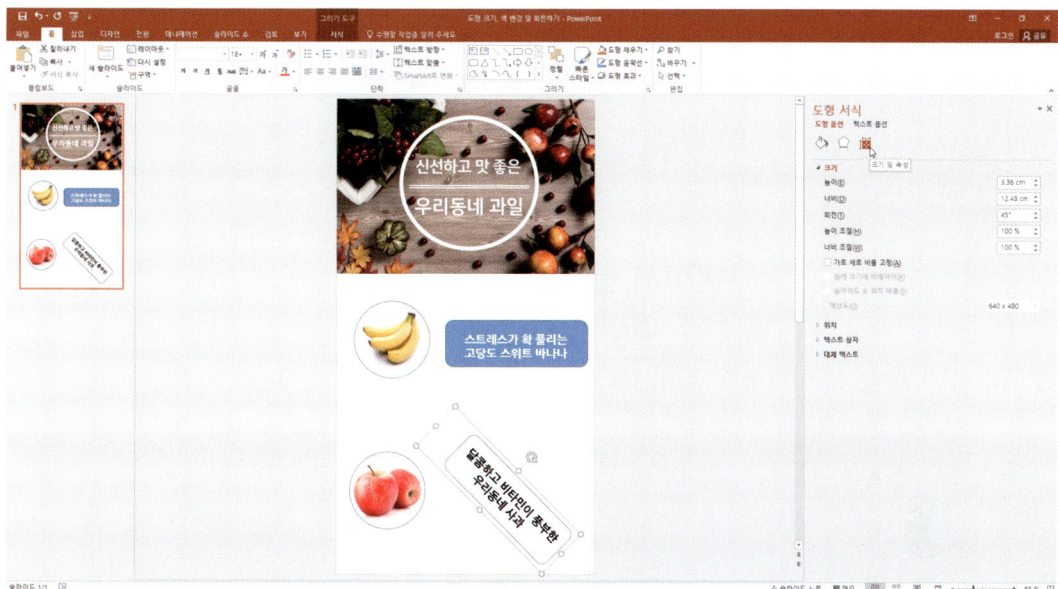

❸ '**크기 및 속성**' 안의 메뉴 중 '**회전**'의 입력 창에 원하는 회전 각도를 입력해줍니다. '**45도**'
만큼 돌아가 있는 도형을 원래 상태로 돌리기 위해 회전 각도를 '0'으로 입력해줍니다.

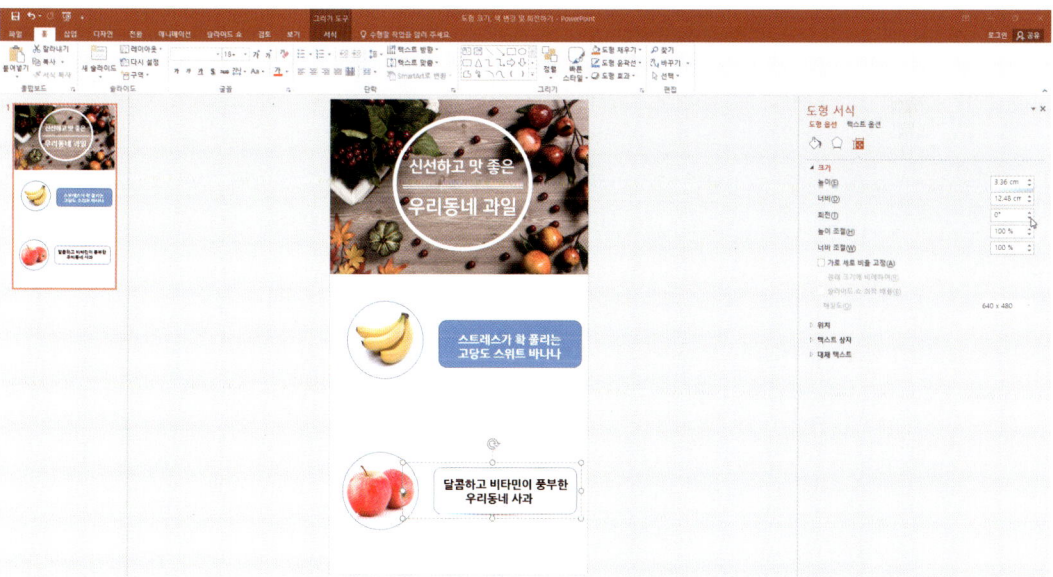

SECTION 5. 이미지 삽입 및 편집하기

가장 직관적이며 설득력을 높일 수 있는 방법이 바로 사진이나 이미지를 통한 정보전달입니다. 상세페이지에서 고객들의 마음을 빼앗기 위해서는 상품에 맞는 이미지를 사용하여 상품의 장점이나 특성을 잘 전달하여야 합니다. 이미지 삽입은 고객들의 구매욕을 자극하기에 가장 기초이자 중요한 작업인 것입니다. 파워포인트의 다양한 효과를 사용하여 쉽지만 효과적인 이미지 편집법을 배워보겠습니다.

1. 이미지 삽입 및 바꾸기
1-1. 이미지 삽입하기

❶ 메뉴 탭 중 '**삽입**' 탭의 '**이미지**' 영역 안의 '**그림**'을 클릭합니다.

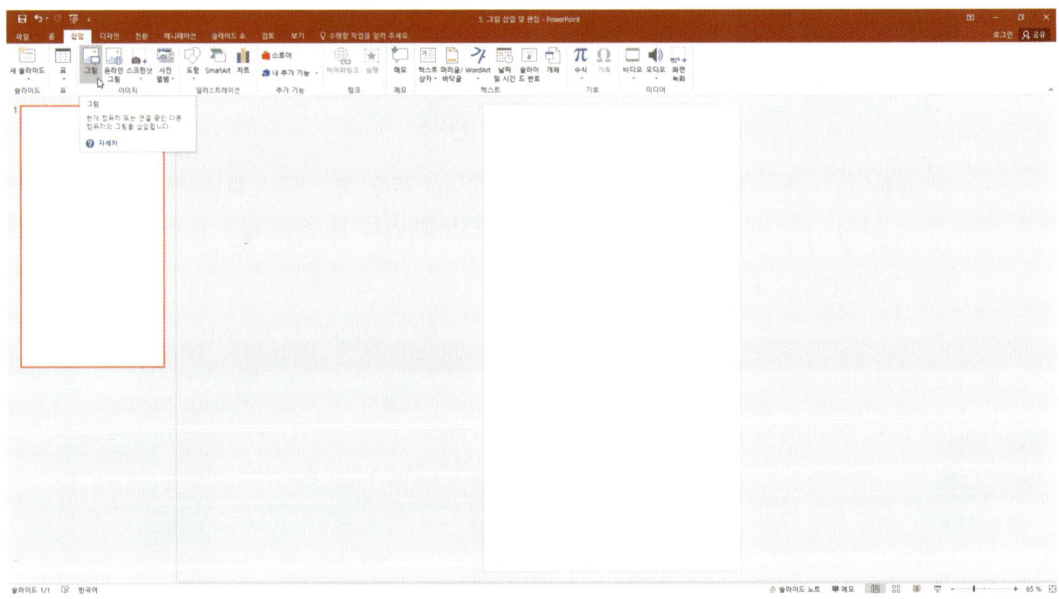

❷ '**이미지 삽입**' 팝업 창이 뜨면 좌측 탐색 창에서 삽입하고자 하는 이미지가 있는 폴더로 이동합니다. 원하는 사진을 한 장 또는 여러 장을 선택한 후 '**삽입**' 버튼을 누릅니다.

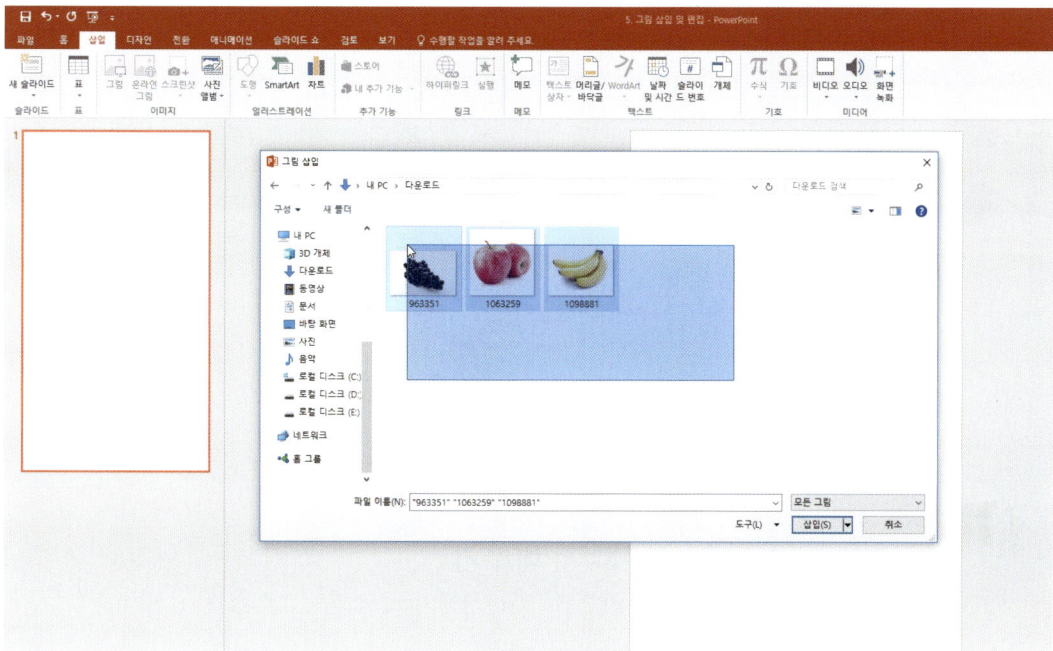

❸ 삽입된 이미지가 모두 선택된 상태로 작업 창에 나타나게 됩니다. 이 상태에서 한쪽 모서리 크기 조절 버튼을 이용하여 동시에 크기를 조절하거나 하나씩 선택하여 크기 및 위치를 조절합니다.

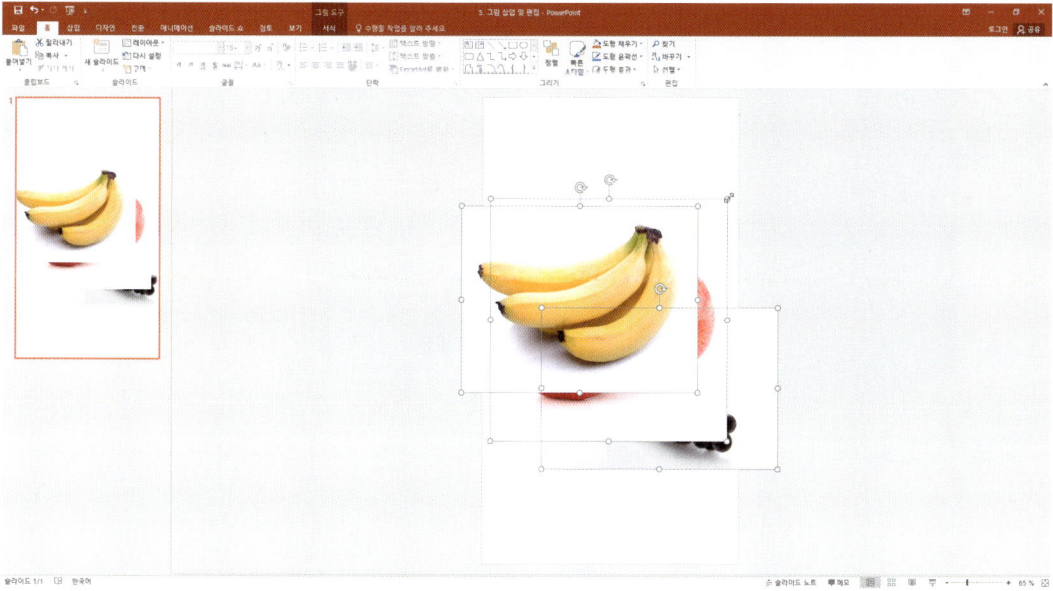

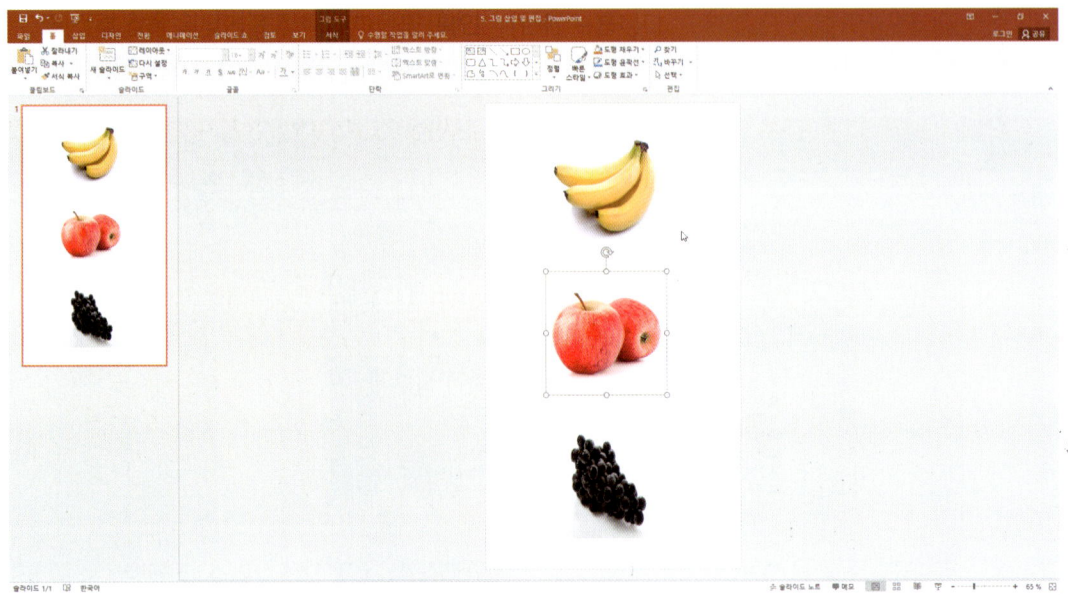

1-2. 이미지 바꾸기

❶ 기존에 삽입한 '**사과**' 이미지를 '**수박**' 이미지로 간단하게 바꿔보겠습니다. 우선 '**사과**' 이미지를 선택 후 오른쪽 클릭 한 뒤 '**그림 바꾸기**'를 클릭합니다.

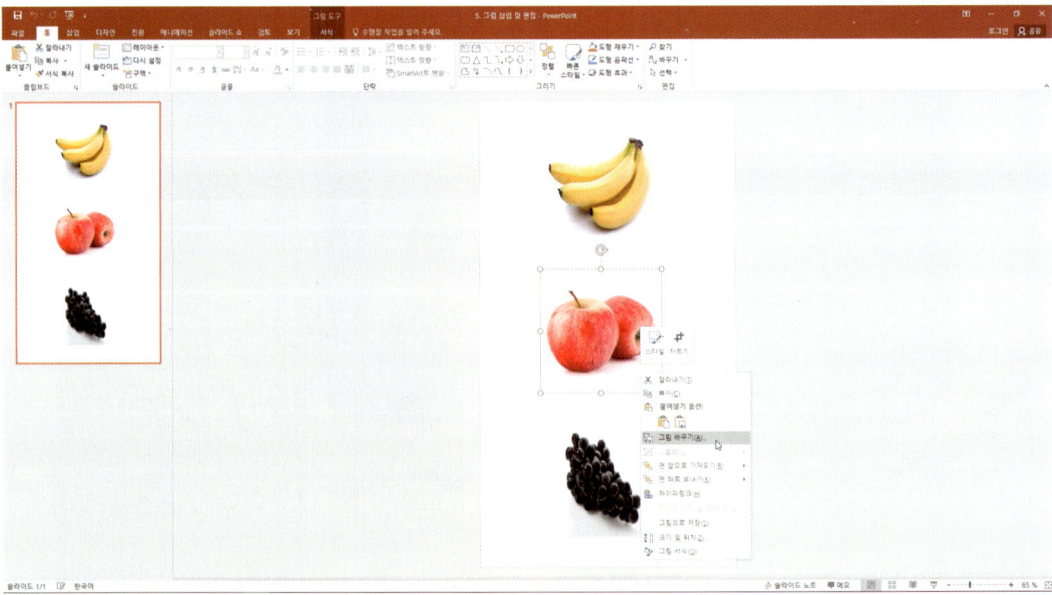

❷ 팝업 창에서 '**파일에서**'를 클릭 후 바꾸고자 하는 새로운 이미지를 선택합니다.

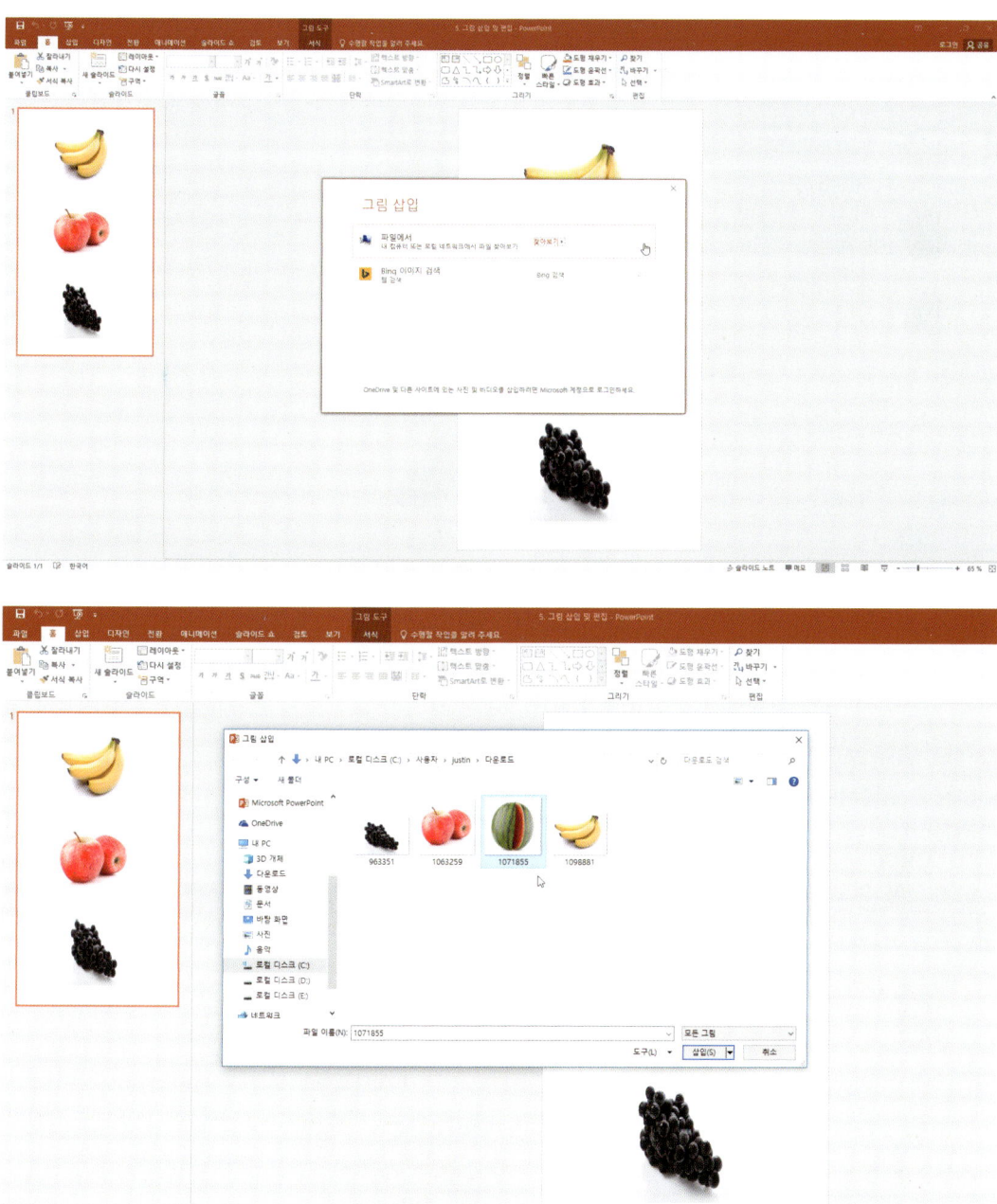

❸ '**사과**' 이미지가 '**수박**'으로 바뀐 것을 확인 할 수 있습니다.

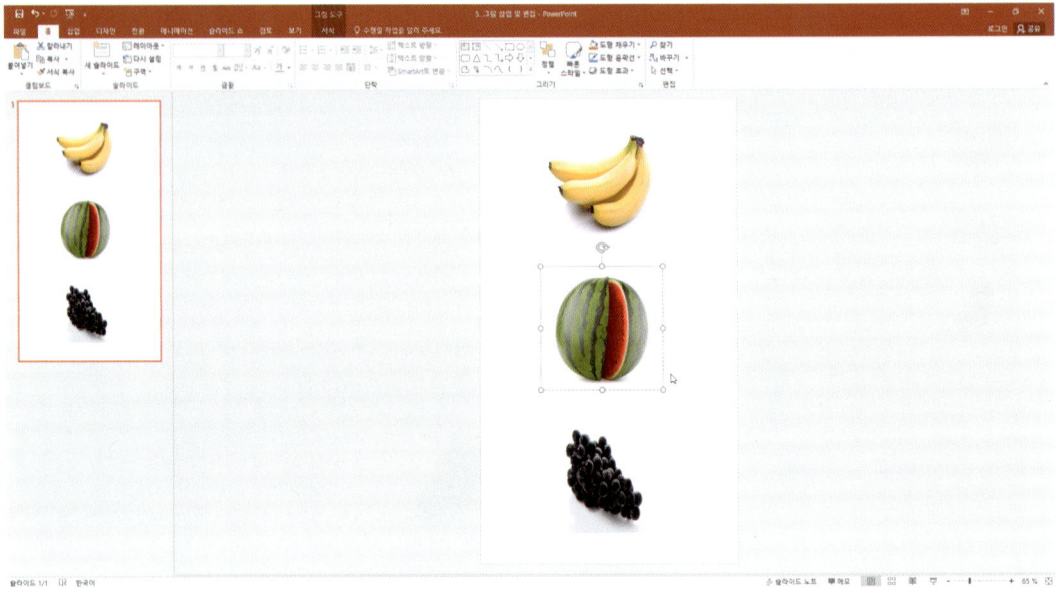

2. 이미지 자르기, 배경 지우기
2-1. 이미지 자르기

❶ 사진 속에 보이는 맛있는 '**장어 덮밥**'만 따로 잘라보도록 하겠습니다. 우선 자르고자하는 이미지를 더블클릭합니다. 메뉴 탭 중 '**서식**' 탭의 '**크기**' 영역에 있는 '**자르기**' 아래 화살표를 클릭합니다.

❷ 자르기 메뉴 중 '**도형에 맞춰 자르기**'로 들어가서 덮밥 모양과 같은 타원형을 선택합니다.

❸ 타원형을 선택하면 이미지가 타원 틀 안에 들어가게 되고 이때 '**자르기**' 버튼을 다시 한번 클릭하면 이미지와 같이 모서리에 두꺼운 선 모양의 조절 탭이 생기게 됩니다.

❹ 모서리와 변의 조절 탭을 이용하여 자르고자 하는 '밥 그릇'의 모양대로 조절해줍니다. 필요할 때는 타원 틀 안의 사진을 클릭한 상태로 알맞은 위치로 이동시킬 수 있습니다.

❺ 자르고자 하는 객체를 모양에 맞게 조절한 후 '**ESC**'버튼을 누르거나 이미지 밖을 클릭하면 이미지의 선택된 부분만 남게 됩니다.

2-2. 이미지 배경지우기

❶ 예시된 '**김밥**' 이미지에서 김밥만 남기고 배경을 지우기 위해서는 우선 이미지를 더블클릭한 후 '**조정**' 영역의 '**배경제거**'를 선택합니다.

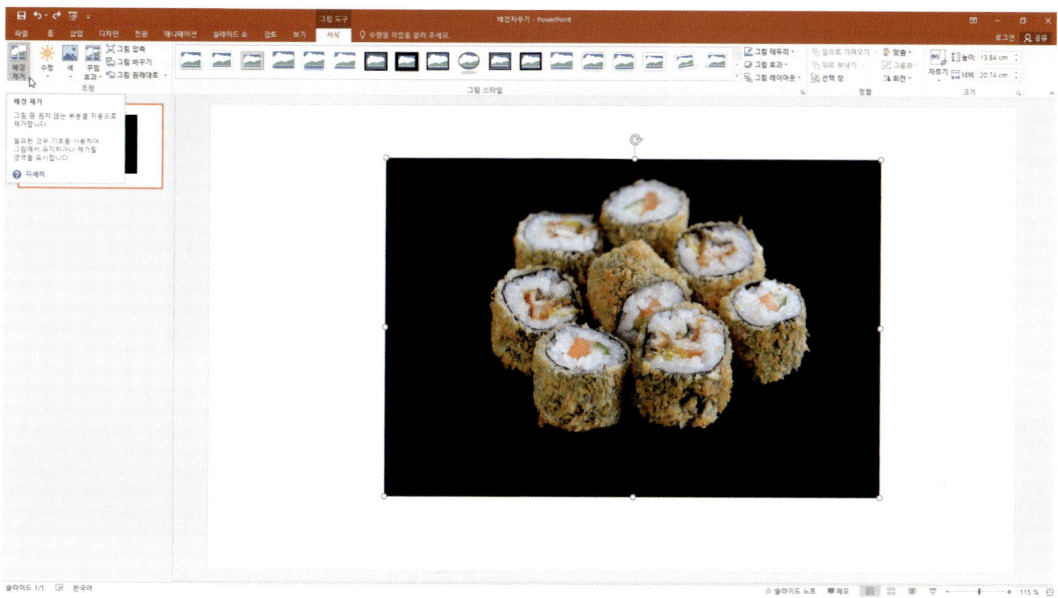

❷ 선택 후 작업 창에 보이는 보라색 부분이 지워지는 부분입니다. 남기고자 하는 대상이 지워지지 않도록 선택 창 크기를 조절합니다.

❸ 선택 창을 조절 후 'ESC' 버튼을 누르거나 이미지 밖을 클릭하면 이미지의 선택된 부분만 남게 됩니다.

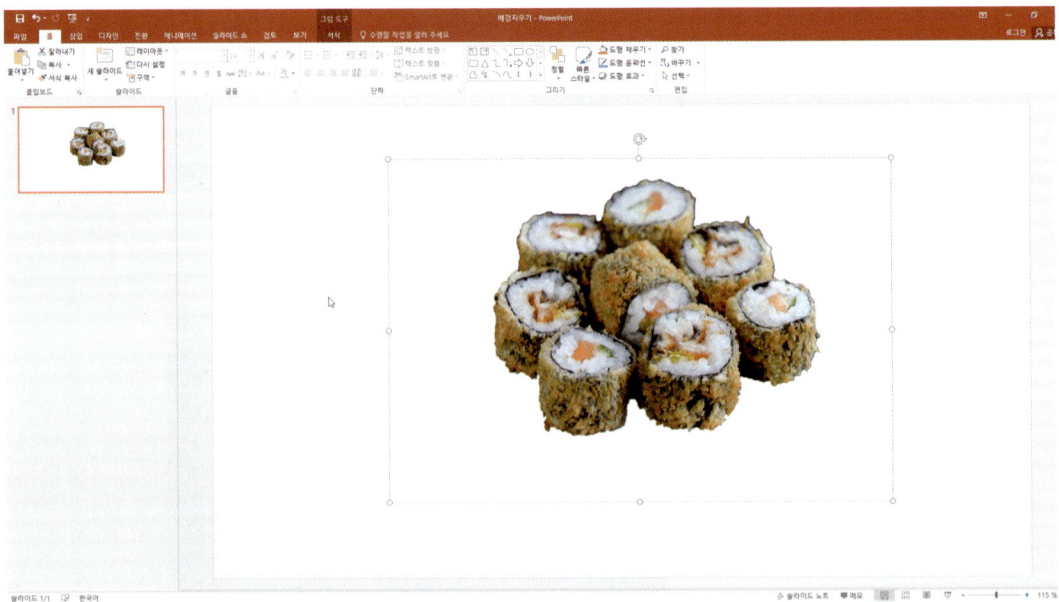

❹ 원하는 배경이 다 지워지지 않거나 추가로 더 지우고 싶은 부분이 있을 때는 '**제거할 영역 표시**'를 누른 후 지우고자 하는 영역을 드래그합니다.

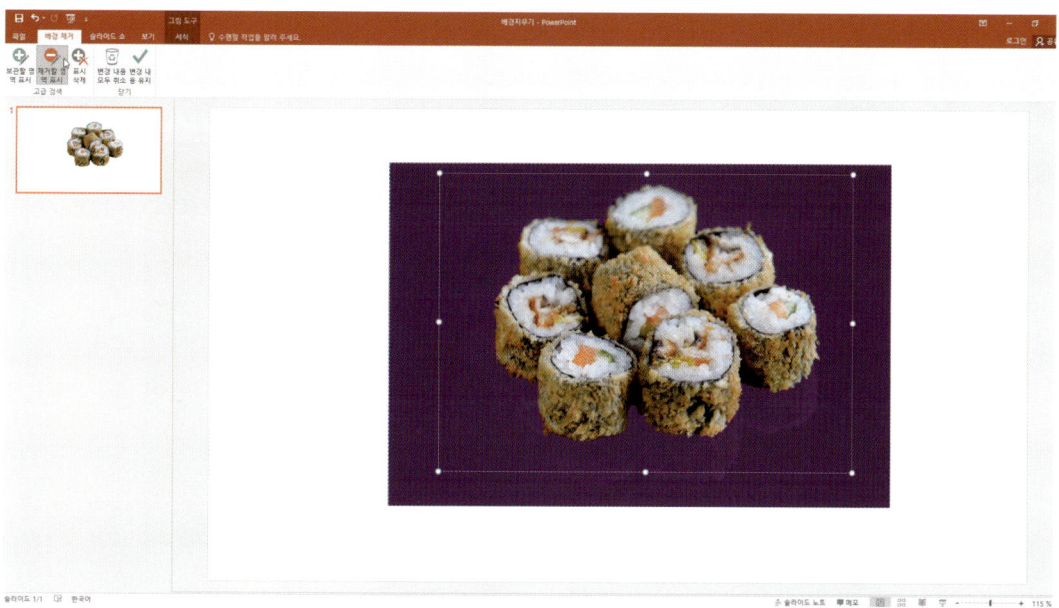

❺ 원하는 부분이 지워질 때까지 드래그작업을 반복합니다. 예시에서는 세 번의 드래그 작업 후 뒷줄에 있는 김밥 한 개를 지워보았습니다.

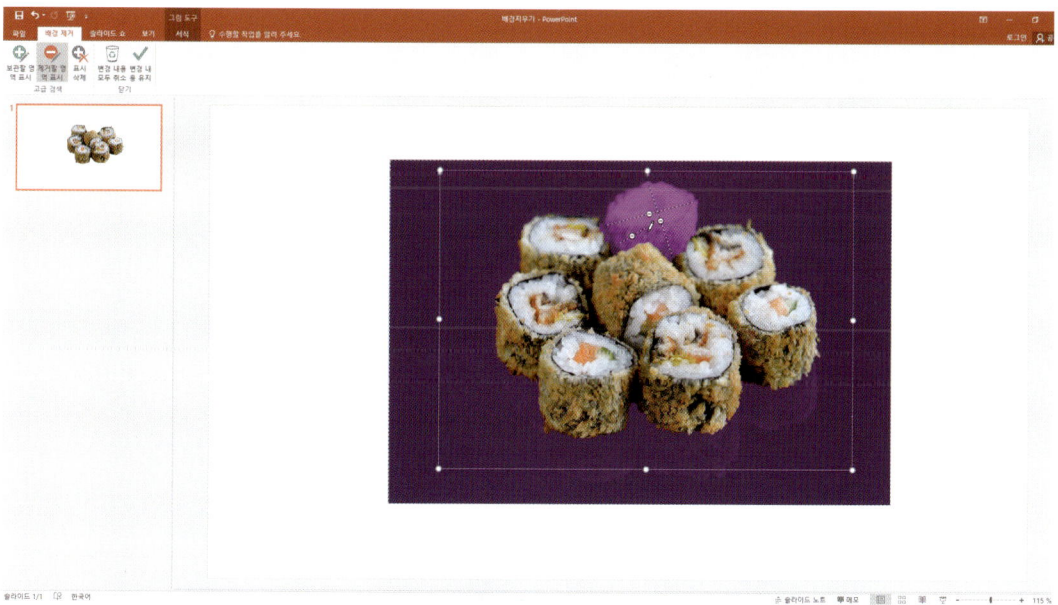

TIP

원치 않는 부분이 지워졌을 때는 '**보관할 영역 표시**'를 선택 후 '**제거할 영역 표시**' 과정과 같이 드래그 작업을 하여 복원할 수 있습니다.

❻ 배경이 지워진 김밥 이미지를 그릇 이미지와 합성하니 하나의 멋진 상품 사진이 완성되었네요.

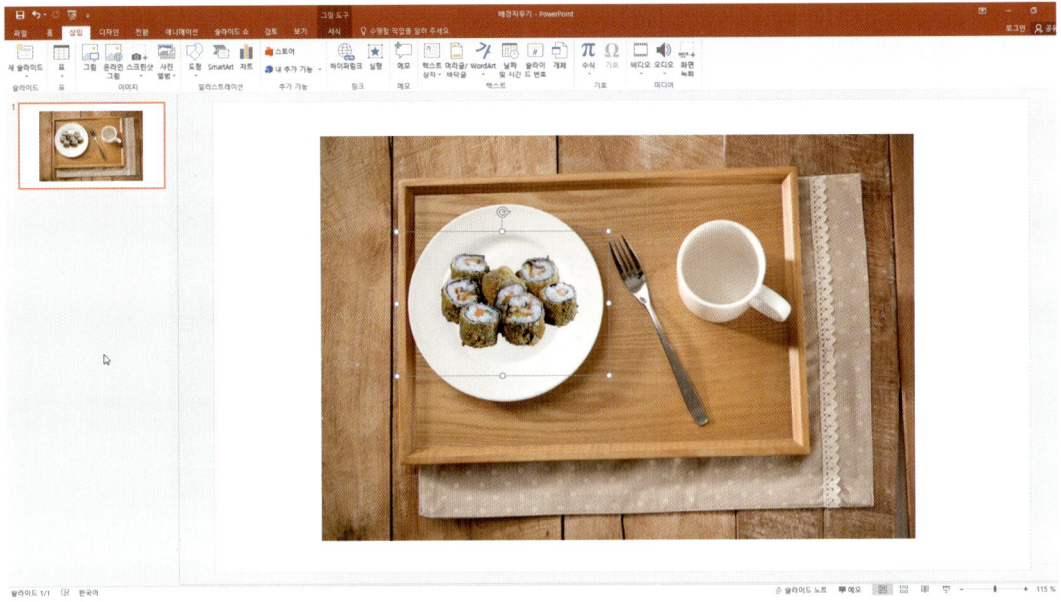

3. 이미지 스타일 꾸미기
3-1. 빠른 스타일 적용하기

❶ 원하는 이미지를 삽입하면 그림 도구의 '**서식**' 탭이 생기면서 새로운 영역들이 생깁니다. 만약 '**서식**' 탭이 생기지 않는다면 이미지를 더블클릭합니다.

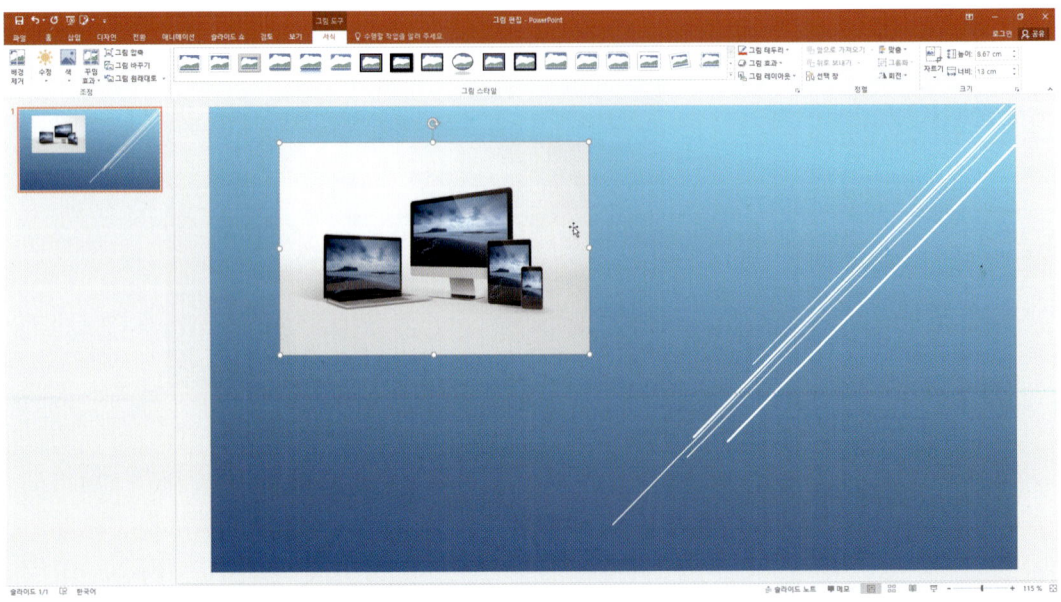

❷ 그 중 '**그림 스타일**' 영역의 예시되어있는 스타일 중 맘에 드는 스타일을 선택하면 여러 번 손을 거치지 않고 한번에 이미지를 꾸밀 수 있습니다. 우리는 '**원근감 있는 그림자**'를 선택해보겠습니다.

3-2. 이미지 테두리 꾸미기

❶ 이미지를 더블클릭한 후 '**그림 스타일**' 영역의 '**그림 테두리**'를 선택합니다.

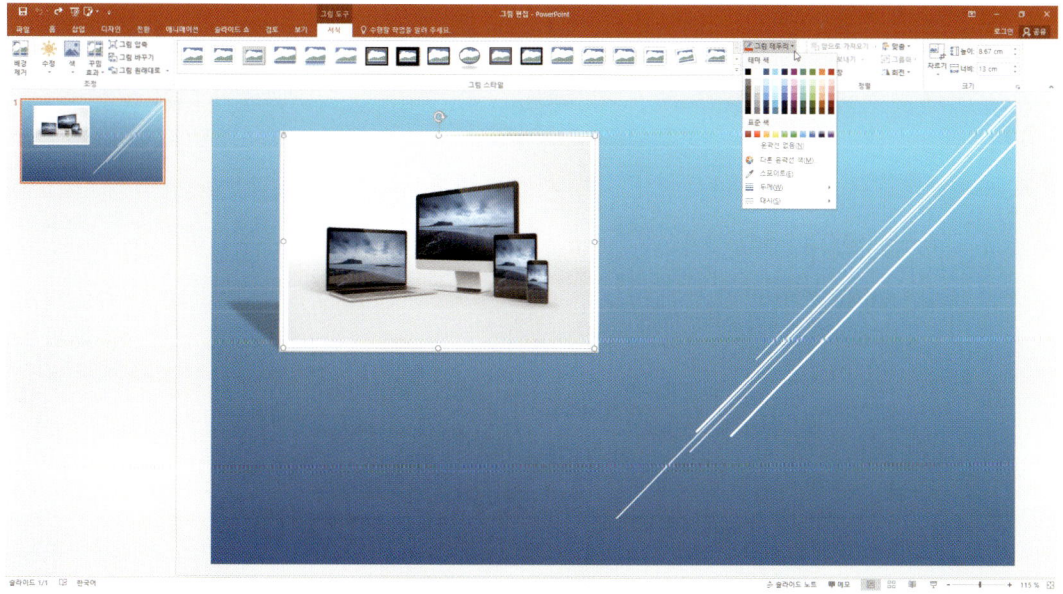

❷ '**그림 테두리**'의 확장 메뉴에서 테두리 색을 '**진한파랑**'으로 선택하고 '**두께**'도 '**3pt**'로 바꿔보겠습니다.

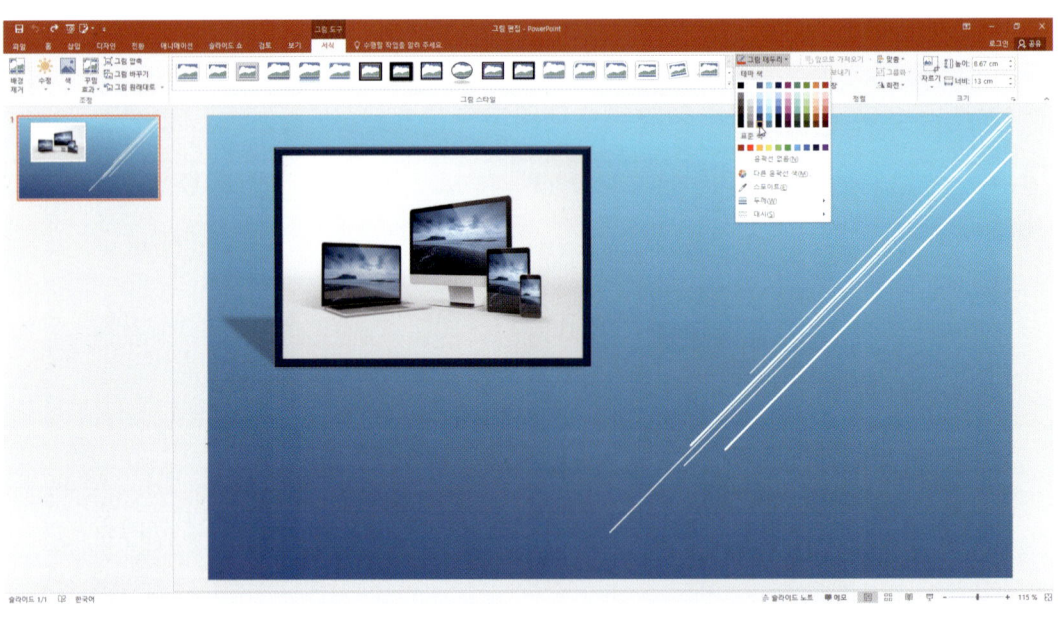

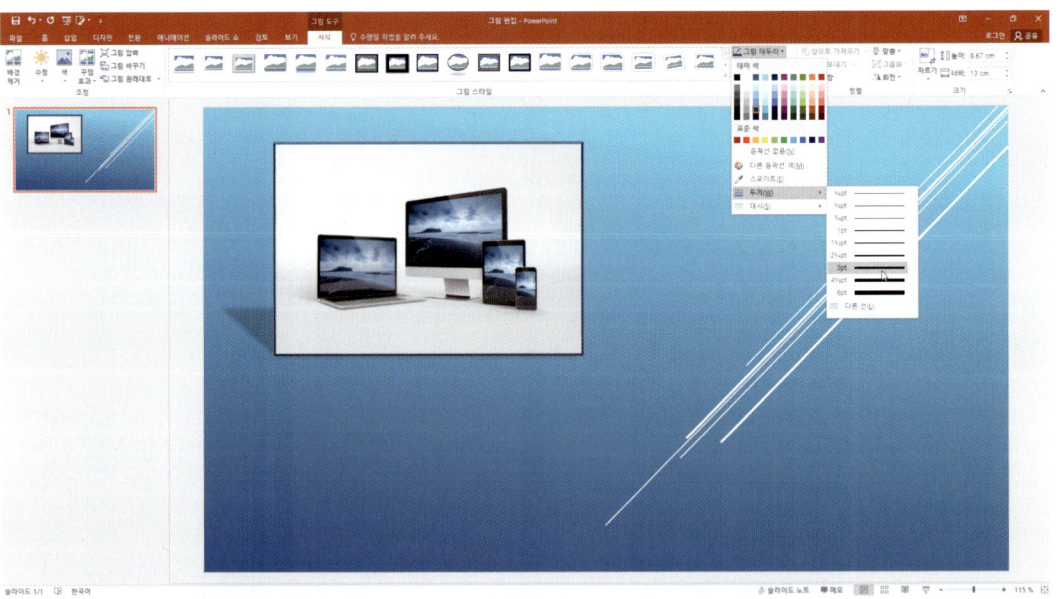

3-3. 이미지 효과주기

❶ 이미지를 더블클릭한 후 '**그림 스타일**' 영역의 '**그림 효과**'를 선택합니다.

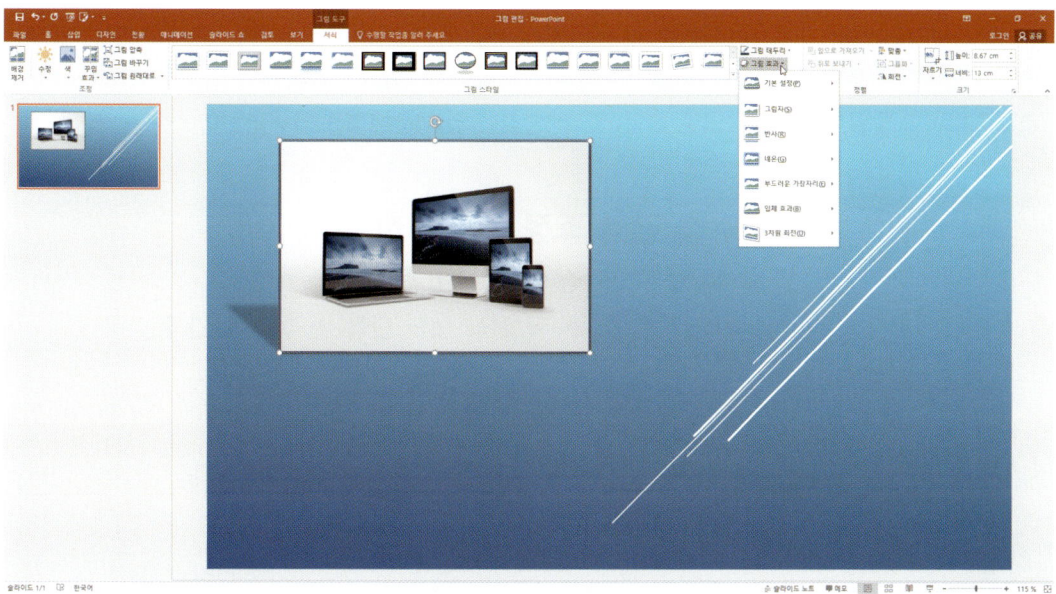

❷ 확장 메뉴의 기본설정, 그림자, 반사, 네온 등 다양한 효과 중 **반사**를 선택하고 예시된 효과 중에서 원하는 디자인을 선택합니다.

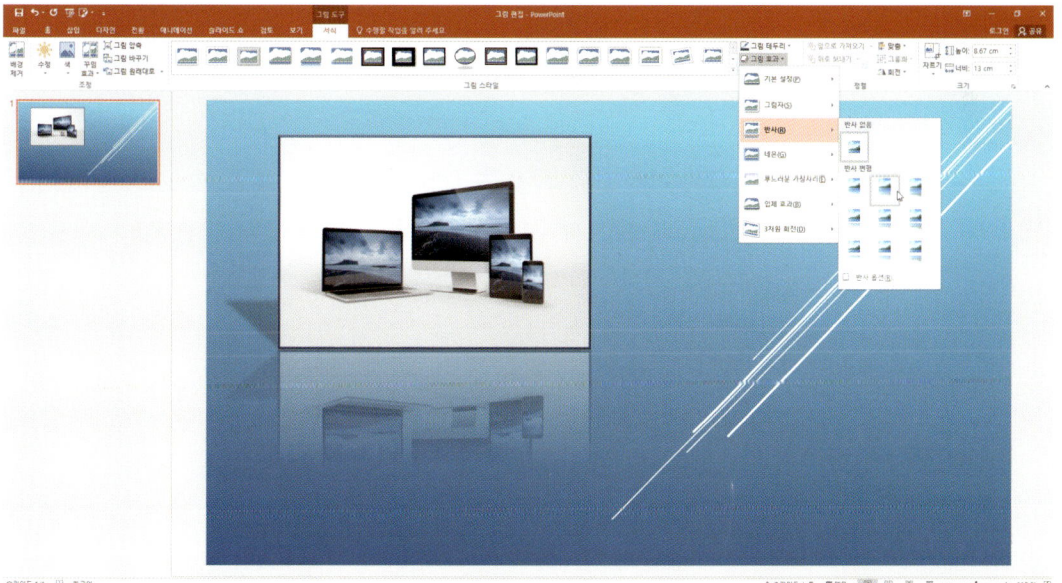

SECTION 6. 텍스트 및 이미지 정렬하기

아무리 내용이 좋더라도 균형이 맞지 않고 어지럽게 되어 있으면 전달력도 떨어지고 디자인 적으로도 보기가 안좋습니다. 글자가 너무 붙어 있으면 가독성이 떨어지고 상품 사진을 진열 했을 때도 간격을 보기 좋게 배열해야 원하는 효과를 얻을 수 있습니다. 이번 단원에서는 글자 및 이미지를 깔끔하고 효과적으로 정렬하고 배치하는 연습을 해보겠습니다.

1. 글자 줄 간격 조정 및 정렬하기
1-1. 글자 줄 간격 조정하기

❶ 줄 간격을 조정하고자 하는 글 상자를 선택한 뒤 '**서식**' 탭의 '**단락**' 영역 중 '**줄 간격**' 아이콘 을 클릭합니다.

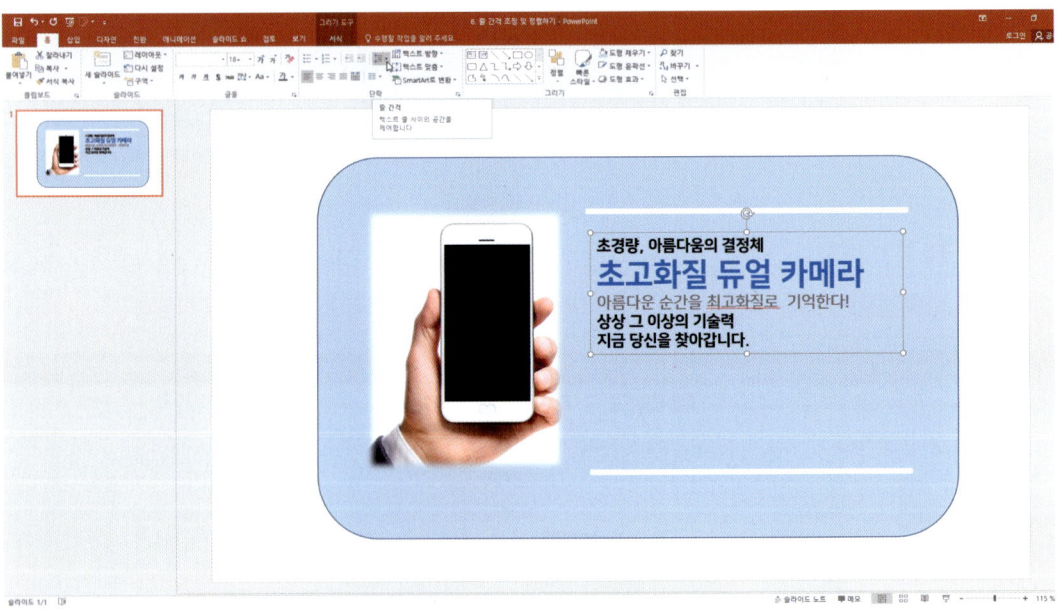

❷ 확장 메뉴 중에서 원하는 수치를 선택하여도 되지만 좀 더 세밀한 조정을 위해서는 맨 아래 '**줄 간격 옵션**'을 클릭합니다.

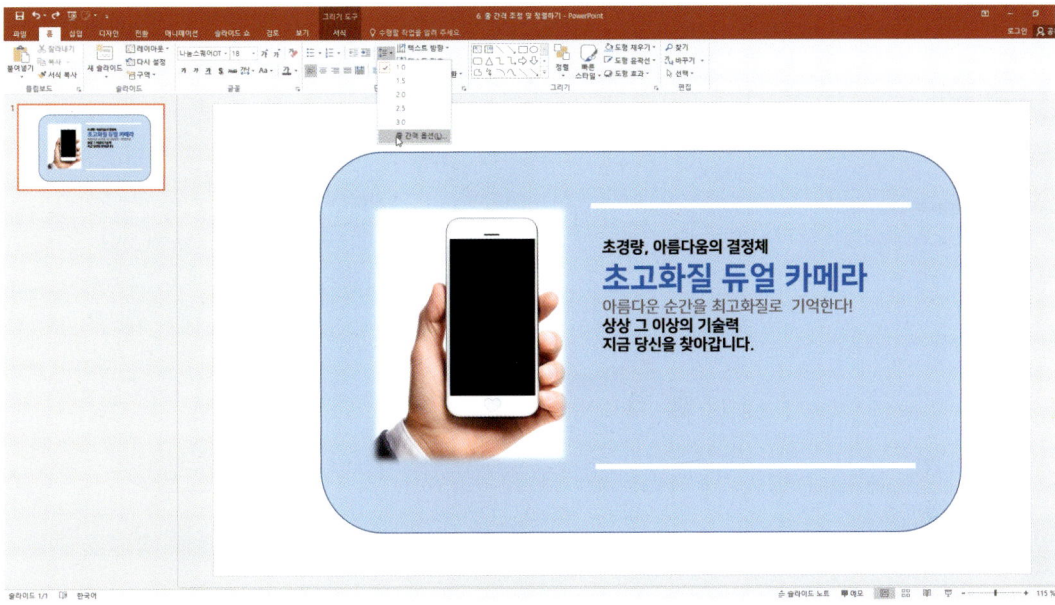

❸ 팝업 메뉴가 나타나면 우선 '**간격**' 영역의 '**줄 간격**'을 '**고정**'으로 바꿔 줍니다.

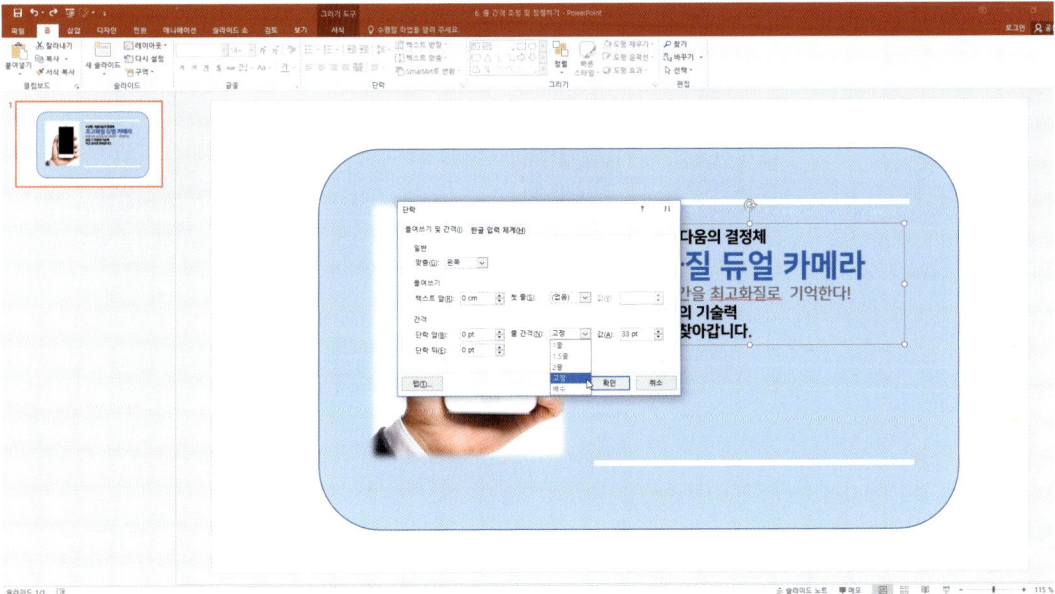

❹ 줄 간격 값을 알맞게 조정하고 하단의 '**확인**' 버튼을 누릅니다.

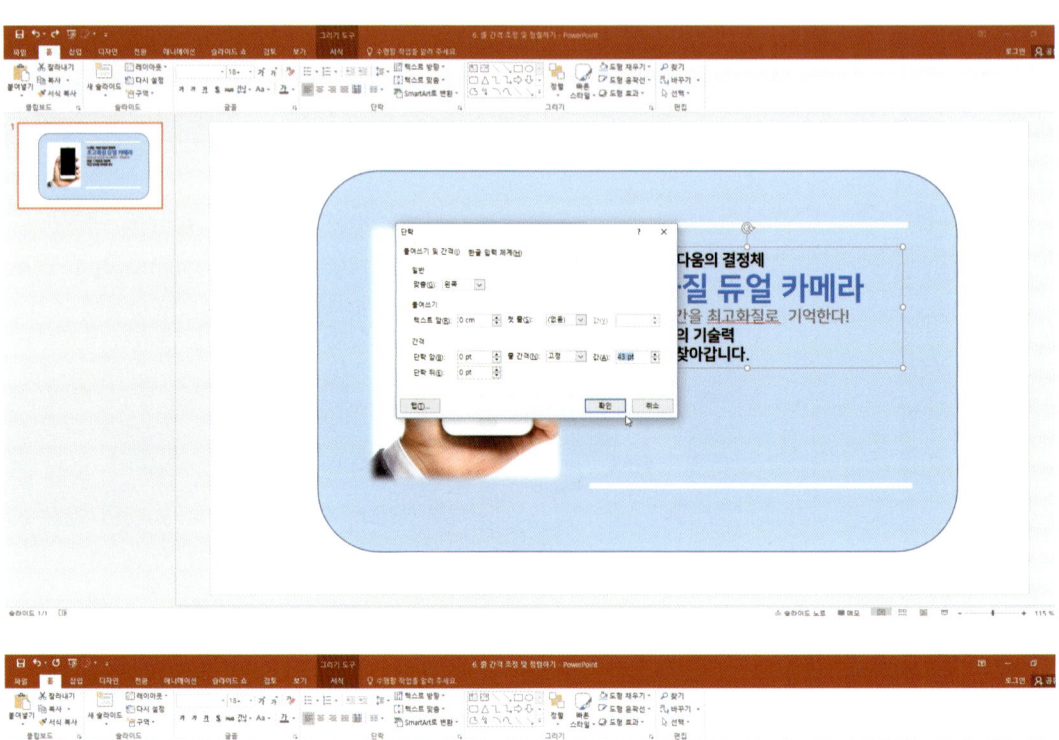

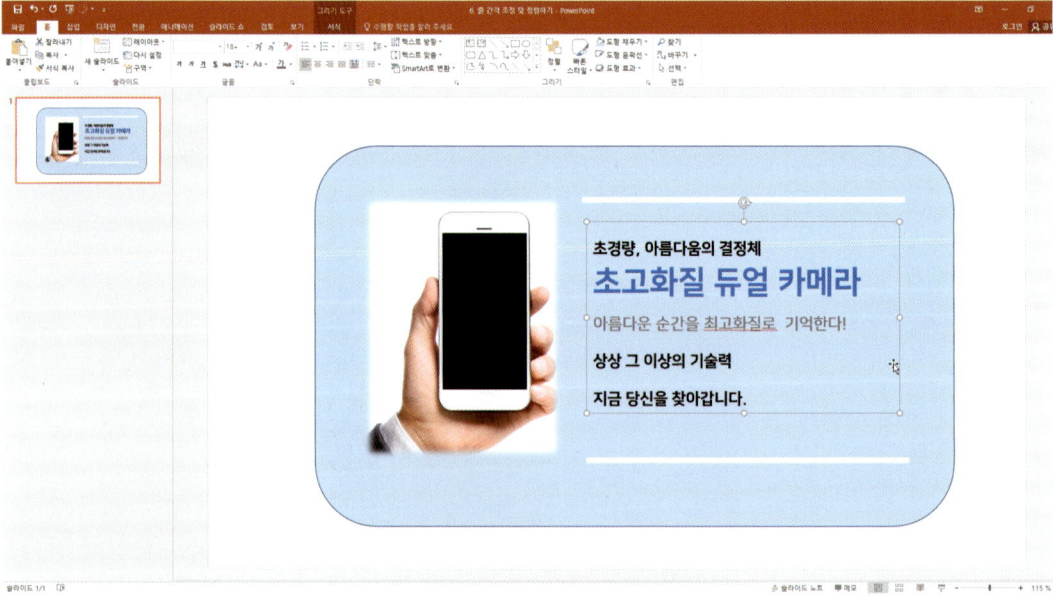

1-2. 글자 정렬하기

❶ '**왼쪽 맞춤**'을 기본으로 글 상자가 작성되기 때문에 다른 형식의 정렬을 원할 때는 글 상자를 더블클릭 후 '**서식**' 탭의 '**단락**' 영역에서 원하는 맞춤 형식(왼쪽 맞춤, 가운데 맞춤, 오른쪽 맞춤, 양쪽 맞춤)을 선택하시면 됩니다. 앞서 제작한 글 상자의 내용을 '**가운데 맞춤**'으로 바꿔보겠습니다.

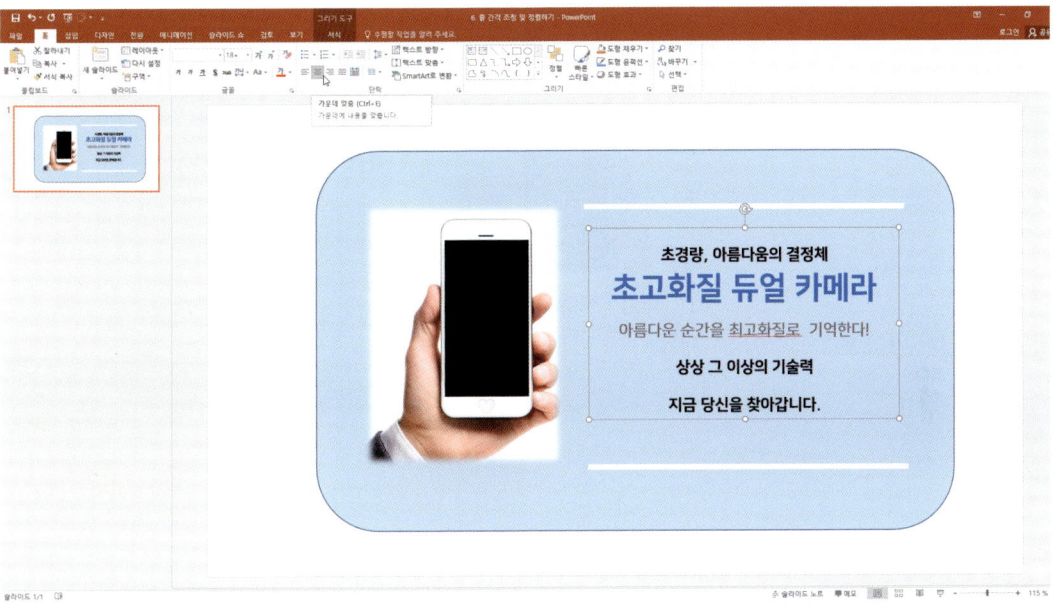

❷ 줄 별로 따로 정렬을 하고 싶을 때는 원하는 줄 앞에 커서를 놓거나 줄 전체를 드래그 한 뒤 원하는 맞춤 형식을 선택하면 됩니다. 예시에서는 맨 윗 줄을 '**왼쪽 맞춤**' 해보겠습니다.

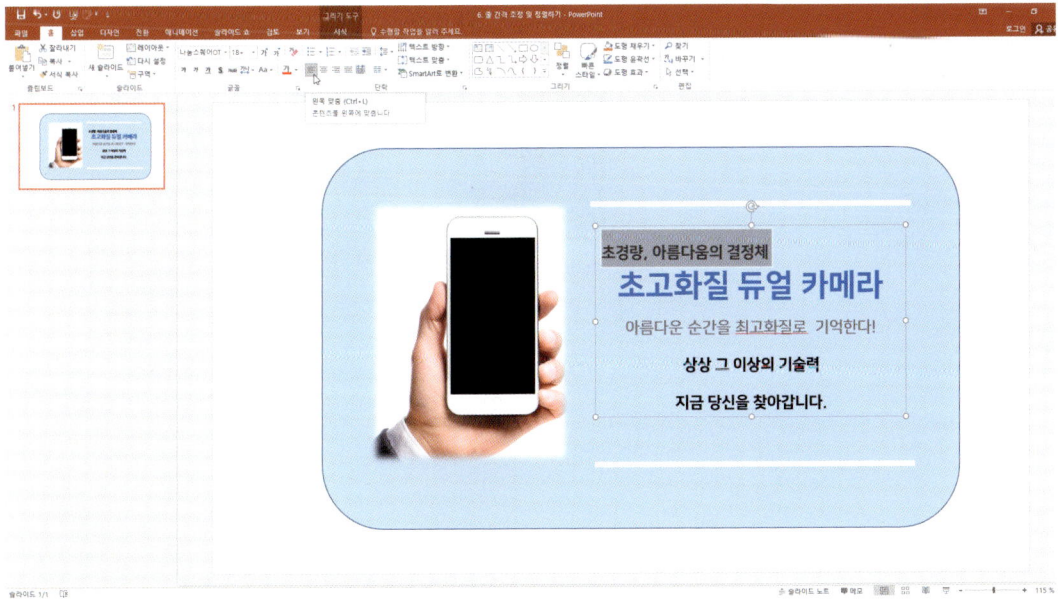

1-3. 글자 자간 조절하기

❶ 맨 아랫줄의 자간을 조절하기 위해서는 먼저 조절하고자 하는 영역을 드래그합니다.

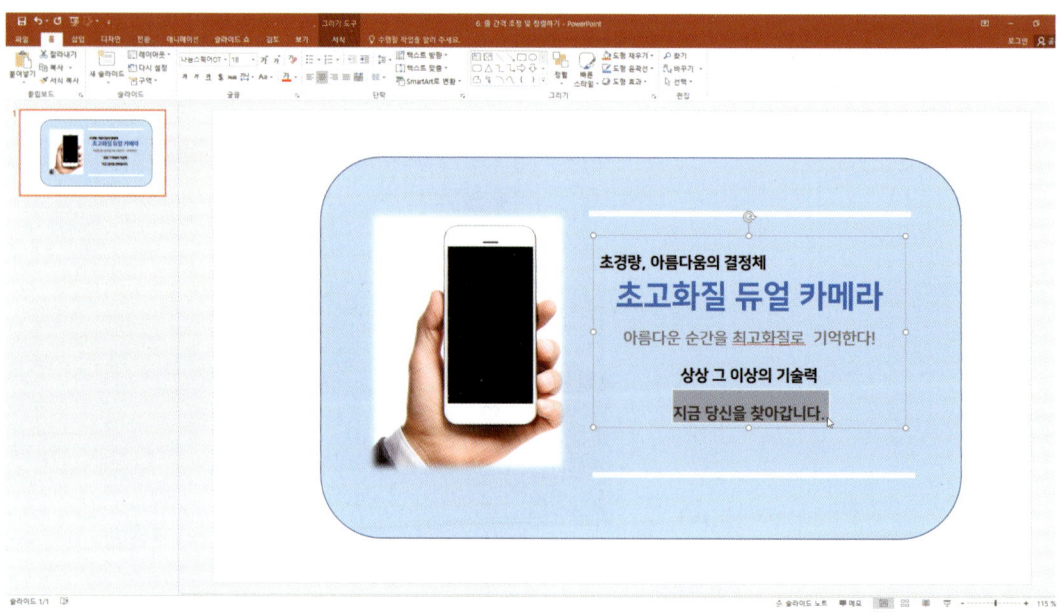

❷ '홈' 탭의 '글꼴' 영역 안의 '문자 간격' 아이콘 을 클릭합니다.

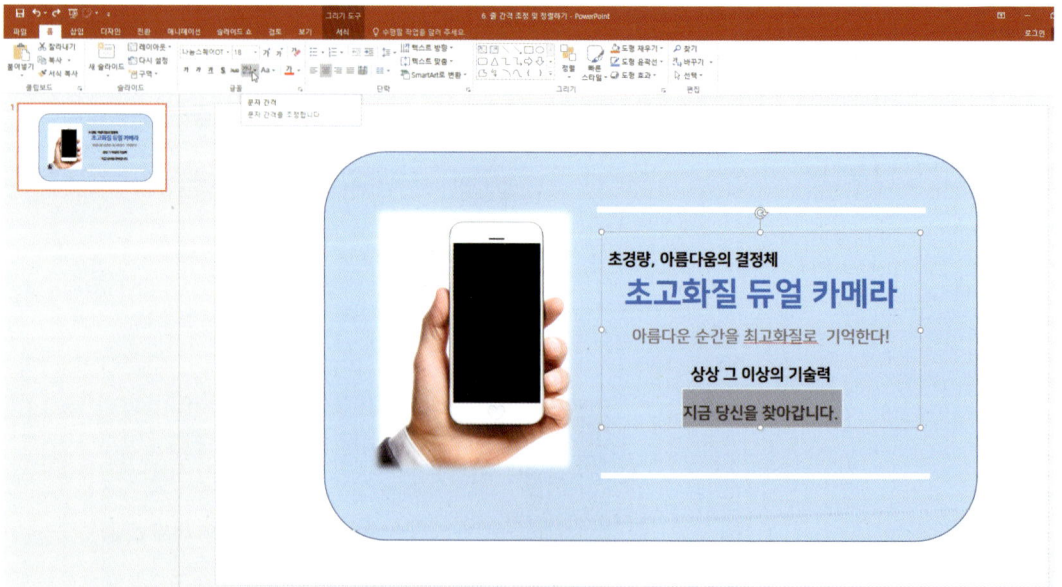

❸ '**문자 간격**' 클릭 후 나타나는 확장 메뉴 중 원하는 기본 설정 간격을 선택하여도 되지만 세밀하게 조절하기 위해서는 '**기타 간격**'을 선택합니다.

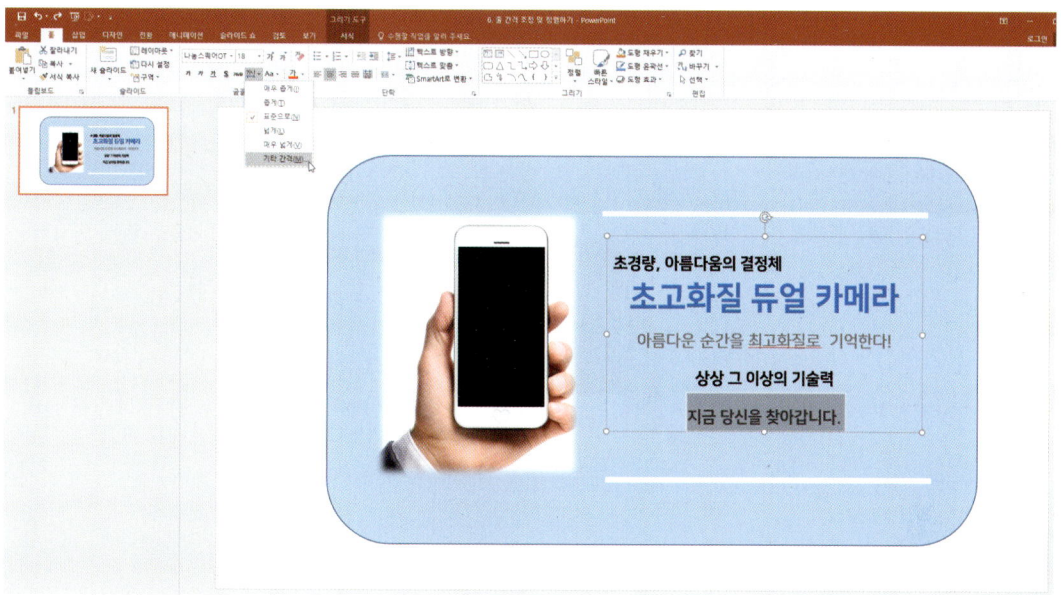

❹ 팝업 창이 뜨면 간격을 '**보통, 넓게, 좁게**' 중에서 선택한 뒤 알맞은 값을 입력하고 '**확인**' 버튼을 누릅니다.

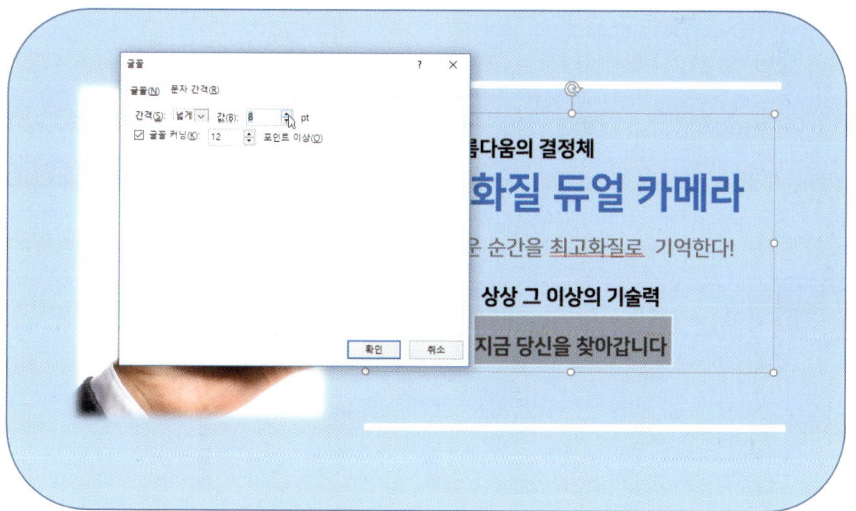

❺ 자간을 넓히니 디자인적으로도 개선되고 글자가 훨씬 더 시원하게 보이는 것을 확인할 수 있습니다.

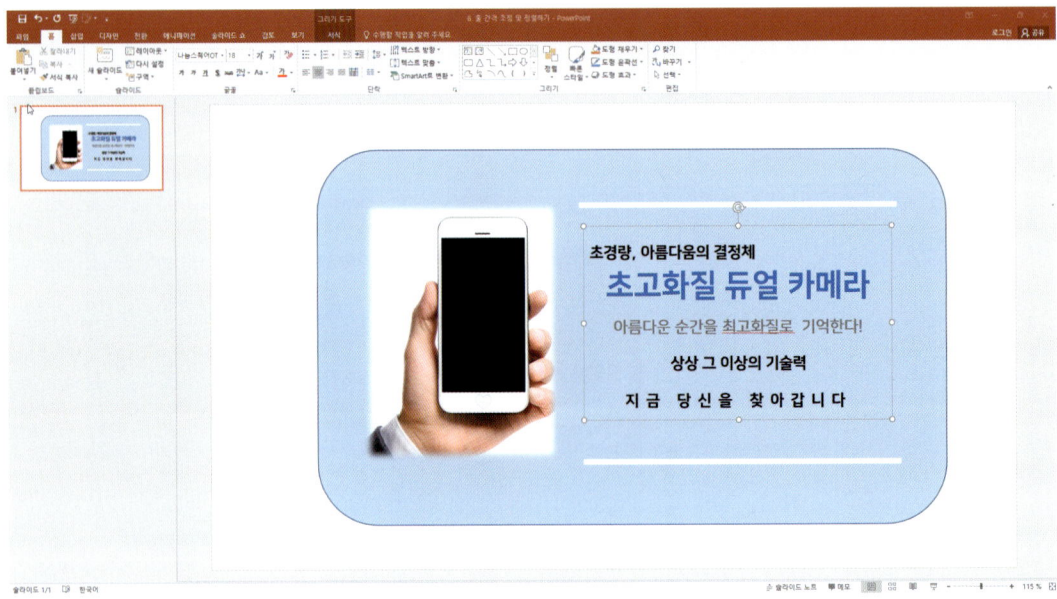

2. 이미지(도형) 정렬하기
2-1. 이미지(도형) 순서 조절하기

❶ 겹쳐있는 이미지의 순서를 조절하기 위해서는 순서를 변경하고자 하는 이미지를 선택하고 '**홈**' 탭의 '**그리기**' 영역에서 '**정렬**'을 선택 후 조절이 가능합니다. 예시에서는 '**액자 틀**' 배경 이미지에 사진 두 장을 배치해 보도록 하겠습니다. 가장 먼저 '**김치**' 이미지를 선택 후 '**정렬**' 버튼을 누릅니다.

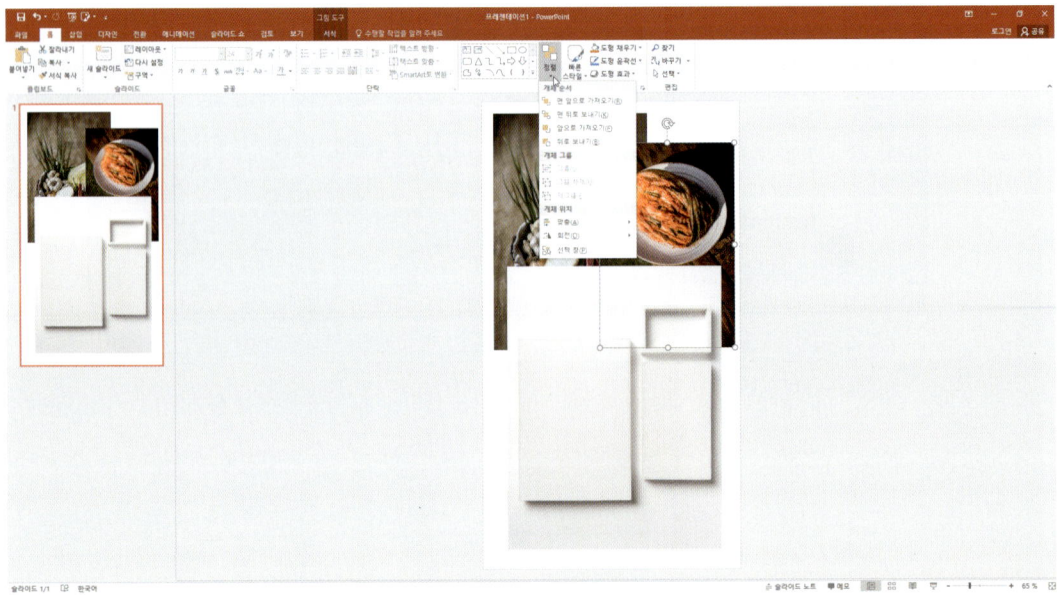

❷ '액자' 이미지 뒤에 있는 '김치' 이미지를 앞으로 가져오기 위해서 확장 메뉴 중 '**앞으로 가져오기**'를 클릭합니다.

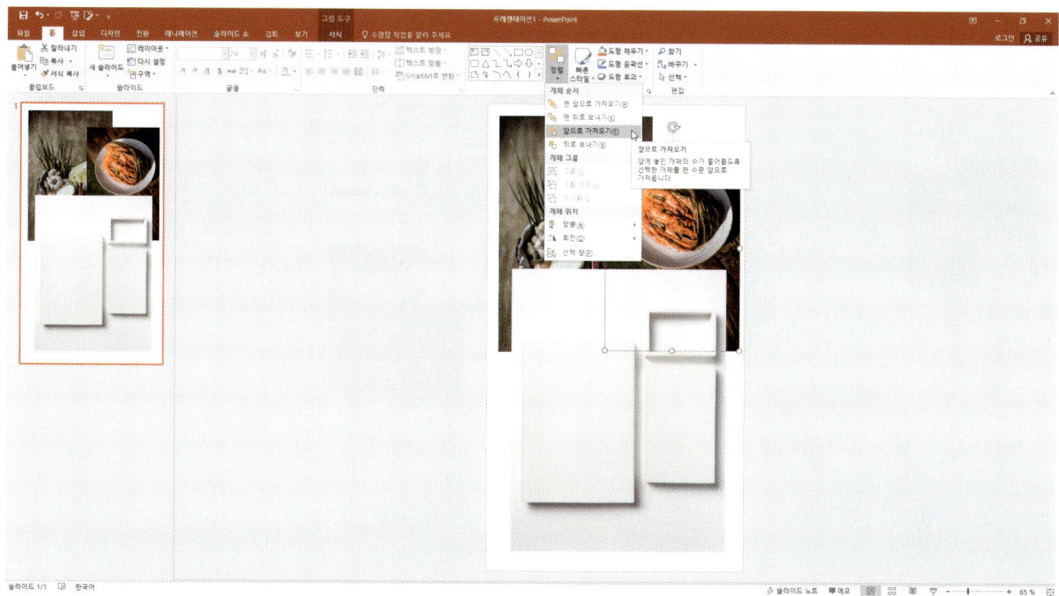

❸ '**김치**' 이미지가 '**액자**' 이미지 위로 배치되었습니다.

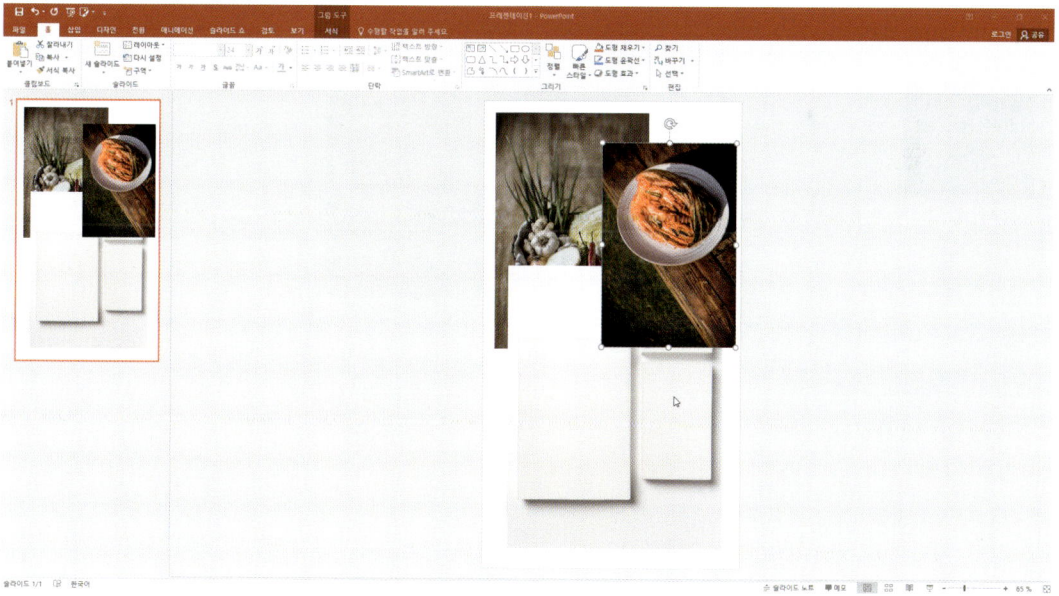

❹ 맨 뒤에 위치하고 있는 '**배추**' 이미지를 '**액자**' 이미지 위로 배치하기 위해서 '**액자**' 이미지를 '**배추**' 이미지 뒤로 보내겠습니다. 우선 '**액자**' 이미지를 선택하고 '**정렬 ▶ 개체순서 ▶ 뒤로 보내기**'를 선택합니다.

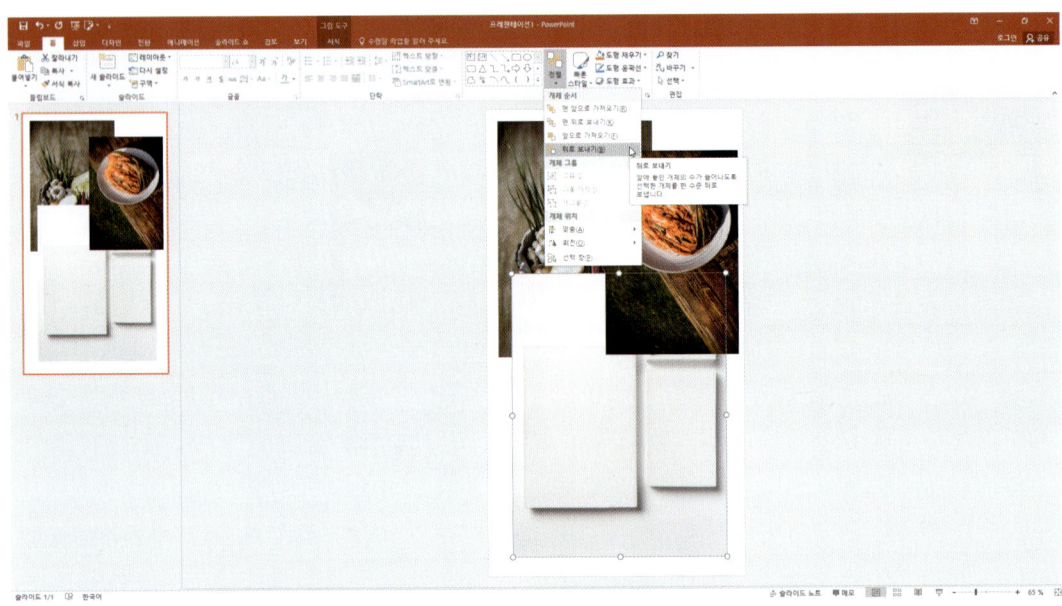

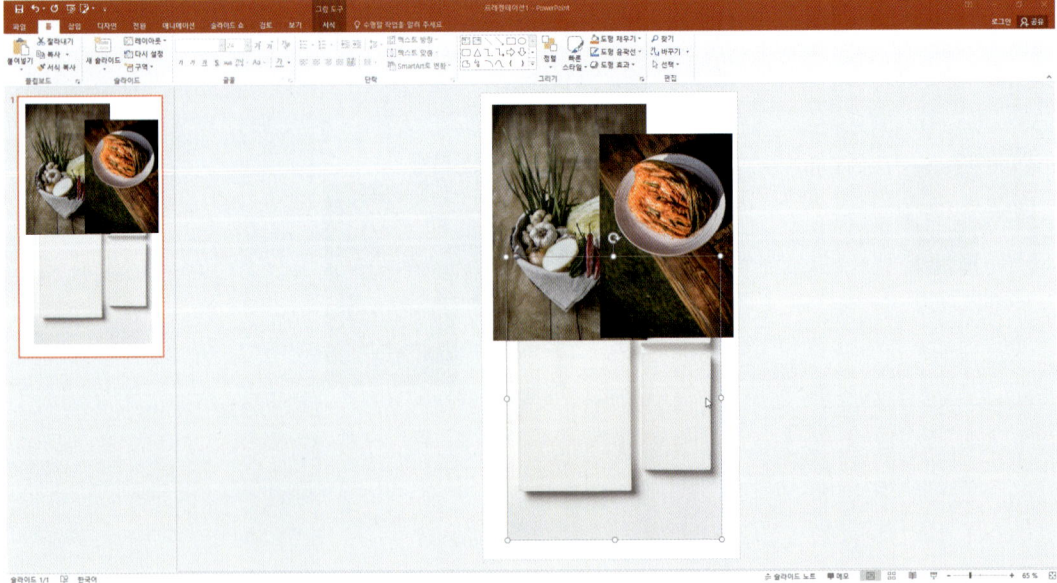

❺ 순서를 알맞게 바꾼 이미지들의 크기와 위치를 조절하여 원하는 디자인을 완성합니다.

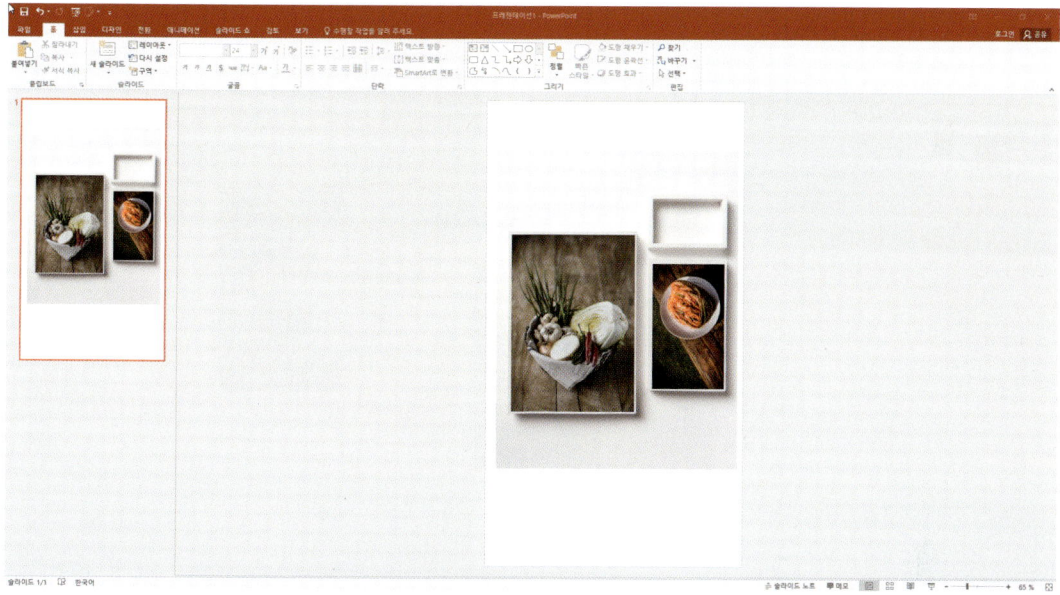

2-2. 이미지(도형) 위치 조절하기

❶ 정렬하고자 하는 이미지를 모두 선택한 뒤 '**홈탭 ▶ 그리기 ▶ 정렬 ▶ 개체 위치 ▶ 맞춤**' 으로 이동합니다. 맞춤 확장 메뉴에서는 이미지나 도형을 페이지 가장자리에 맞춰 정렬하거나 개체끼리 서로 맞춰서 정렬할 수 있습니다. 예시에서는 어지럽게 배치되어 있는 이미지를 가운데로 보기 좋게 정렬해보겠습니다.

❷ 우리는 가운데 이미지들을 정렬해야 하므로 '**중간 맞춤**'을 선택합니다.

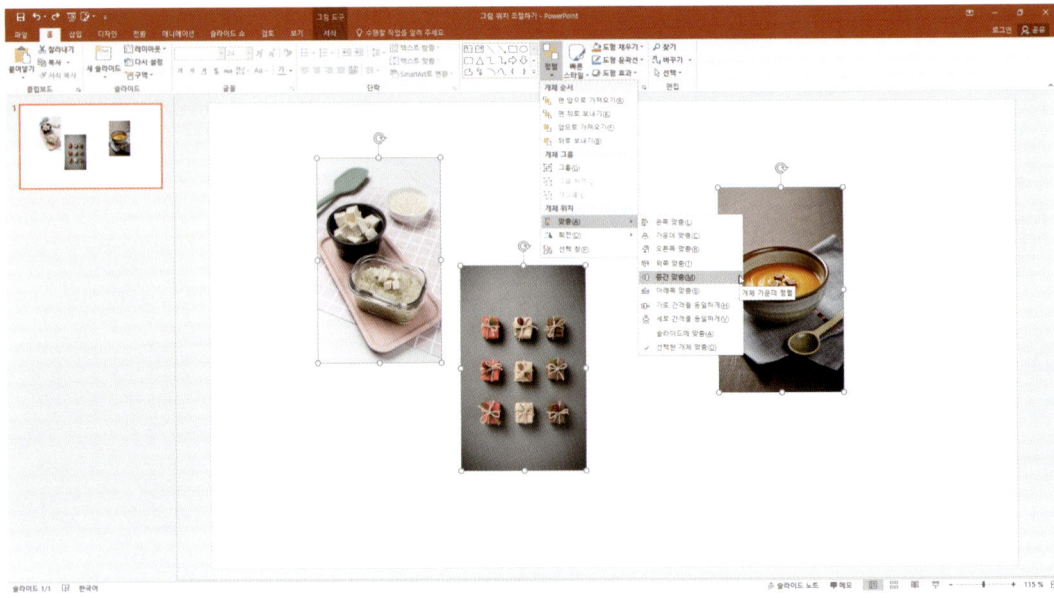

❸ 중간 맞춤이 완료된 상태에서 '**정렬 ▶ 개체 위치 ▶ 맞춤**'으로 다시 들어가 '**가로 간격을 동일하게**'를 선택합니다.

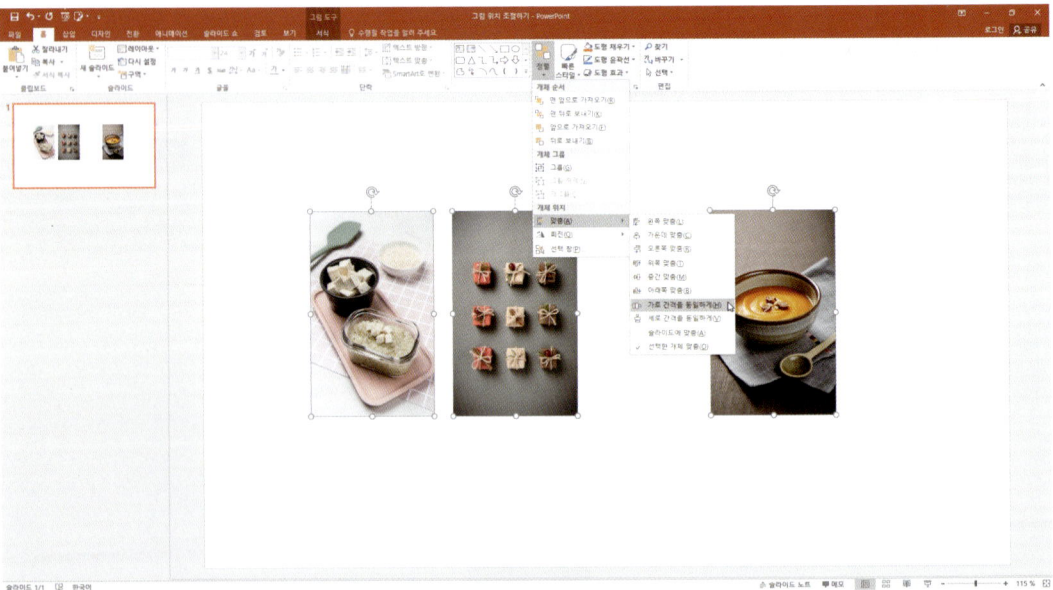

❹ 세 개의 이미지가 가운데 알맞게 동일한 간격으로 정렬되었습니다.

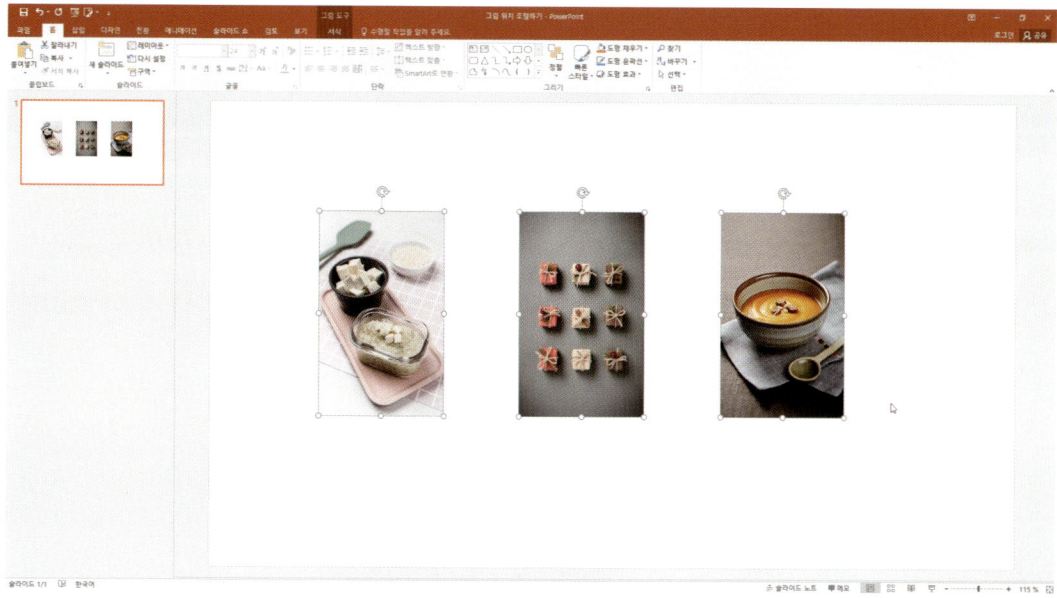

SECTION 7. 끊기는 이미지 연결하기

작업시 슬라이드 페이지가 끊겨 이미지가 짤리는 경우가 있습니다. 이런 경우 다음과 같은 방법으로 이미지를 연결하여 사용하실 수 있습니다.

❶ 메뉴에서 '**삽입**' 선택 후 '**그림**'을 선택하여 원하시는 사진 파일을 불러옵니다.

❷ 원하시는 위치에 사진을 위치합니다.

❸ 짤리는 부분에 '**삽입**' 선택후 '**도형**'을 선택하여 '**선**'을 선택합니다.

❹ 잘리는 부분에 라인을 그려주어 잘리는 위치를 표시합니다.

❺ 처음 이미지를 위치한 슬라이드를 선택하여 오른쪽 마우스를 클릭하여 '**슬라이드 복제**'를 선택하여 슬라이드를 복제합니다.

❻ 복사된 슬라이드에서 이미지와 잘리는 부분을 표시한 라인을 함께 선택하여 슬라이드의 젤 위쪽 라인에 잘리는 위치를 표시한 라인에 맞게 위치합니다.

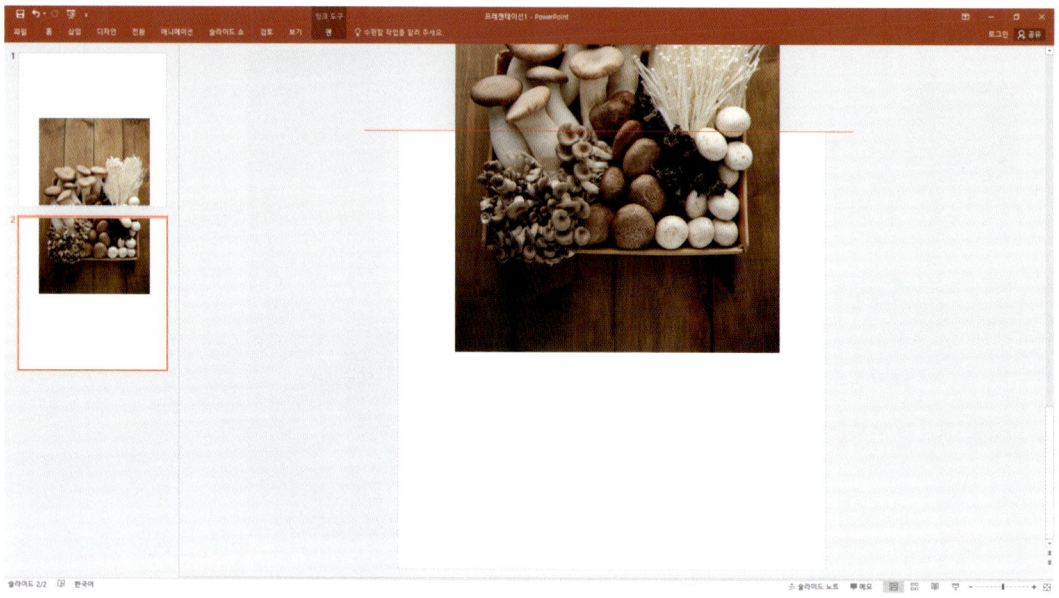

TIP

'SHIFT'를 누른 상태에서 이미지와 라인을 하나씩 선택하면 함께 선택이 가능합니다.

❼ 원하는 위치에 위치하였으면 위치 표시를 위해 그려줬던 라인(두 이미지에 있는 라인 모두)들은 삭제해줍니다.

SECTION 8. 상세페이지 등록을 위한 이미지 저장하기

상세페이지 등록을 위해서는 일반적인 파워포인트 저장 방법이 아닌 상세페이지 등록을 위한 저장 방법이 필요합니다. 그 방법을 구체적으로 살펴보겠습니다.

❶ 완료된 제작파일을 엽니다.

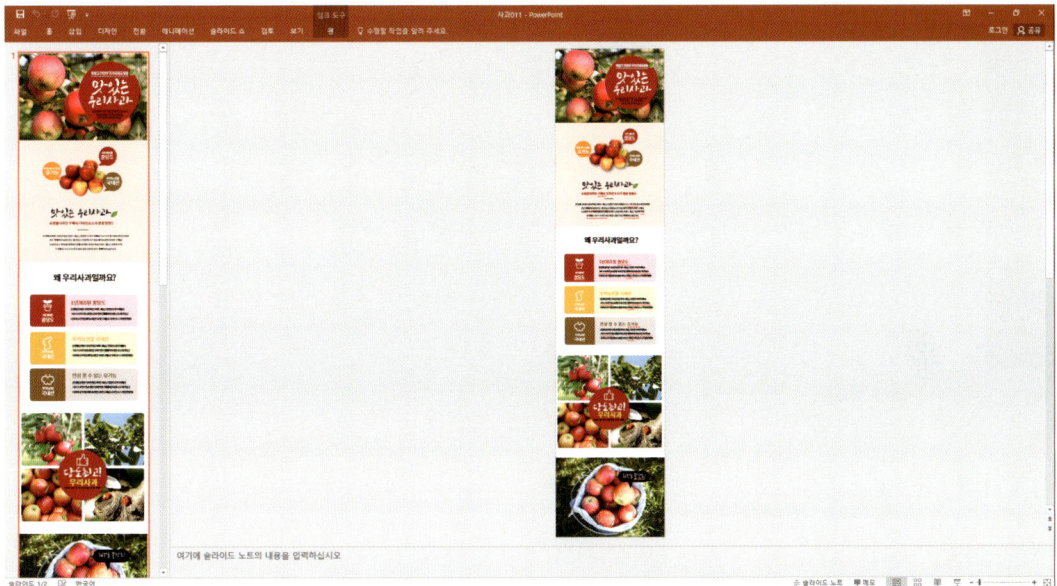

❷ 메뉴에서 '**파일**'을 선택하여 '**다름 이름으로 저장**'을 선택합니다.

❸ '**찾아보기**'를 선택합니다.

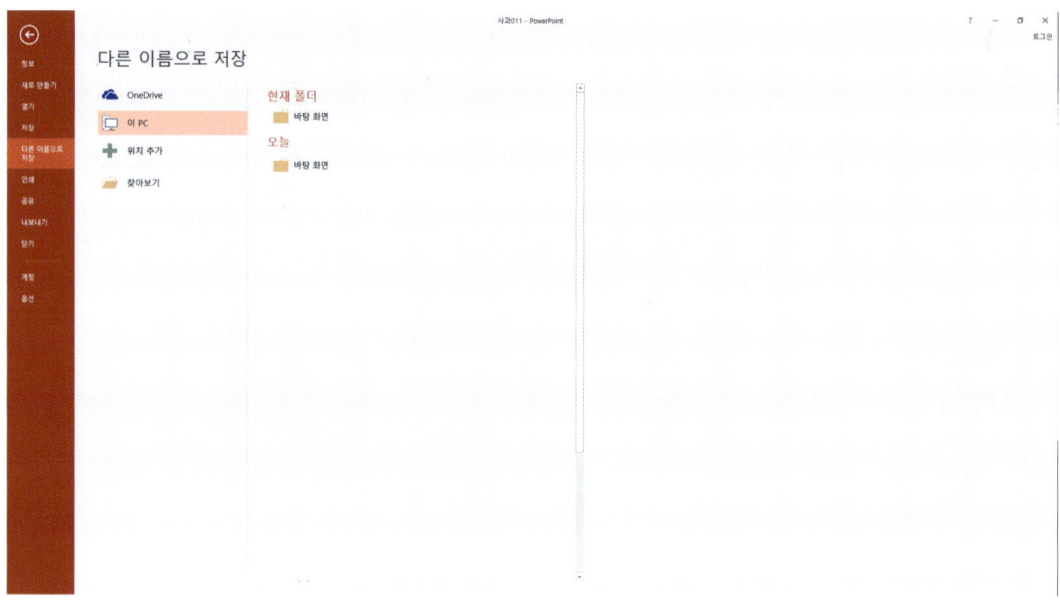

❹ 원하시는 위치에 원하시는 이름으로 저장합니다. 파일형식을 반드시 png로 설정하여 '**저장하기**'를 누릅니다.

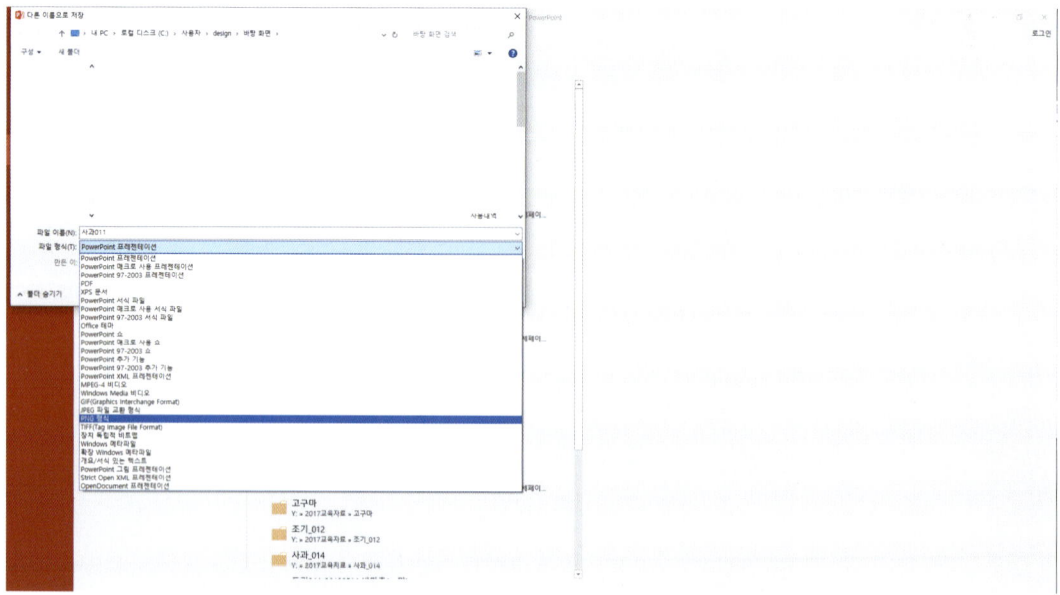

❺ '모든 슬라이드 저장'을 선택합니다.

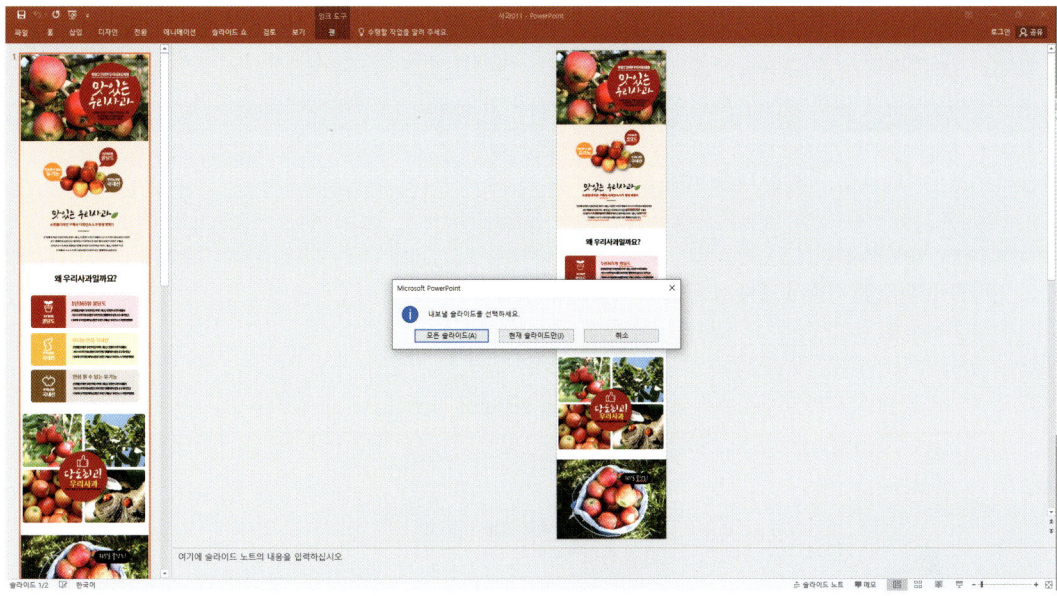

❻ 선택하셨던 위치에 이미지 파일이 저장되었습니다.

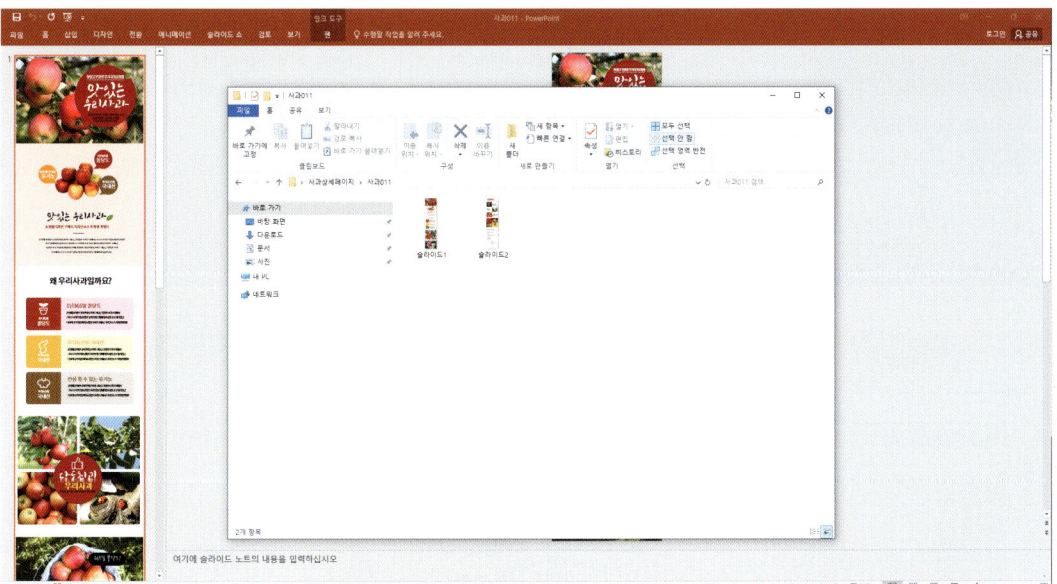

TIP

저장된 파일은 쇼핑몰에 등록하실 수 있습니다. 등록 시에는 번호 순서대로 차례로 등록하면 차례로 등록되어 한 이미지로 보여집니다.

> ### 꼭! 알고 있어야 할 주요 TIP
>
> 마지막 이미지의 아래 공간이 너무 많이 남았어요. 어떻게 하죠?
> 파워포인트 페이지는 모두 동일한 크기로 생성되기 때문에 제작이 모두 완료되었을 때 마지막 페이지 이미지의 아랫부분이 많이 빈 공간으로 남을 수 있습니다. 이 경우 두 가지 방법이 있습니다.
>
> **1. 초기제작시에 파일 자체를 다른 파일로 만듭니다.**
> 마지막 페이지에 대해서만 파일을 따로 제작하여 저장합니다.
>
> **2. 마지막 이미지만 이미지 툴에서 크롭하여 잘라냅니다.**
> 마지막 이미지를 이미지편집 프로그램에서 잘라서 사용합니다.
> 네이버에서 이미지편집 프로그램을 검색하면 무료로 사용하실 수 있는 프로그램이 다수 검색됩니다. (예: 픽픽 등) 그 중 한 프로그램을 사용하여 마지막 이미지에 대해서만 이미지를 잘라내어 저장하세요.

SECTION 9. 이미지 색상보정하기

삽입한 이미지의 채도, 밝기, 대비 등 색상을 보정함으로써 원본 이미지가 가지고 있는 느낌 외에 여러가지 분위기를 연출할 수 있습니다. 파워포인트에서는 이미지 보정을 보다 쉽게 할 수 있도록 값이 설정되어 있는 예시들이 나열되어 있습니다. 나열되어 있는 예시들 중에 선택을 하거나 본인이 직접 수치를 입력함으로써 원하는 결과물을 얻을 수 있습니다.

1. 선명도 및 밝기/대비 조절하기
1-1. 선명도 조절하기

❶ 이미지를 삽입 후 이미지를 클릭하면 상단에 '**서식**' 탭이 생깁니다. '**서식**' 탭 안의 '**조정**' 영역에서 '**수정**'을 클릭합니다.

❷ 확장메뉴의 '**선명도 조절**'에 예시되어 있는 값 중에 원하는 효과를 선택합니다. '**부드럽게 50%**'를 선택하면 사진이 부드럽게 흐려지는 것을 볼 수 있고 '**선명하게 50%**'을 선택하면 보다 선명해지는 것을 볼 수 있습니다.

1-2. 밝기/대비 조절하기

❶ 선명도 조절할 때와 마찬가지로 '**서식**' 탭 '**조정영역 ▶ 수정 ▶ 밝기/대비**' 로 이동하여 원하는 효과를 선택합니다. '**밝기: +41% 대비: -20%**' 로 설정되어 있는 효과를 선택하여 밝고 화사한 느낌으로 이미지를 보정해보겠습니다.

❷ 이번에는 '**밝기: -41% 대비: +20%**' 효과를 선택하여 주스 이미지를 어둡게 만들고 깔끔한 디자인의 하얀색 타이틀을 삽입해보겠습니다.

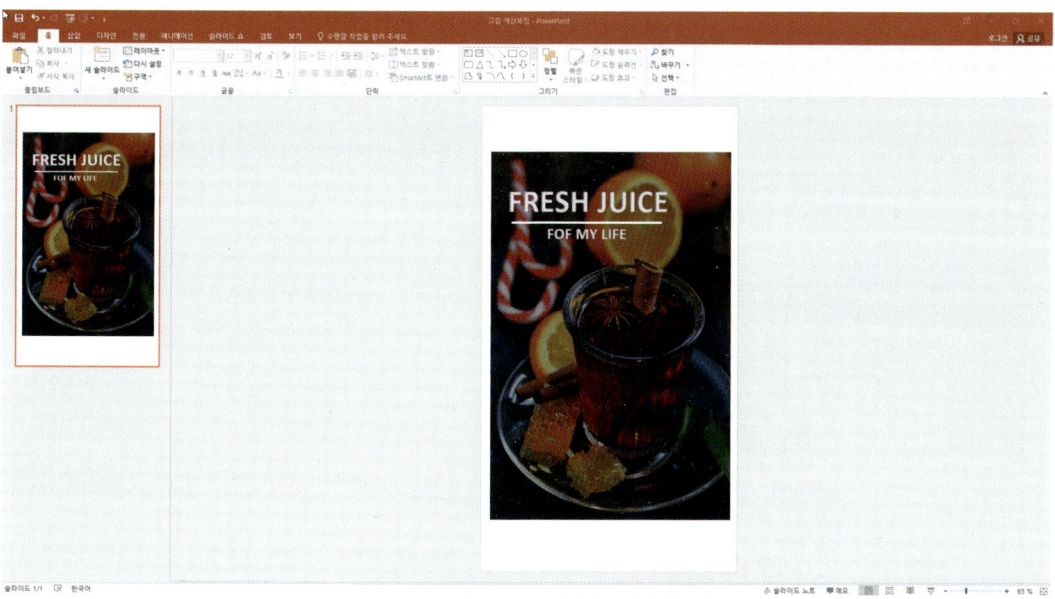

1-3. 보정 값 직접 입력하기

❶ 예시되어 있는 효과가 아니라 내가 원하는 대로 디테일하게 색을 보정하고자 할 때는 '**서식 탭 ▶ 조정영역 ▶ 수정**'으로 이동하여 맨 아래 '**그림 보정 옵션**'을 클릭합니다.

❷ 작업 창 오른쪽에 새로 생긴 '**그림 서식**' 창에서 선명도 및 밝기/대비 칸에 원하는 수치를 입력하거나 조절 바를 움직임으로써 값을 조절합니다.

2. 채도 및 색조 조절하기
2-1. 채도 조절하기

❶ 채도를 조절할 이미지를 삽입 후 클릭하면 상단에 '**서식**' 탭이 생깁니다. '**서식**' 탭 안의 '**조정**' 영역에서 '**색**'을 클릭합니다.

❷ 확장메뉴의 '**색 채도**'에 예시되어 있는 것들 중에서 원하는 효과를 선택하면 됩니다. 채도를 높이면 이미지가 선명해지며 채도가 '**0%**'인 예시를 선택하게 되면 무채색인 흑백으로 변하는 것을 확인할 수 있습니다.

2-2. 색조 조절하기

❶ 채도를 조절할 때와 마찬가지로 '**서식 탭 ▶ 조정영역 ▶ 색 ▶ 색조**'로 이동하여 원하는 효과를 선택합니다.

❷ 예시에서 '**온도 : 11200K**'를 선택해보면 색조 온도가 올라갈수록 원본사진보다 따뜻하고 편안한 느낌을 준다는 것을 확인 할 수 있습니다.

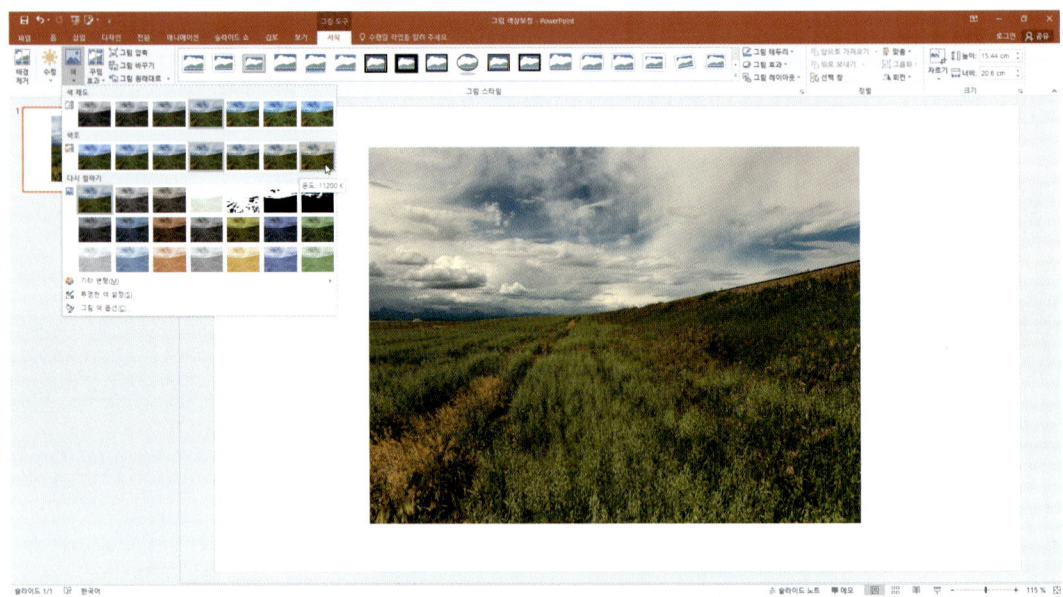

2-3. 보정 값 직접 입력하기

❶ 채도와 색조의 값을 직접 입력하기 위해서는 '**서식 탭 ▶ 조정영역 ▶ 색**'으로 이동하여 맨 아래 '**그림 색 옵션**'을 클릭합니다.

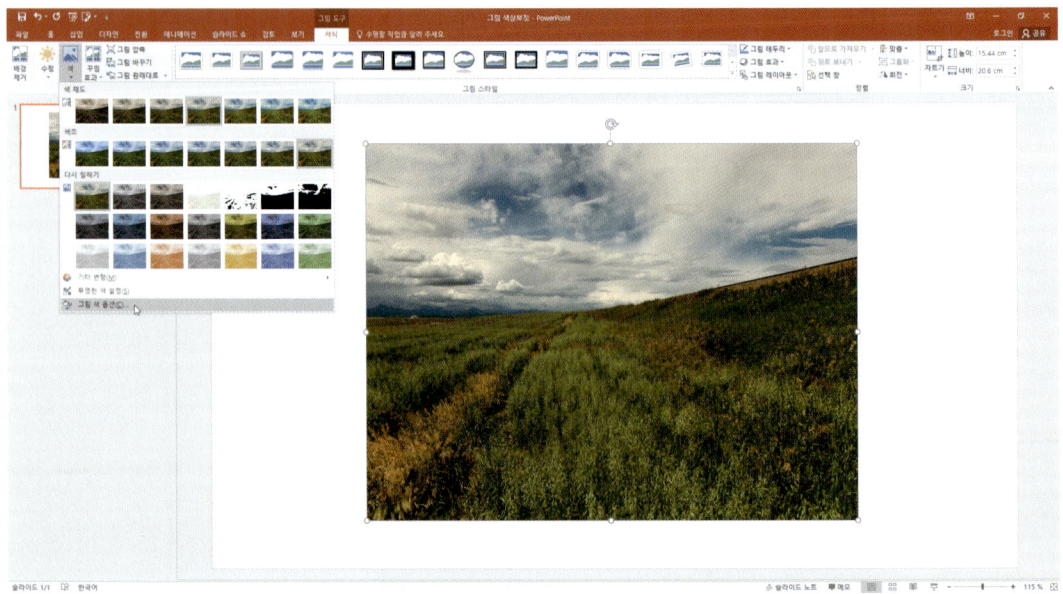

❷ 작업 창 오른쪽에 새로 생긴 '**그림 서식**' 창에서 색 채도 및 색조 칸에 수치를 입력하거나 조절 바를 움직임으로써 값을 조절합니다.

마케팅 전략이 담긴 상세페이지 만들기

SECTION 1. 시선을 사로잡는 상세페이지 최상단 만들기

상세페이지에서 가장 심혈을 기울여서 제작해야 하는 부분이 바로 최상단 영역입니다. 최상단 영역에서 고객들의 관심을 유도해야 합니다. 상품에 대한 가장 중요한 정보가 제공되어야 하고, 고객의 궁금증을 유발시킨다면 더욱 좋습니다.

1. 새로운 슬라이드 만들기

❶ 새로운 슬라이드 만들기- 메뉴- 디자인에서 사용자 지정 슬라이드 크기를 지정합니다. 가로 540px의 경우 cm 변환시 19.05cm 사이즈입니다. 세로 길이는 상세페이지 길이에 따라 조절하시면 됩니다. 본 상세페이지의 경우 **960px의 최대 142cm** 사이즈로 제작해보겠습니다.

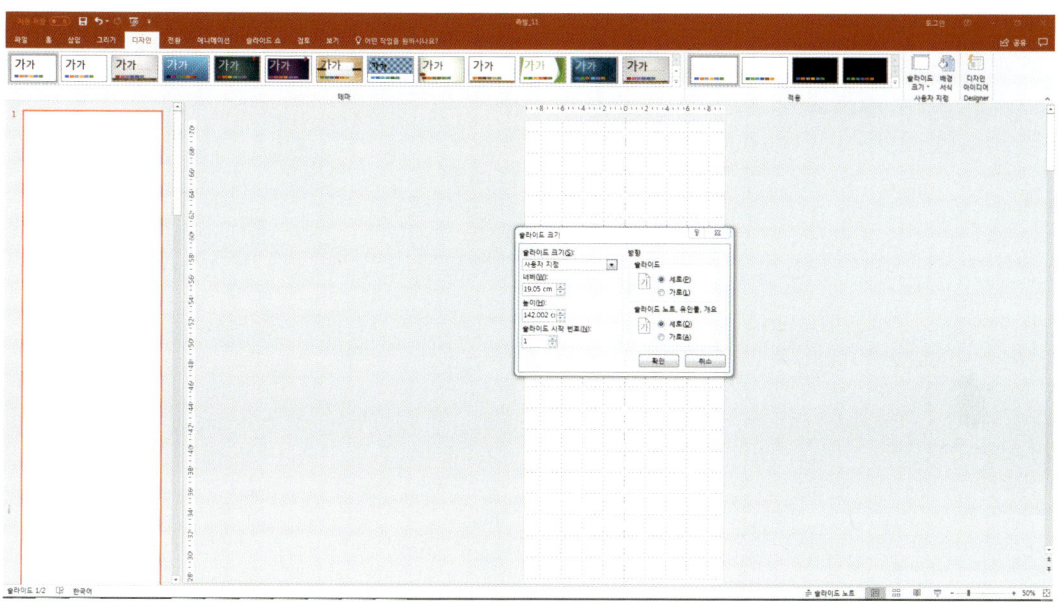

2. 배경색 깔기

❶ 상세페이지의 메인 인트로 부분을 위해, '**연한 베이지 R231/G219/B204**' 배경 색상을 입힌 사각형 전경색을 삽입합니다.

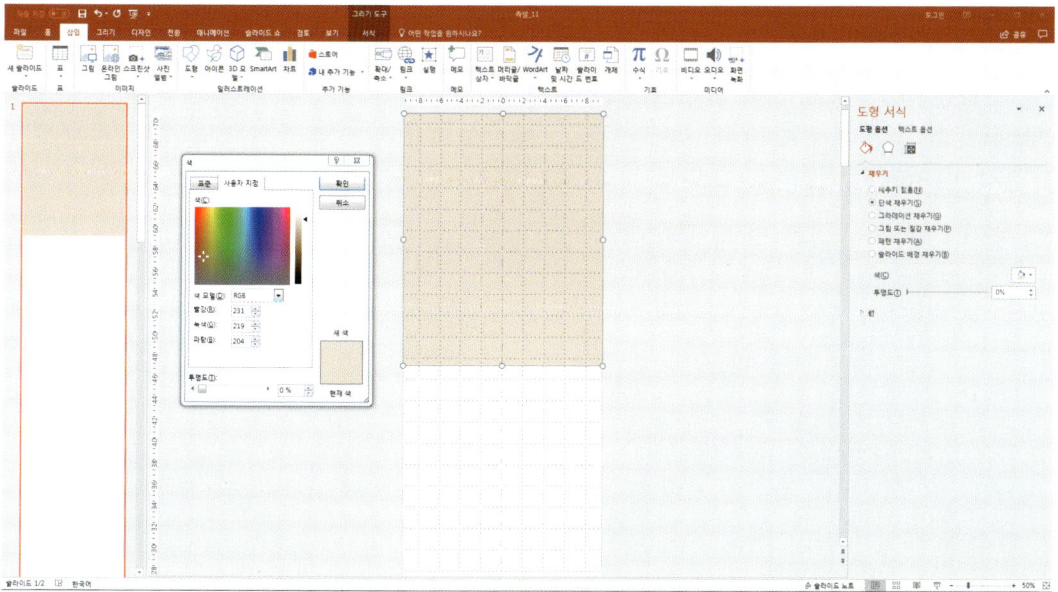

3. 타이틀(주요카피) 만들기

❶ 인트로, 메인 텍스트, 상품명 및 포인트 문구를 '**글꼴 Log 청출어람 44pt**'로 지정하고 '**신선한 먹거리 안심족발 돈육상품**'으로 넣어줍니다.

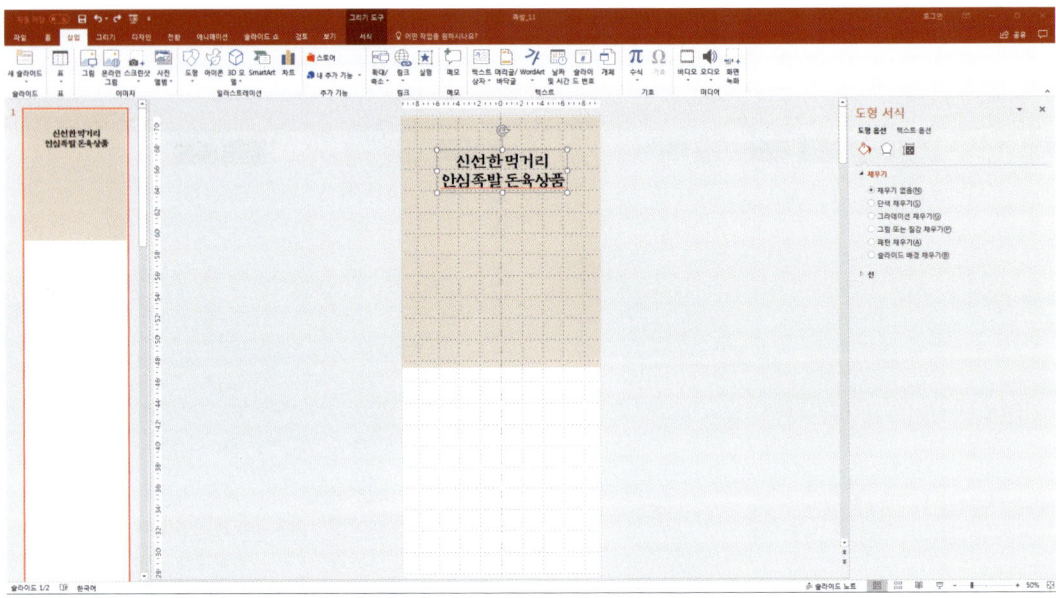

4. 서브카피 넣기

❶ 하단에는 서브문구를 배치시킵니다. 주요 문장은 밑줄로 강조하고 '**글꼴 Noto Sans Regular 16pt 밤색**'으로 넣어줍니다.

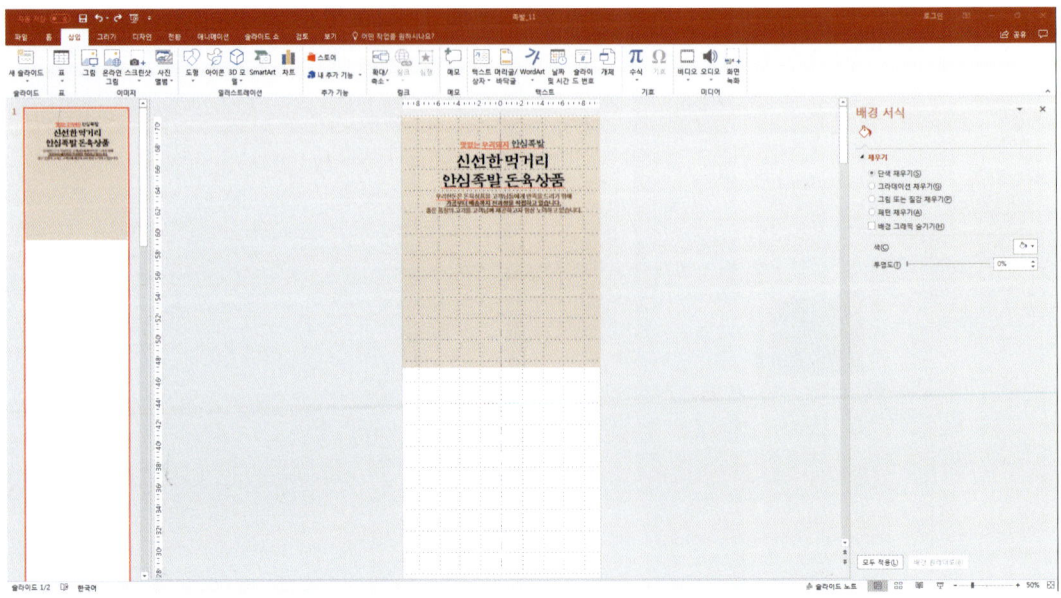

5. 이미지 넣기

❶ 메인 이미지인 배경이 제거된 족발 이미지를 삽입합니다.

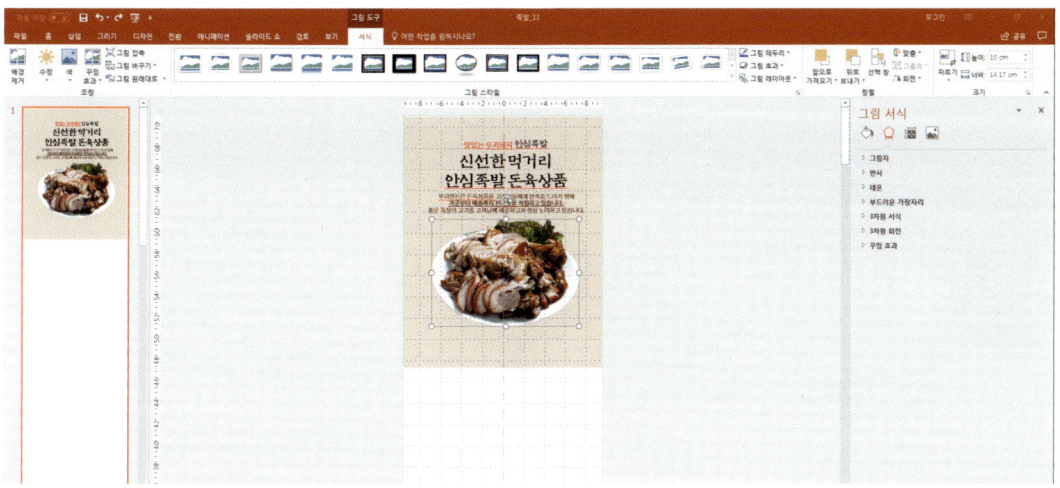

> **TIP**
>
> 이미지 배경제거는 '**상세페이지 제작에 필요한 ppt핵심기능**'의 '**이미지 삽입 및 편집하기**'에서 방법이 설명되어 있습니다.

6. 인증마크 이미지 넣기

❶ 마찬가지로 배경이 제거된 품질 인증 마크를 삽입합니다.

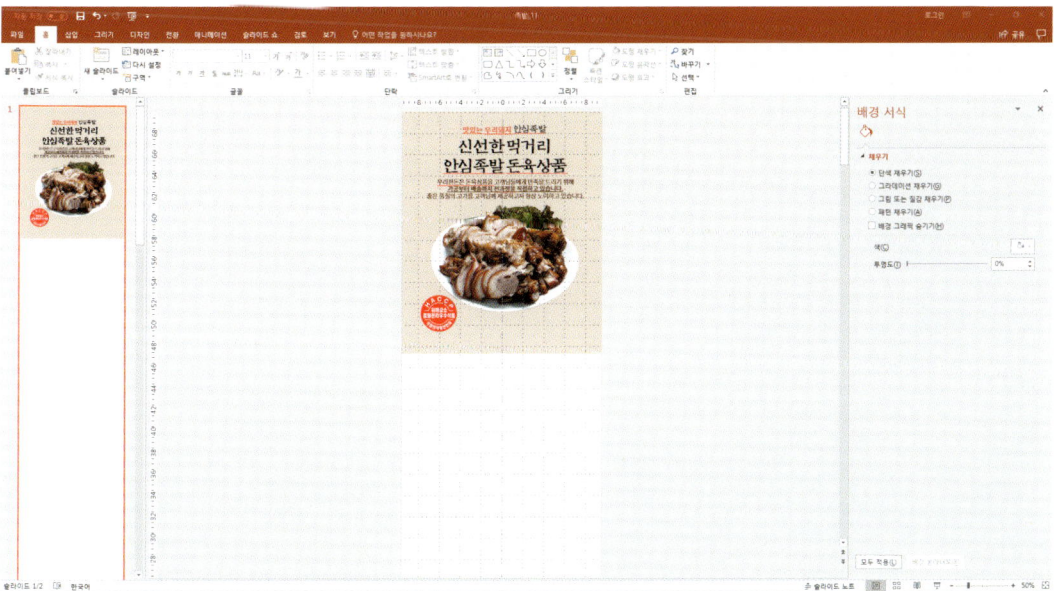

7. 인증마크 설명 넣기

❶ 부가설명은 투명도가 50% 설정된 검정 사각 박스를 삽입한 후 ❷ '화이트 텍스트'로 설명을 추가하고 '글꼴 맑은고딕 11pt 밑줄'로 넣어줍니다.

식욕을 자극시키는 족발 이미지와 신선함과 안전성을 강조한 문구 텍스트로 시선을 사로잡는 메인 인트로 섹션이 정리되었습니다.

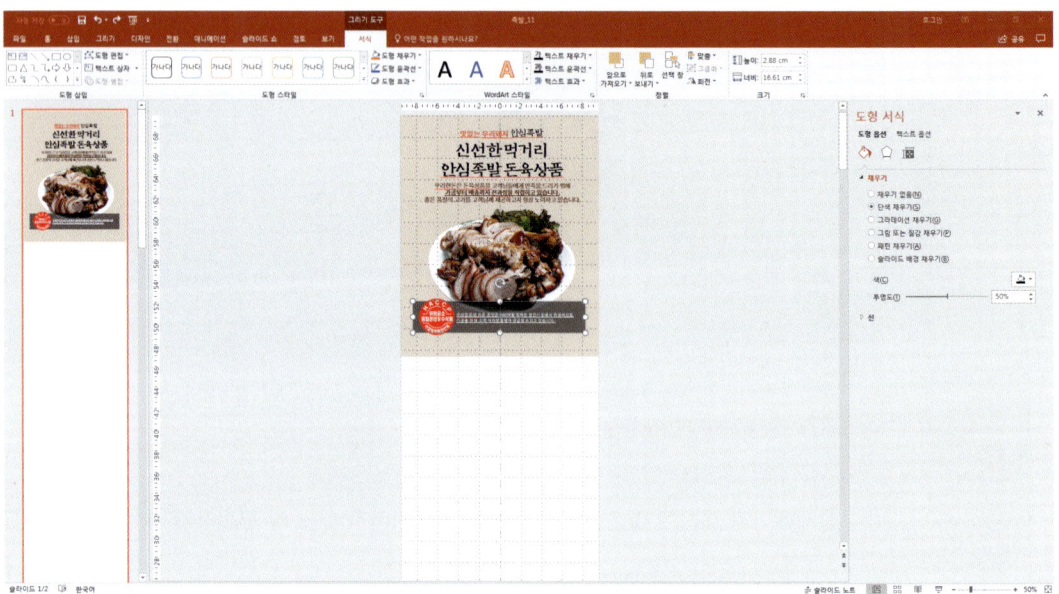

SECTION 2. 상품의 핵심포인트를 디자인적으로 전달하기

상단에서 고객에게 궁금증과 호기심을 자극했다면 이제 그 부분에 대해서 설명하면서 구매를 확신시키도록 상품의 가장 특징적인 포인트의 간략한 핵심을 전달합니다.

1. 새로운 슬라이드 만들기

❶ 족발 확대 이미지 위에 브라운계열 컬러박스를 '**투명도 25%**'로 설정하여 그 위에 올려 덮습니다.

2. 배경 위에 문구 올려 넣기

❶ 메인 인트로 문구를 다시 한번 부각시킵니다. 화이트 색상의 '**맛있는 우리돼지 안심 족발**'이라는 단어를 '**글꼴 Log 청출어람 36pt**'로 넣어줍니다.

❷ 하단에는 부가설명을 '**글꼴 Noto Sans KR Medium 16pt**'로 넣어줍니다.

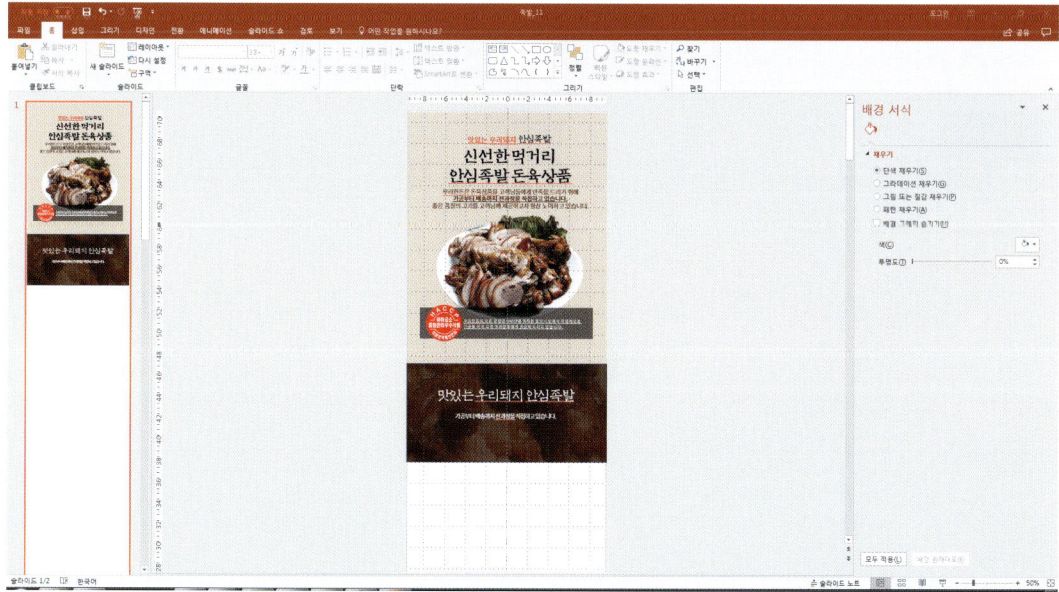

3. 배경 위에 포인트 문구 넣기

❶ 국내산 제품을 부각시키기 위해 '100% 국내산' 문구를 넣은 원형 마크를 삽입합니다.

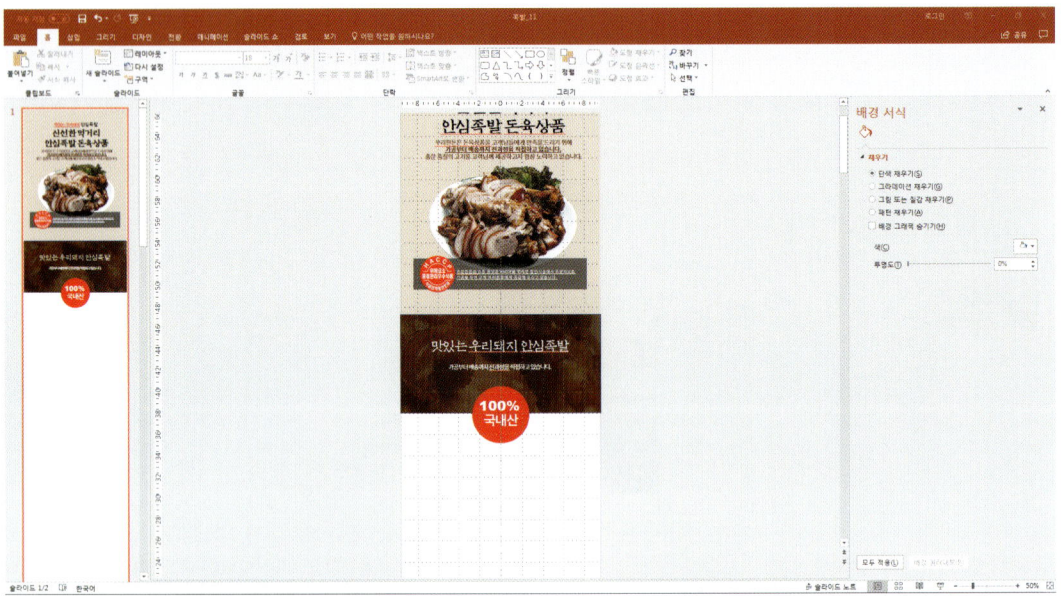

4. 이미지 넣기

❶ 족발 확대 이미지를 우측 상단에 페이지 가로 절반크기로 배치합니다.

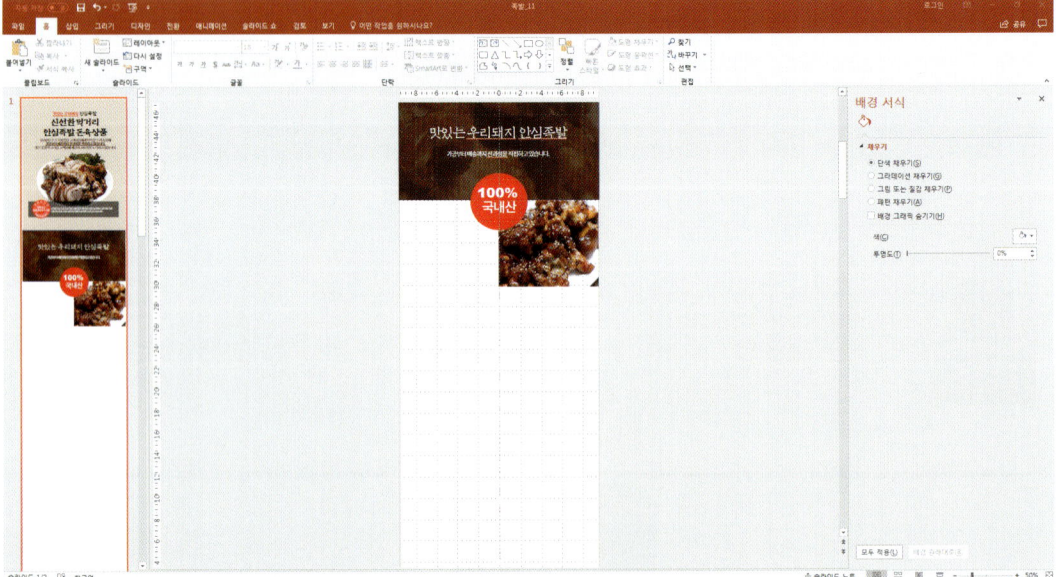

5. 배경색 깔기

❶ 같은 크기의 라이트 베이지 계열의 전경색 배경 상자를 만듭니다.

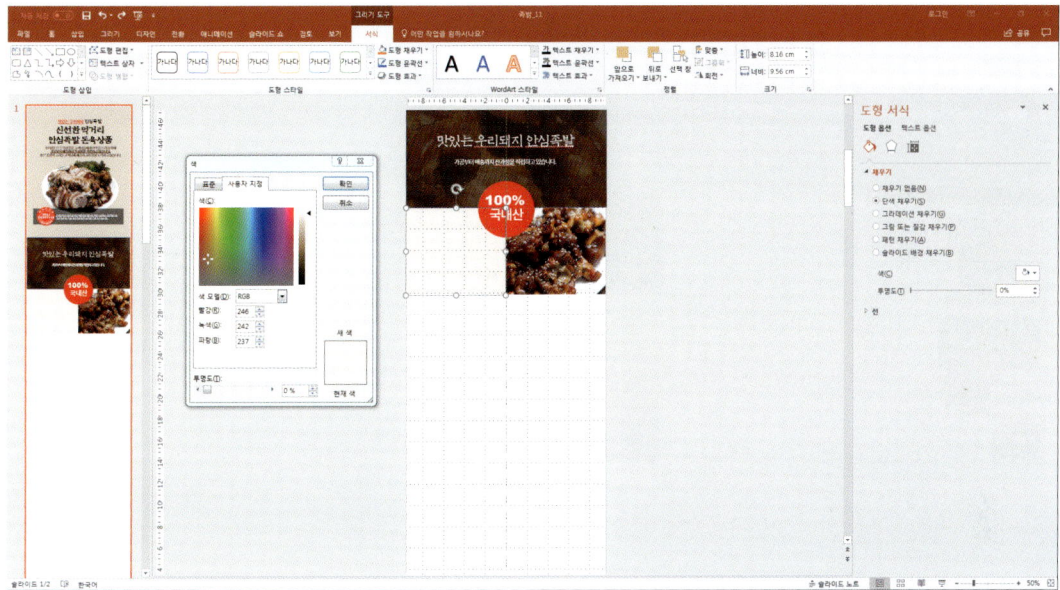

6. 텍스트 배치하기

❶ 상품 이미지와 텍스트를 '글꼴 Log 청출어람 30pt'로 넣어주고 '**좌측**'으로 정렬합니다.

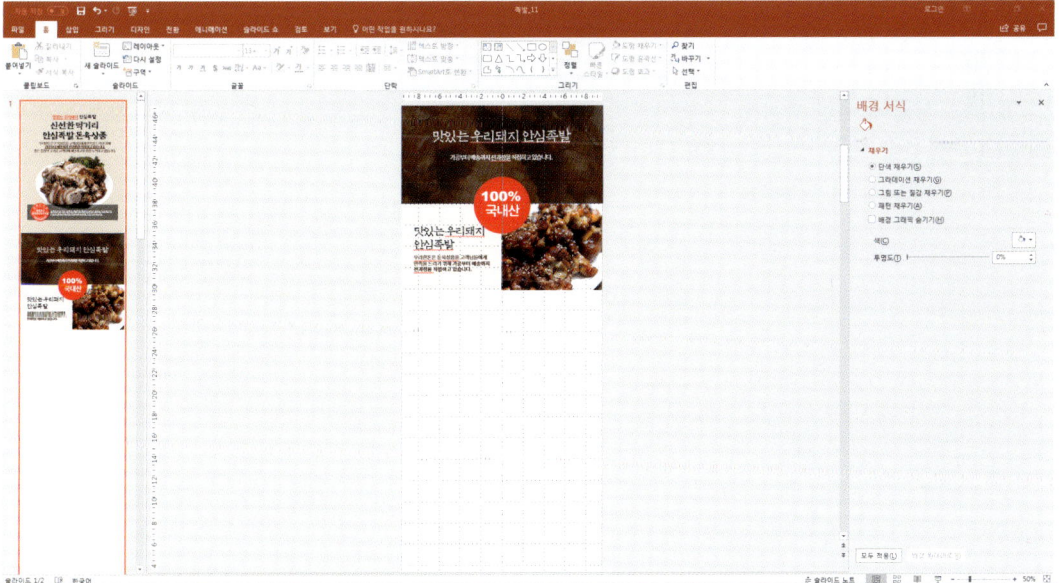

7. 같은 방식으로 한번 더 적용하기

❶ 같은 방법으로 하단 좌측은 상품 이미지/우측 전경색 박스/텍스트를 배치합니다.
상품 보조 이미지 및 상품 설명을 디자인적으로 요약하여 정보를 전달하는 페이지를 만들었습니다.

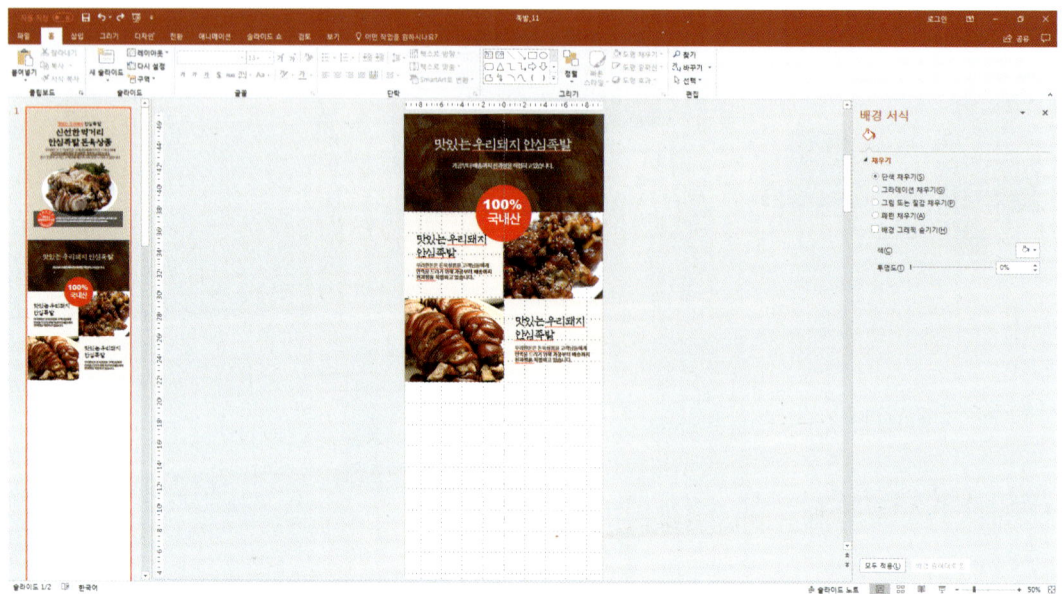

SECTION 3. 특징을 구체적으로 나열하여 자세히 설명하기

3장에서는 '**상품에 대한 특징**'을 구체적으로 설명합니다. 제품의 장점을 넣는 부분입니다. 상품에 대한 특징을 5가지 이내로 잡아 줍니다.

1. 특징 문구 넣기

❶ 족발의 특징에 대한 설명 및 이미지를 준비합니다. ❷ 사각형 도형 툴을 이용해 얇은 직사각형을 그려주고 ❸ 주제어 및 부가설명을 입력하고 '**큰글씨: 글꼴 Log 청출어람 32pt**로 작은글씨: Noto Sans CJK KR Medium, 14pt'로 넣어줍니다. ❹ 주제어와 부가설명을 '**중앙**'으로 정렬해줍니다.

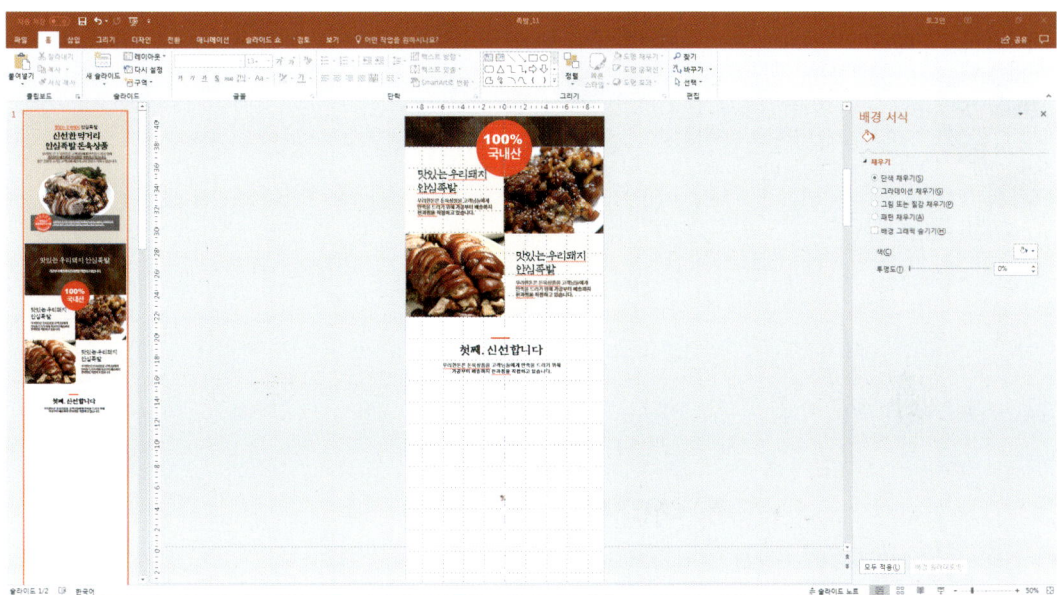

2. 이미지 영역 꾸미기

❶ 상품 이미지를 넣을 부분에 선을 활용하여 모서리가 둥근 괄호형 도형을 만듭니다.

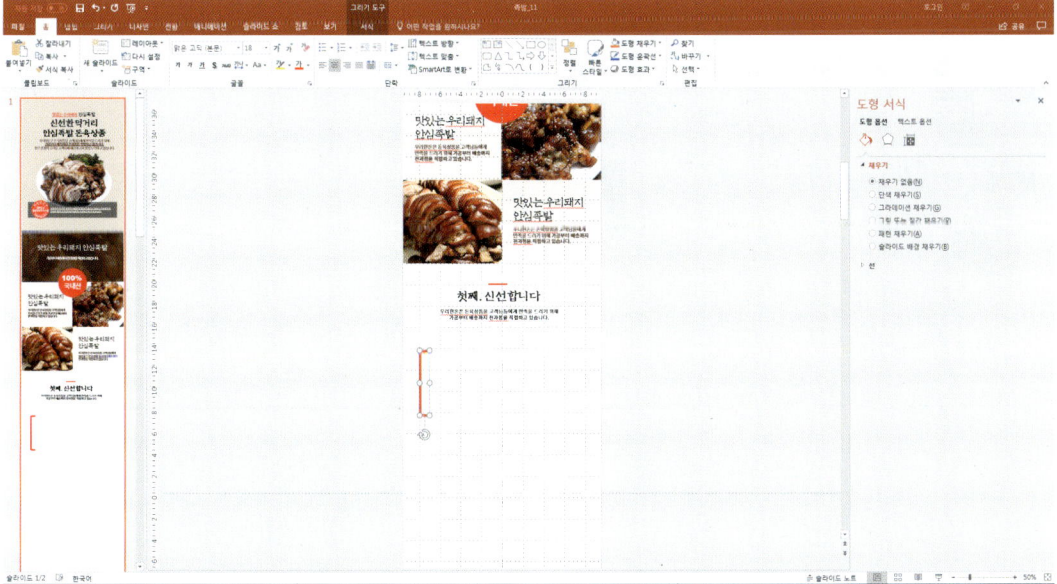

❷ 괄호형 도형을 양쪽에 배치합니다.

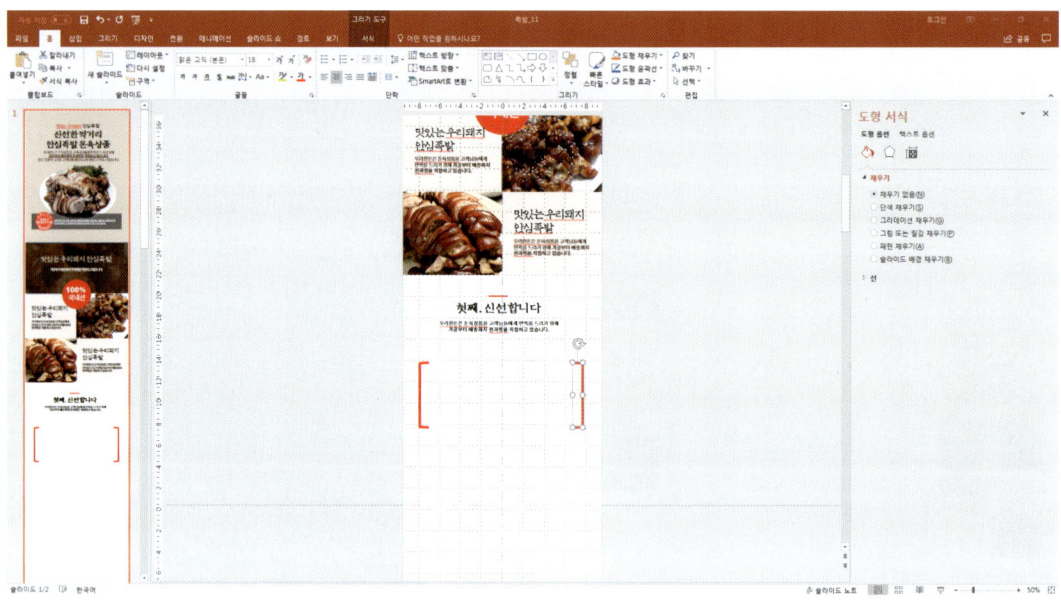

3. 이미지 삽입하기

❶ 중앙에 족발 이미지를 가운데 정렬하여 삽입합니다.

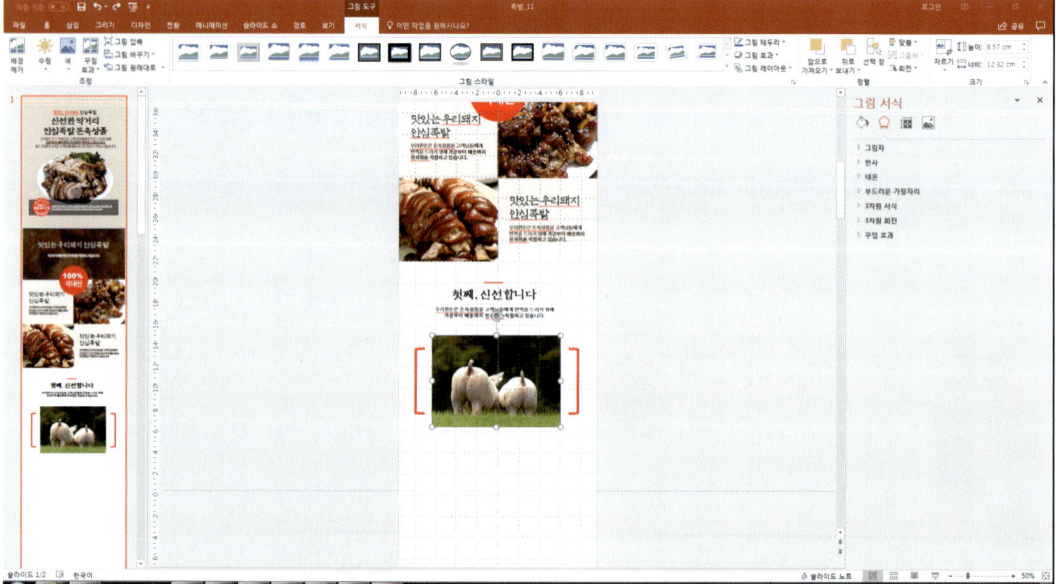

4. 두 가지 특징 더 배치하기

❶ 위와 같은 방법으로 두 가지 특징에 대한 디자인을 넣습니다. ❷ 상품 특징에 대한 설명을 하나씩 나열하여 고객을 설득하는 페이지가 완성되었습니다.

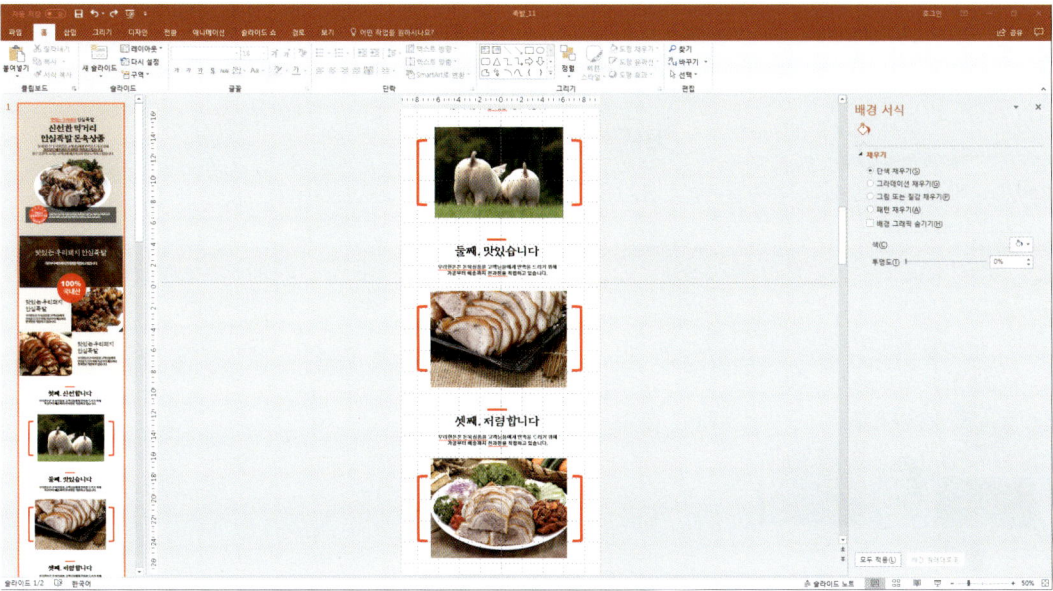

SECTION 4. 가장 특징적인 면과 강조하고 싶은 부분 표현하기

소비자에게 장점으로 부각될 수 있는 특징을 문제점 제기 혹은 궁금증을 유발시키는 방법으로 표현합니다. 예를들어 인증 받은 제품임을 강조하기 위해 시험 성적서를 활용한 디자인페이지를 추가하여 만듭니다.

1. 바탕 색상넣기

❶ 먼저 바탕색으로 베이지 계열 색상 'R213/G193/B170' 상자를 만듭니다.

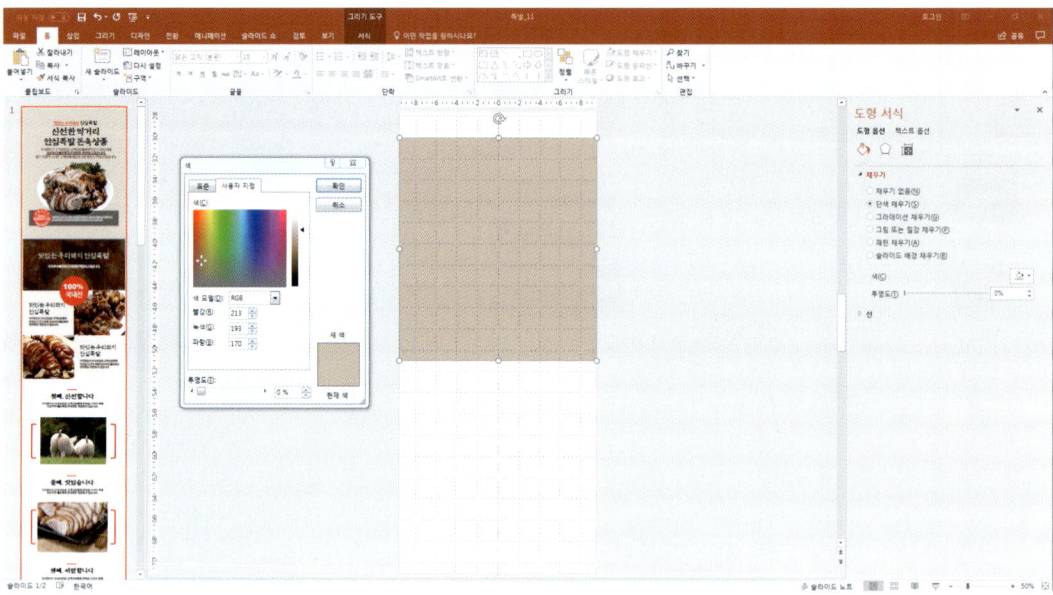

2. 타이틀 넣기

❶ 인트로와 같은 서체로 상단 메인 문구를 '글꼴 Log청출어람 28pt'로 넣어줍니다.

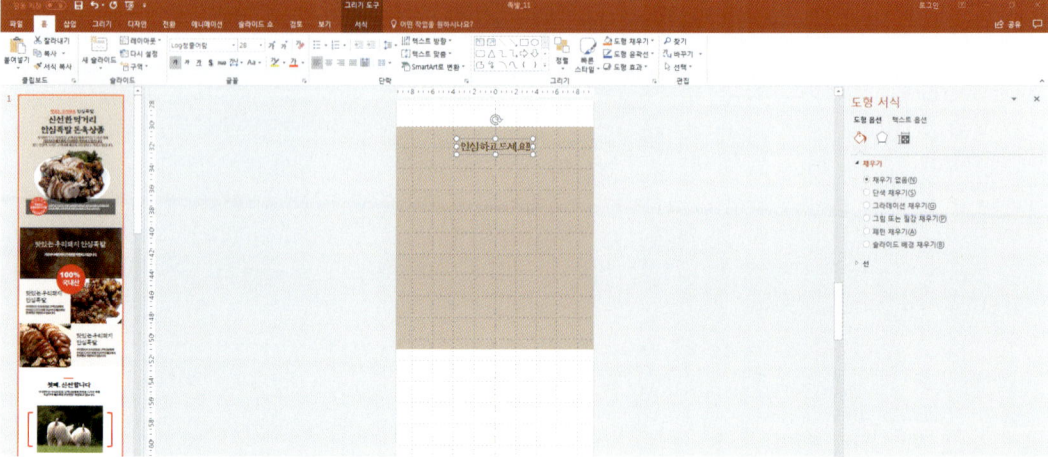

3. 도장 같은 효과 만들어 넣기

❶ 도장 같은 효과를 주기 위해 '안전인증'을 '글꼴 Notosans Medium 28pt, 주홍'으로 넣어줍니다.

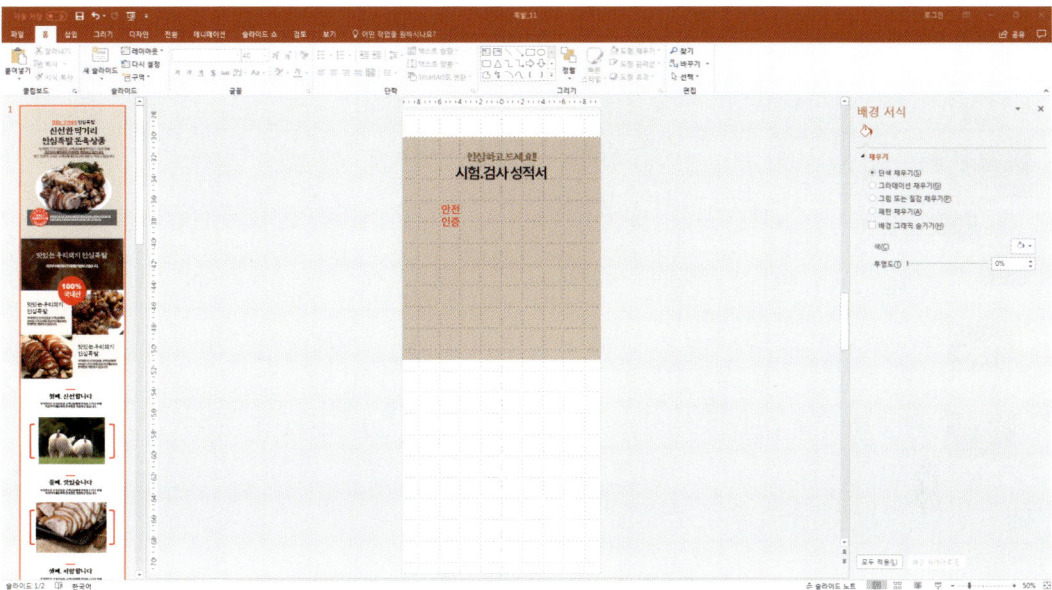

❷ '안전인증'이라는 서체를 'SHIFT'를 눌러 시계방향으로 방향을 조절합니다.

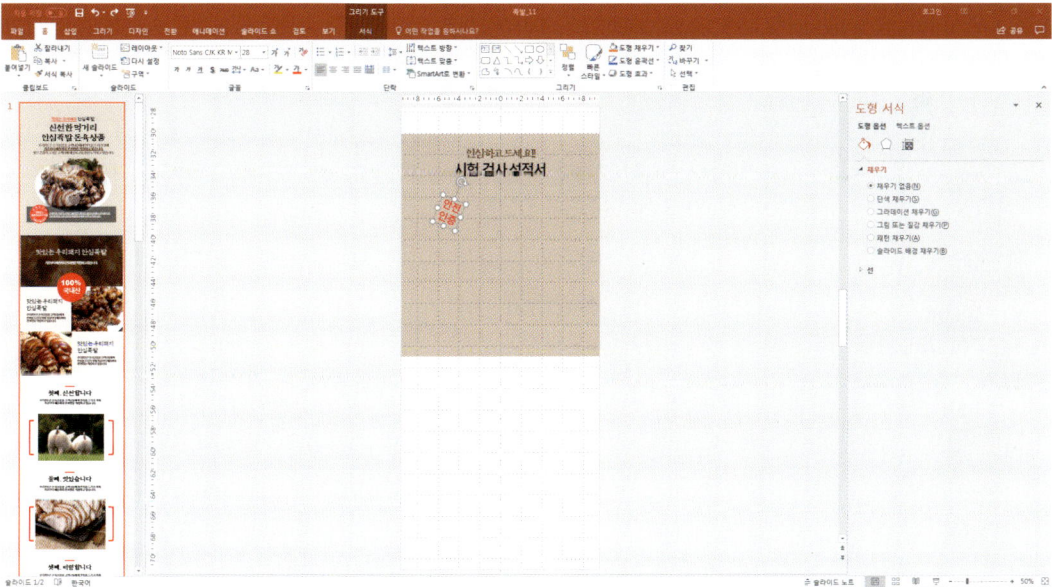

❸ 테두리 라인으로 이루어진 원형을 넣으면 인증 마크와 유사한 디자인이 됩니다.

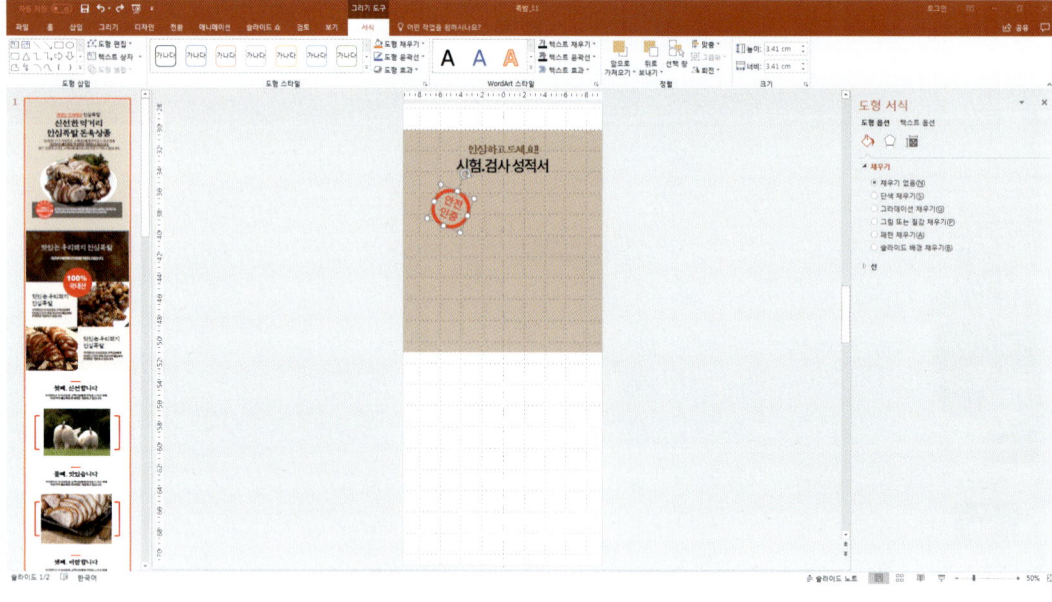

4. 인증서 이미지 넣기

❶ 상품 인증서 사본 이미지를 중앙에 배치하고 ❷ 하단에 이에 대한 설명을 '**글꼴 맑은 고딕 16pt**'로 넣어줍니다.

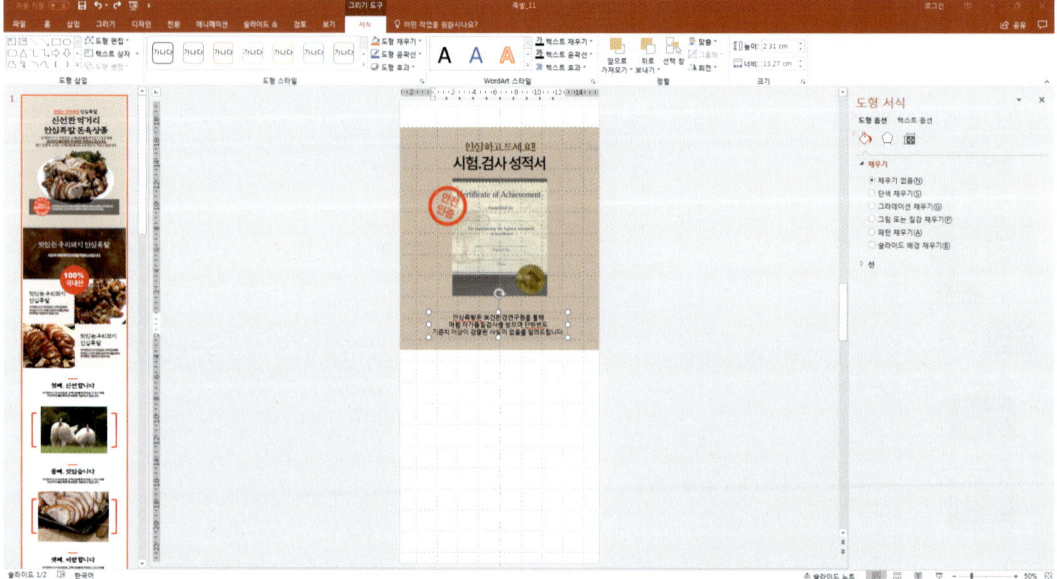

❸ 인증원형 마크를 제외한 개체는 가운데 맞춤으로 정렬합니다. 가장 부각될 수 있는 특징을 디자인적으로 표현하는 섹션이 완성되었습니다.

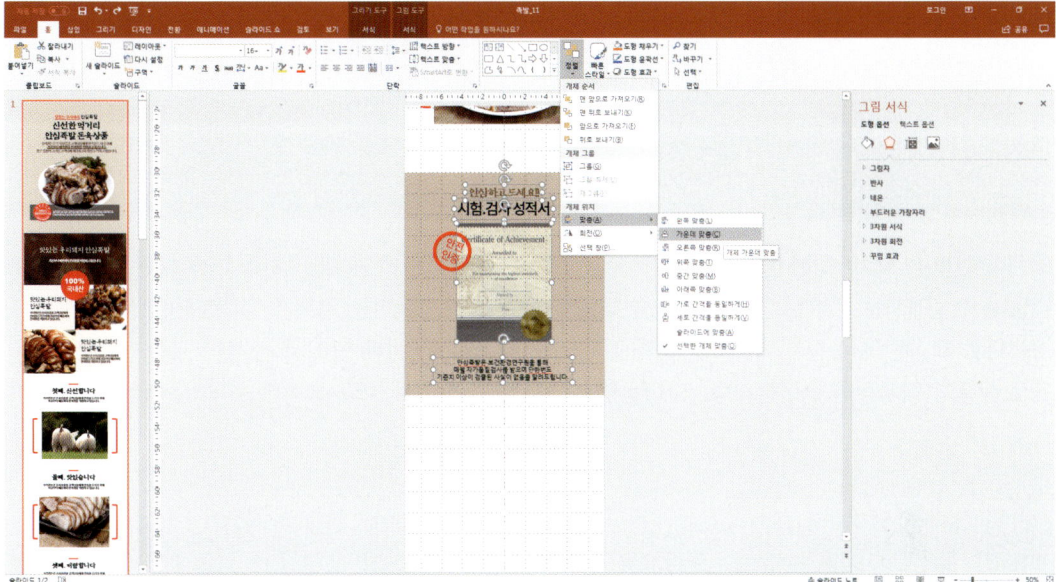

CHAPTER 02 오픈마켓, 소셜마켓을 위한 상세페이지 만들기

오픈마켓이나 소셜마켓용 상세페이지가 사실상 따로 존재하는 것은 아닙니다. 다만 오픈마켓이나 소셜에서는 대부분 다양한 상품을 다양한 옵션으로 판매하는 경우가 많기 때문에 구조적으로 최상단에서 전체적인 이미지와 설명이 들어가고 두 번째 단에서 선택1.2.3.4…식으로 상품 선택사항이 들어갑니다. 그 다음영역에서는 각 상품을 보다 상세히 소개하는 영역으로 디자인합니다.

SECTION 1. 임팩트 있는 인트로 만들기

1. 새로운 슬라이드 만들기

소셜마켓용 상세페이지를 만들어봅시다. ❶ '**슬라이드 크기**'는 '**사용자 지정**'으로 너비와 높이를 각각 30.343cm, 높이는 최대(142.24cm)로 만듭니다.

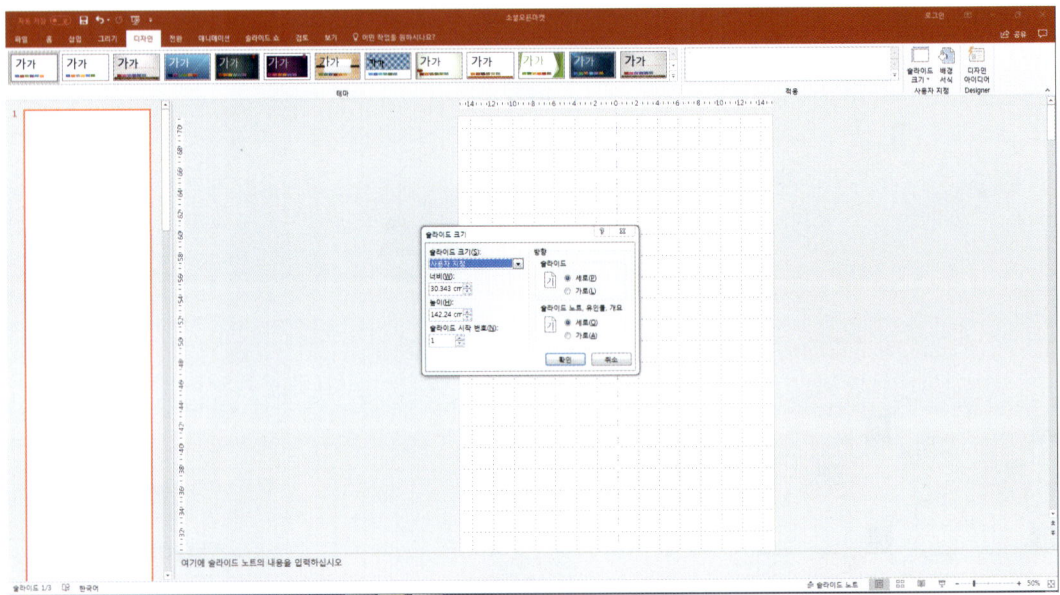

TIP

모니터상에서의 단위는 px로 표기되며 파워포인트에는 px표기가 없지만 사이즈 입력란에 px를 적어 입력하면 cm로 자동변환됩니다.
예: 너비란에 100px를 입력하면 2.646cm로 변경표기되며 그 상태로 사용하면 됩니다.

2. 타이틀 만들기

❶ 소셜 인트로 페이지의 주요 문구를 적습니다. ❷ '글꼴 나눔스퀘어 46pt'(무료서체)로 '오렌지 색상 R236/G123/B93'을 사용자 지정하여 강조합니다.

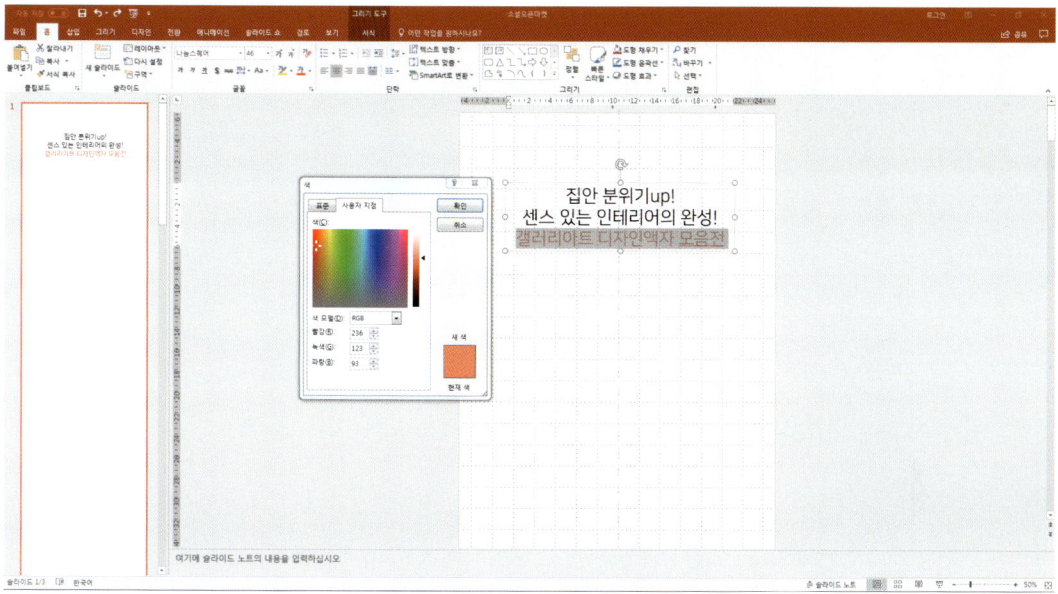

3. 정렬하기

❶ 인트로 메인 문구는 '**가운데 맞춤**'으로 정렬해줍니다.

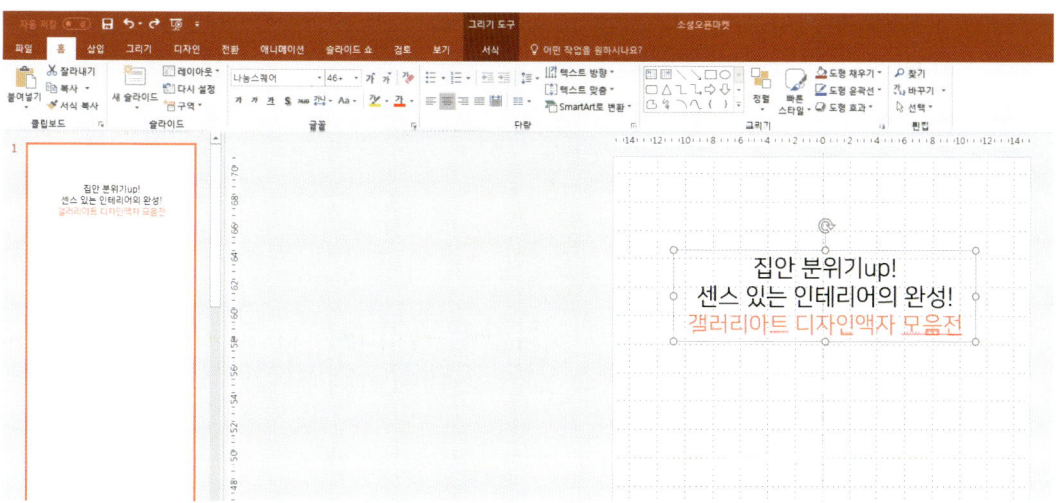

4. 서브카피 작성 및 정렬하기

❶ 메인 문구 아래 서브 문구를 넣습니다. ❷ '글꼴 나눔바른고딕 18pt' 색상은 'R92/G59/B23 브라운 색상'으로 지정합니다. ❸ '가운데 맞춤'으로 정렬해줍니다.

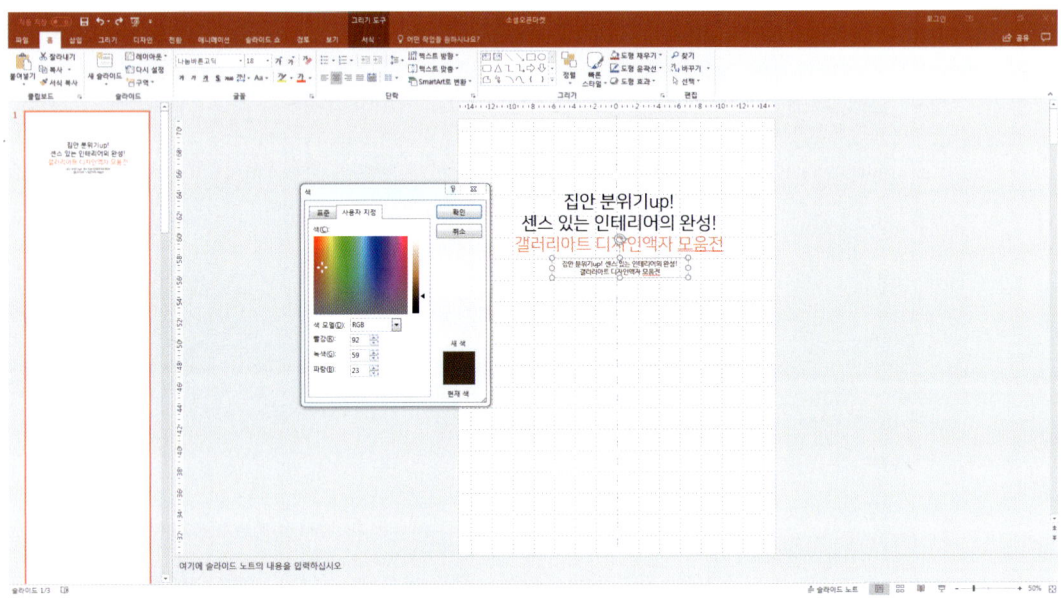

5. 타이틀 꾸미기

❶ 메인 문구를 강조해주는 괄호 디자인을 넣습니다. ❷ '홈 ▶ 그리기'에서 선을 선택하여, 가로선 2개/세로선 1개로 이미지와 같은 도형을 만듭니다.

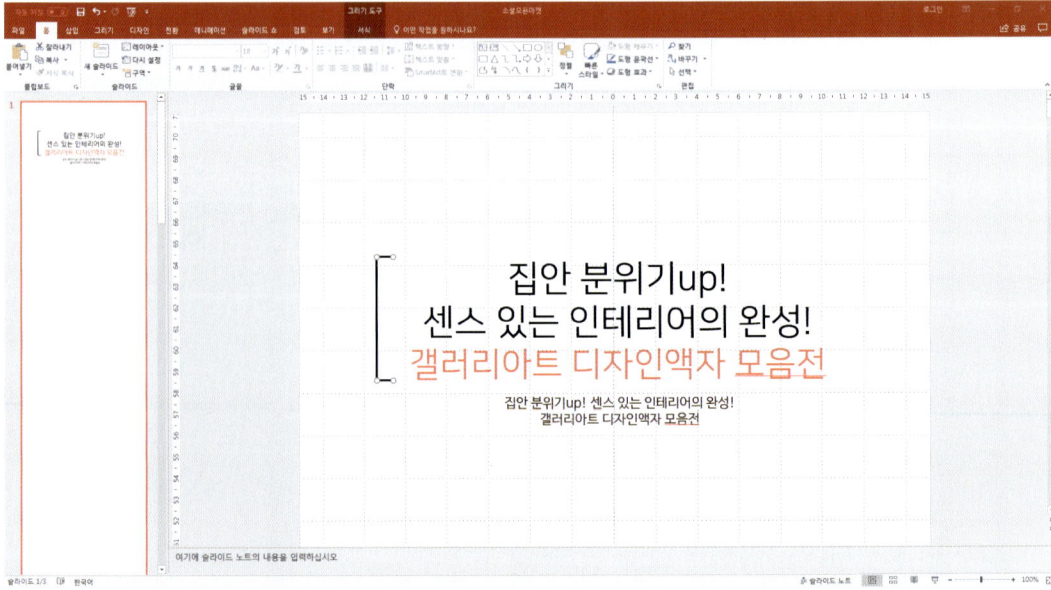

❷ 각 선들은 '**그룹화**'하여 정리합니다.

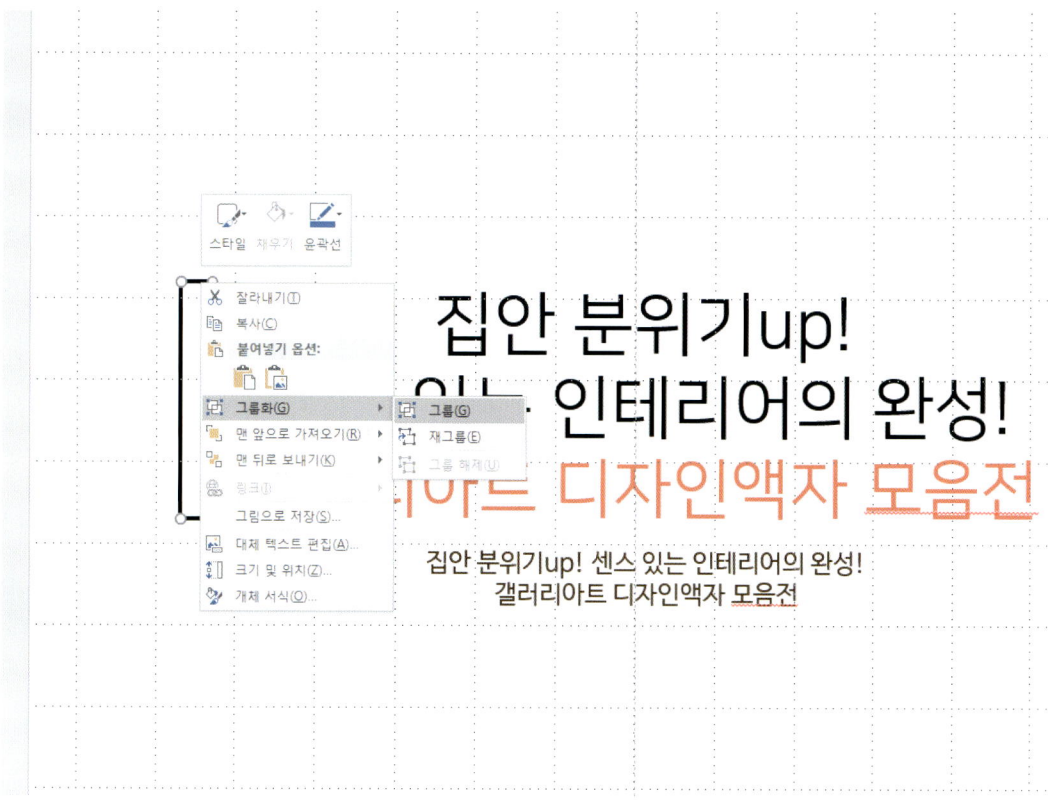

❸ 그룹화한 선도형을 '**복사**'하여 마주하게 놓습니다. ❹ '**자동 맞춤**'으로 간격을 조정합니다.

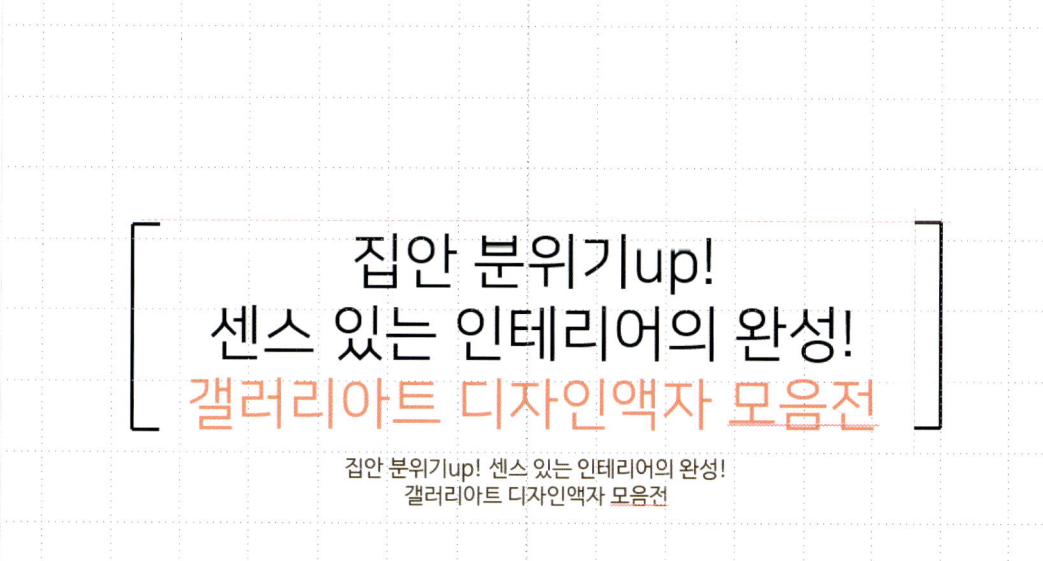

6. 해택 표현하기

❶ 가장 상단에는 셀링 포인트가 될 수 있는 문구를 적을 도형을 하나 추가해줍니다. ❷ 메인 문구에서 사용했던 오렌지색을 적용한 '**원형**'을 추가합니다.

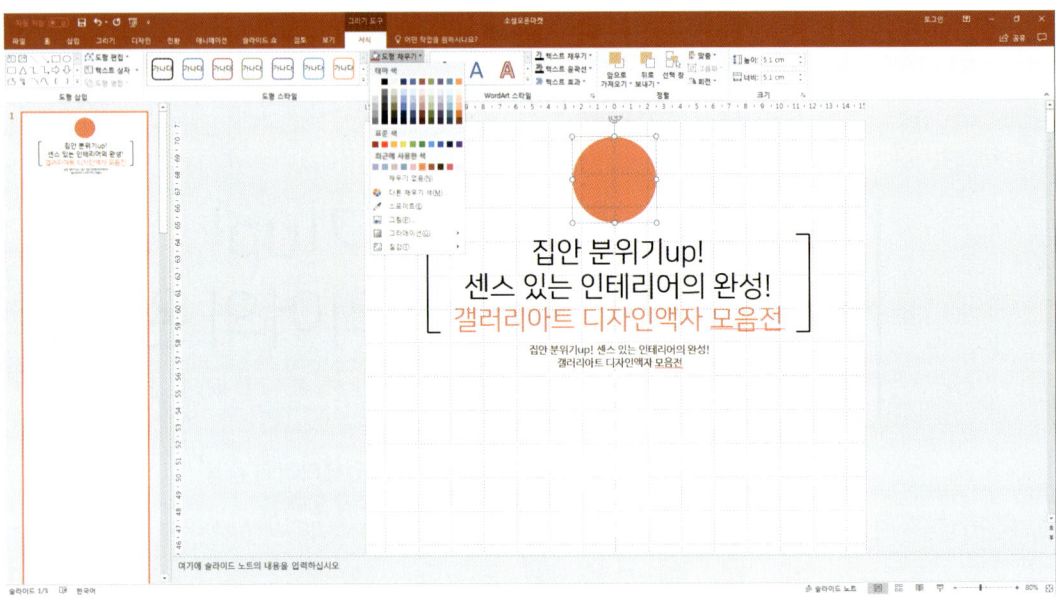

❷ 옆에는 가는 선으로 십자 표식을 만들어 봅니다. 문서를 확대하여 '**가로 세로 길이 및 가운데 맞춤으로 정렬**'해줍니다. 정리 후 '**그룹화**'해줍니다.

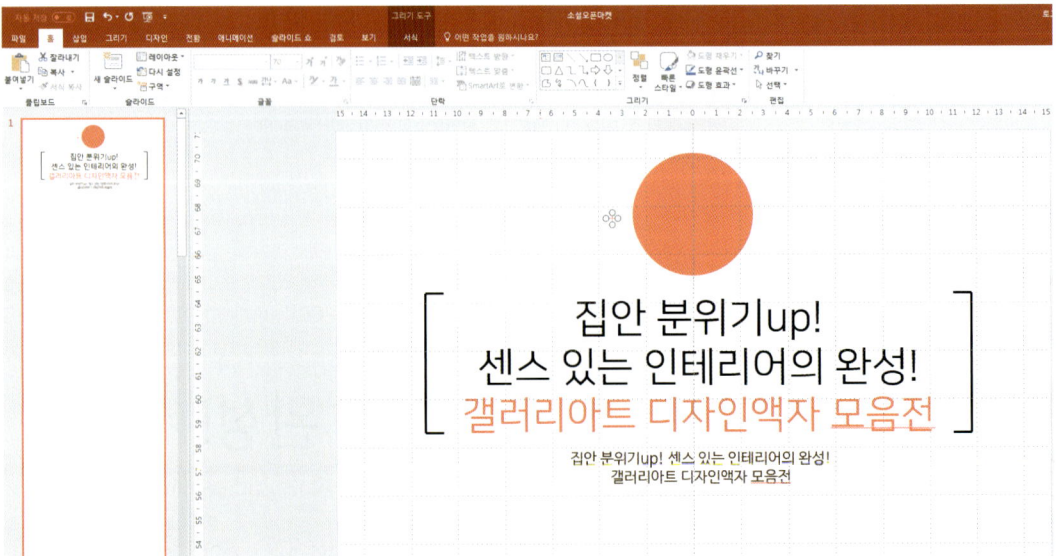

❸ 우측에 동일한 표식을 하나 더 복사하여 원형 양 옆에 '**같은 간격으로 배치**'해주고 '**그룹화**'합니다.

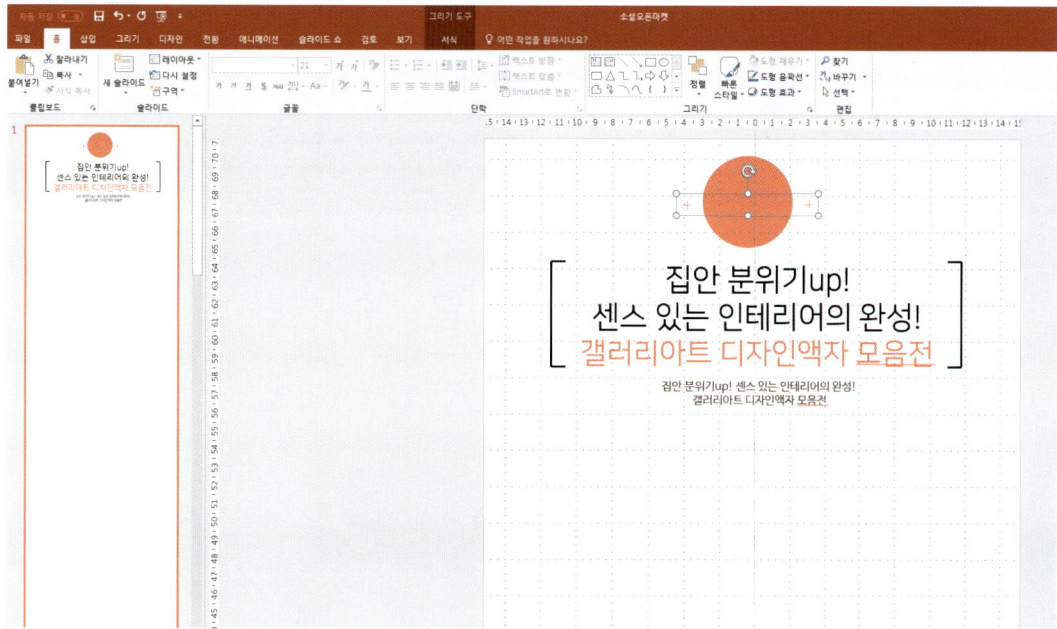

❹ 원형 안쪽에는 '**나눔스퀘어 서체**'로 할인부분을 써줍니다. 원형과 텍스트는 마찬가지로 '**가운데 정렬**'하여 정리합니다.

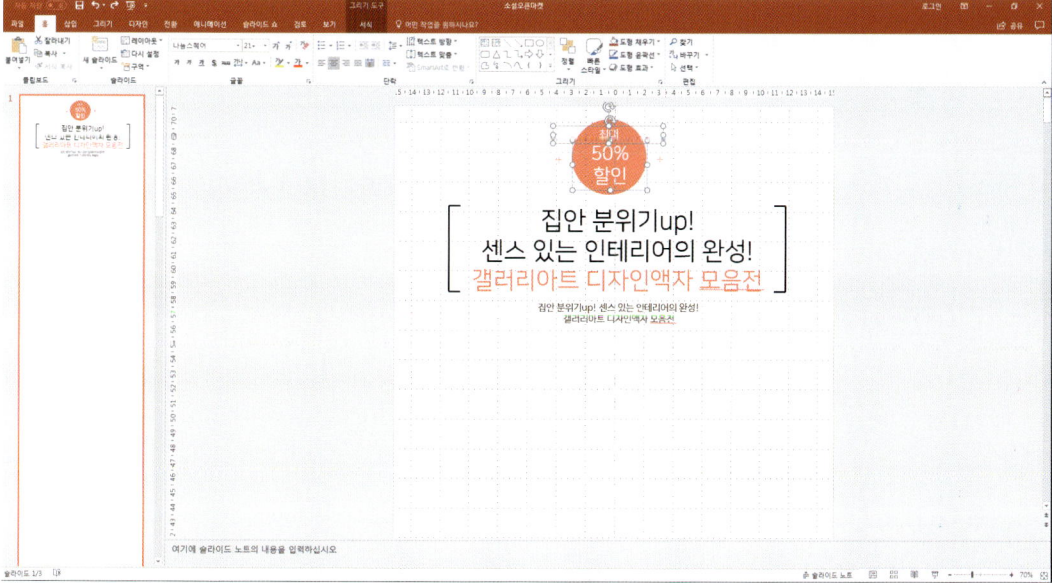

7. 이미지 삽입하기

❶ 메인 인트로에 들어갈 텍스트는 완성되었습니다. 배경 이미지를 '**삽입**'해줍니다. ❷ 오른쪽 클릭하여 '**맨 뒤로 보내기**'를 선택하여 가장 하단에 들어갈 이미지로 설정합니다. 임팩트 있는 인트로 부분이 완성되었습니다.

8. 이벤트 영역 만들기
8-1. 서브 타이틀 넣기

❶ 제공되는 이벤트 내용을 강조하는 보조문구를 '**글꼴 Noto Sans Light 24pt**'로 추가해 줍니다.

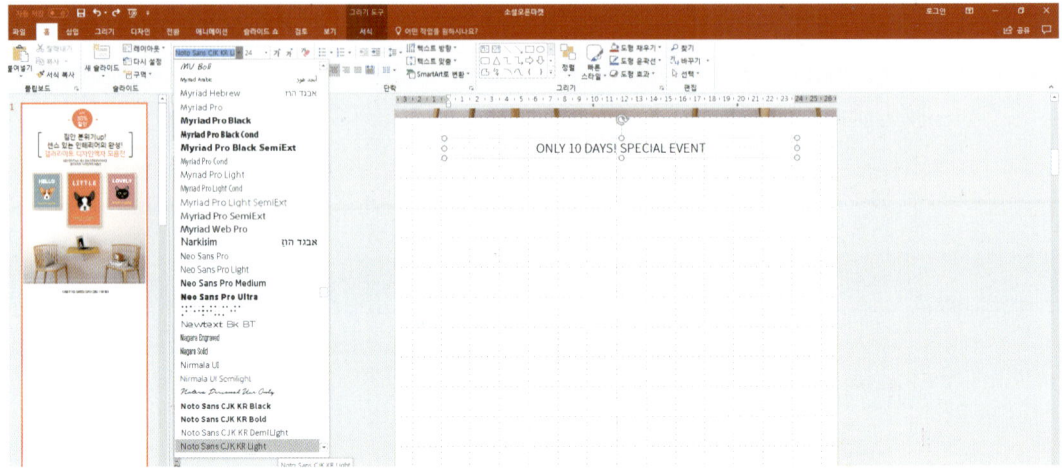

8-2. 바탕색 넣기

❶ 배경 색상으로 상단 문구에 쓰였던 오렌지색상을 넣어줍니다. ❷ 오른쪽 클릭하여 '**맨 뒤로 보내기**'를 선택하여 가장 하단에 들어갈 이미지로 설정합니다.

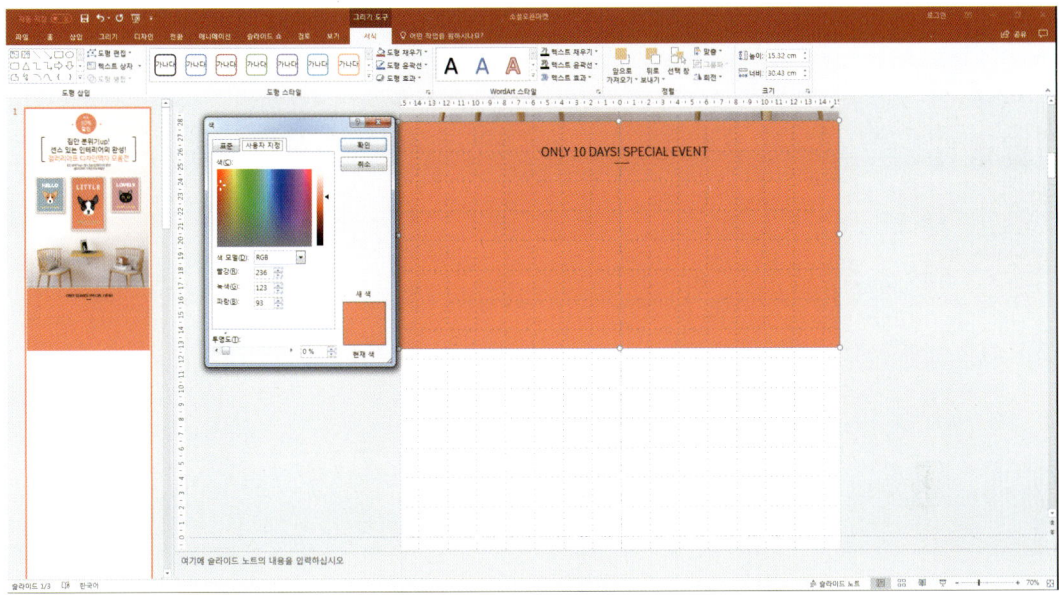

8-3. 타이틀 넣기

❶ 이벤트 문구 텍스트를 '**글꼴 Noto Sans Black 44pt/Light**'로 넣습니다. ❷ '**가운데 맞춤 정렬**'합니다.

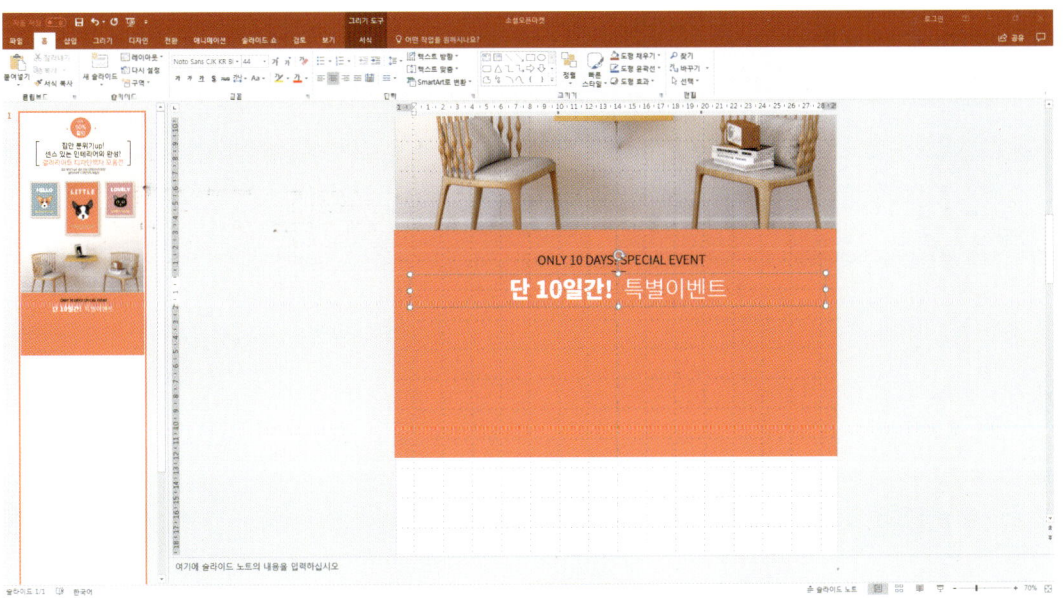

8-4. 이벤트 내용 영역 만들기

❶ '½pt 화이트' 라인의 정육각형 '**도형을 삽입**'해줍니다.

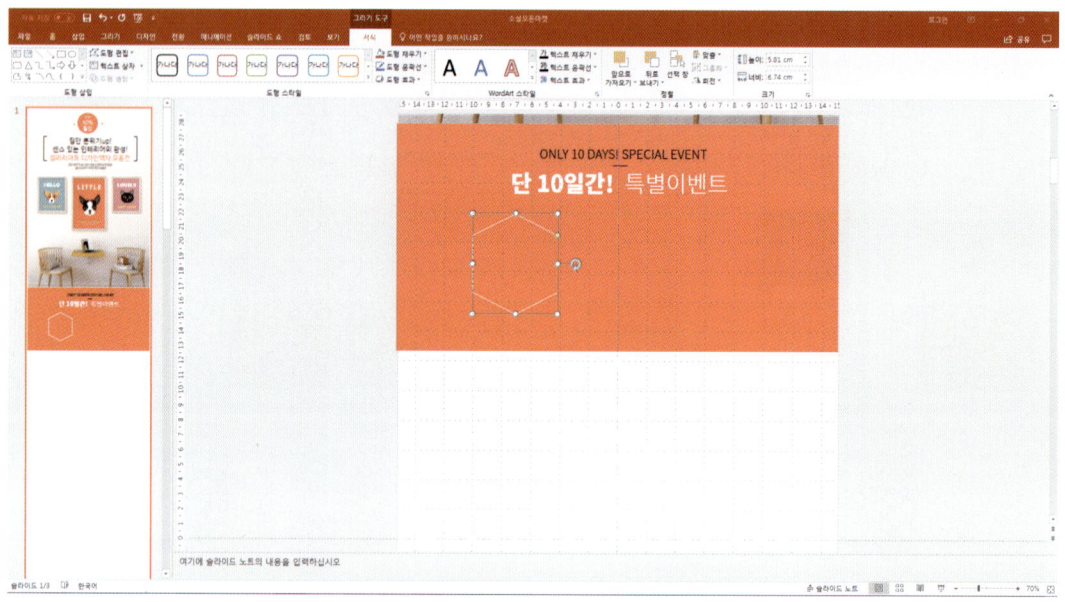

8-5. 이벤트 내용 넣기

❶ '이벤트 내용 1'을 넣습니다. ❷ '글꼴 Noto Sans Black 28pt/Light'로 적용하여 넣습니다. ❸ '가운데 맞춤 정렬'합니다.

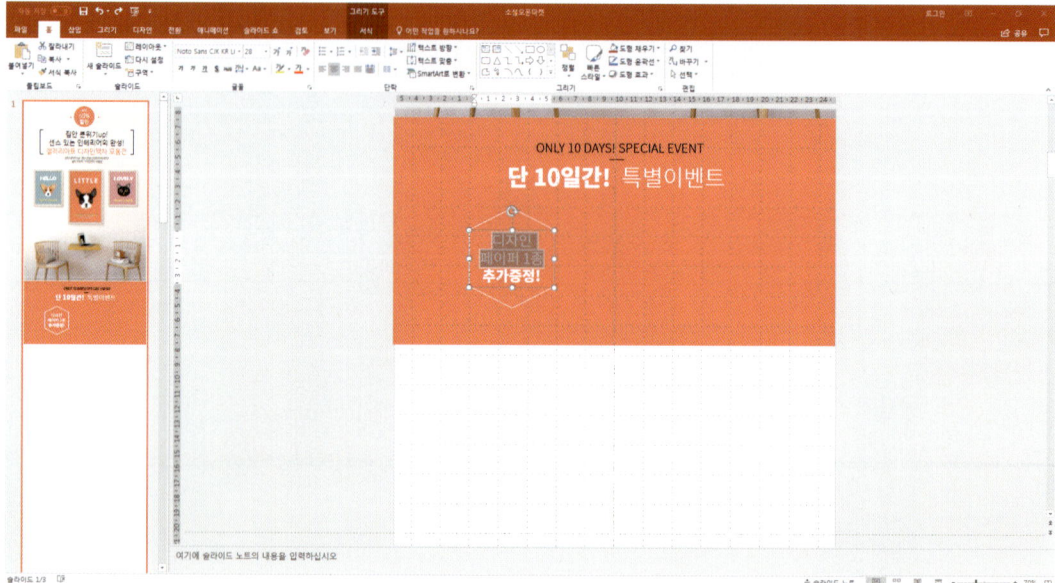

8-6. 이벤트 주요내용 강조하기

❶ '글꼴 Noto Sans Black'으로 '**추가증정**' 텍스트를 강조합니다.

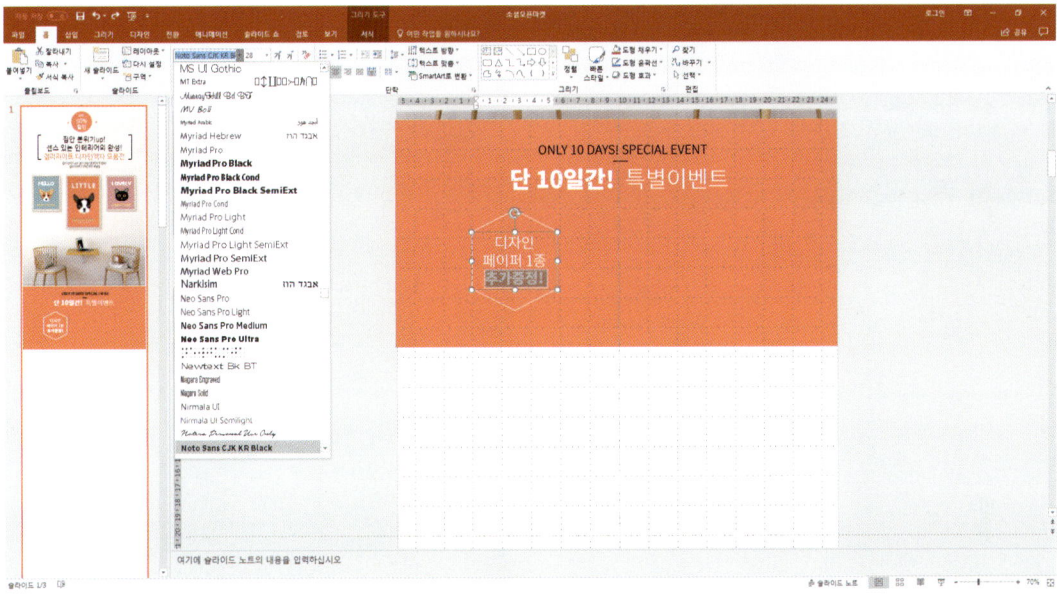

8-7. 이벤트 내용 꾸며주기

❶ 육각형 우측 위쪽에 원형을 추가하여 '**다홍색 R193/G79/B60**'으로 '**사용자 지정색상**'을 넣어줍니다.

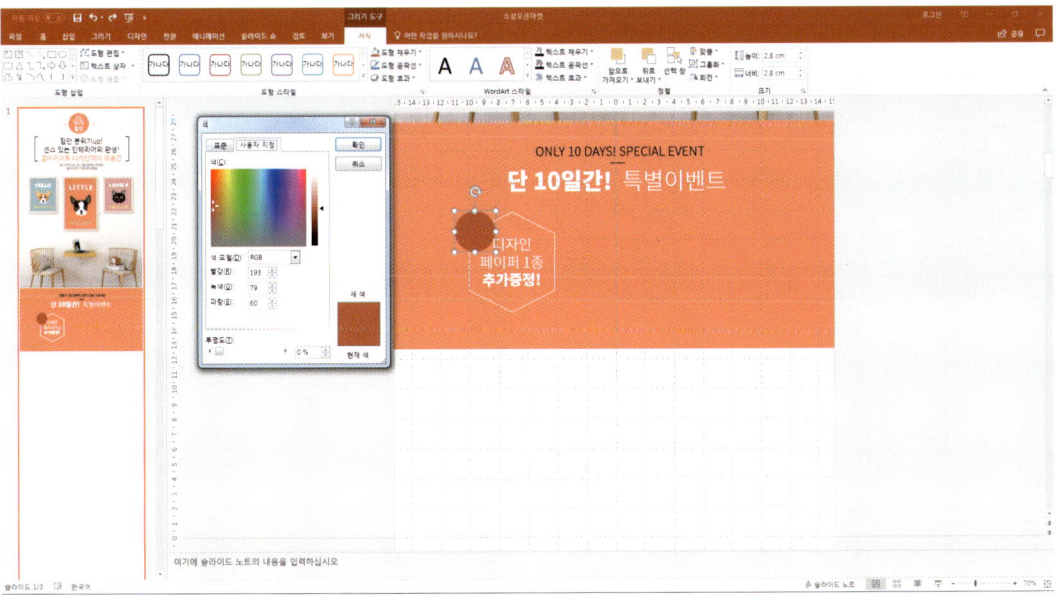

❷ 원형 위에 'EVENT 01'을 'Arial 14pt'로 적용해주고, 텍스트를 '45각도'로 기울여 적용하여 포인트를 줍니다.

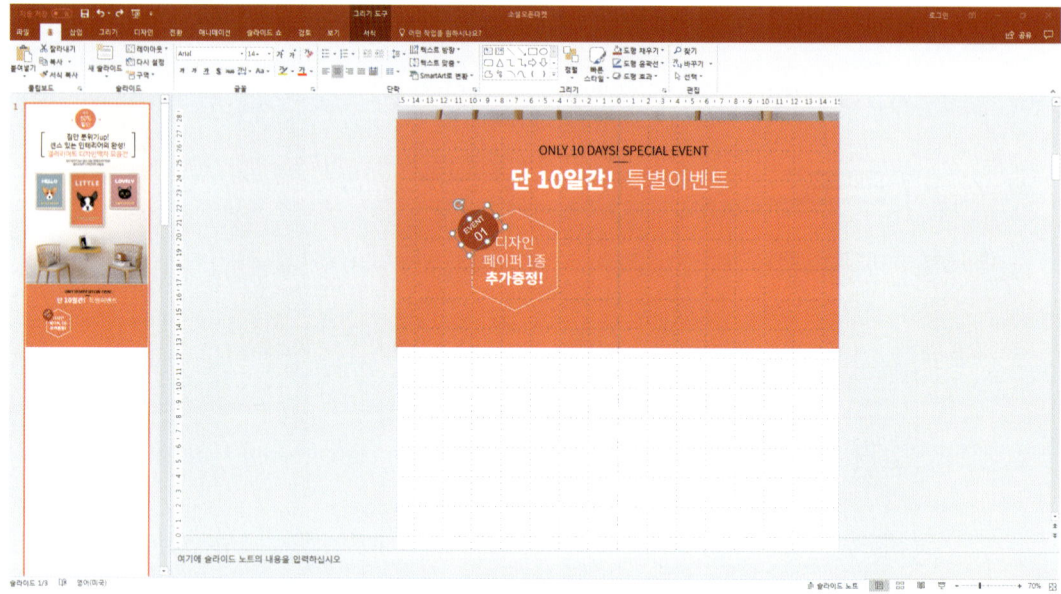

8-8. 이벤트 내용 그룹화

❶ 육각형/원형 및 텍스트 전체를 '**그룹화**'해줍니다.

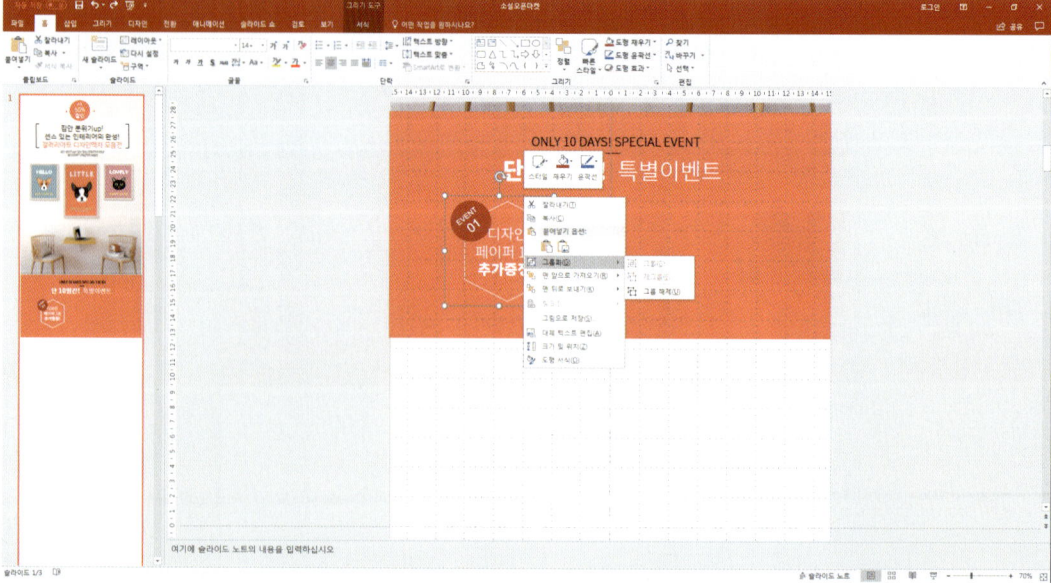

8-9. 이벤트 내용 추가하기

❶ '**그룹을 복사**'하여 이벤트 내용을 추가하여 만들어줍니다. 복사한 그룹을 해제하여 각각 내용을 수정하면 편리합니다.

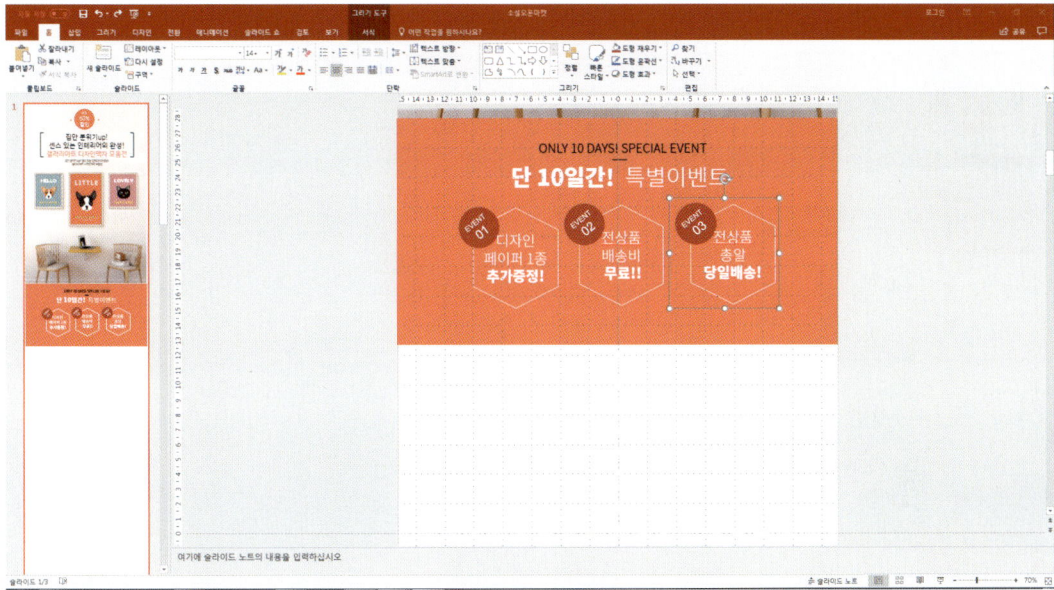

SECTION 2. 깔끔하고 보기 편한 상품 선택하기

1. 선택영역 나누기

❶ '**눈금자**'와 '**눈금선**'을 표시하여, 정 가운데를 가로지르는 세로선을 그어줍니다. '**검정/50%밝게/1/3pt**' 길이는 '**약 15cm**' 정도로 잡습니다.

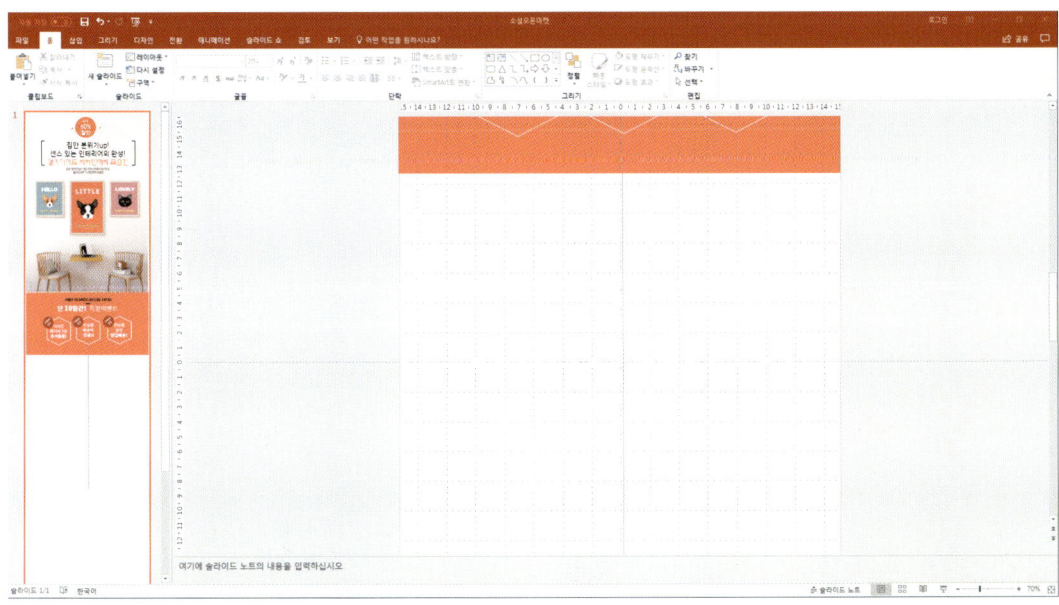

❷ 전체 상품은 6가지 임을 고려하여, 각 '**약 5cm씩 삼등분**'하여 세로선을 그어줍니다.

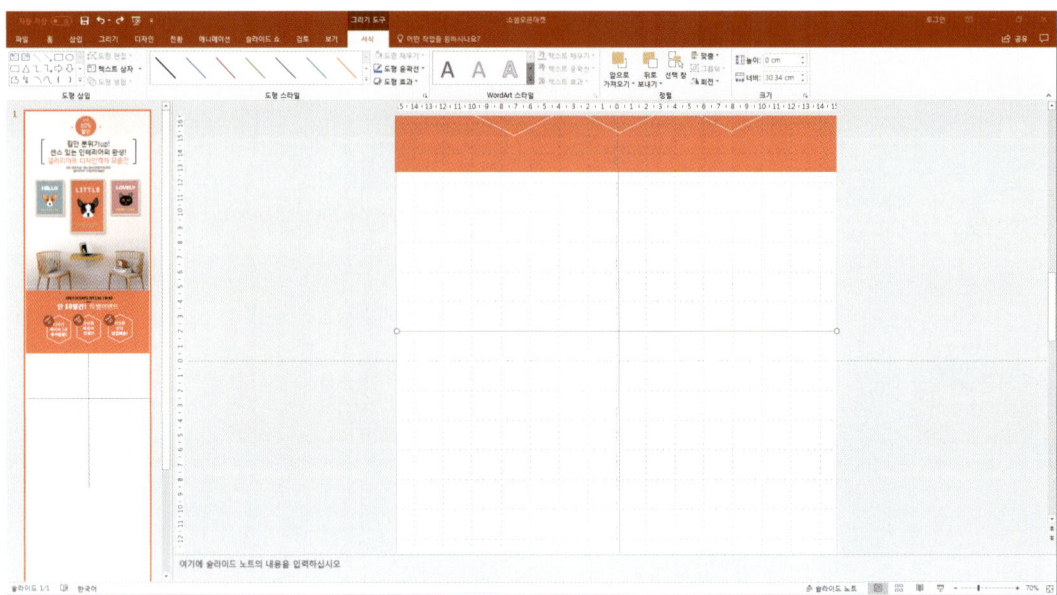

❸ 균등한 넓이로 각 3등분된 상품 선택란이 만들어졌습니다.

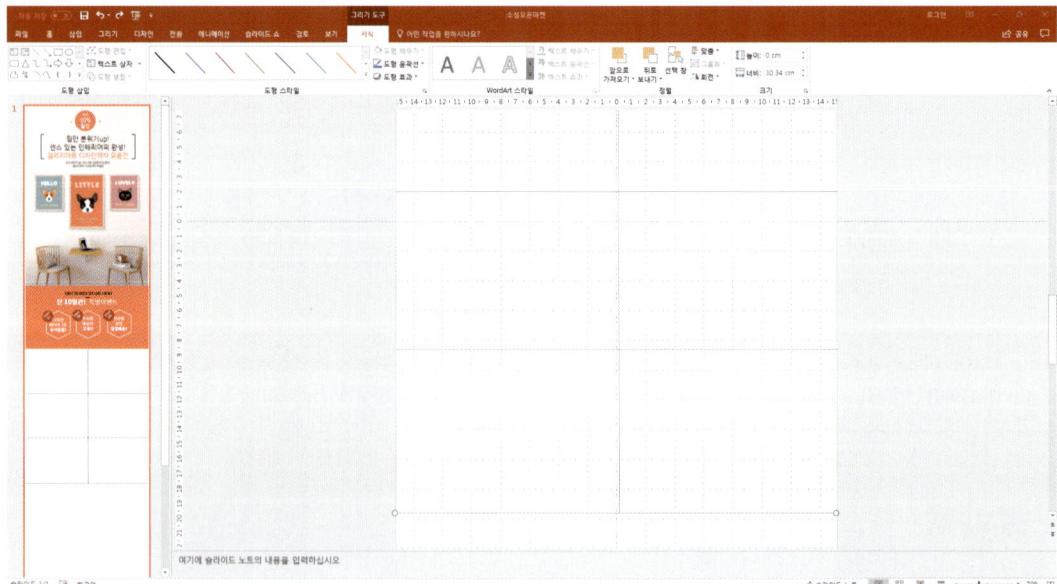

2. 상품 번호란 만들기

❶ 상품 번호란을 넣어주기 위해, 사각 텍스트 박스를 하나 만들어 '**먹색 R64/G64/B64**'으로 사용자 지정 색상을 넣어줍니다.

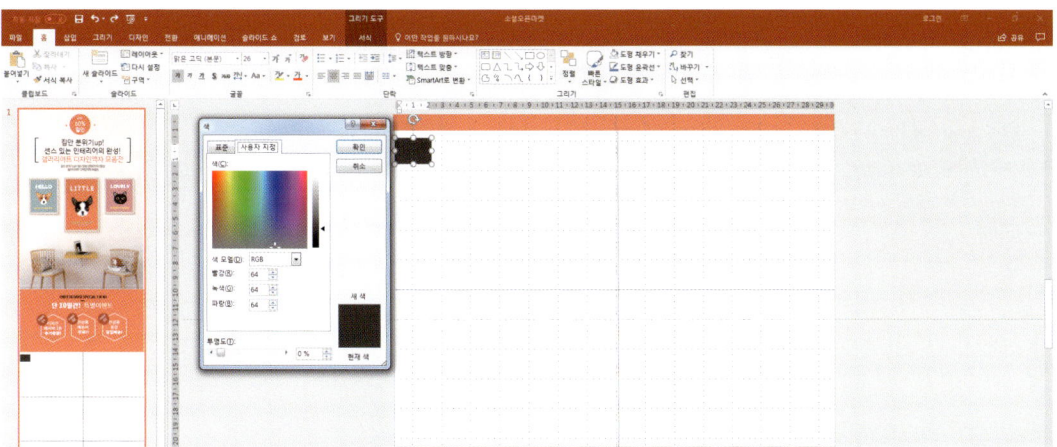

❷ 좌측 끝으로 '**글꼴 Noto sans Regular/Arial/화이트**'로 '**선택 01란**'을 만들어줍니다.

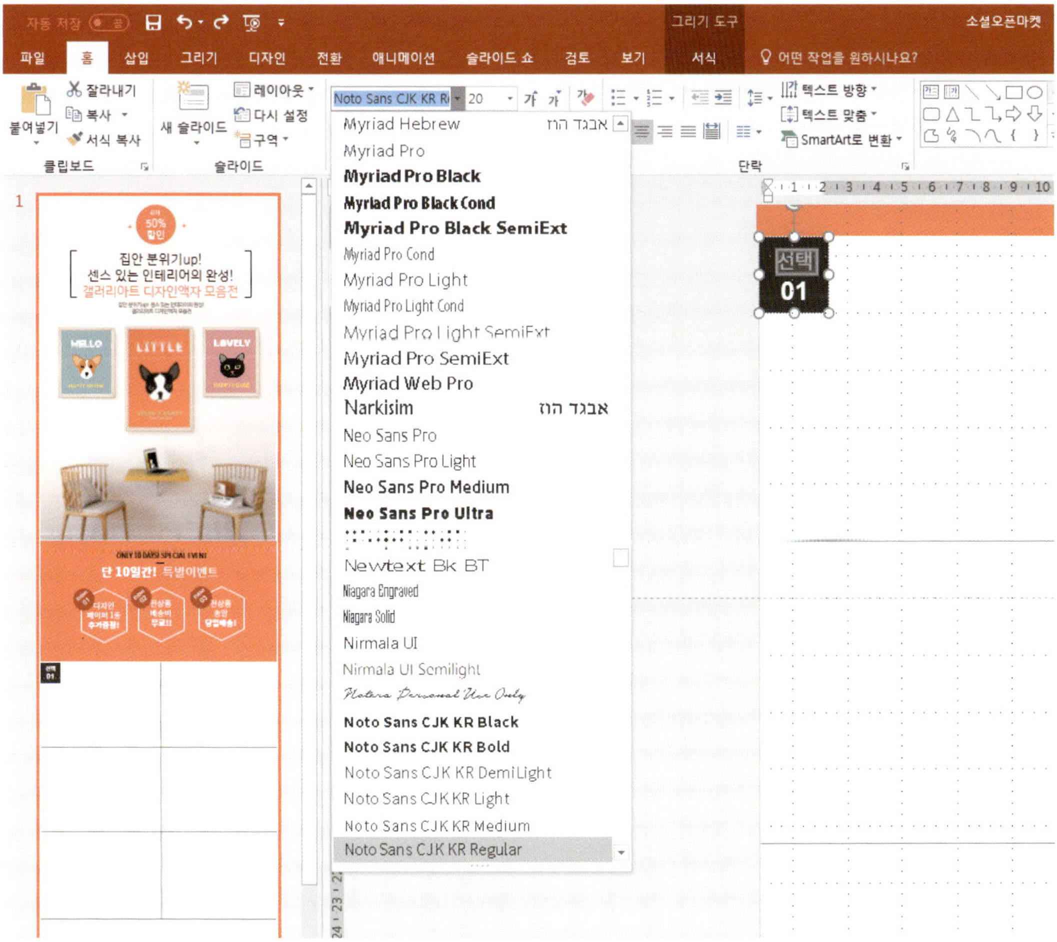

❸ '가운데 맞춤'으로 정렬해줍니다.

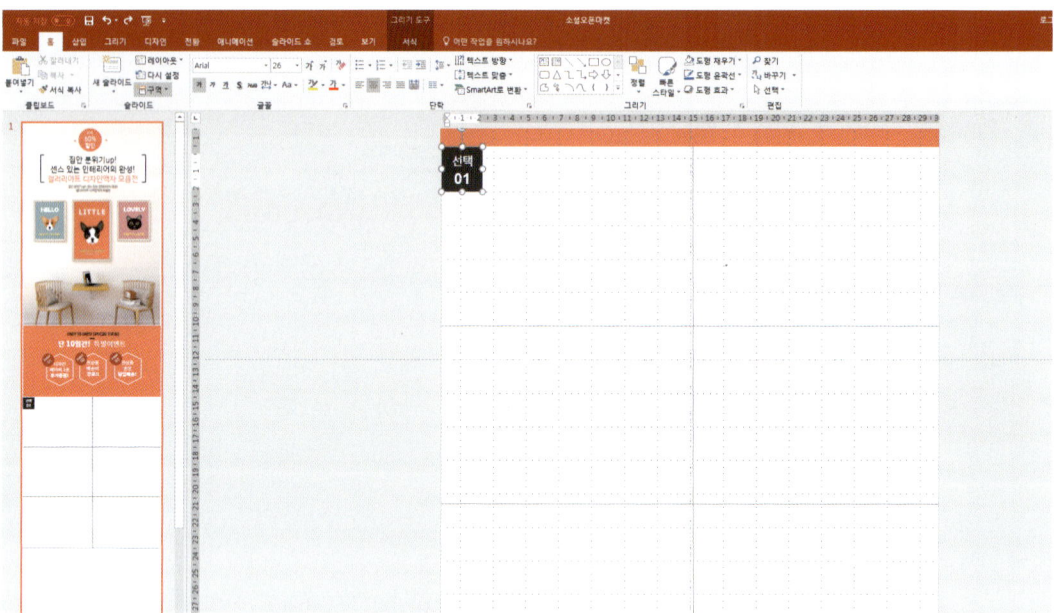

3. 가격 넣기

❶ 상품 가격을 글꼴은 '**나눔바른고딕 23pt/블랙**'으로 좌측 정렬하여 넣습니다.

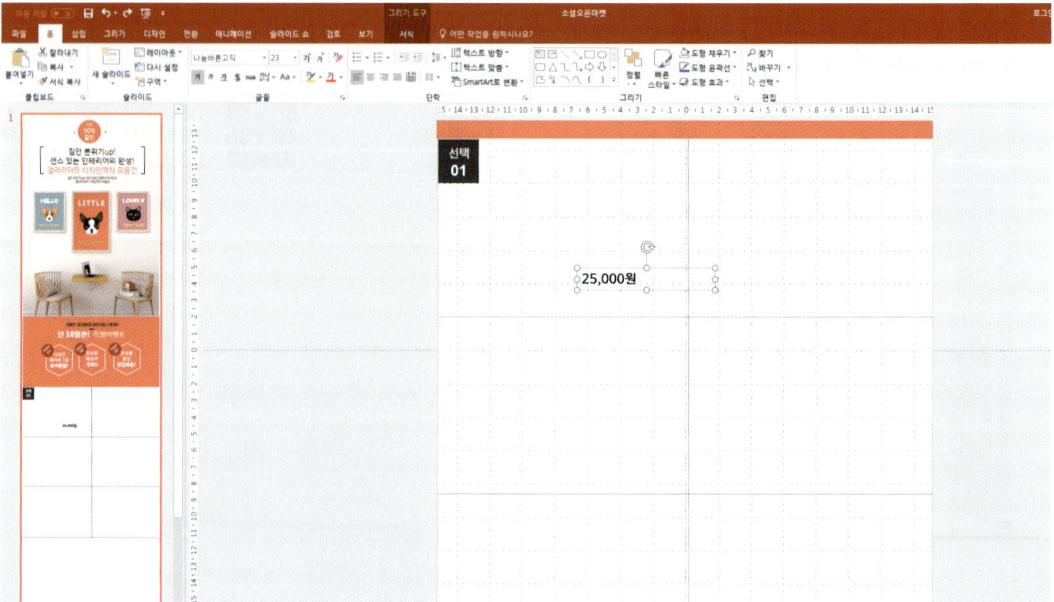

❷ 가격명은 'R193/G79/B60'으로 색상을 지정해주고, '나눔바른고딕 20pt'로 적용해주고 '좌측'으로 정렬해줍니다.

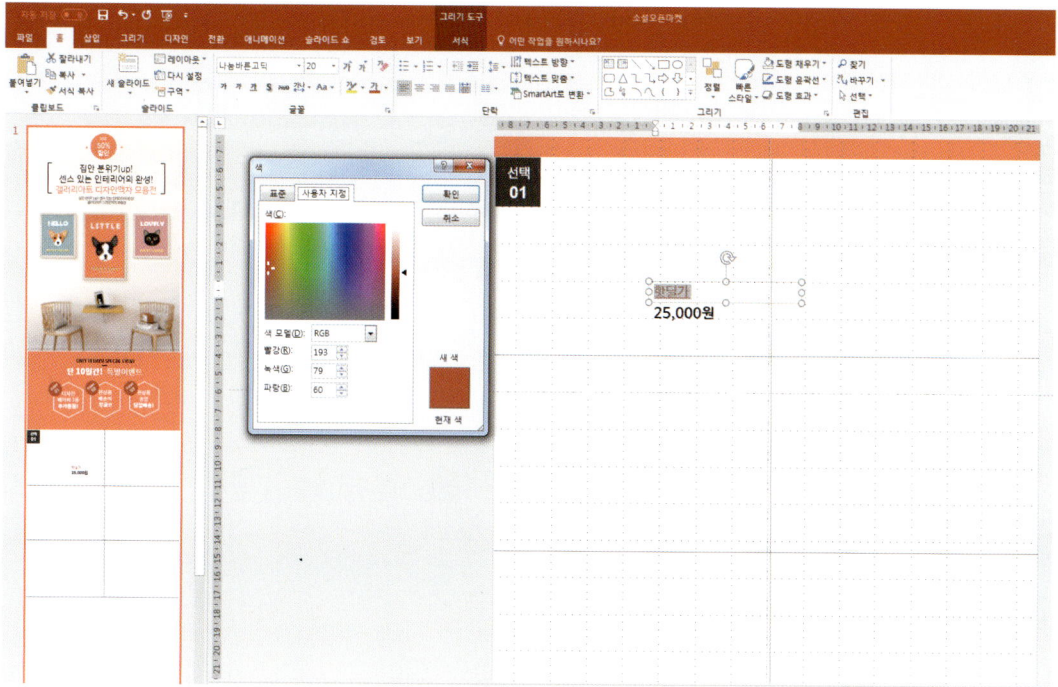

4. 상품명 넣기

❶ 제품명은 '나눔바른고딕/나눔바른고딕Light'로 넣어주고 '좌측'으로 정렬해줍니다.

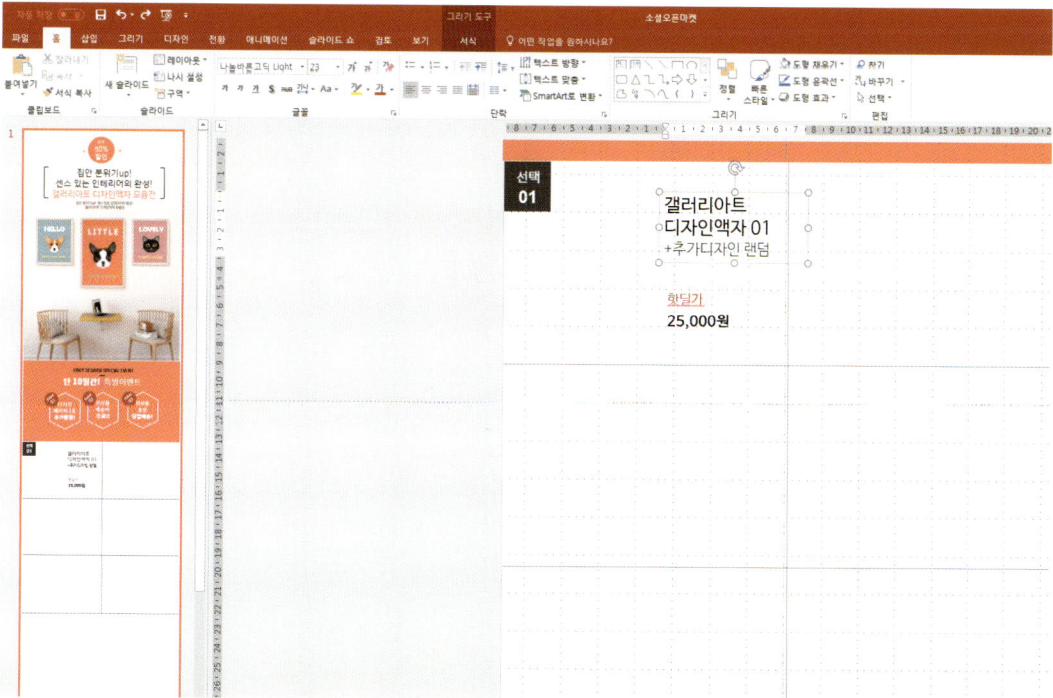

5. 상품 이미지 넣기

❶ 텍스트 '**좌측**'에 상품 이미지를 삽입합니다.

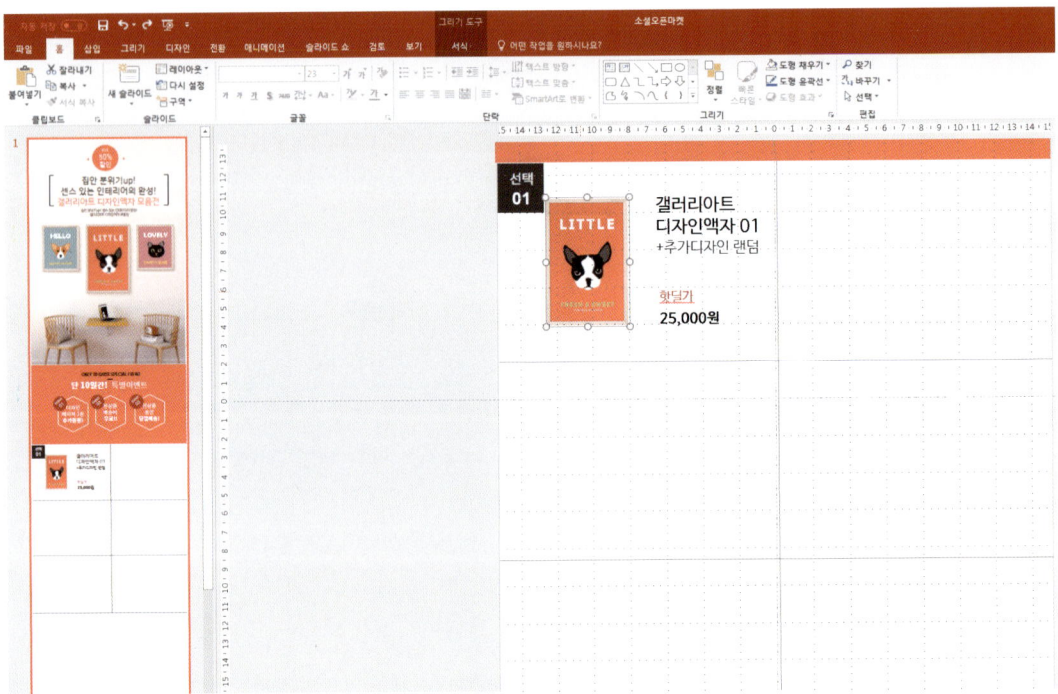

6. 그룹화하기

❶ '**선택 01번**'이 완성되면, 전체 소스, 텍스트와 이미지를 그룹화 해줍니다.

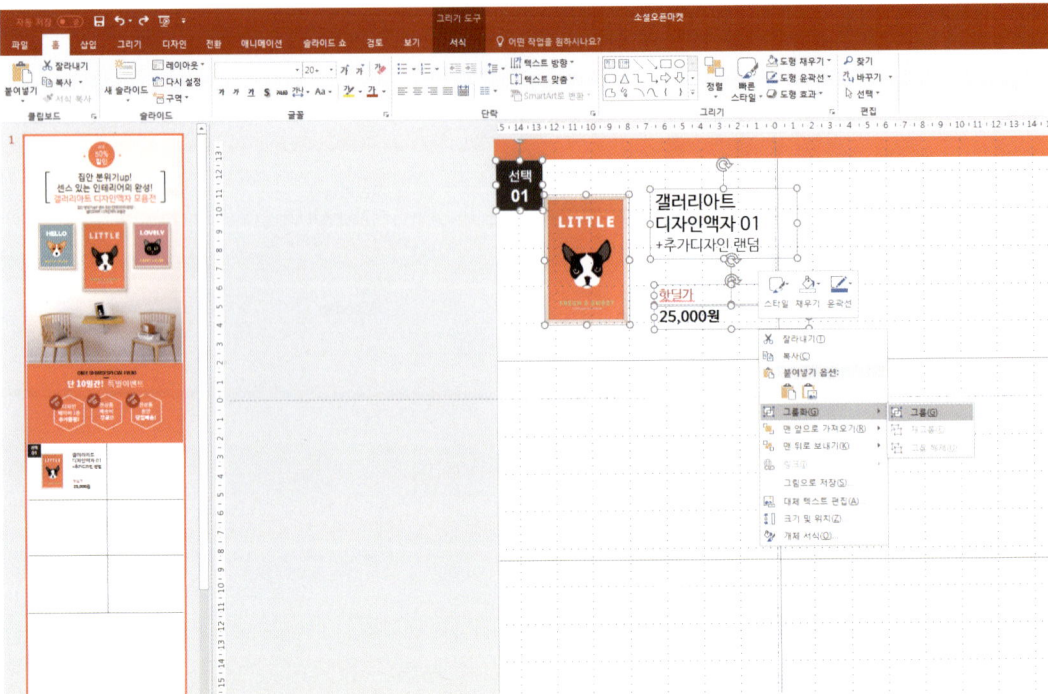

7. 그룹화한 소스 복사하여 붙여넣기

❶ 그룹화한 소스를 다른 선택에도 붙여넣기 합니다. ❷ 이미지 및 상품명을 수정하여 작업하면 편리합니다. ❸ 4가지 상품도 이와 같은 방법으로 추가해 줍니다.

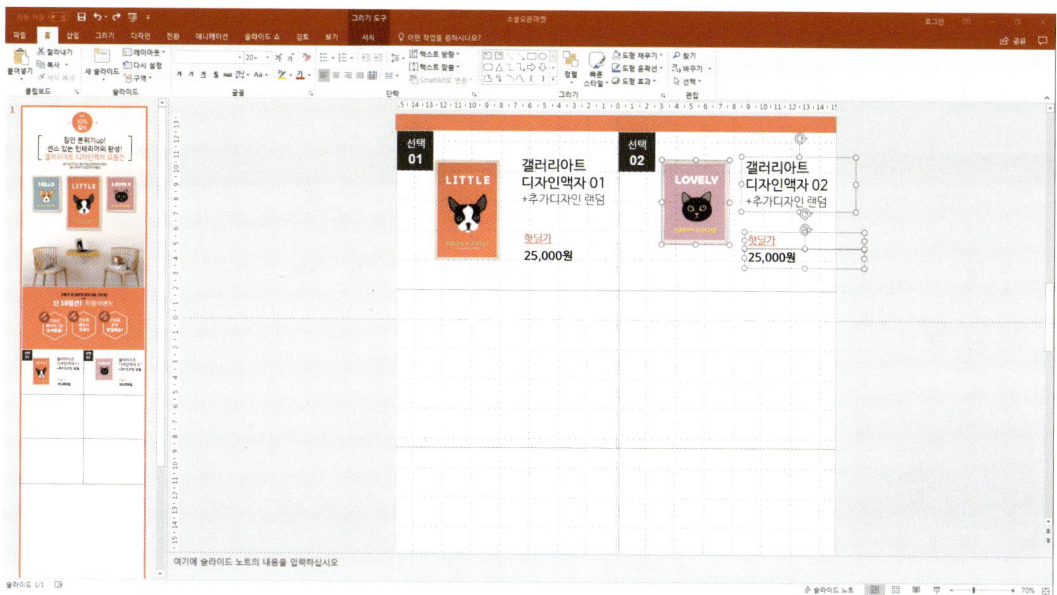

8. 원하는 개수 만큼 복사하여 만들기

❶ 깔끔하고 보기 편한 '6가지' 상품 선택 섹션이 완성되었습니다.

SECTION 3. 상품별 알찬 설명하기

1. 첫 번째 상품
1-1. 선택 번호 표현하기

❶ 앞장에서 쓰인 정육면체 도형을 추가하여 '**사용자지정 색상-오렌지 R236/G123/B93**'을 넣습니다.

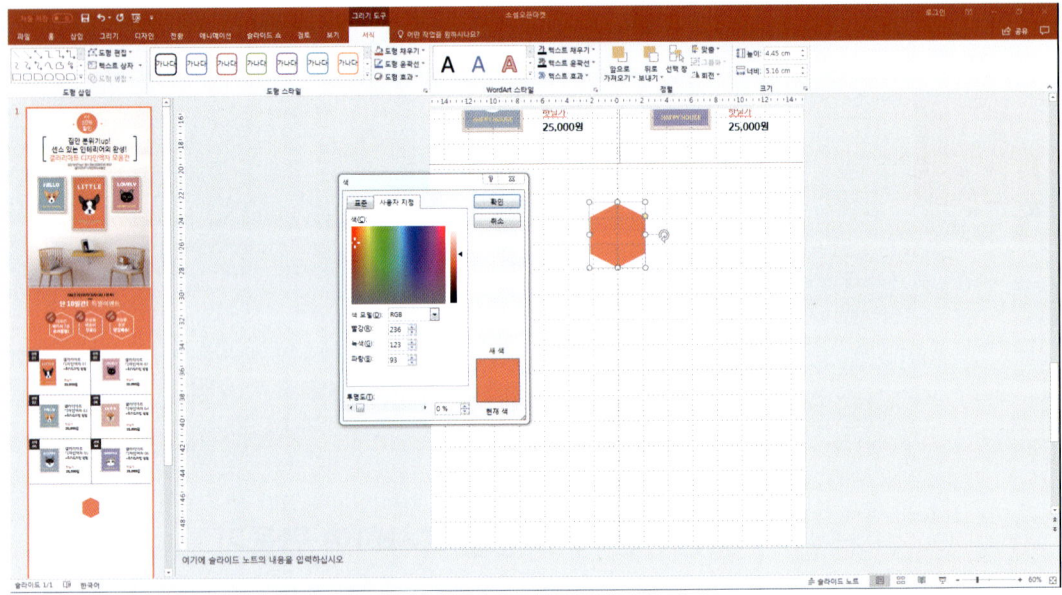

❷ '**글꼴 Noto sans Light/Arial/화이트**'로 '**선택01**'을 넣어 줍니다.

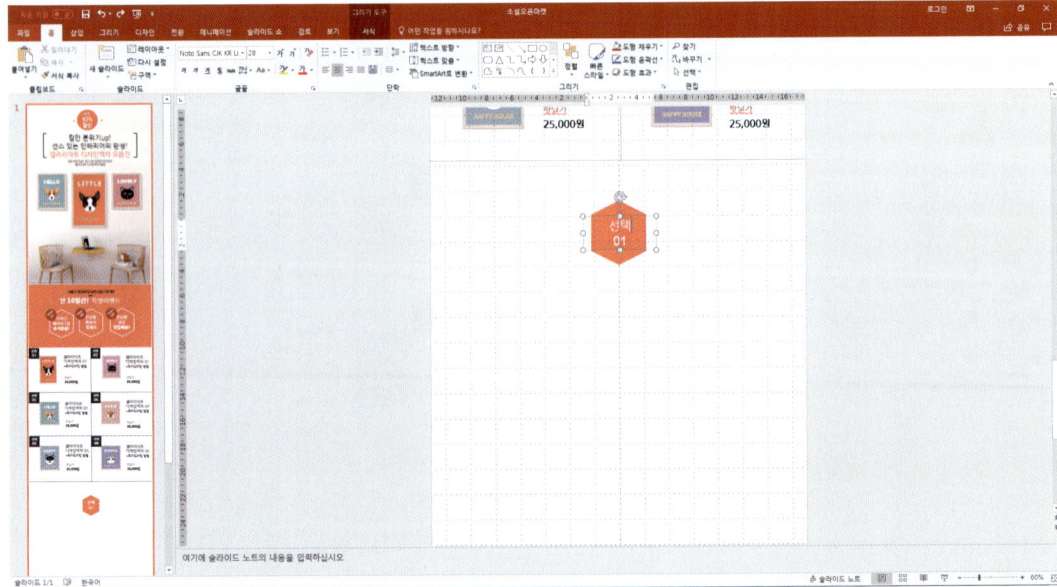

1-2. 상품명 및 추가 문구 넣기

❶ 상품 선택란과 동일한 서체인 '**나눔바른고딕/나눔바른고딕 Light**'로 상품명을 넣습니다.
❷ '**가운데 맞춤**'으로 정렬합니다.

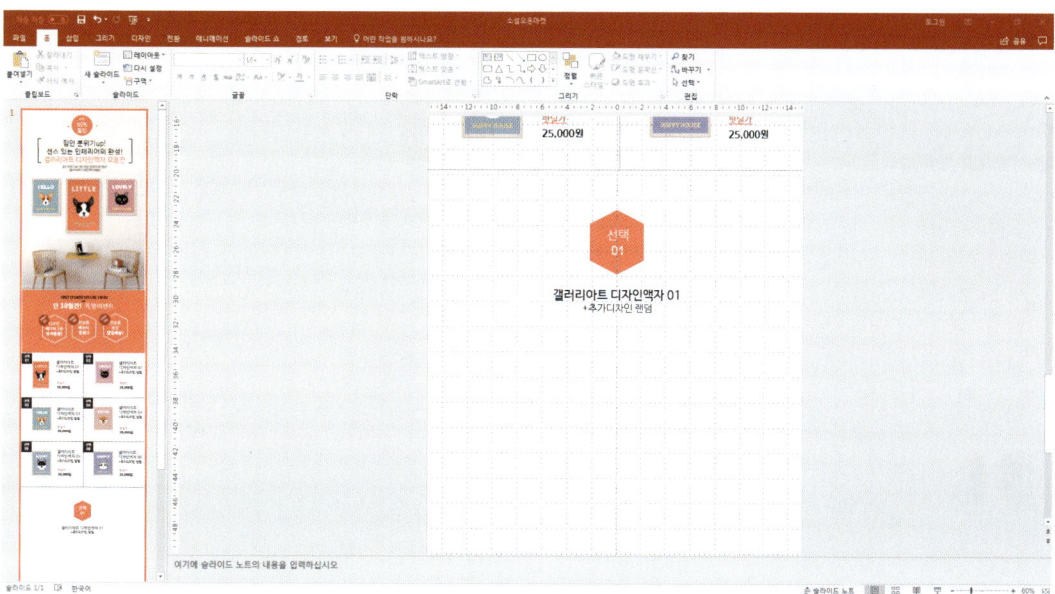

1-3. 사이즈 등 추가정보 넣기

❶ 아랫 부분에는 '**모서리가 둥근 직사각형**'을 넣어줍니다. ❷ 모서리 둥글기는 노란색 원형 표시를 눌러 조절하고, '**그레이 5%**' 색상을 지정합니다.

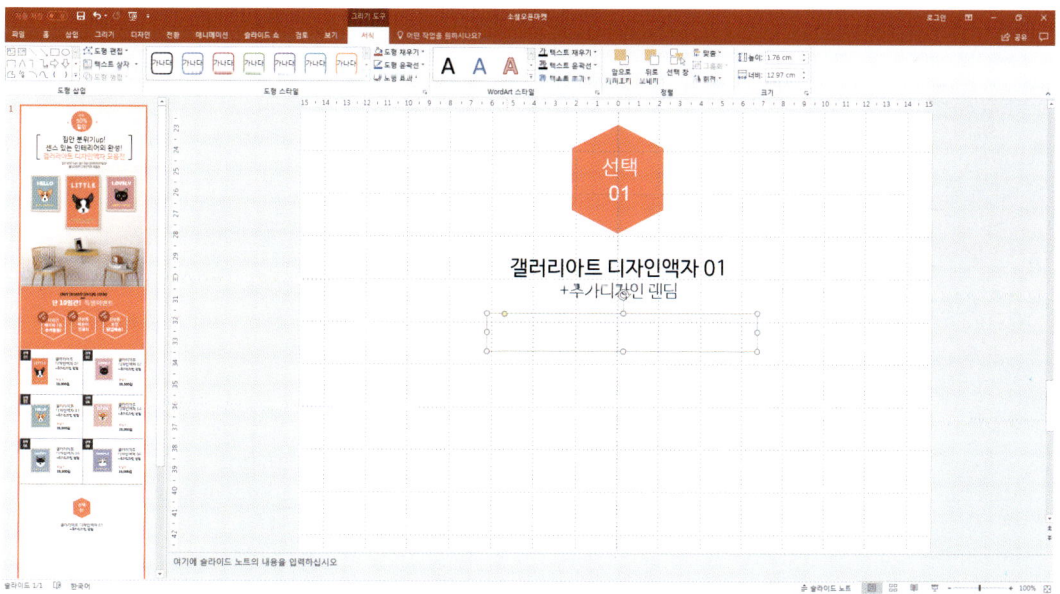

❷ 텍스트 박스를 추가하여 사이즈를 '**글꼴 나눔바른고딕 16pt**'로 넣어주고 '**가운데**' 정렬해 줍니다.

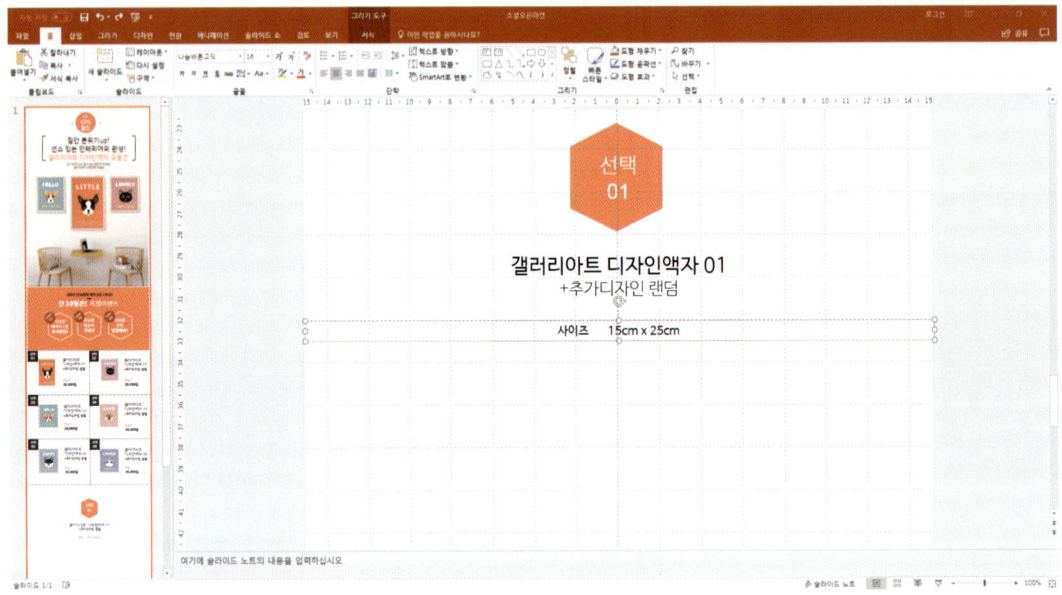

1-4. 이미지 넣기

❶ 하단에는 상품 이미지를 넣어주고 '**가운데**' 정렬해줍니다.

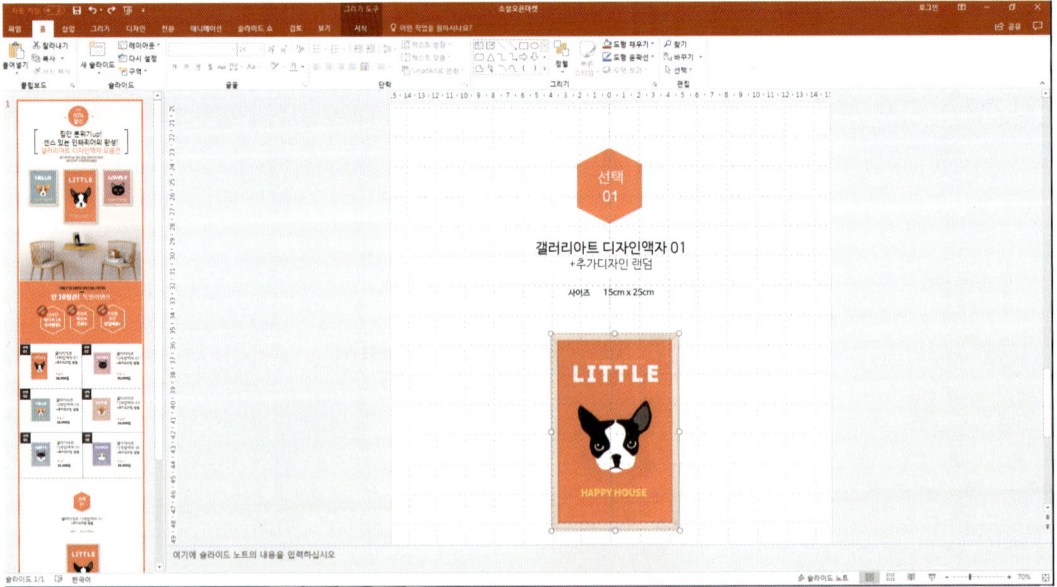

1-5. 사이즈 등 추가정보 넣기

❶ 하단에는 연출 상품 이미지를 넣어주고 '**가운데**' 정렬해줍니다.
❷ '**상품 01번 상품 설명**' 섹션이 완성되었습니다.

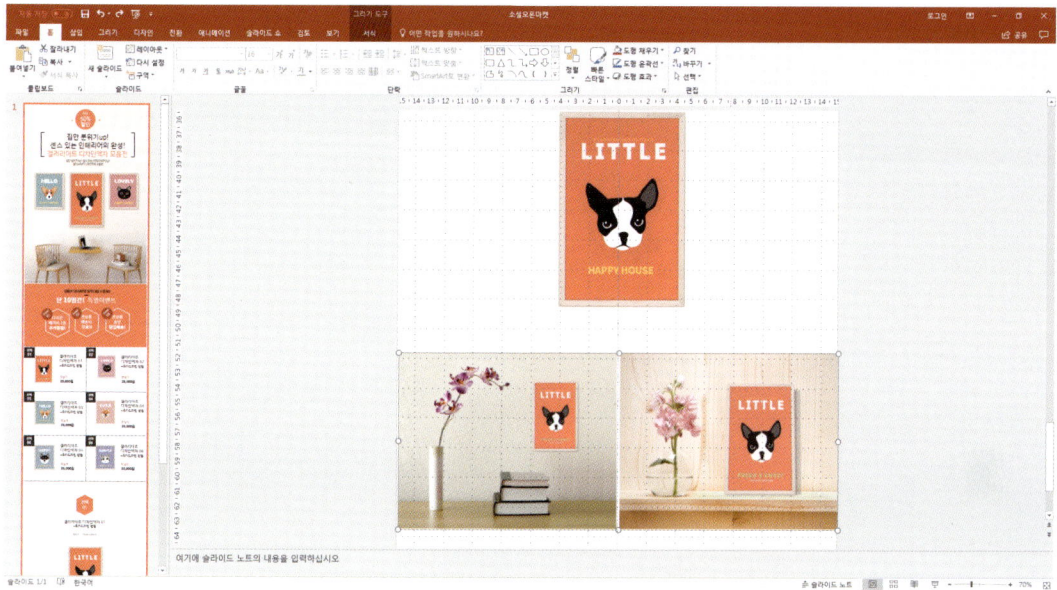

2. 두 번째 상품
2-1. 선택 번호 표현하기

❶ '**선택 02번**' 섹션도 01번과 동일한 레이아웃의 디자인으로 작업합니다.
❷ 육각형의 색상을 '**R243/G174/B194**'로 지정하여 줍니다.

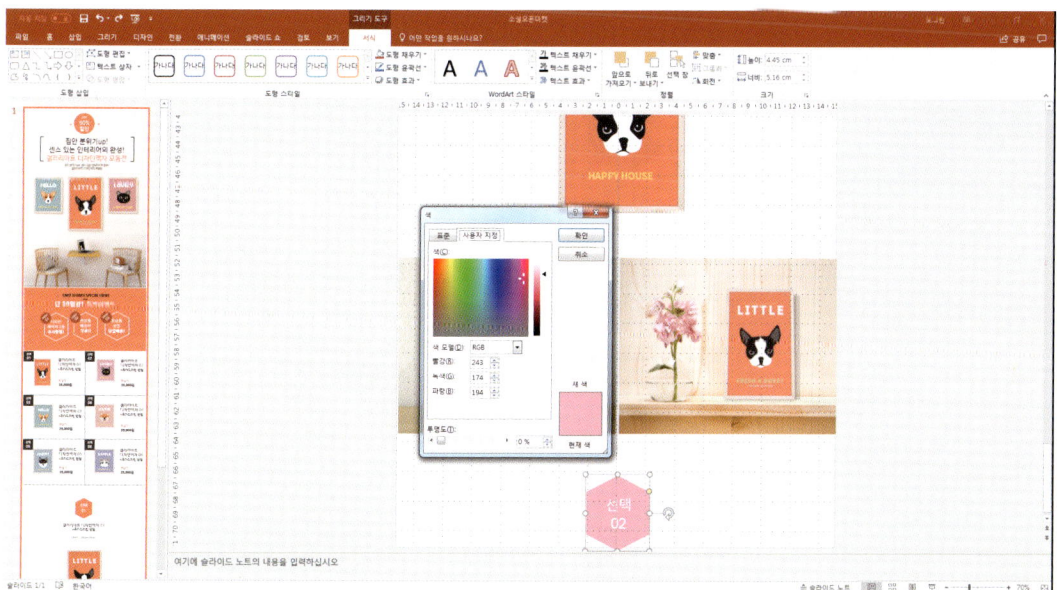

2-2. 상품명 및 정보 넣기

❶ 02번 상품설명을 '글꼴 나눔바른고딕/나눔바른고딕 Light'로 넣습니다. ❷ '가운데' 맞춤으로 정렬합니다. ❸ 하단 사이즈 표기도 동일하게 넣어줍니다.

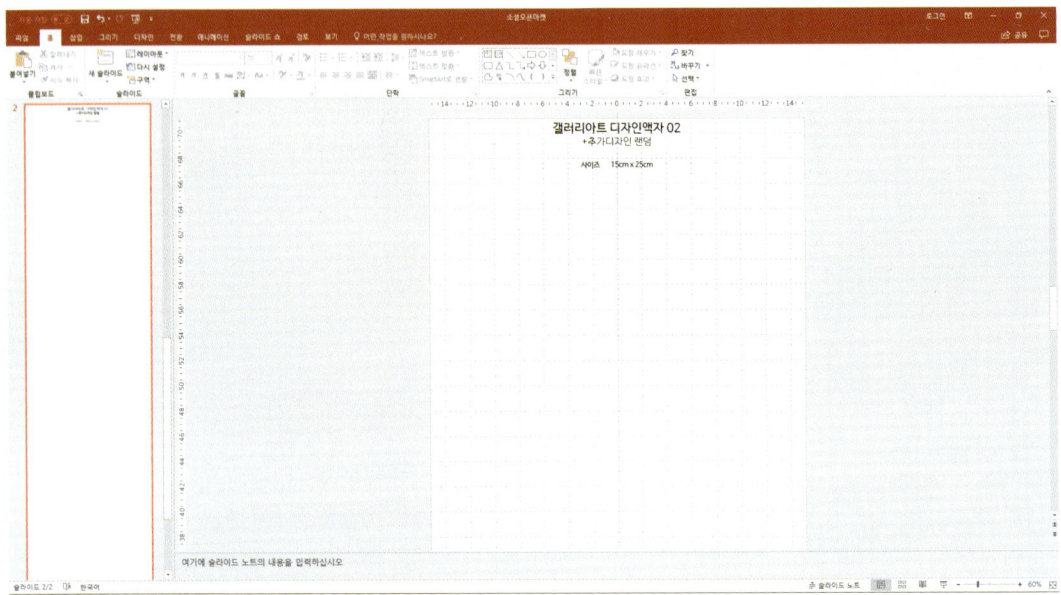

2-3. 이미지 넣기

❶ 상품/연출 이미지도 상단과 동일한 형태로 넣어줍니다.

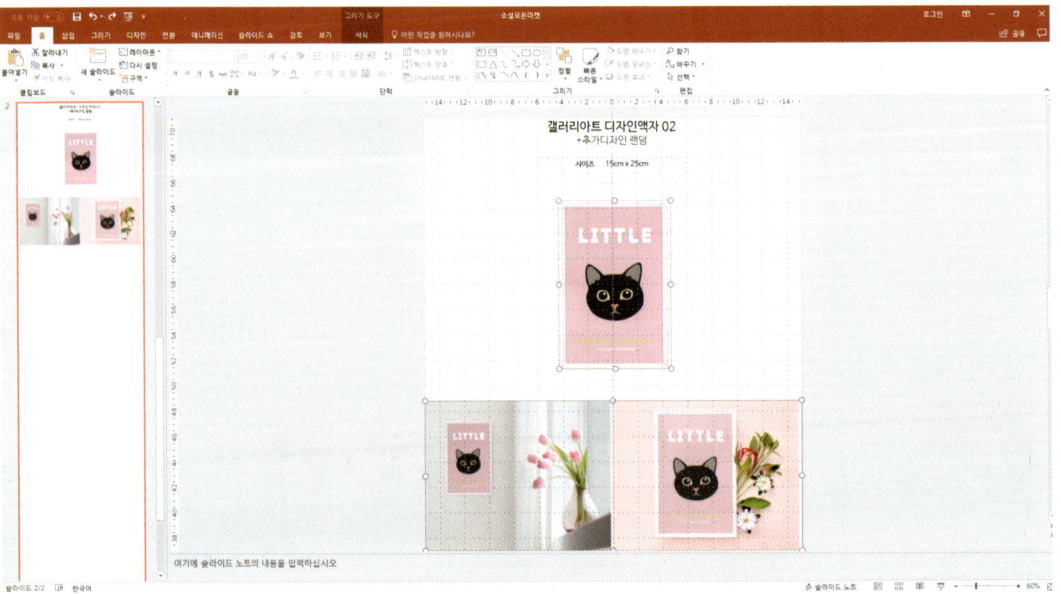

3. 세 번째 상품
3-1. 선택 번호 표현하기

❶ 위의 동일한 레이아웃의 디자인으로 작업합니다.
❷ 육각형의 색상을 'R126/G187/B201'로 지정하여 줍니다.

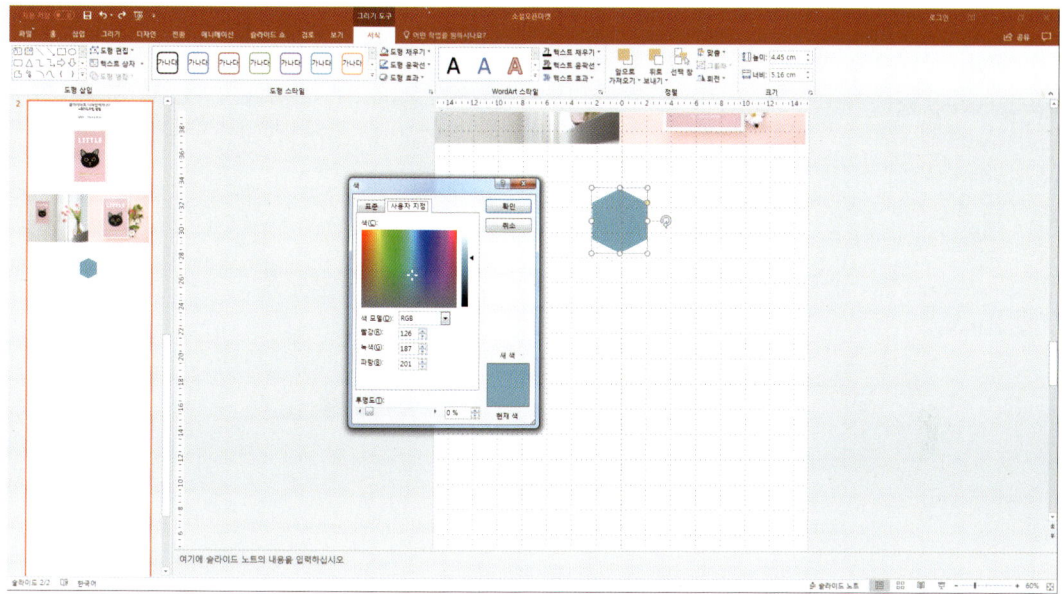

3-2. 상품명 및 정보 넣기

❶ 상단과 동일한 디자인 레이아웃으로 배치합니다. ❷ 그룹화하여 복사/붙이기 후 수정하면 쉽게 작업 가능합니다.

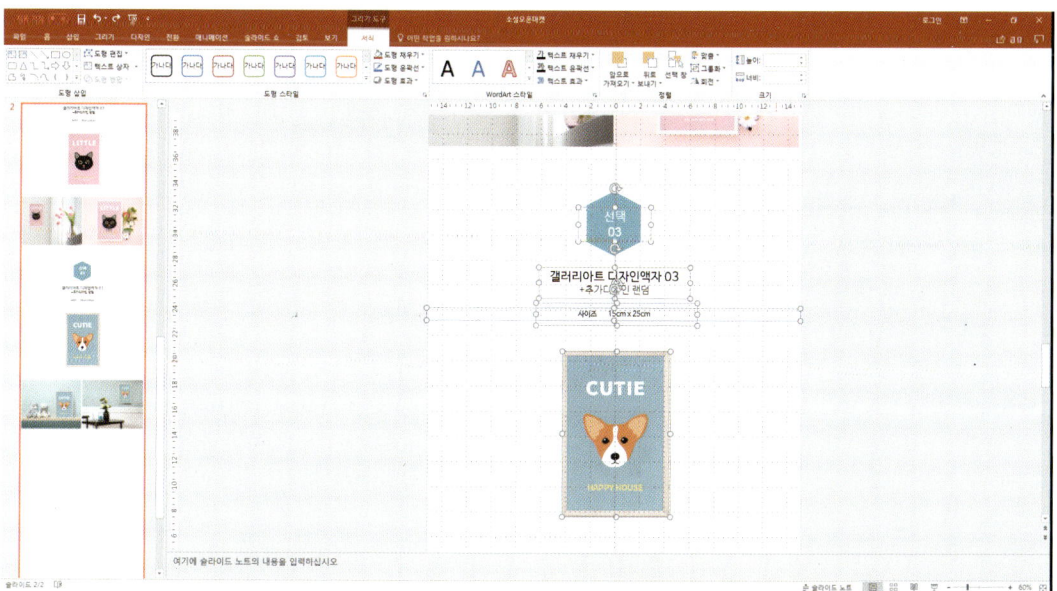

3-3. 이미지 넣기

❶ 상품 이미지도 동일하게 배치하여 줍니다.

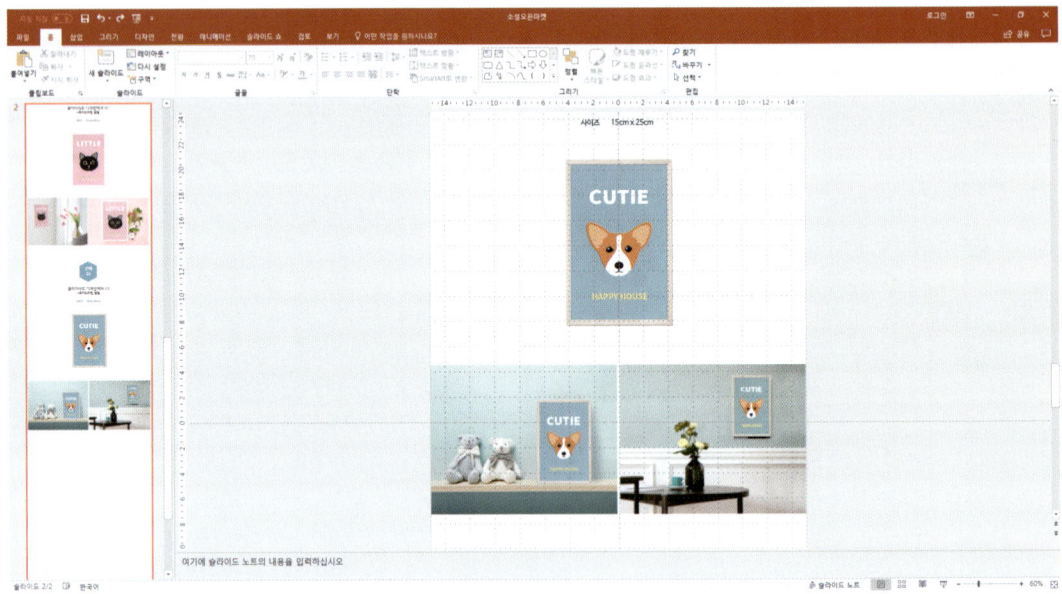

4. 네 번째 상품
4-1. 이미지 넣기

❶ '**선택 4번**'도 동일한 레이아웃의 디자인으로 작업합니다.
❷ 육각형의 색상을 '**R222/G183/B186**'로 지정하여 줍니다.

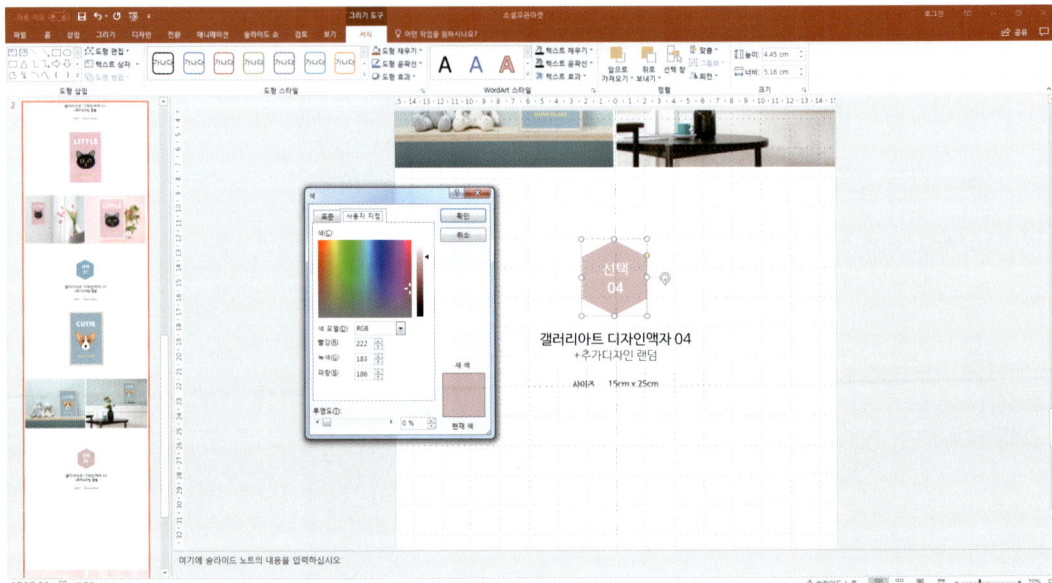

❸ 상품 이미지도 동일하게 배치하여 줍니다.

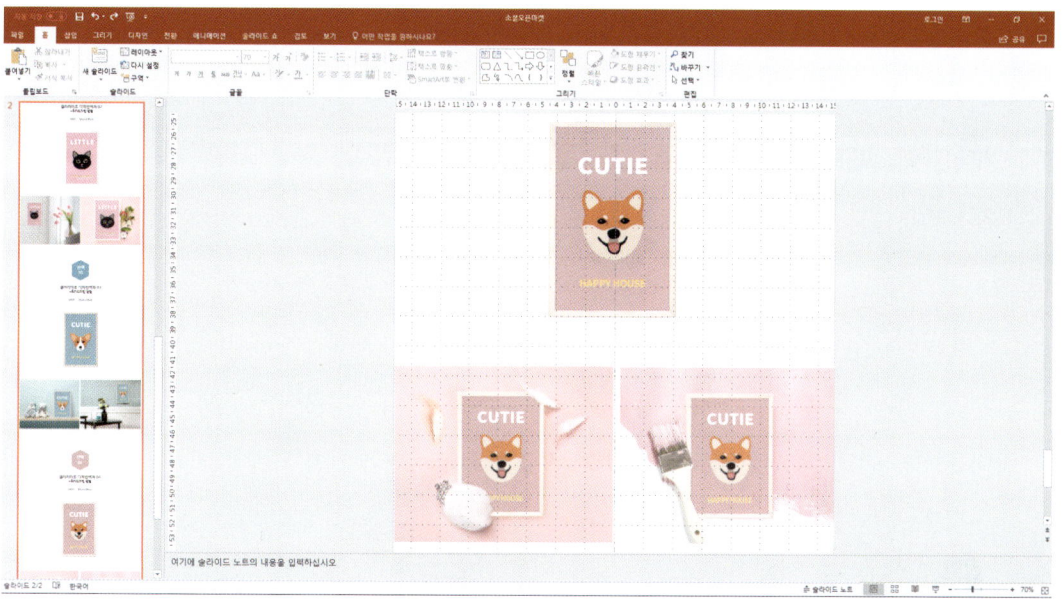

4-2. 나머지 상품 같은 방식으로 넣기

❶ 동일한 레이아웃의 디자인으로 작업합니다.
❷ 육각형의 색상을 'R146/G185/B214'로 지정하여 줍니다.

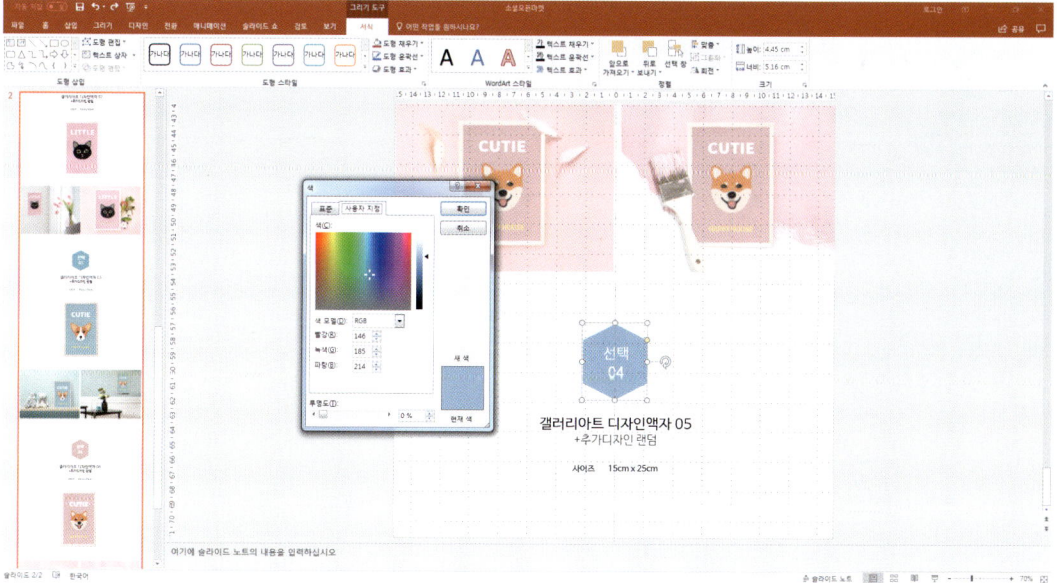

❸ 상품 이미지도 동일하게 배치하여 줍니다.

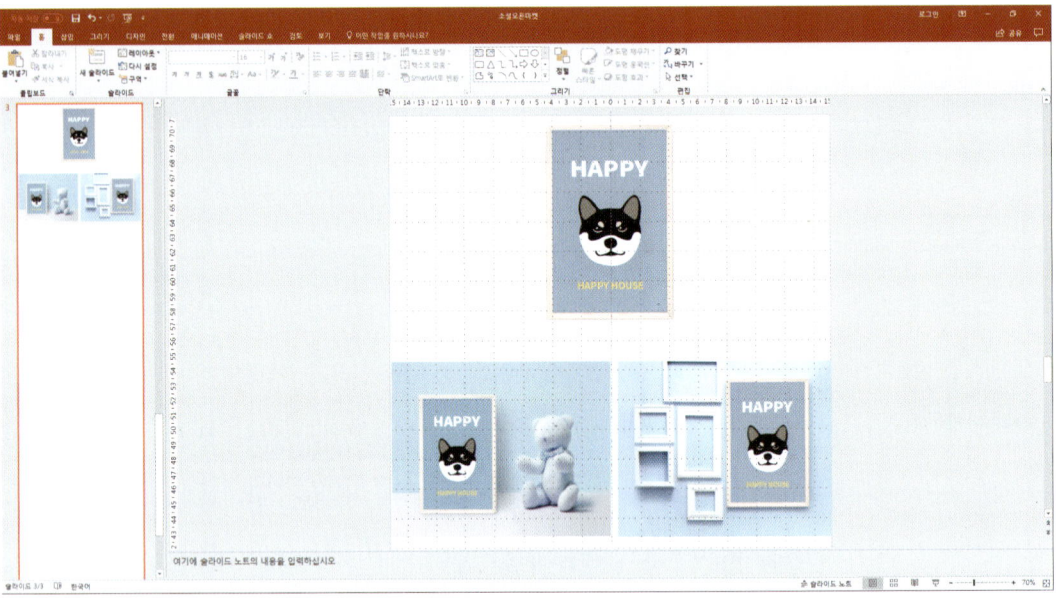

❹ 동일한 레이아웃의 디자인으로 작업합니다. ❺ 육각형의 색상을 'R170/G167/B213'로 사용자 지정하여 줍니다.

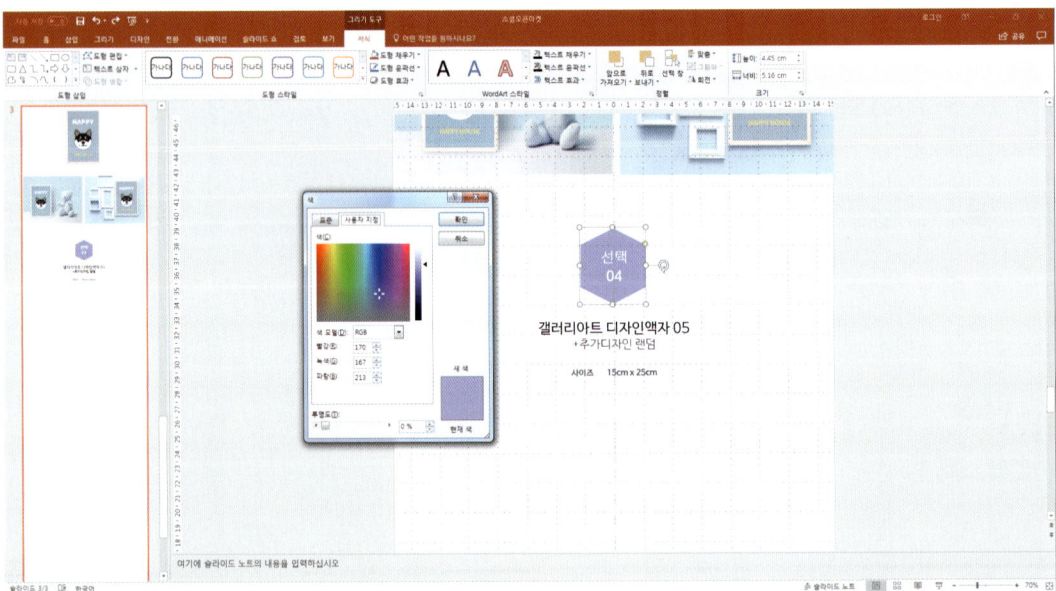

❺ 상품 이미지도 동일하게 배치하여 줍니다. '**6개 상품**'의 상세설명 섹션이 완성되었습니다.

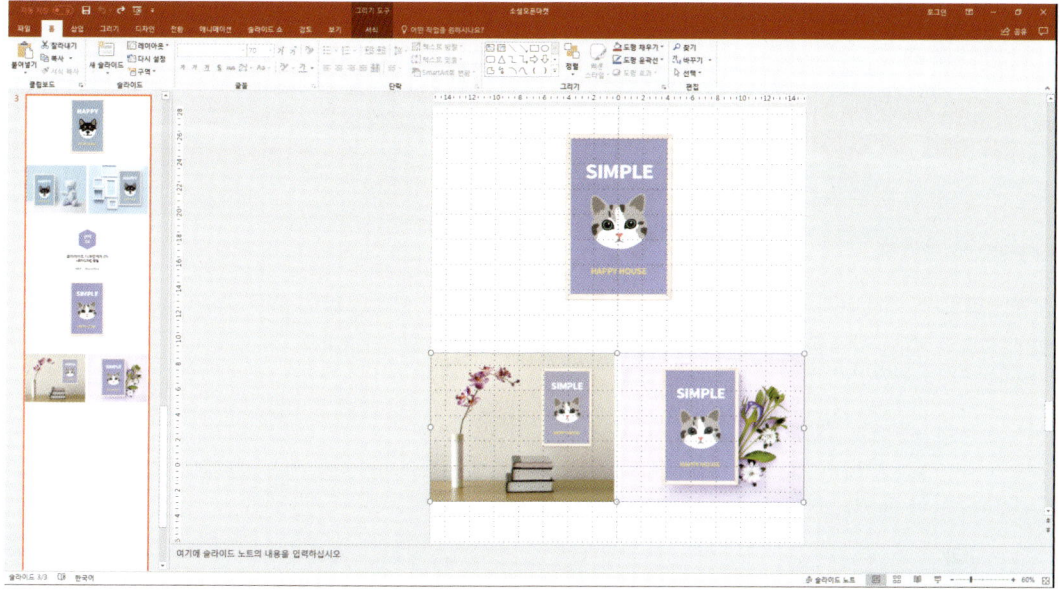

4-3. 저장하기

❶ 파일 → 다른이름으로저장 → 파일형식을 '**png**'형식으로 설정하여 저장합니다.

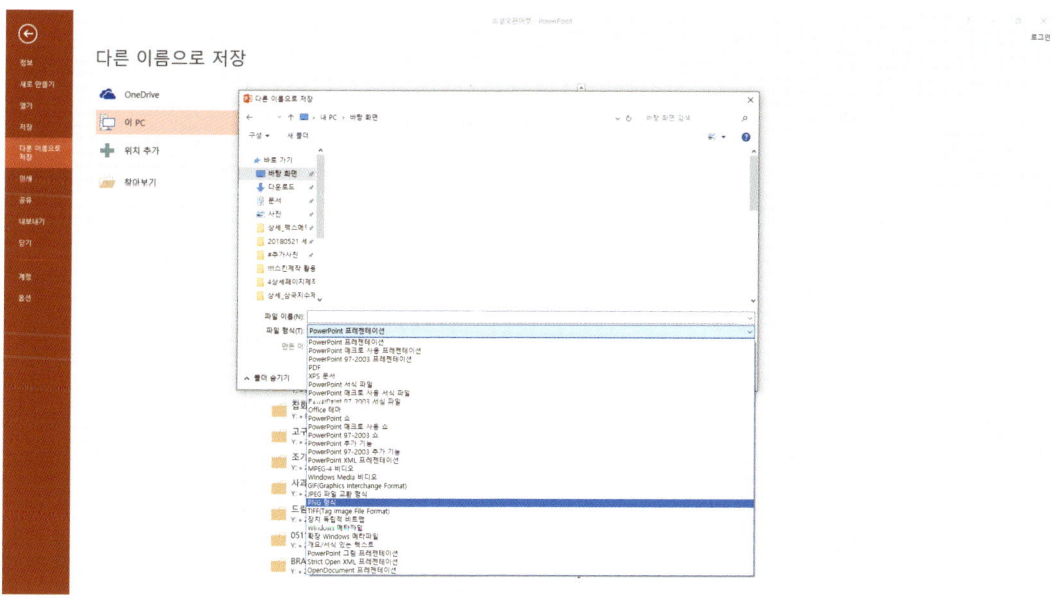

4-4. 등록하기

❶ 저장된 이미지를 쇼핑몰에 등록합니다.

CHAPTER 03
상품군별 상세페이지 만들기

상품군별로 상세페이지의 스타일과 구조가 차이가 있습니다. 상품군별로 기존 상위 업체들의 디자인을 보고 상품군별 차이를 확인하시고 제작 하시는게 좋습니다.

SECTION 1. 인테리어,소품

1. 소파 상세페이지

SEAFOAM BLUE VELVET
MOBYA ACCENT CHAIR

In the battle of comfort vs. style - Moby's going for gold.
Sink into the deep padded seat cushion and see for yourself.
Oh, and touch the luxuriously smooth velvet fabric, too.

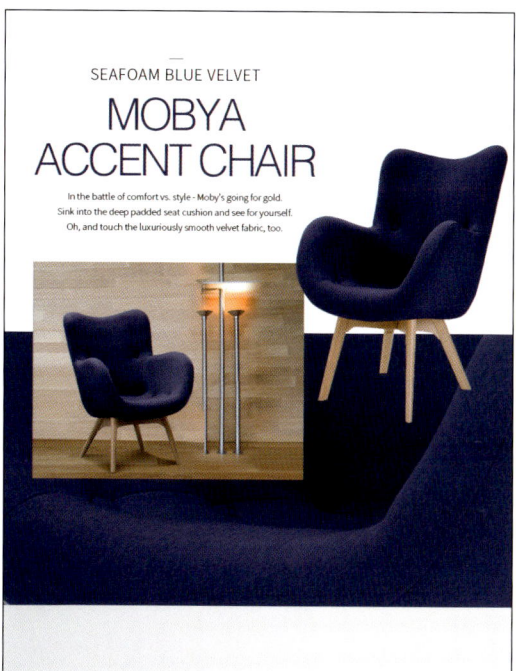

BRISA 100%
SOFT WASHED LINEN BED SET

- ✓ UNDERSTATED COOL
- ✓ SECOND SKIN
- ✓ MUTED PALETTE
- ✓ LUXURY FOR LESS

UNDERSTATED COOL

Effortless and understated,
it's no wonder washed linen is
a top interior trend. It's the only fabric
that gives you that relaxed, Sunday
morning look and feel everyone loves.

UNDERSTATED COOL

Effortless and understated,
it's no wonder washed linen is
a top interior trend. It's the only fabric
that gives you that relaxed, Sunday
morning look and feel everyone loves.

UNDERSTATED COOL

Effortless and understated,
it's no wonder washed linen is
a top interior trend. It's the only fabric
that gives you that relaxed, Sunday
morning look and feel everyone loves.

◇ DETAIL VIEW ◇

 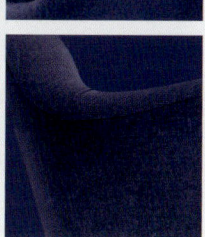

· Height (cm)	225
· Width (cm)	220
· Weight (kg)	1.7000
· Additional Dimensions	Pillowcases: 50 x 75cm
· Packaging Dimensions	Parcel 1: H32 x W26 x D5cm
· Set Includes	Duvet cover, 2 pillowcases
· Fabric Composition	100% Linen
· Thread Count	N/A
· Yarn Type	Linen
· Caring Instructions	Wash at 40 degrees
· SKU	BSTBRS030PNK-UK

Attention please

배송안내

현대택배를 이용하고 있으며 배송비는 2,500원입니다. 7만원 이상 구매시 배송비가 무료입니다.
산간벽지나 도지지방은 별도의 추가금액을 지불하셔야 하는 경우가 있습니다.
상품 배송 소요시간은 3~5일 가량 걸리며, 상품에 따라서 배송이 다소 지연될 수 있습니다.
맞춤제작이나 수제화의 경우 7~14일 정도 소요, 출고 후 1~2일 내에 수령 가능합니다.

교환 / 반품

교환 반품을 원하실 경우 상품수령 후 3일 이내에 전화 또는 게시판으로 접수해주셔야 하며, 단순변심 및
고객실수로 인한 반품 교환시에는 고객님께서 왕복택배비를 부담하셔야합니다. 판매자 과실로 인한
상품의 불량이나 오배송된 경우에는 판매자가 택배비를 부담합니다. 세일 및 이벤트 상품, 고객님의 부주의로 인한
변형이나 사용흔적이 있는 상품은 교환 및 반품이 불가합니다.

교환 / 반품이 불가한 경우

상품 수령 후 7일이 지난 상품 사용에 후 상품가치가 떨어지는 상품(언더웨어, 레깅스, 타이즈, 악세사리 등)오염,
향수 냄새 등 상품을 착용 사용을 하였을 경우
피팅시 즉각적으로 늘어남이 있어 상품의 변형이 될 경우
상품가치가 현저히 떨어져 재판매가 불가능할 경우
인위적인 수선이나 세탁을 한 상품
니트, 화이트 색상의 상품, 세일상품, 수제화나 제작상품의 경우

1-1. 새로운 슬라이드

❶ 슬라이드 크기를 '**너비 약 30/높이 약 96cm**'로 '**세로 길이로 지정**'합니다.

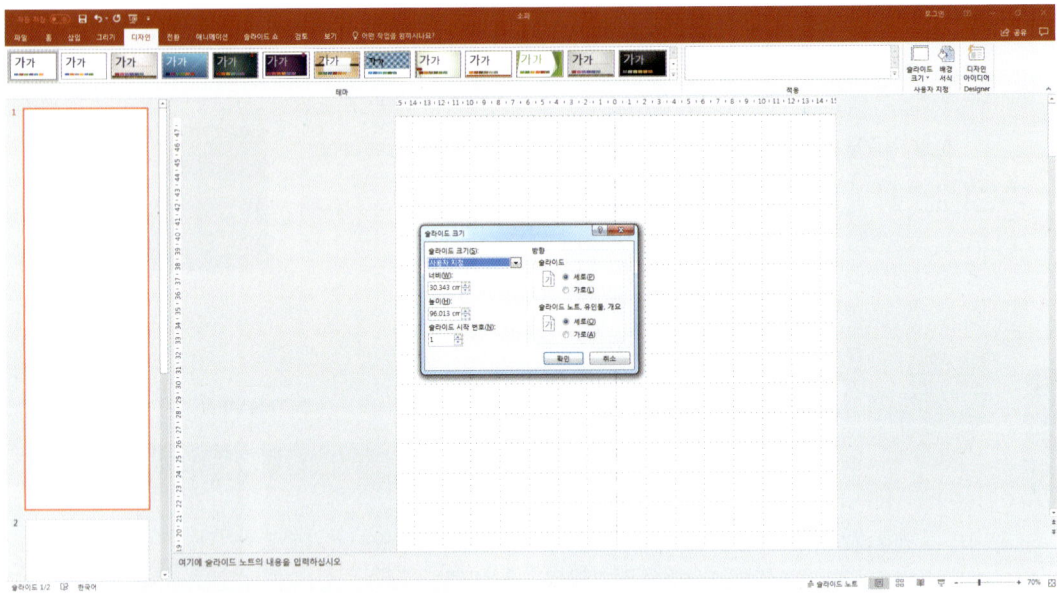

1-2. 타이틀 만들기

❶ 메인 인트로 섹션을 만듭니다. 상품명을 '**글꼴 Helvetica LT Light 72pt/바이올렛 컬러 R46/G46/B90**'로 넣습니다. '**상단 글꼴 Noto Sans Light 25pt/하단 15pt**'로 서브 문구를 넣어줍니다.

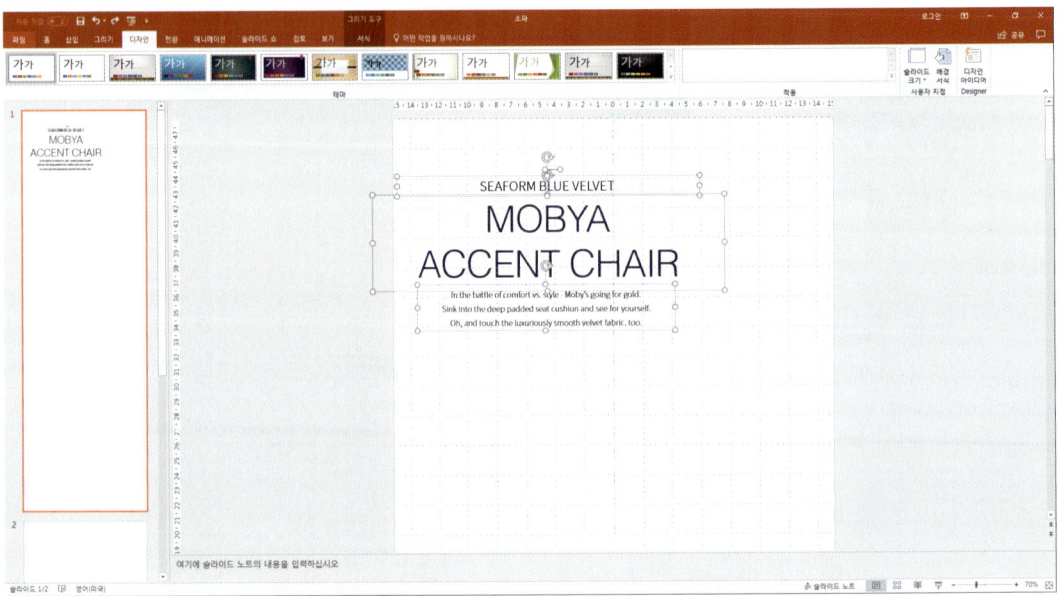

1-3. 이미지 위치하기

❶ 텍스트 우측/좌측 하단에 상품 '**이미지를 삽입**'해 줍니다.

1-4. 상품 질감이 느껴지는 확대 이미지 배경으로 깔아주기

❶ 하단 아래에는 배경으로 확대 이미지를 넣어줍니다.

1-5. 이미지 넣어주고 문구 삽입하기

❶ 다음 섹션에는 연출 이미지를 전체 배경으로 넣습니다. 좌측 상단에는 서브문구를 '**글꼴 Noto Sans KR Bold 28pt**'로 넣습니다.

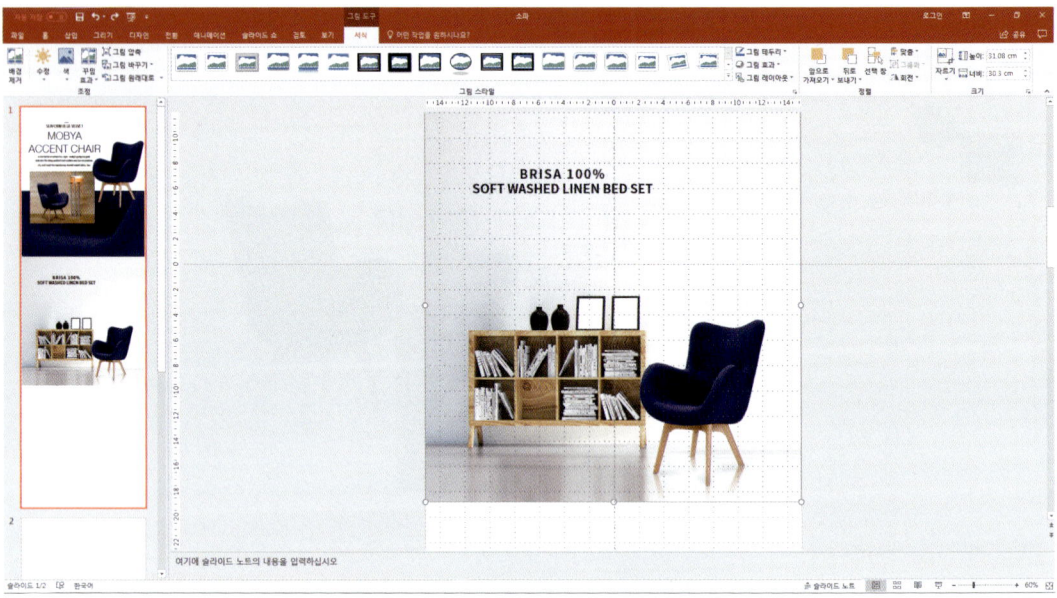

1-6. 서브문구 넣어주고 꾸며주기

❶ 메인 문구 아래 라인으로 포인트를 주고, 선을 이용한 체크 마크표시로 바이올렛 색상의 글머리 기호를 만듭니다. '**글꼴 Noto sans Light 16pt**'로 '**문자 간격을 넓게**' 지정합니다.

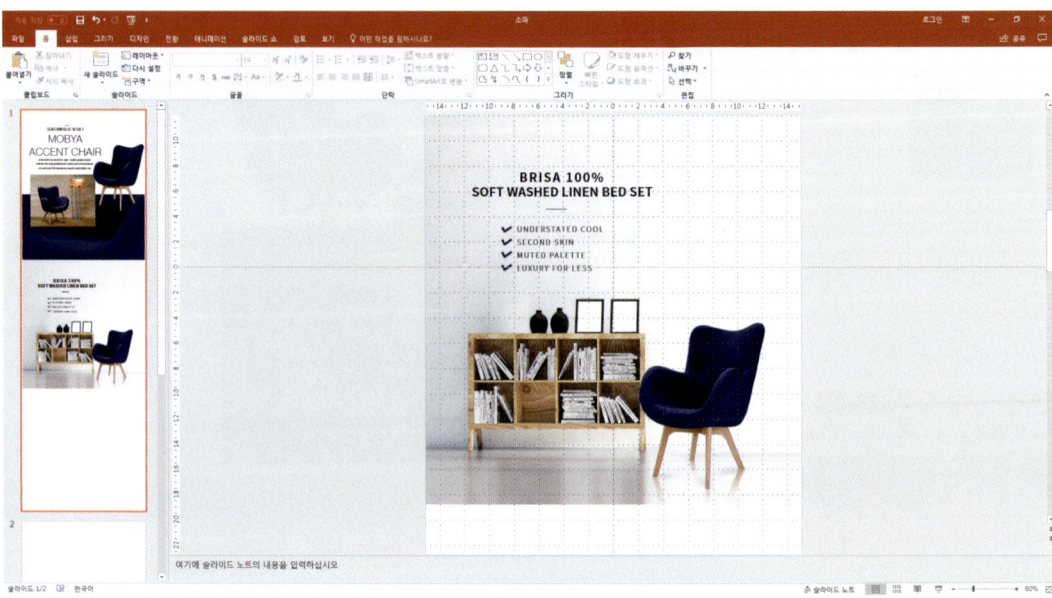

1-7. 상품 상세설명 넣기1

❶ 우측에 이미지를 넣고 주제명을 '**글꼴 Noto Sans KR Bold 29pt**'로 설명을 '**글꼴 Regular 19pt**'로 넣습니다.
주제명 위에는 작은 사선을 활용하여 포인트를 줍니다.

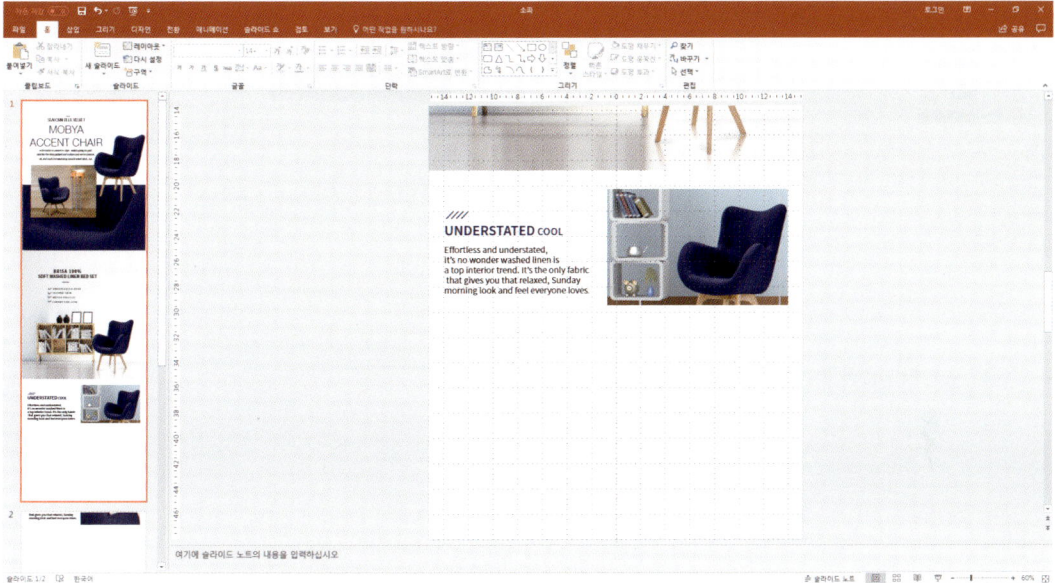

❷ 하단에 이와 같은 레이아웃으로 2개 디자인을 넣습니다.

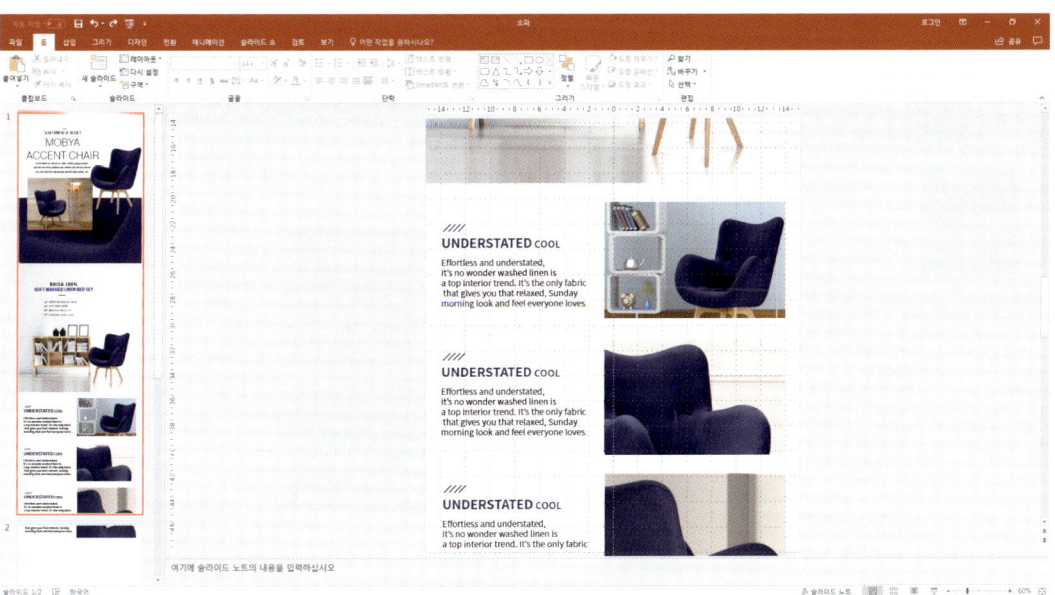

1-8. 상품 디테일 이미지 영역 만들기

❶ 다음 섹션은 상품 확대 이미지를 보여줍니다. '**글꼴 Noto Sans Bold 32pt**'로 주제어를 넣고, 양 옆에는 '**작은 마름모 형태**'로 포인트를 넣습니다.

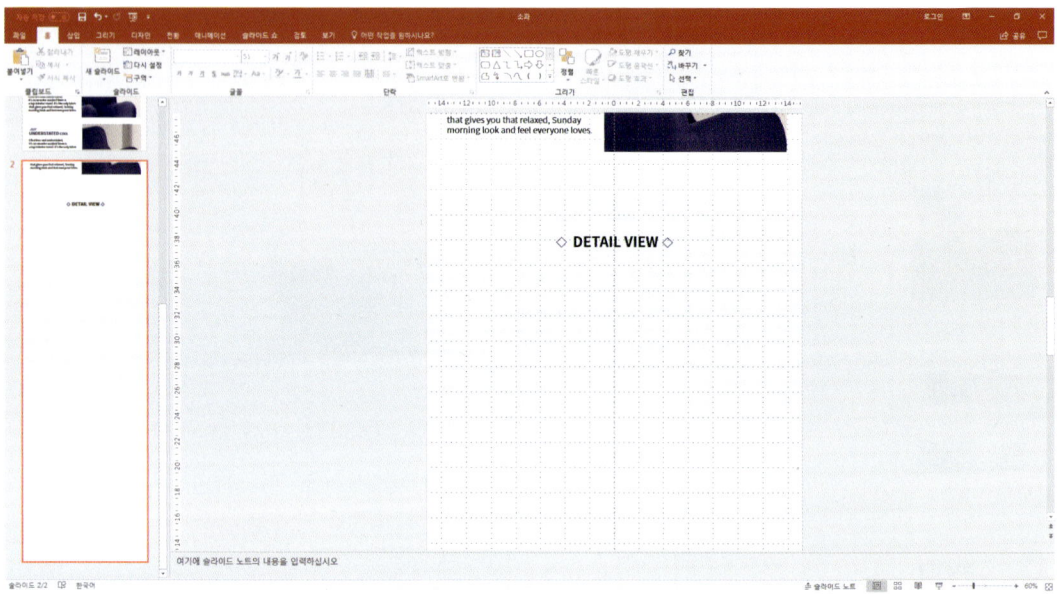

❷ '**정사각 형태**'의 상품 디테일 컷을 넣어줍니다.

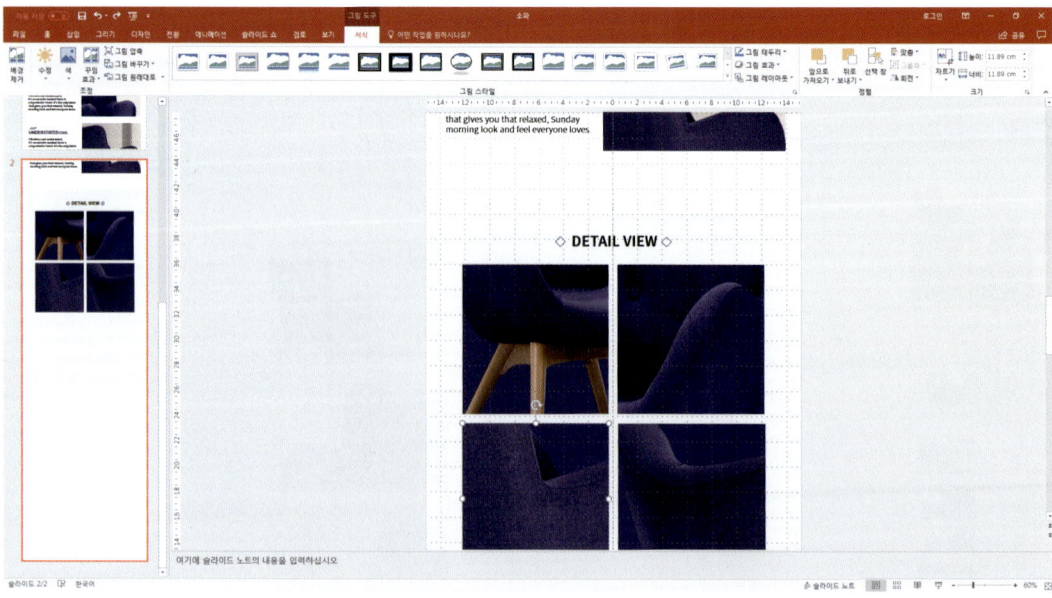

1-9. 상품 상세정보 넣기2

❶ 상품 상세 규격을 넣습니다. '**글꼴 Noto Sans Regular 18pt**'로 '**좌측 정렬**'하여 줍니다. 작은 원형으로 글머리 기호도 만들어줍니다.

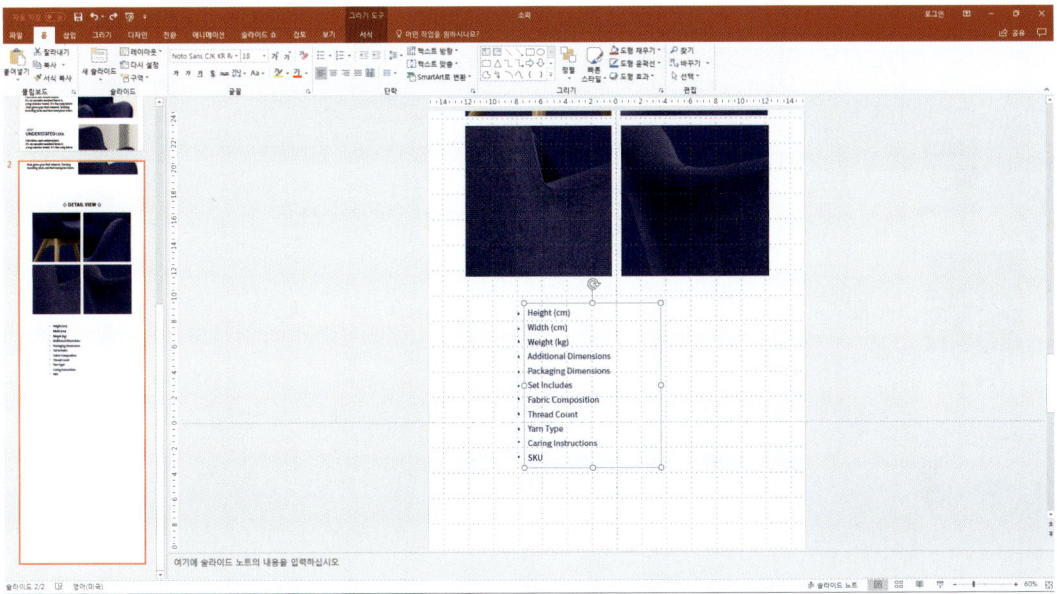

❷ 상품 상세 규격을 넣습니다. '**글꼴 Noto Sans Regular 18pt**'로 '**좌측 정렬**'하여 줍니다. 작은 원형으로 글머리 기호도 만들어줍니다.

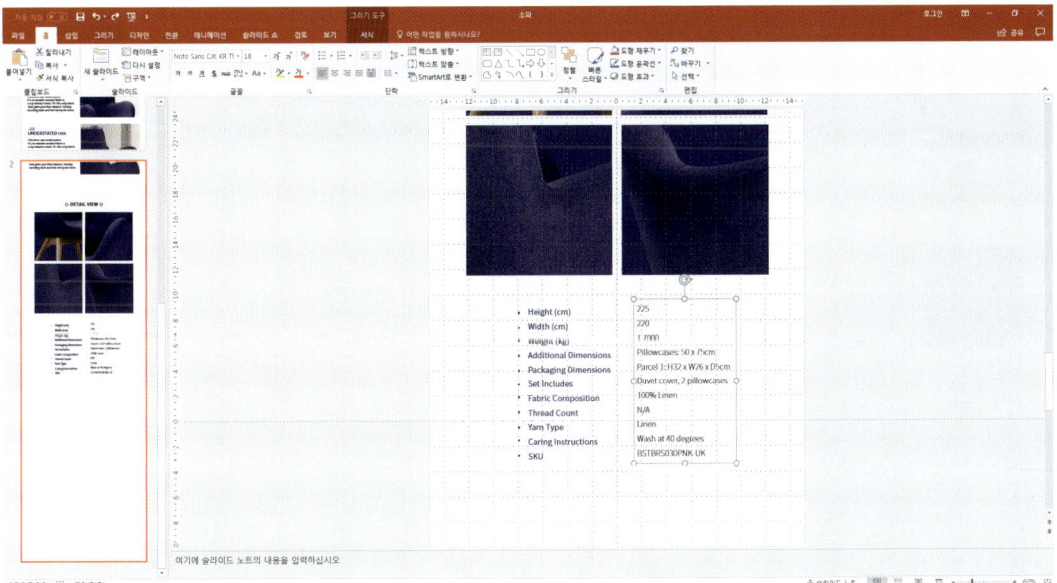

1-10. 구매 전 확인 사항 넣기

❶ 가장 하단에는 상품에 대한 '**배송 및 주의 사항**'을 넣습니다.
❷ 제목은 '**글꼴 Noto Sans Bold/thin 36pt**'로 넣고, 텍스트 아래 라인을 활용하여 포인트를 줍니다.

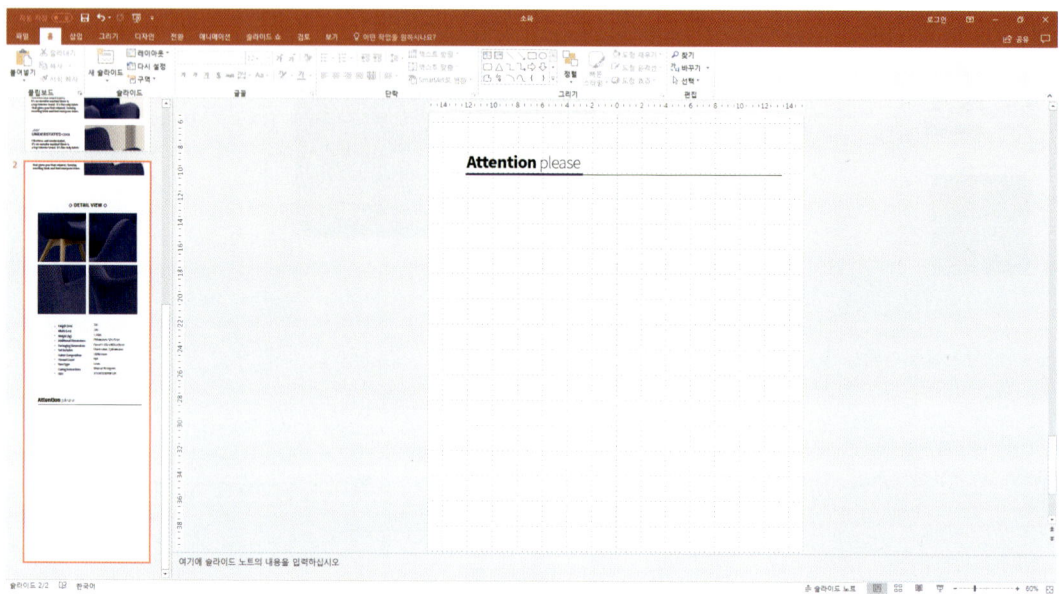

❸ 배송 안내의 주제어는 '**글꼴 Noto Sans Medium 20pt 좌측 맞추기**' 해주고, 상세 설명은 '**글꼴 Noto Sans Bold 12pt**'로 적습니다.

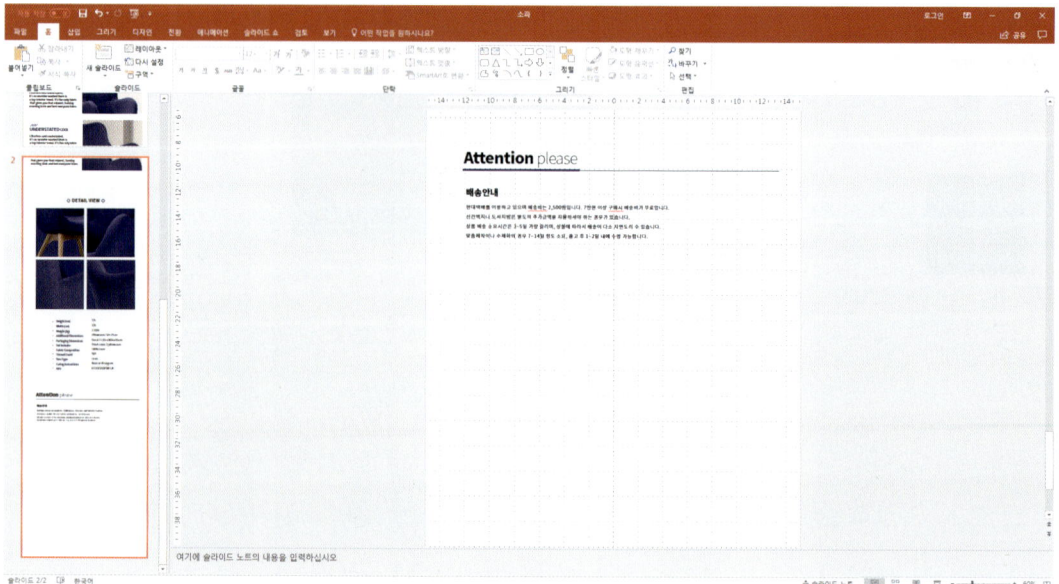

❹ 이와 마찬가지 레이아웃으로 '**교환/반품에 대한 안내**'를 넣습니다.
소파 상품의 상세페이지가 완성되었습니다.

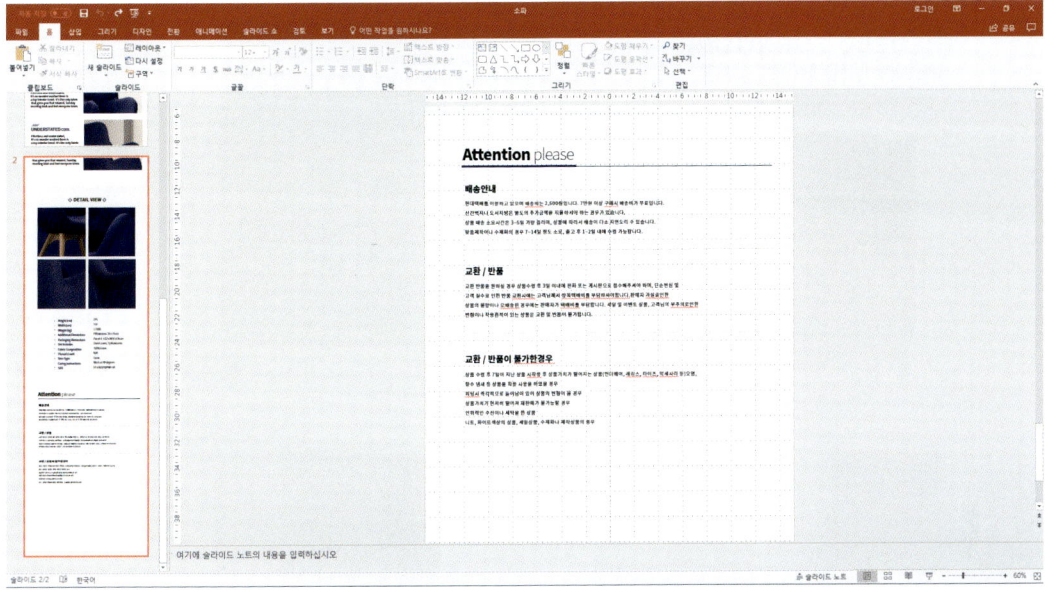

1-11. 저장하기

❶ 파일 → 다른이름으로저장 → 파일형식을 '**png**'형식으로 설정하여 저장합니다.

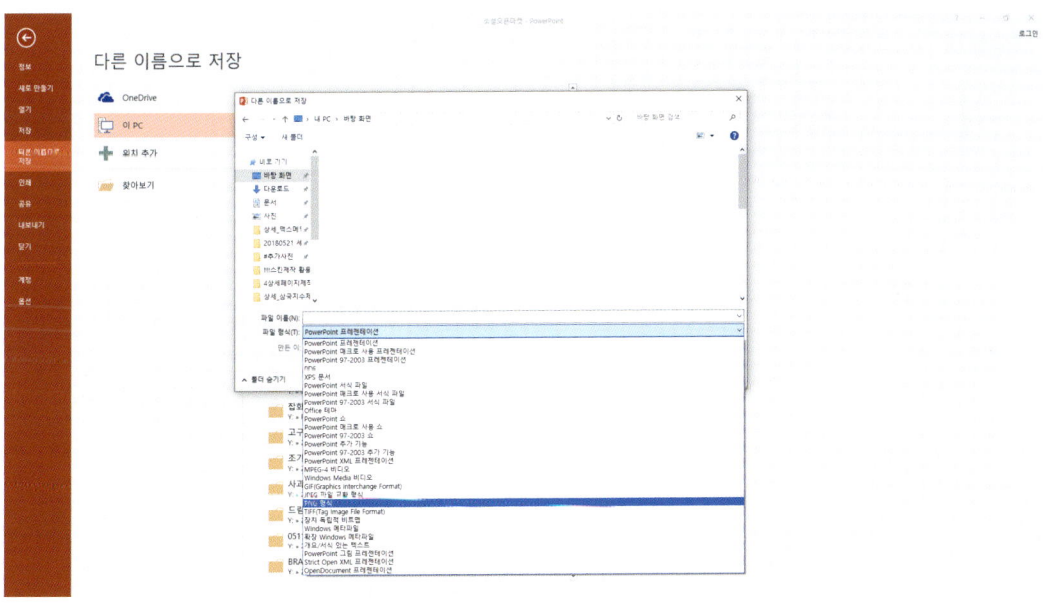

1-12. 이미지 등록하기

❶ 저장된 이미지를 쇼핑몰에 등록합니다.

2. 가구 상세페이지

2-1. 새로운 슬라이드

❶ 슬라이드 크기를 사용자 지정으로 '**너비 약 30cm/높이 142cm**'로 '**세로방향으로 지정**' 합니다.

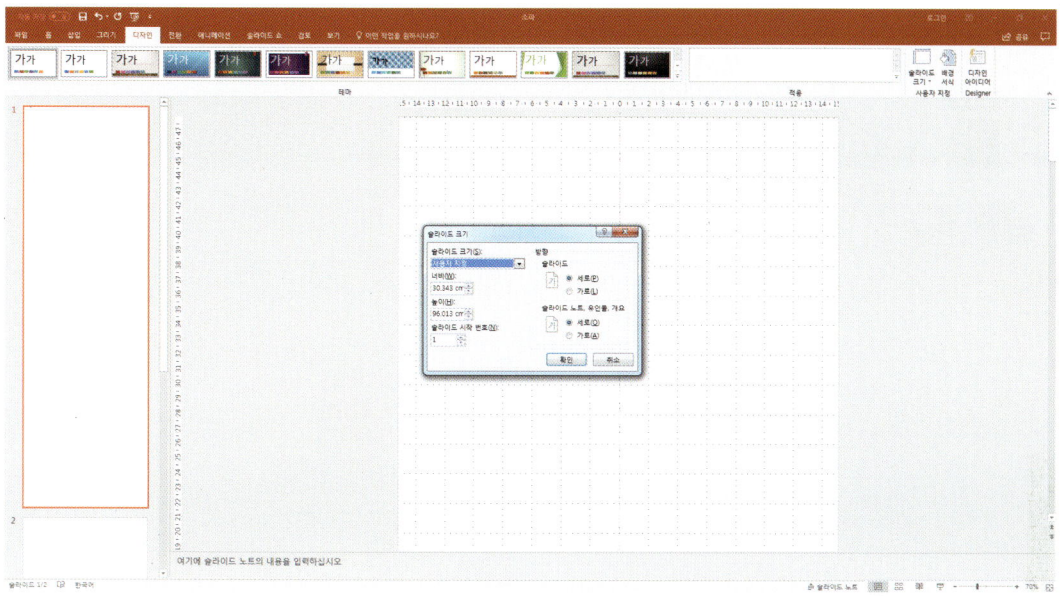

2-2. 타이틀 만들기

❶ 인트로의 메인문구는 '**글꼴 Franklin Gothic Demi 52pt**'로 넣어줍니다. 상단에는 상품 로고 '**글꼴 Bell MT 30pt**'로 넣고, 하단의 상세문구는 '**글꼴 Noto Sans Light 14pt**'로 넣 습니다.

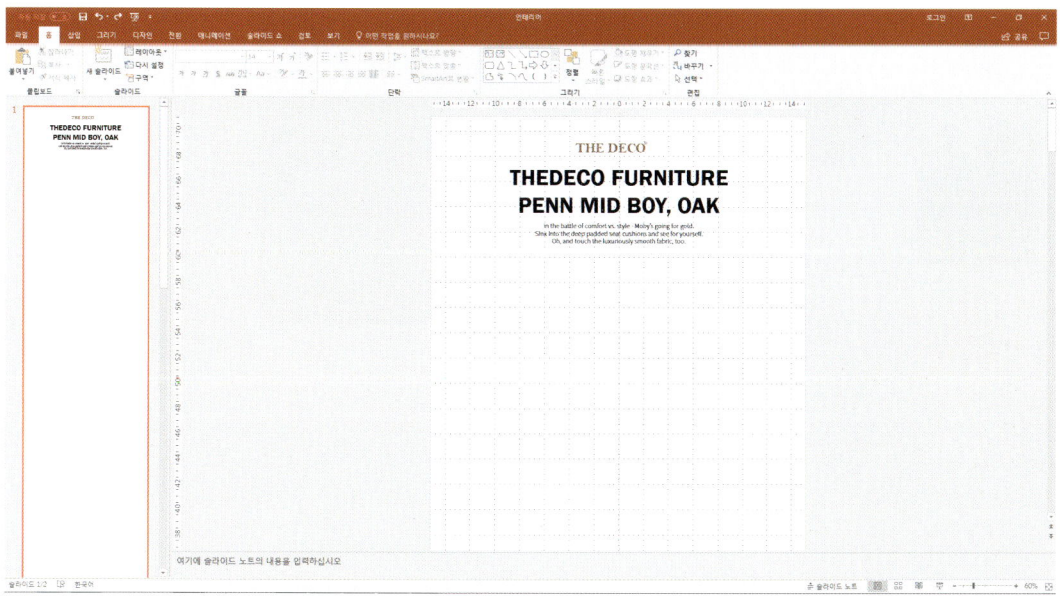

2-3. 이미지 넣기

❶ 배경이 제거된 상품 이미지와 연출 이미지를 차례대로 삽입합니다.

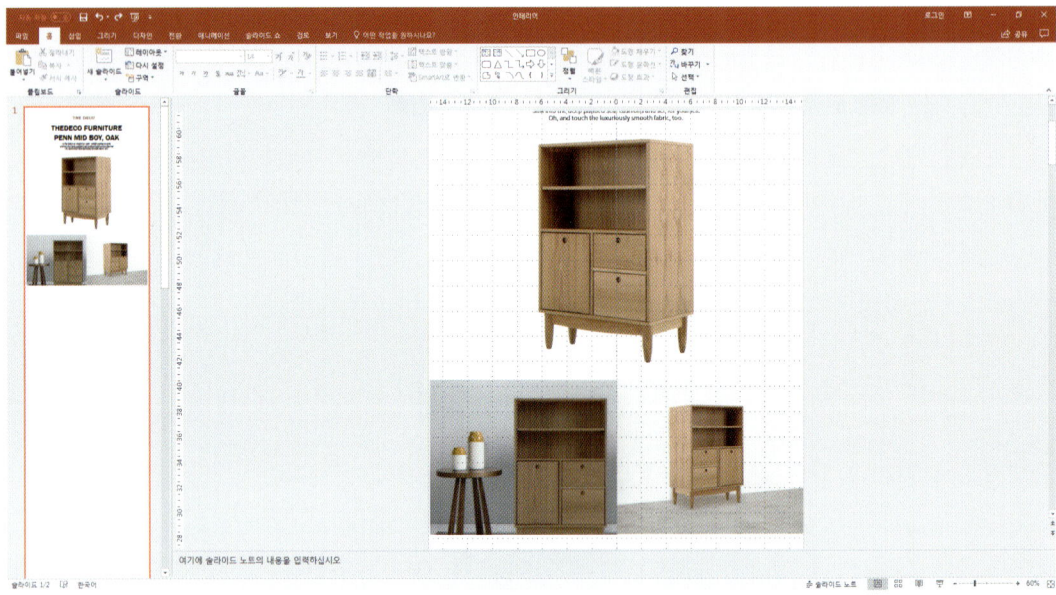

2-4. 특징 설명 영역 바탕색과 타이틀 넣기

❶ 다음 섹션에는 배경 색상을 'R69/G60/B55'으로 넣습니다.

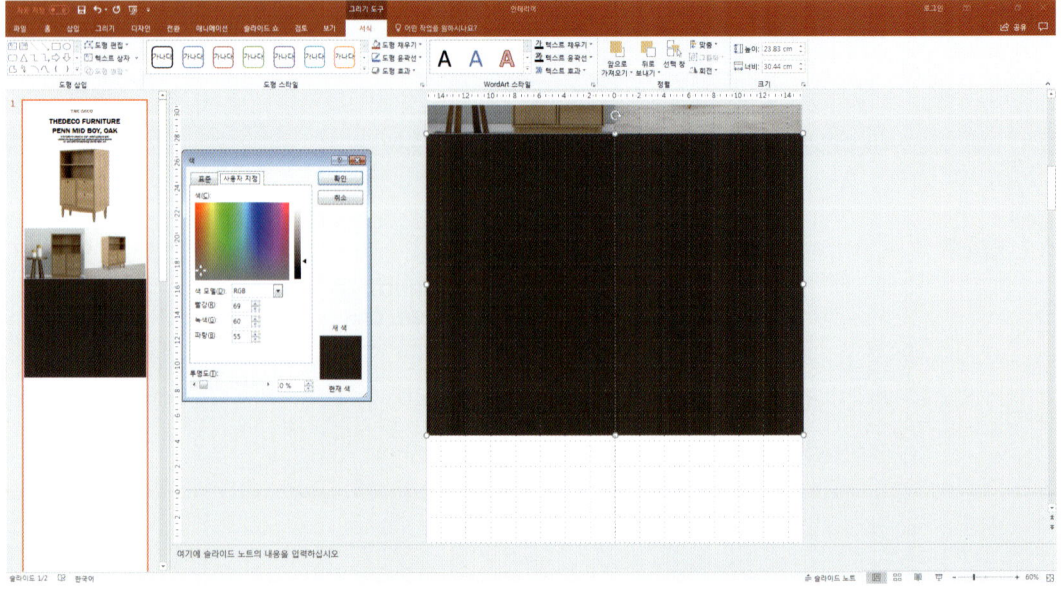

❷ 사용자 지정 'R225/G205/B185' 색상으로 메인문구는 '**글꼴 Noto Sans Light 29pt/Myriad Pro 47pt**'로 넣어주고, 보조문구는 '**글꼴 Noto Sans Light 16pt**'로 넣어줍니다. 메인문구와 보조문구 모두 '**가운데**' 맞춤 해줍니다.

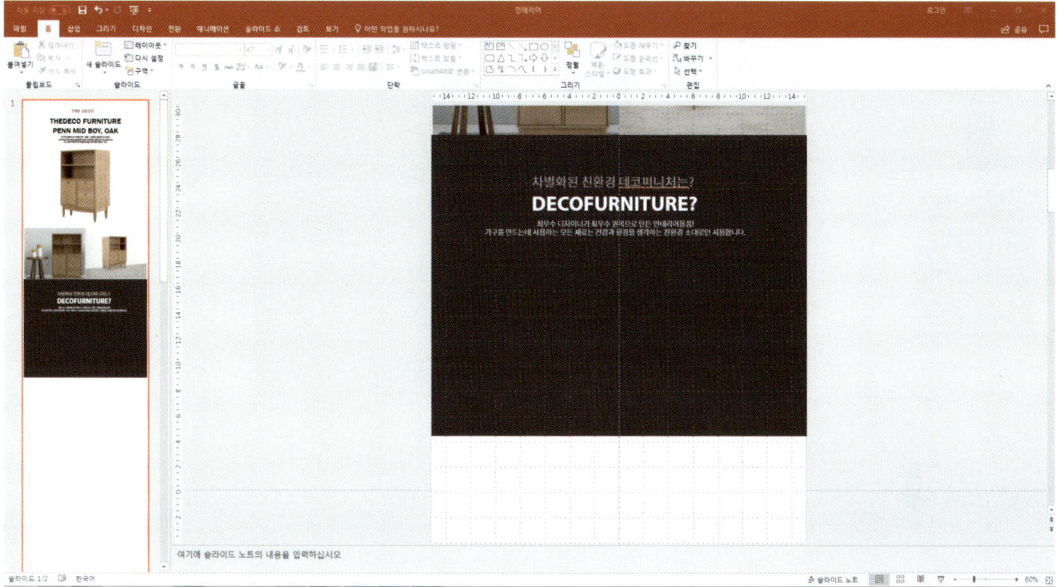

2-5. 브랜드 특징 설명 영역 이미지 및 문구 넣기

❶ 이미지 사이즈는 '**정사각 약 7.3cm**'로 지정해주고, 설명은 '**글꼴 Noto Sans Regular 21pt/15pt**'로 넣어줍니다.

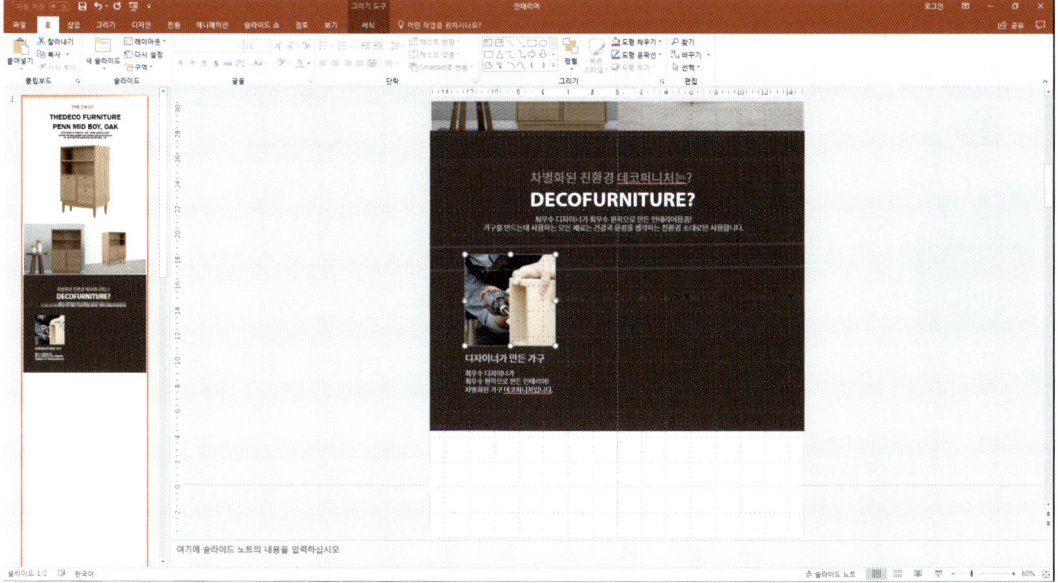

❷ 이와 같은 레이아웃으로 '**이미지/텍스트**'를 넣어줍니다. 후면에는 서체에 쓰인 연갈색으로 '**3/4pt**' 두께의 '**연결선**'을 넣어줍니다.

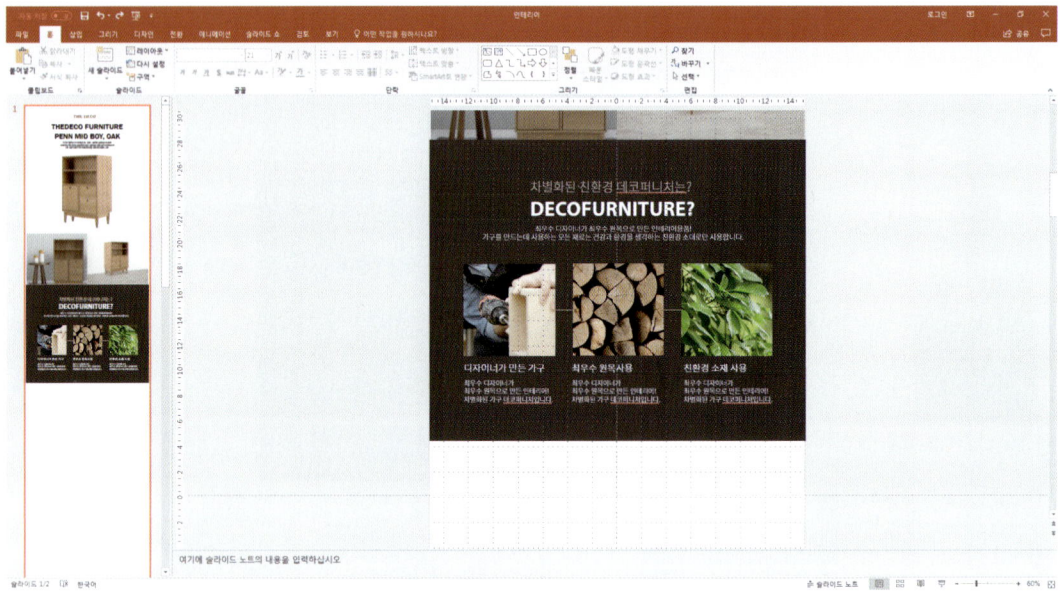

2-6. 상품 특징 영역 배경 만들기

❶ 배경박스를 '**너비 약 21cm/높이 30cm**' 크기로 넣고 연갈색으로 지정해줍니다. 같은 비율로 '**너비 약 18cm/높이 27cm**'의 '**2pt**' 두께 선을 넣습니다.

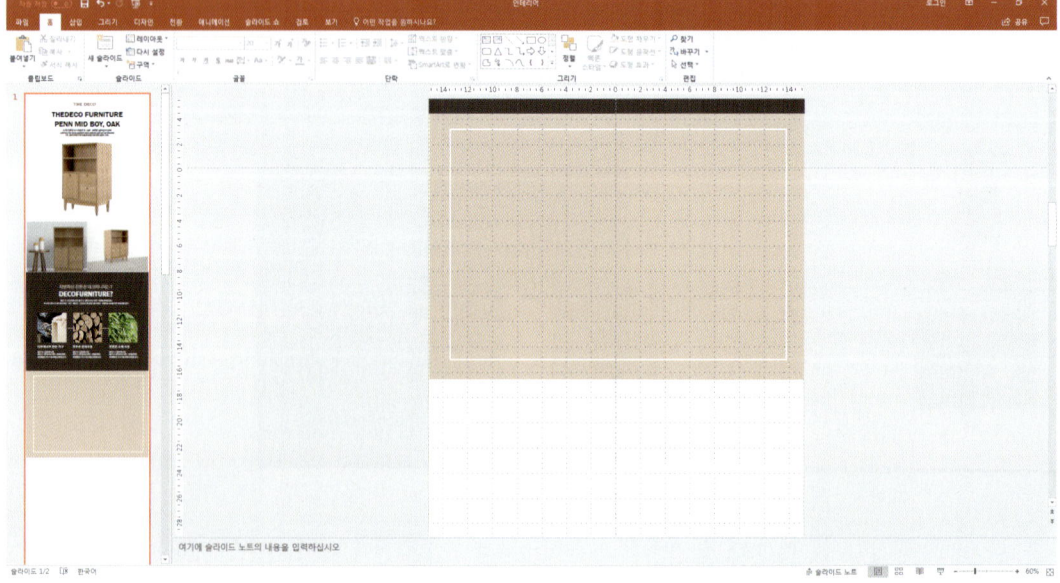

2-7. 상품 특징 영역 상품 넣기

❶ 좌측에는 배경 없는 상품 이미지를 넣습니다.

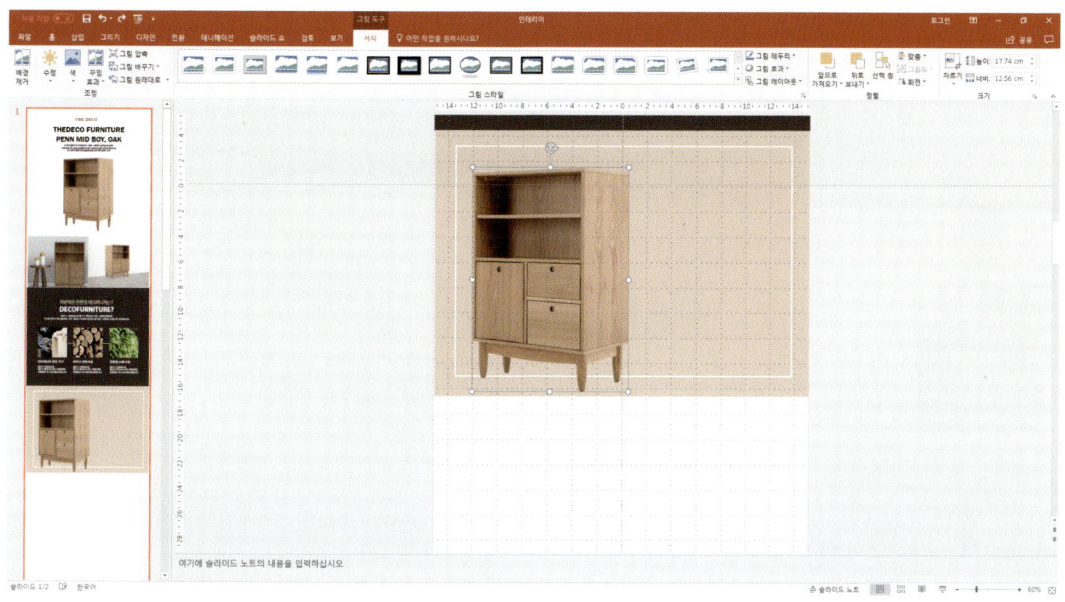

2-8. 상품 특징 영역 문구 넣기

❶ 우측 부분에는 상품 이름 및 보조 문구를 넣습니다. '**글꼴 Myriad Pro 43pt/23pt**'로 우측 정렬하고 보조문구는 '**16pt**'로 넣어줍니다.

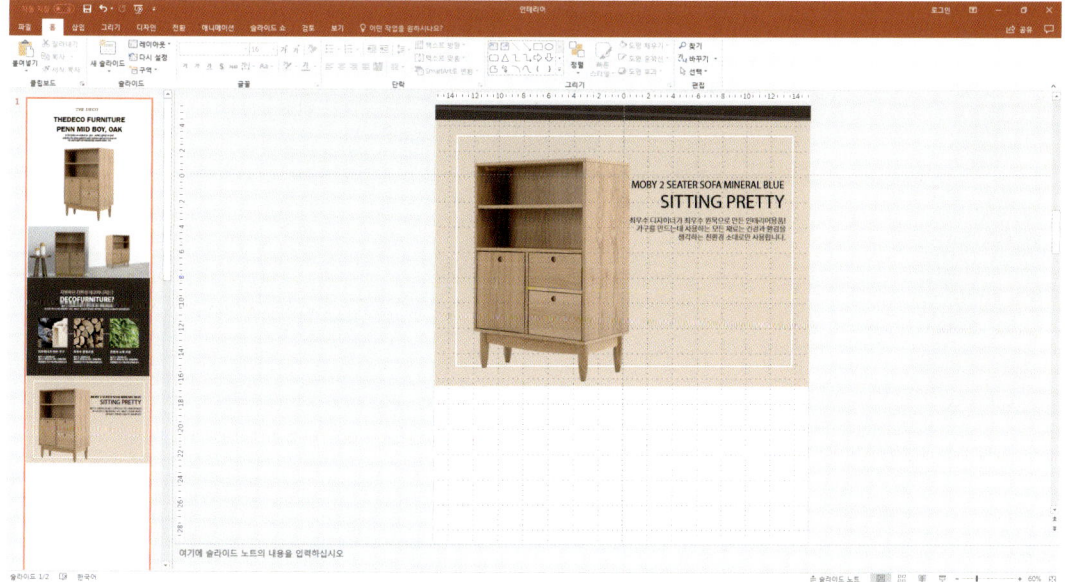

2-9. 주요 포인트 표현하기

❶ 원형 도형을 'R191/G146/B104'의 황토색으로 지정하고, 주요 문구를 '**화이트 글꼴 Noto Sans Light 30pt/블랙 Myriad 20pt**'로 지정합니다.

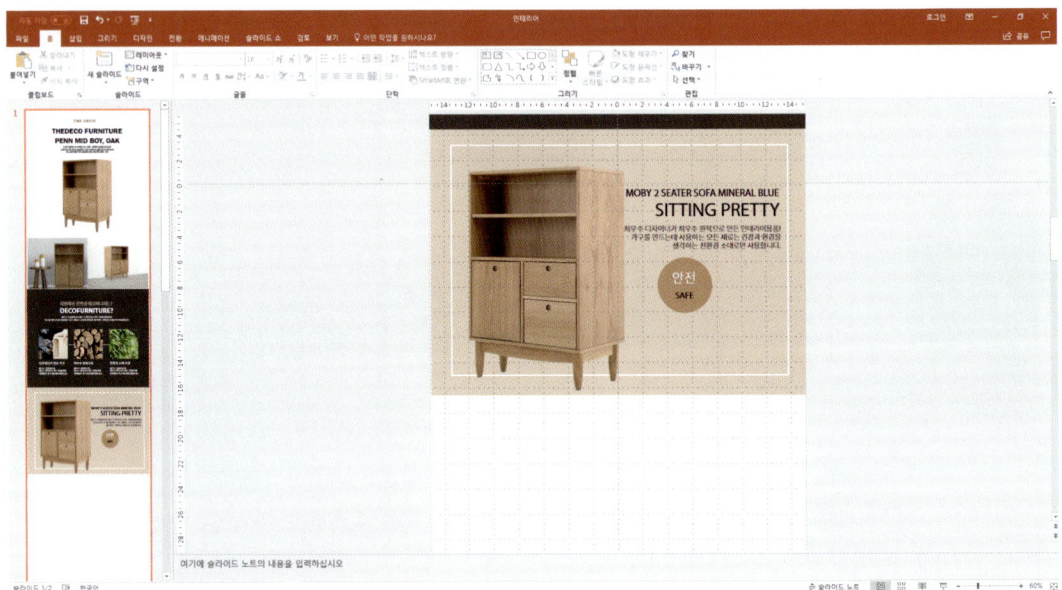

❷ 이와 동일한 방법으로 복사하고 붙여넣기 하여 문구를 수정합니다.

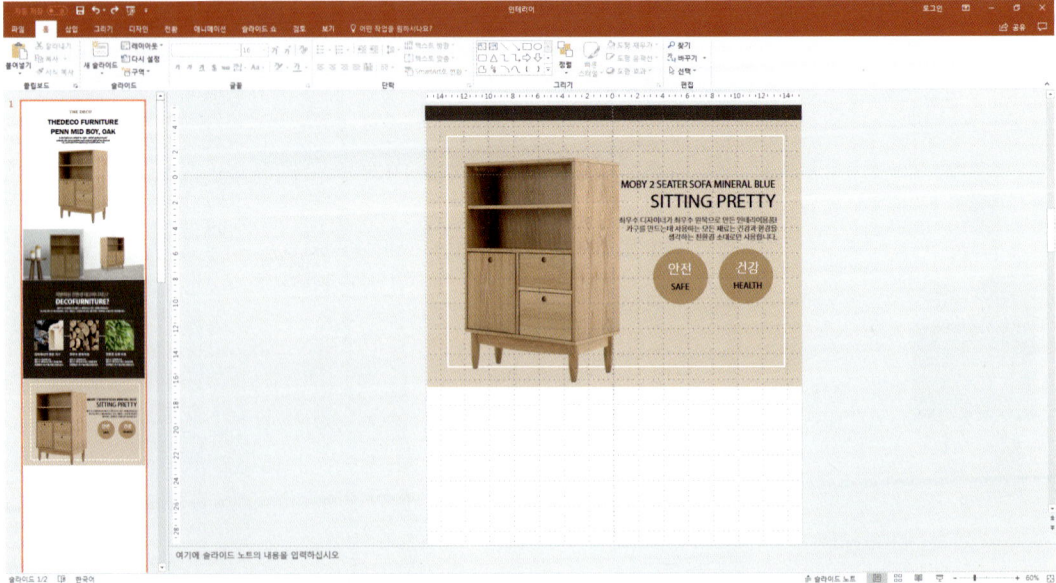

2-10. 상품 이미지 나열하기

❶ 배경 제거된 상품 이미지 및 하단에는 방향 표시명 '**글꼴 Myriad Pro 20pt**'을 넣습니다.
❷ 양 옆에는 라인을 활용한 엑스 형태를 만들어 넣습니다.

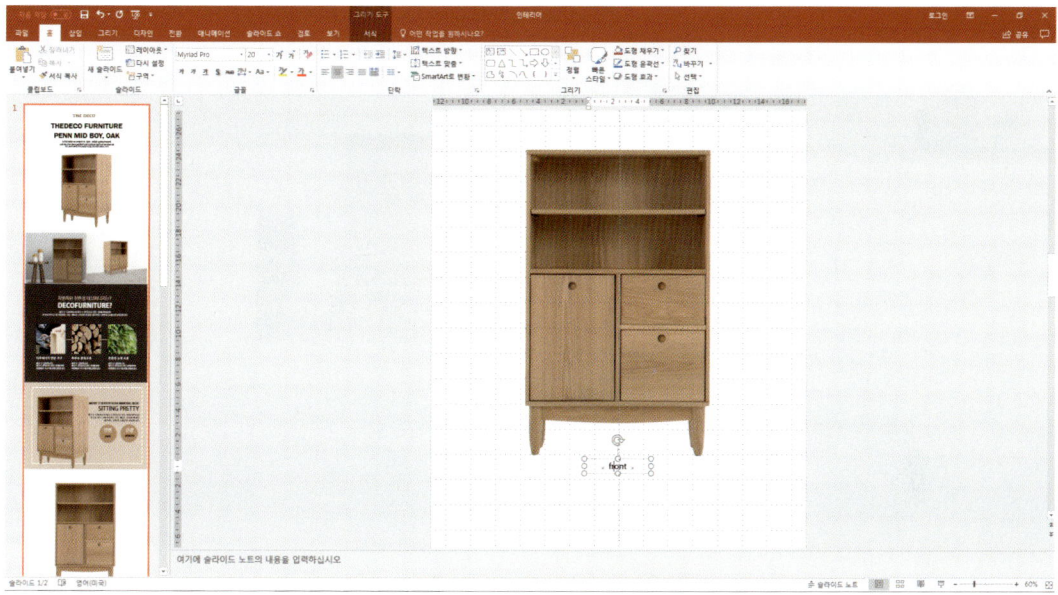

❸ 마찬가지의 레이아웃으로 상품 이미지와 방향명을 넣습니다.

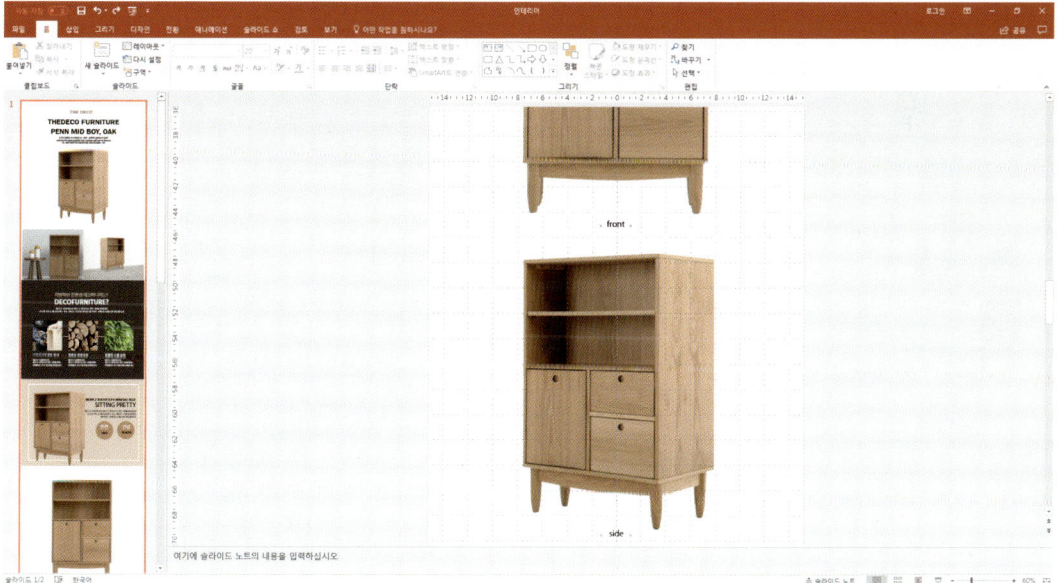

2-11. 연출사진 넣기

❶ 다음 섹션 부분에는 연출 사진을 넣습니다.

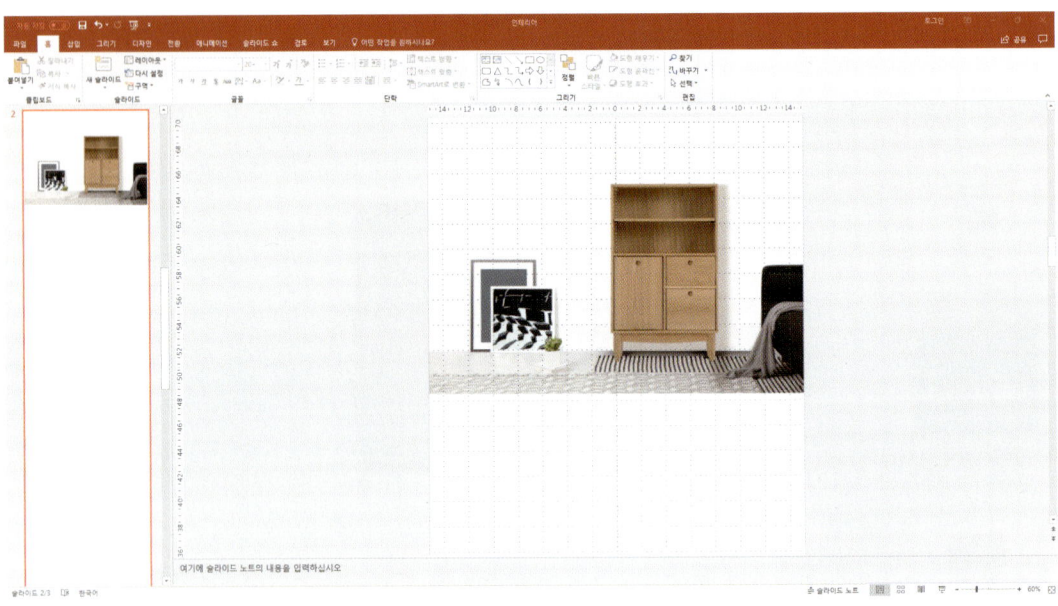

2-12. 상품정보 넣기

❶ 가장 하단에는 '**제품 이미지 및 정보**'를 넣어줍니다. '**글꼴 Myriad Pro 34pt/23pt 그레이, Myriad pro Light 20pt**'로 상세설명을 넣습니다. 인테리어 가구 상품의 상세페이지가 완성되었습니다.

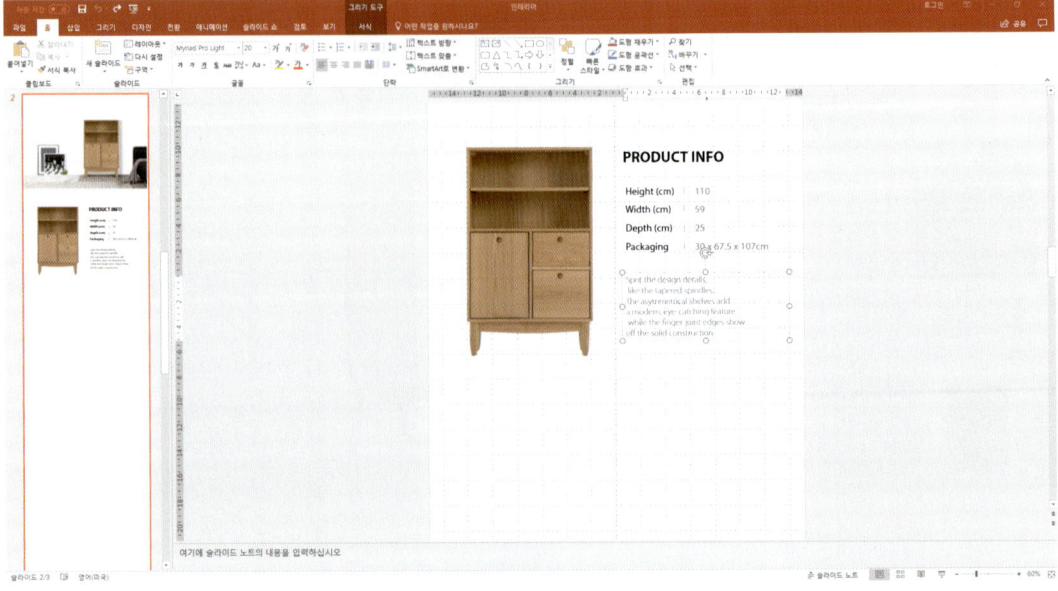

2-13. 저장하기

❶ 파일 → 다른이름으로저장 → 파일형식을 '**png**'형식으로 설정하여 저장합니다.

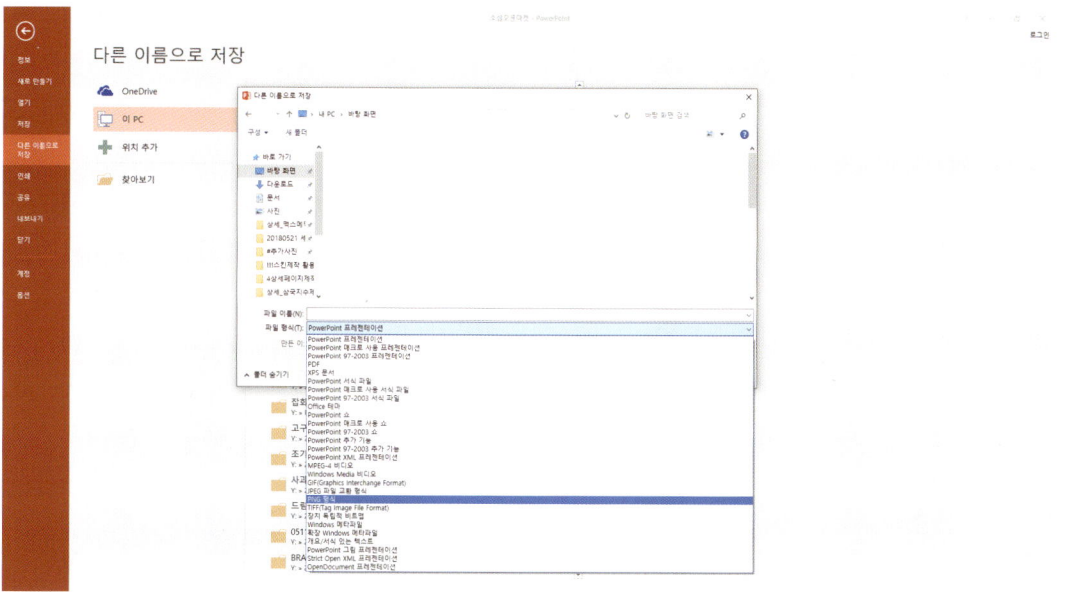

2-14. 이미지 등록하기

❶ 저장된 이미지를 쇼핑몰에 등록합니다.

SECTION 2. 패션, 잡화, 화장품

1. 핸드백 상세페이지

1-1. 새로운 슬라이드

❶ 새로운 슬라이드를 '**너비 30cm/높이 90cm**'로 '**세로 방향**'으로 만들어줍니다.

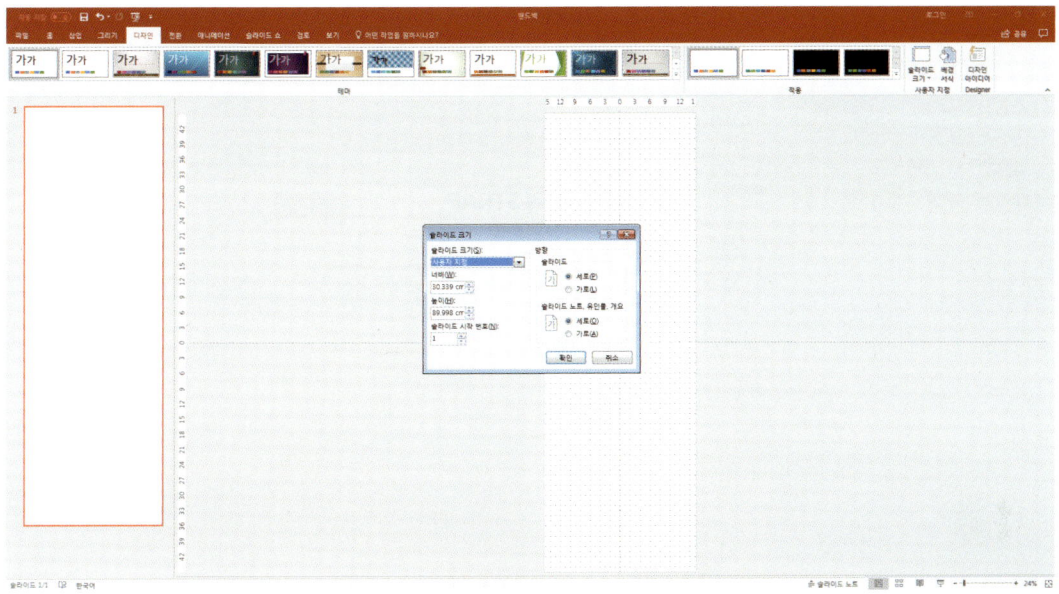

1-2. 메인 타이틀 넣기

❶ 최상단 메인 인트로에 상품명을 '**글꼴 Myriad pro Black 60pt**'로 '**좌측 정렬**'하여 넣습니다.

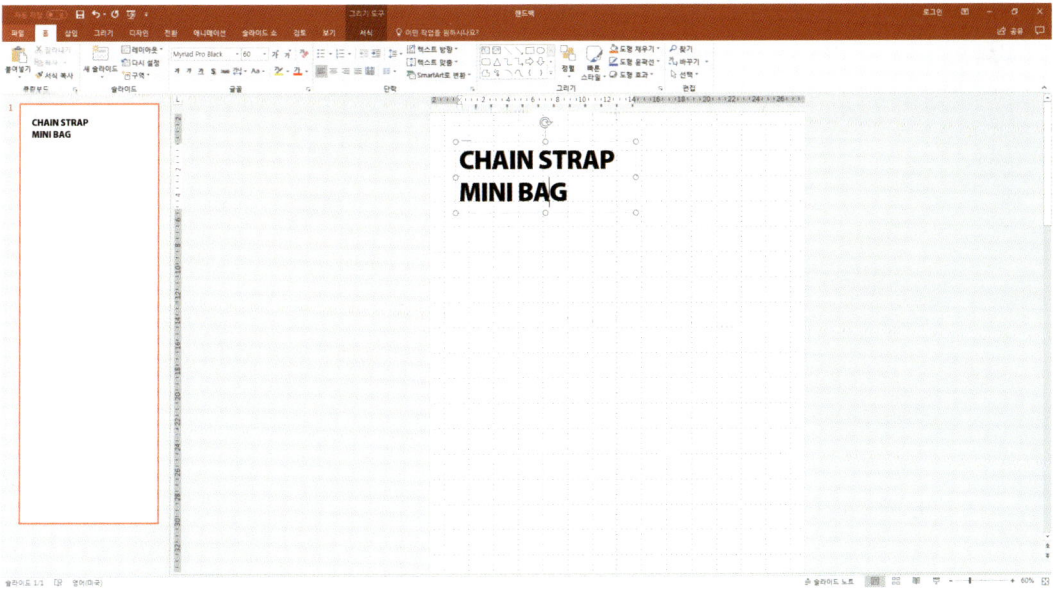

1-3. 특징 디자인적으로 나열하기

❶ 제품명 하단에는 상세 설명을 '**글꼴 Futura LT Condensed 18pt**'로 '**좌측 정렬**'하여 넣습니다.

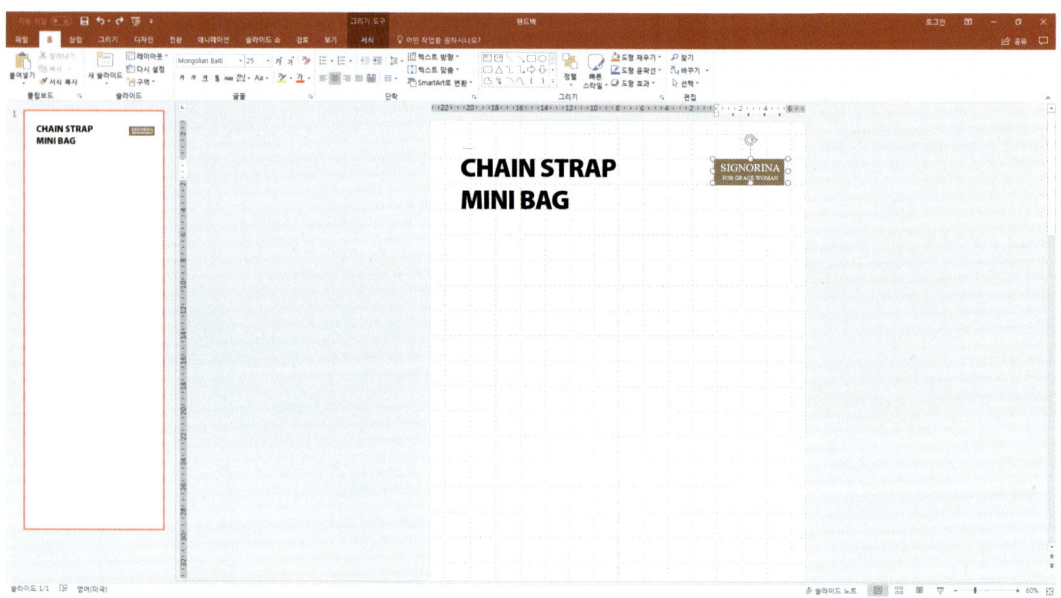

1-4. 텍스트로 디자인적 요소 넣기

❶ 우측에는 세로 텍스트 상자로 '**글꼴 Myriad Pro 14pt/그레이/문자간격 넓게**'로 지정합니다.

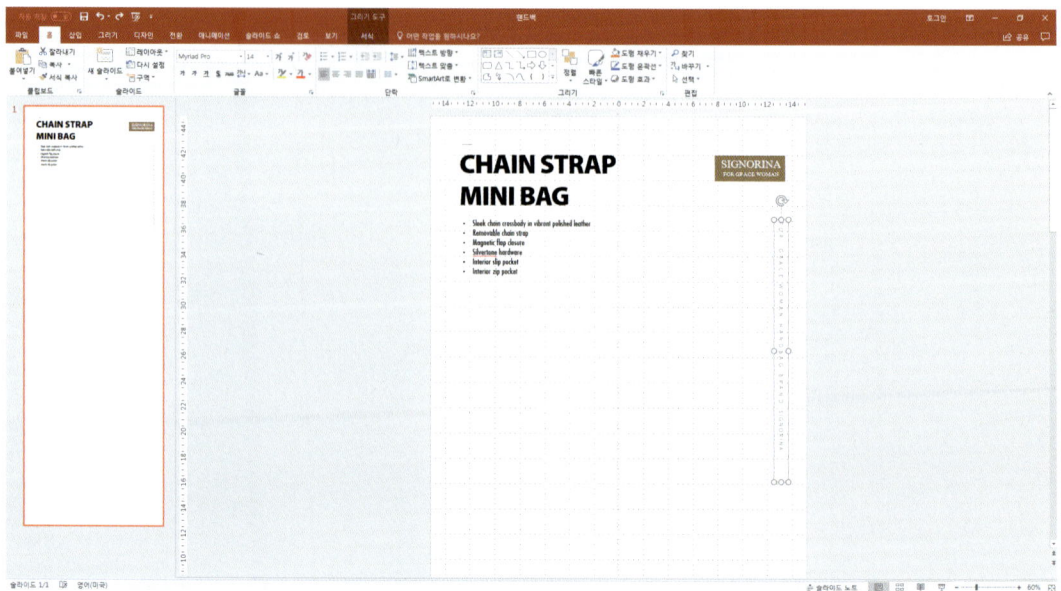

1-5. 누끼 상품 이미지와 연출 컷 넣기

❶ 누끼 상품 이미지 및 연출 컷을 넣어 메인 인트로 부분을 완성합니다.

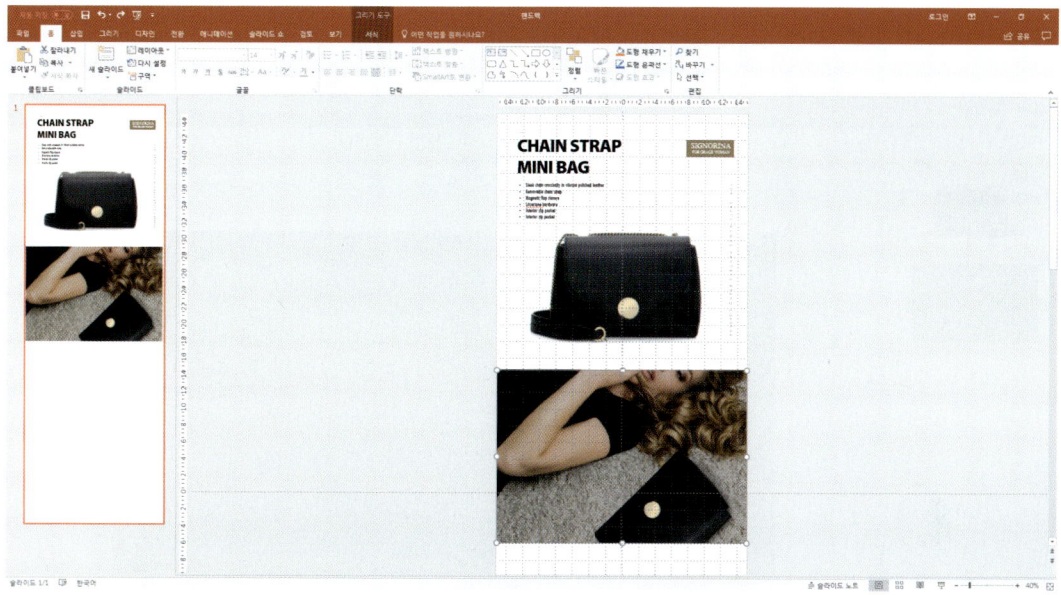

1-6. 제품 상세 이미지 넣기

❶ 하단에는 제품 상세 이미지를 넣어줍니다.

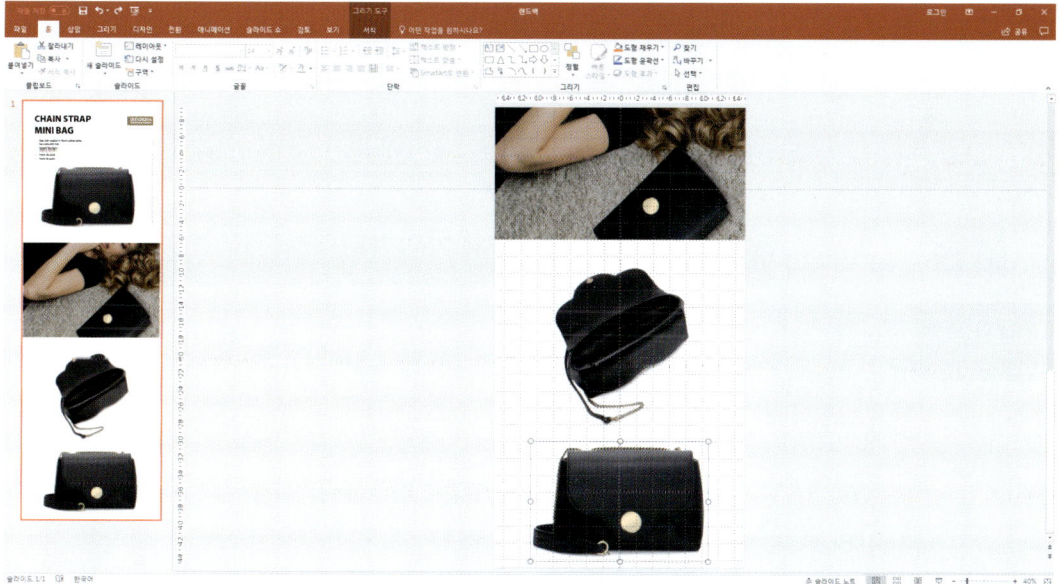

1-7. 제품 상세정보 넣기

❶ 제품 정보란은 '**약 18/30cm**' 블랙 박스를 바탕에 넣고, 그 위에 타이틀을 '**글꼴 Myriad pro 24pt**' 상세 정보는 '**Myriad pro 18pt**'로 넣습니다.
❷ 제품 구성은 '**글꼴 Noto Sans Regular 15pt**'로 그레이로 적용합니다.

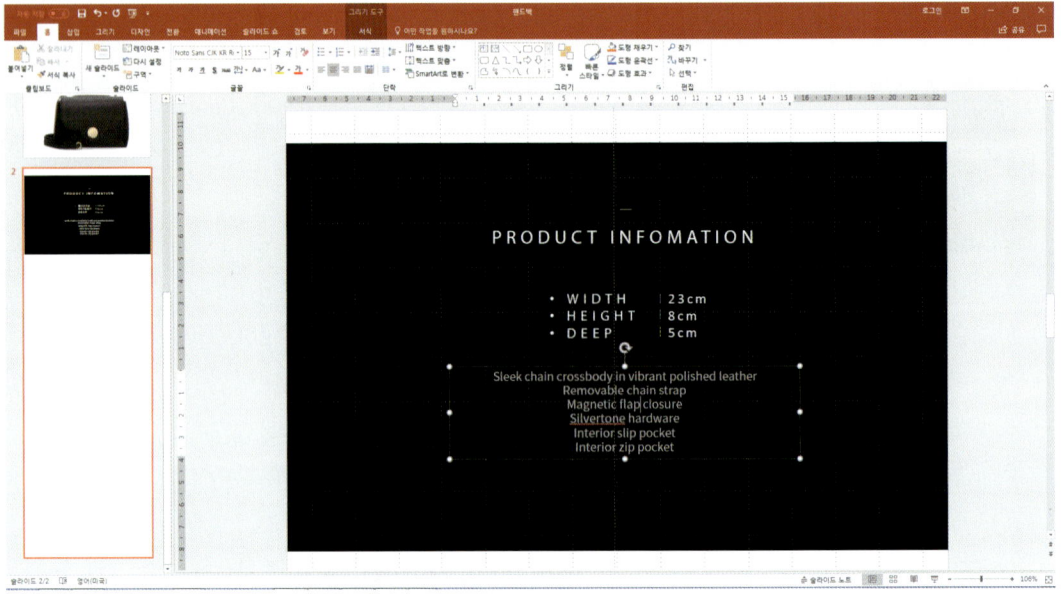

1-8. 구매 전 필독 사항 넣기

❶ 하단에는 '**글꼴 Noto Sans CJK Regular 28pt**' 문자간격은 '**매우 넓게**'로 지정합니다. 양 옆에는 X표시를 라인을 활용하여 만들어 넣고, 그룹으로 지정합니다.

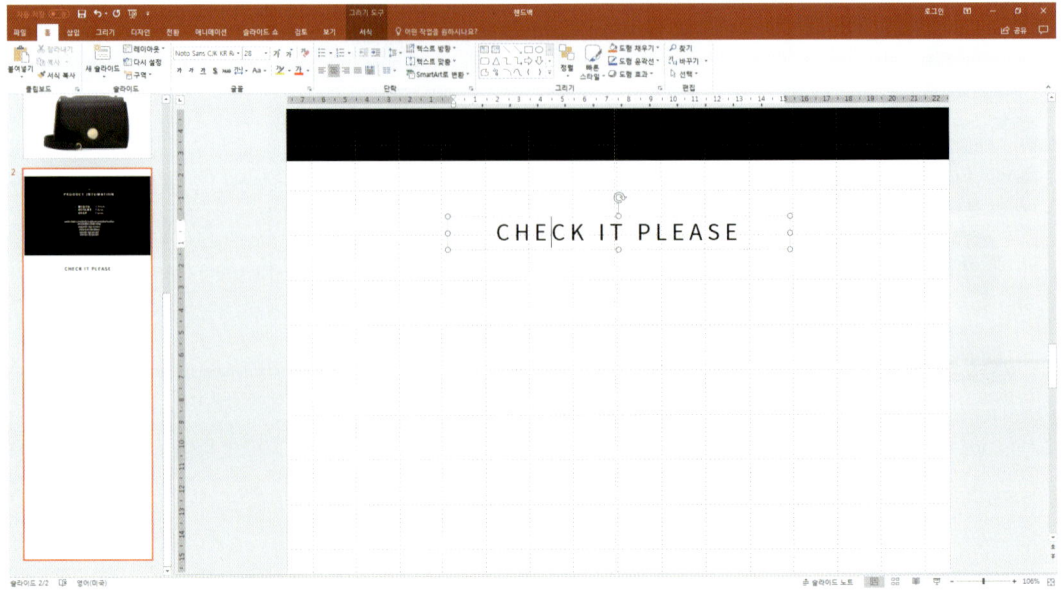

❷ 제목은 좌측에 배치하고 '**글꼴** Noto Sans CJK Regular 18pt'로 지정, 상세설명은 우측에 '**동일한 글꼴**'로 '**16pt**'로 넣습니다.

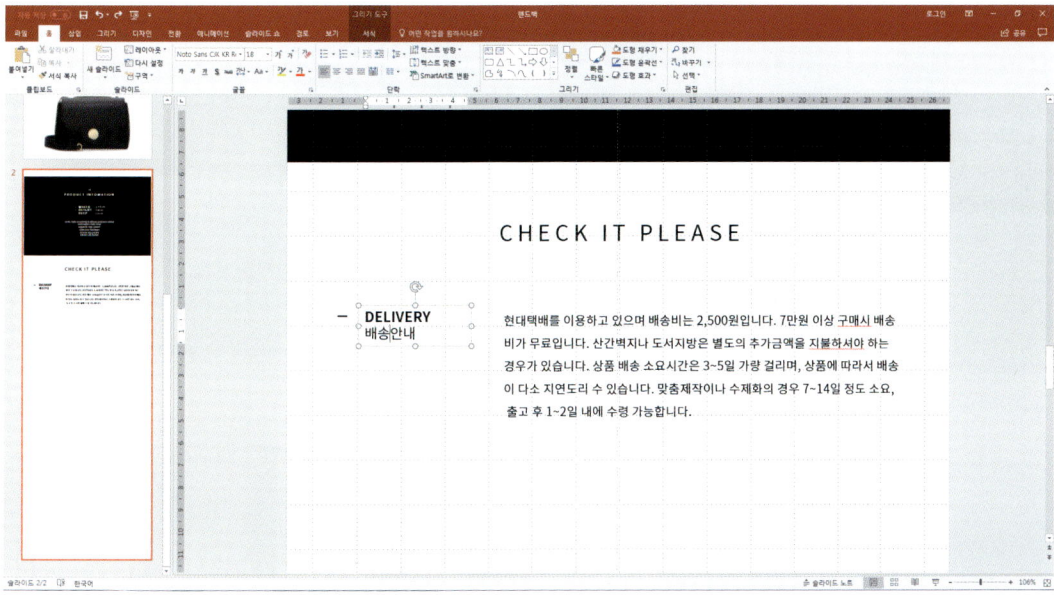

❸ 이와 같은 레이아웃으로 하단까지 완성합니다. '**패션-핸드백**' 상세페이지가 완성되었습니다.

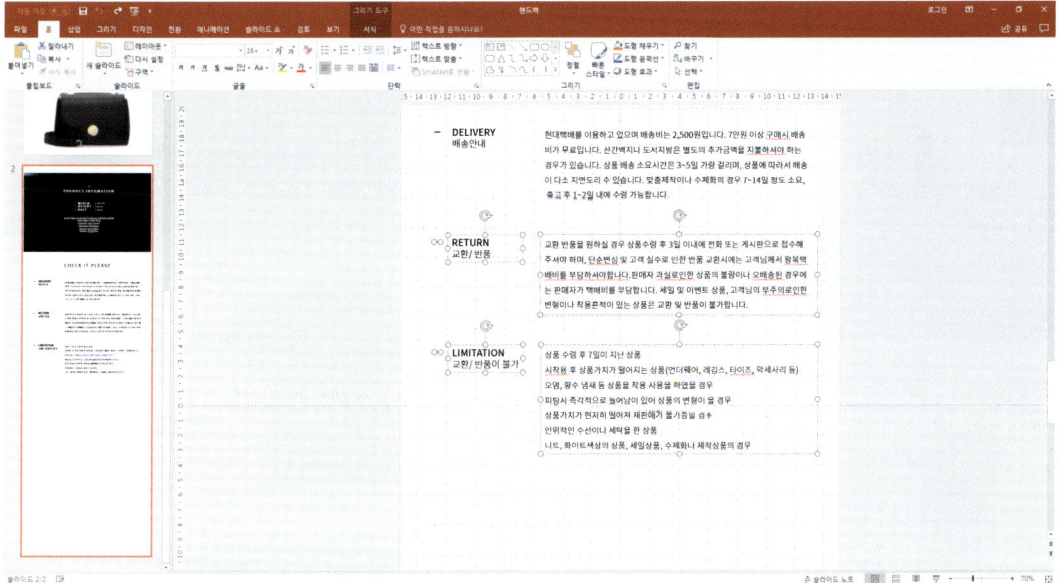

2. 의류 상세페이지

제품정보

- 소 재   Cotton/poly.
- 세 탁   Machine wash.
- 원산지 Import.
- 상품번호 Item J1957

나이	유아복사이즈	신장(cm)	몸무게(kg)
신생아	60	~55	3~9
3~6개월	70	55~65	6~8
6~9개월	70	65~70	8~9
9~12개월	80	70~75	9~10
12~18개월	90	75~80	10~12
18~24개월	100	80~85	12~13
2~3세	110	85~90	13~15
3~4세	120	90~100	14~17

2-1. 새로운 슬라이드

❶ 슬라이드 크기를 '**너비 약 30cm/높이 90cm**' 세로 방향 슬라이드로 생성합니다.

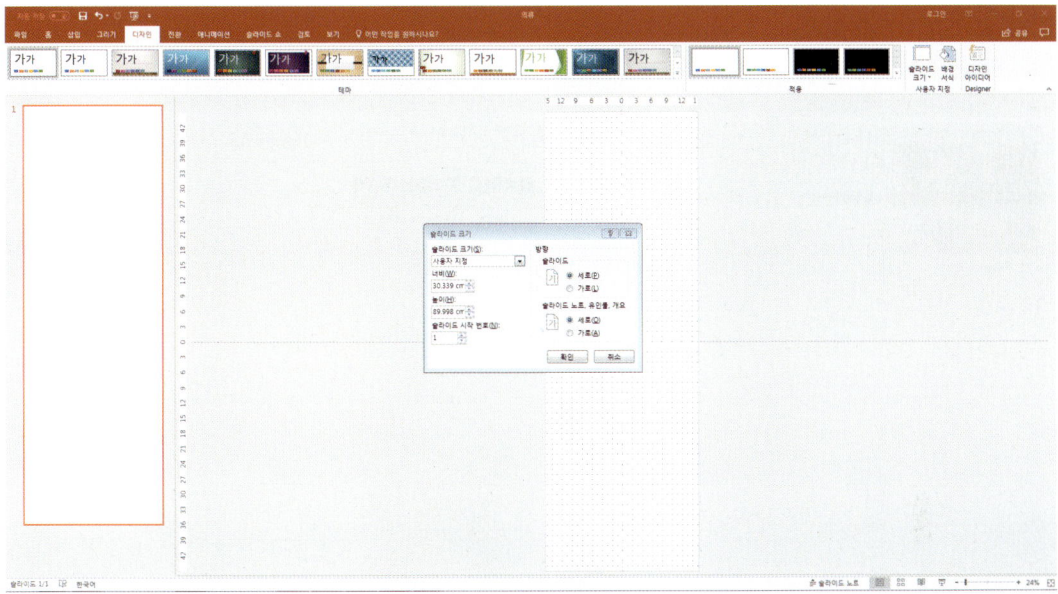

2-2. 메인 이미지 및 카피넣기

❶ 최상단 인트로의 메인 이미지를 넣고, 이미지 중간 좌측에 브랜드 명을 넣어줍니다.
'화이트 Freestyle Script 60pt/Helvetica 95 Black 58pt/Noto Sans Black 16pt'

2-3. 메인 타이틀 넣기

❶ 제품명은 '**글꼴 Helvetica 95 Black 40pt**'로 적용하여 넣고, 짧은 선을 활용한 표시를 포인트로 양 옆에 배치합니다. 보조 문구도 '**글꼴 Noto Sans Light 18pt**'로 넣습니다.

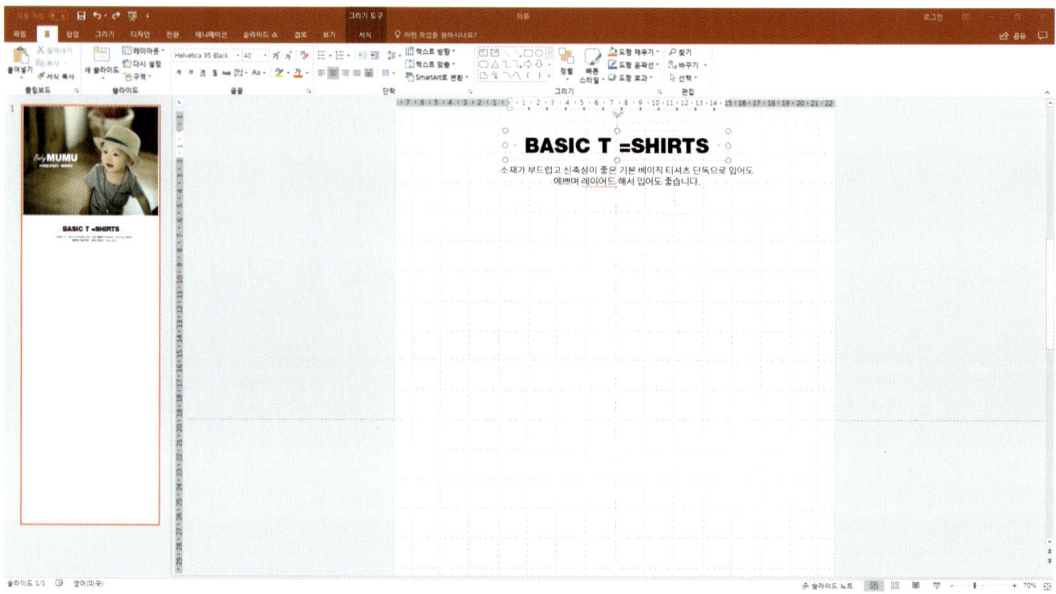

2-4. 누끼 이미지와 연출 이미지 넣기

❶ '상품 이미지 및 연출 사진'을 순서대로 넣어 배치합니다.

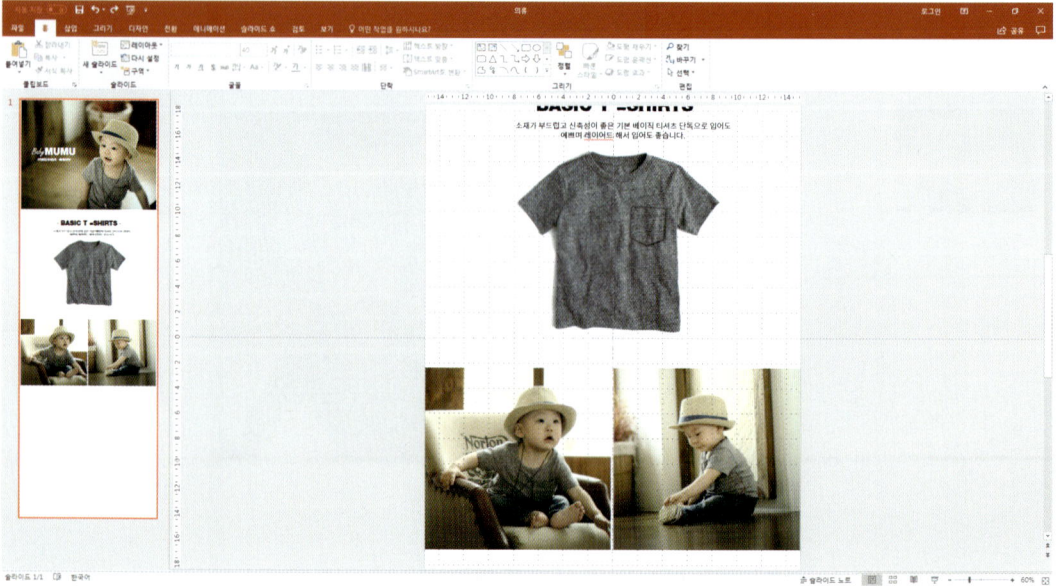

2-5. 연출 이미지와 카피 넣기

❶ 다음 장도 이와 마찬가지로 '**연출 샷**'을 넣고, 상단에 쓰인 제품명/설명을 복사하여 '**글꼴 Helvetica 95 Black 36pt/Noto Sans 15pt**'로 적용하여 '**좌측 정렬**'합니다.

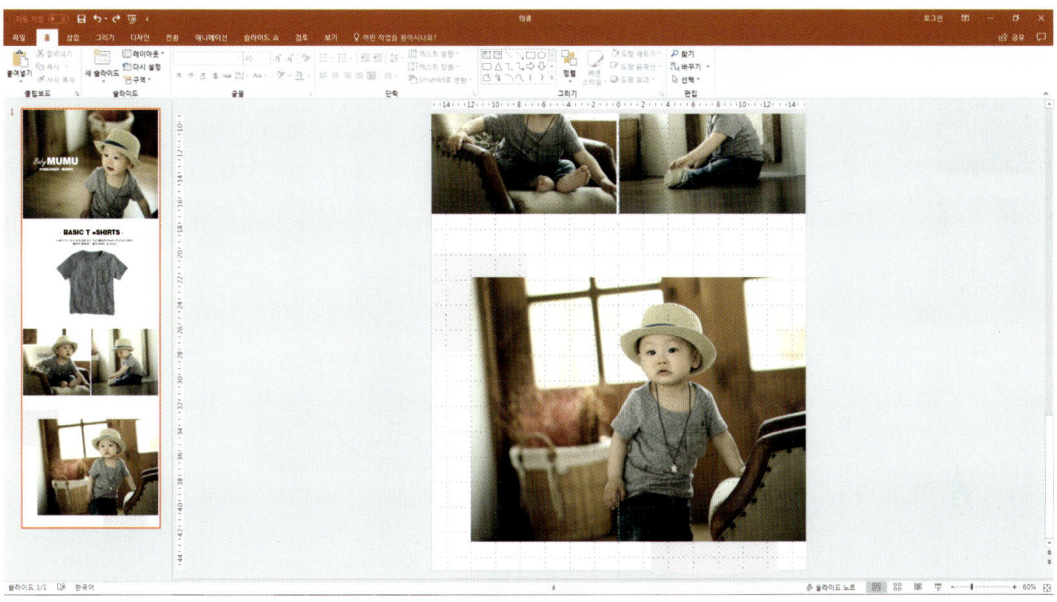

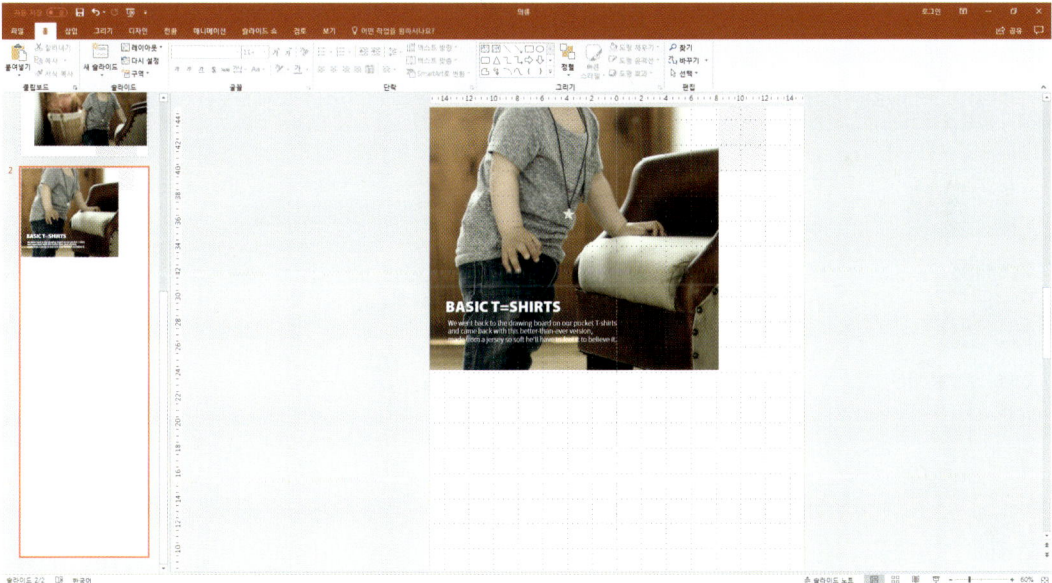

❷ 하단에 연출 사진을 넣어줍니다.

2-6. 상품 상세정보 넣기

❶ 다음 섹션에는 제품에 대한 상세 정보를 '**글꼴 Noto Sans Bold 34pt/Medium 21pt**'로 넣습니다.

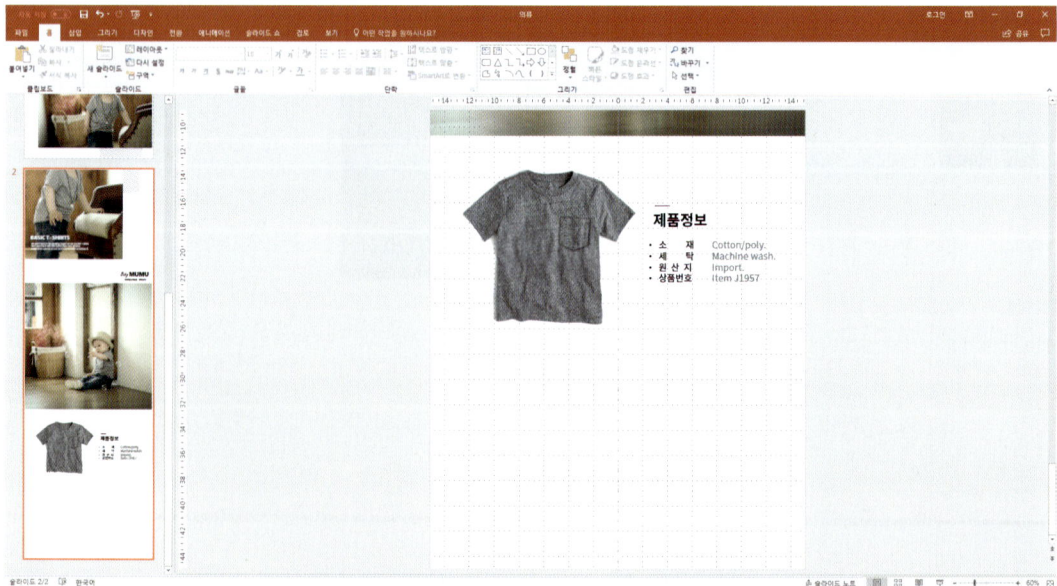

❷ 최하단에는 상품 규격에 대한 내용을 표를 활용하여 '**글꼴 Noto Sans KR Regular 18pt**'로 넣어줍니다. '**의류 상세페이지**'가 완성되었습니다.

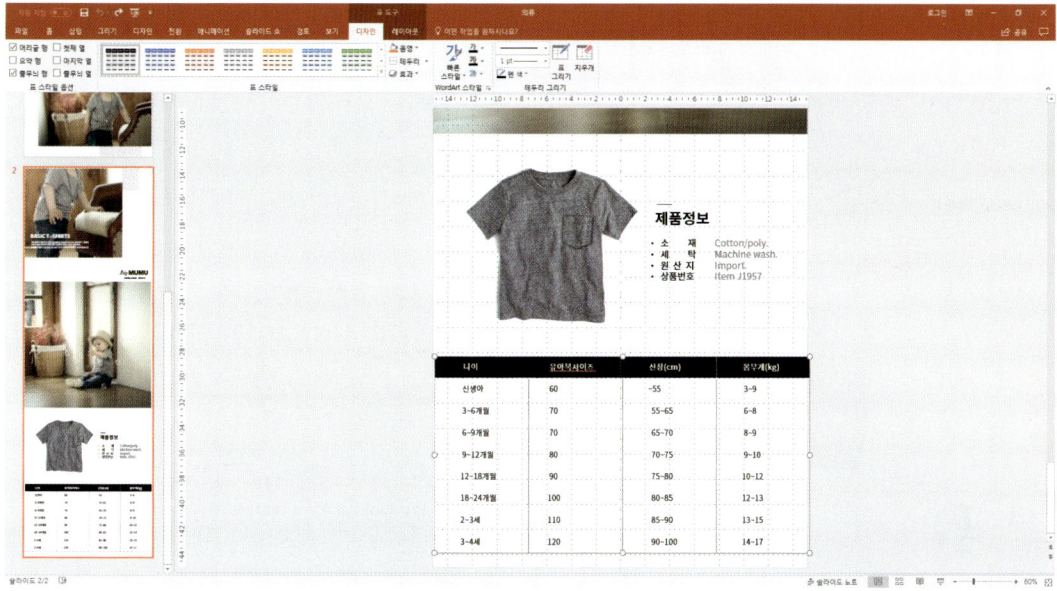

2-7. 저장하기

❶ 파일 → 다른이름으로저장 → 파일형식을 '**png**'형식으로 설정하여 저장합니다.

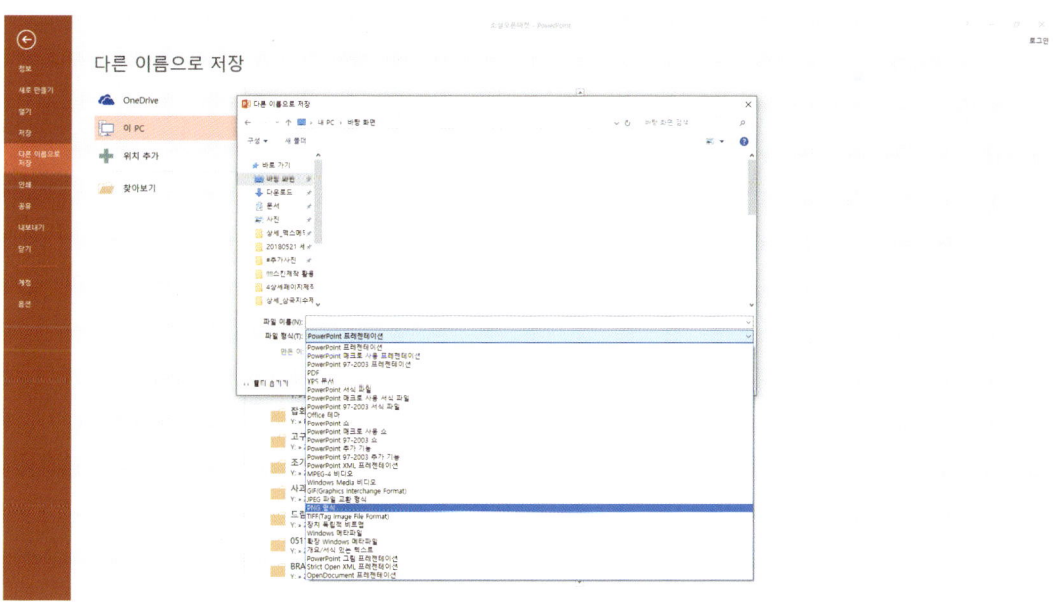

2-8. 이미지 등록하기

❶ 저장된 이미지를 쇼핑몰에 등록합니다.

3. 화장품 상세페이지

당신의 피부를 꽃처럼 피어나게 해줄
[로즈의 힘] 을 믿으세요!

블랙 로즈 수성 추출물은 피부결을 즉각적으로 부드럽게 만들어주고 빛 반사를 개선해줍니다.
토닝 작용을 하는 히비스커스 꽃 추출물과 순한 각질제거 성분들이 결합해 피부톤이 칙칙해지는
것을 막아줍니다. 알파인 로즈 추출물은 천연 항산화 성분이 풍부해 피부를 환하게 빛내줍니다.

탁월한 감각을 지닌 '워터드롭' 텍스처는 크림을 바르면 초미세 수분 방울로 텍스처가 변하면서
이 수분 방울이 피부 깊이 스며들어갑니다. 피부에 수분이 공급되고, 마치 활기를 되찾은 듯이
피부가 촉촉해집니다.

블랙 로즈의 오일 성분 추출물과 메이 로즈의 플로럴 워터, 쉐어 오일, 커멜리아 오일이 결합되어
피부에 부드러움과 즉각적인 상쾌함, 오래 지속되는 편안함을 선사합니다.

| 이런 분에게 추천합니다

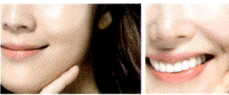  

01 초고보습이 필요하신분   02 밝은 피부톤을 원하시는 분   03 주름개선이 필요하신 분

| 사용방법

적당량을 덜어 이마 양양볼 턱에 찍어발라줍니다   적당량을 덜어 이마 양양볼 턱에 찍어발라줍니다   적당량을 덜어 이마 양양볼 턱에 찍어발라줍니다

| 제품정보

제품명	로즈 스킨 인퓨전 크림
브랜드명	디자인교과서
구성및 용량	170ml

전성분: 정제수, 디프로필렌글라이콜, 글리세린, 1,2-헥산디올, 피이지-40하이드로제네이티드
캐스터오일, 소듐클로라이드, 에틸헥실글리세린, 마그네슘설페이트, 소듐시트레이트, 디소듐이디티에이,
알로에베라잎추출물, 참마뿌리추출물, 다시마추출물, 밀싹추출물, 부틸렌글라이콜, 디메치콘,
프로판디올, 펜틸렌글라이콜, 카프릴릴글라이콜, 젤란검, 하이드로제네이티드레시틴, 글라이신,
세린, 글루타믹애씨드, 아스파틱애씨드, 류신, 세라마이드엔피, 알라닌, 라이신, 알지닌, 타이로신,
페닐알라닌, 트레오닌, 프롤린, 발린, 이소류신, 히스티딘, 메치오닌, 시스테인, 소듐하이알루로네이트, 향료

피부타입:모든피부
기능성여부: 무
제조사 및 제조판매업자:0000(주)/(주)00000
제조년월 및 사용기간: 별도 표기
소비자 상담 전화: 02-545-2150

3-1. 새로운 슬라이드

❶ 신규 파일을 사용자 지정 크기로 '**약 30/142cm**'로 '**세로 지정**'하여 만듭니다.

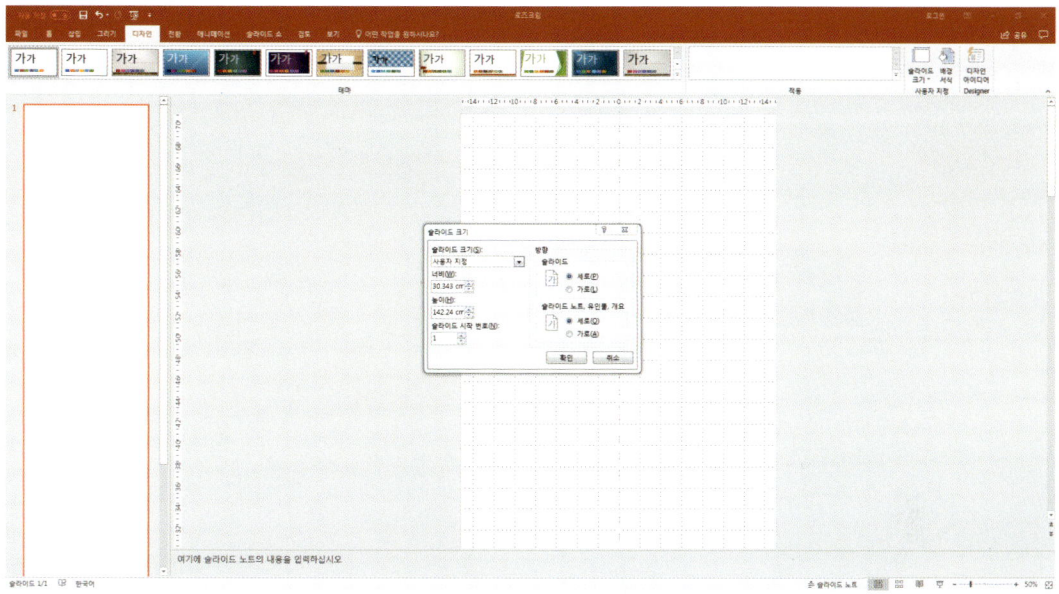

3-2. 이미지 삽입

❶ 최상단에 로즈 이미지를 삽입합니다.

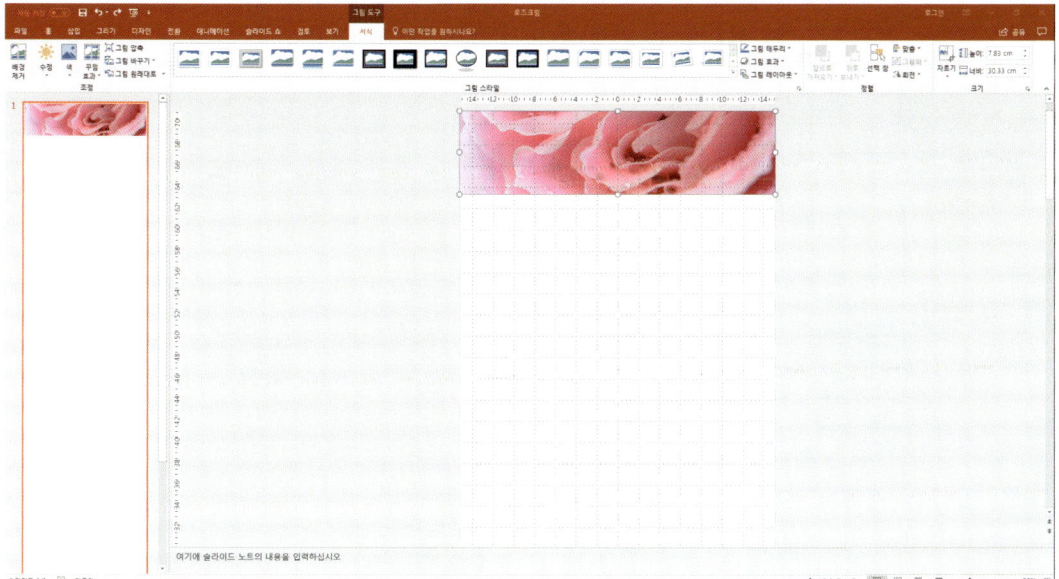

3-3. 인트로 바탕색 넣기

❶ 상단 인트로 부분 배경으로 라이트 핑크 '**사용자 지정 R255/G226/B238**' 색상의 '**높이 36.51/너비30.33**'의 사각 상자를 넣습니다.

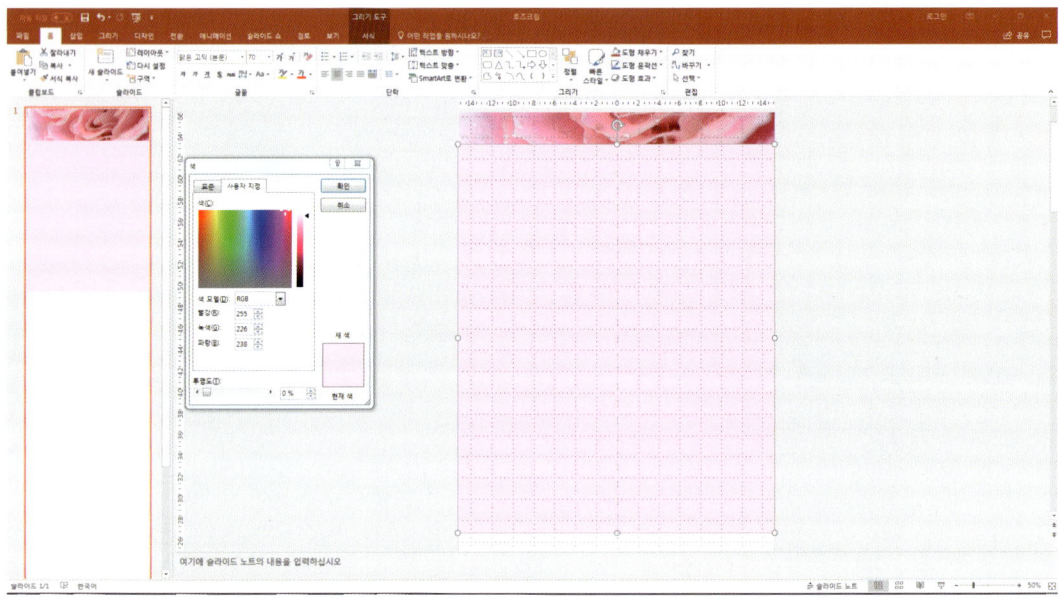

3-4. 타이틀 넣기

❶ '글꼴 **Noto Sans Kr Thin 60pt/Medium 34pt**'로 메인 상품 텍스트를 넣습니다. 상단 서브 텍스트는 '**로즈핑크 색상 R234/G61/B109**'을 적용해줍니다.

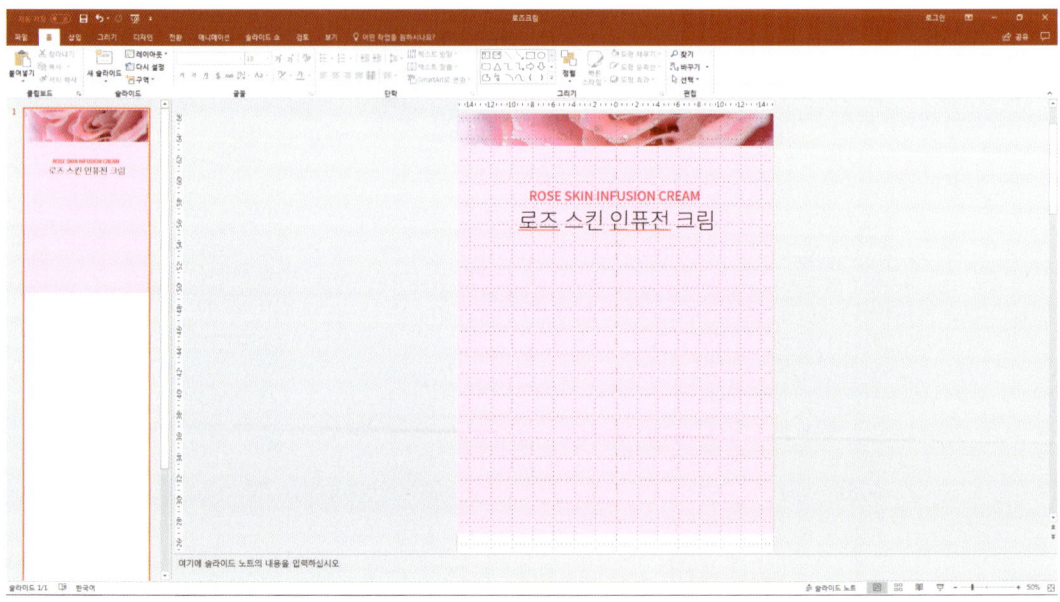

❷ 상/하단 서브 문구를 '**글꼴 Noto Sans Kr Demi Light 16pt/Light 18pt**'로 텍스트를 넣습니다.

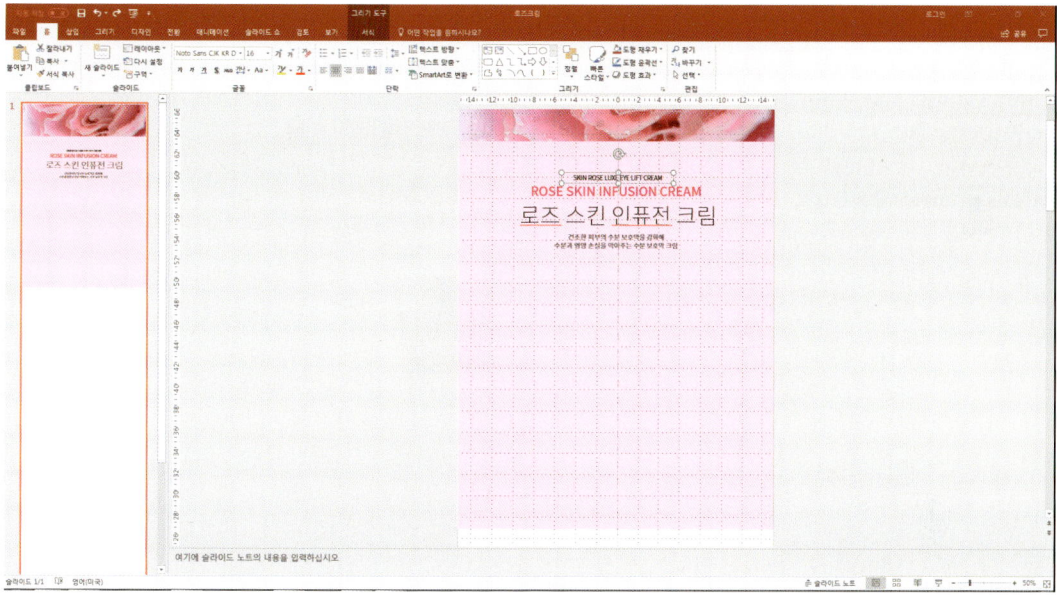

3-5. 메인 이미지 넣기

❶ 배경이 제거된 상품 이미지를 가운데 넣습니다. 상품 이미지 및 텍스트는 '**가운데 맞춤**'으로 정리해줍니다.

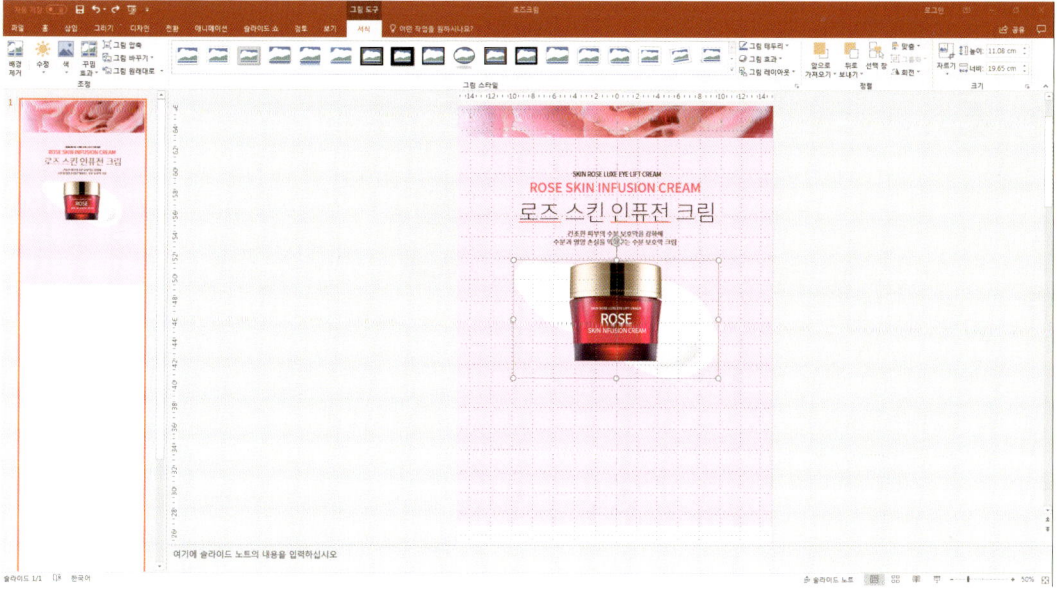

3-6. 주요 포인트 넣기

❶ 이미지 아래 상단의 '**로즈 핑크 컬러**'로 테두리 색상이 적용된 '**육각형**'을 만듭니다.

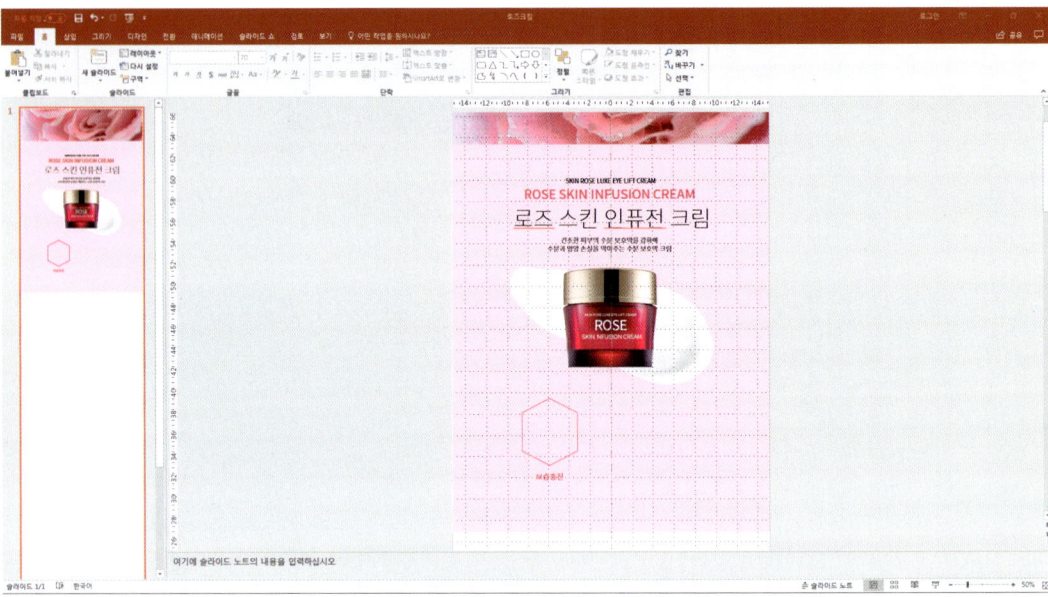

❷ 육각형 안쪽에 배경이 없는 '**아이콘 이미지**'와 하단에 '**특징 문구**'를 넣어줍니다.

❸ 이와 동일한 디자인으로 3가지 특징을 넣습니다. 각각 그룹화하여 정렬해줍니다. '**메인 인트로 이미지**'가 완성되었습니다.

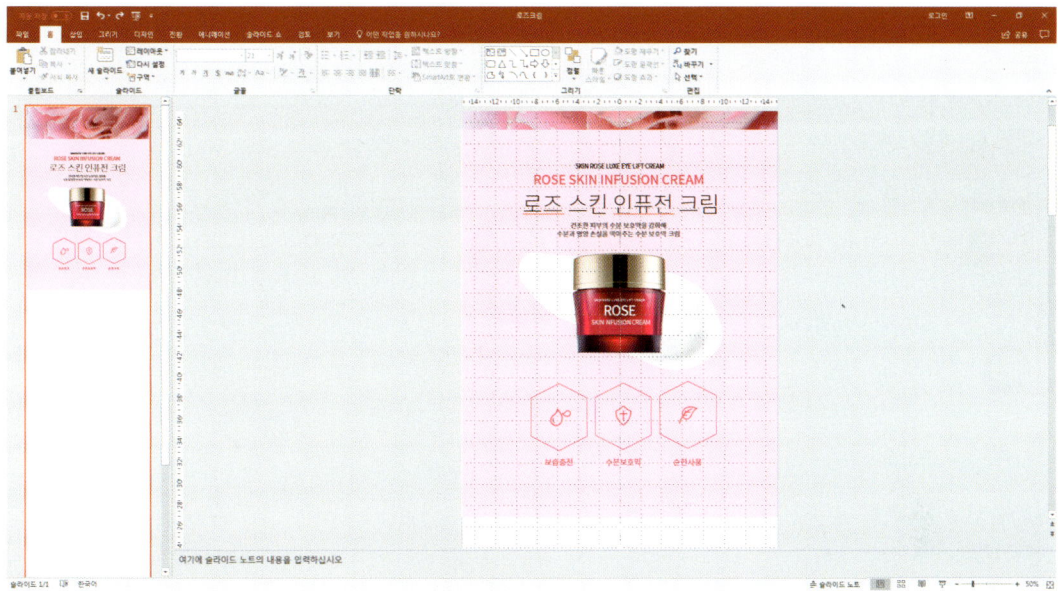

3-7. 주요 특장점 넣기

❶ 다음 섹션에는 '**제품의 특장점**'을 설명합니다. 좌측에 상품 이미지를 넣고, '**글꼴 Noto sans Thin 36pt**'로 특장점 제목을 넣습니다.

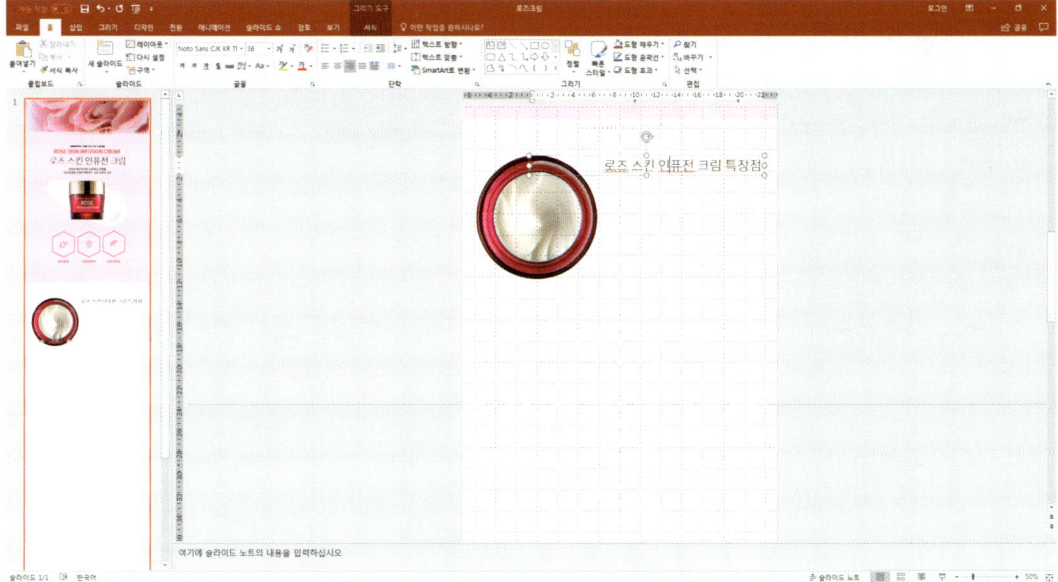

❷ 상단에는 '**글꼴 Noto sans Medium 18pt**'로 보조문구를 넣고, 하단에 특장점 설명을 넣습니다. 특징 주제어는 '**글꼴 Noto Sans Regular 25pt**' 설명은 '**light 18pt**'로 넣고, '**좌측 정렬**'합니다.

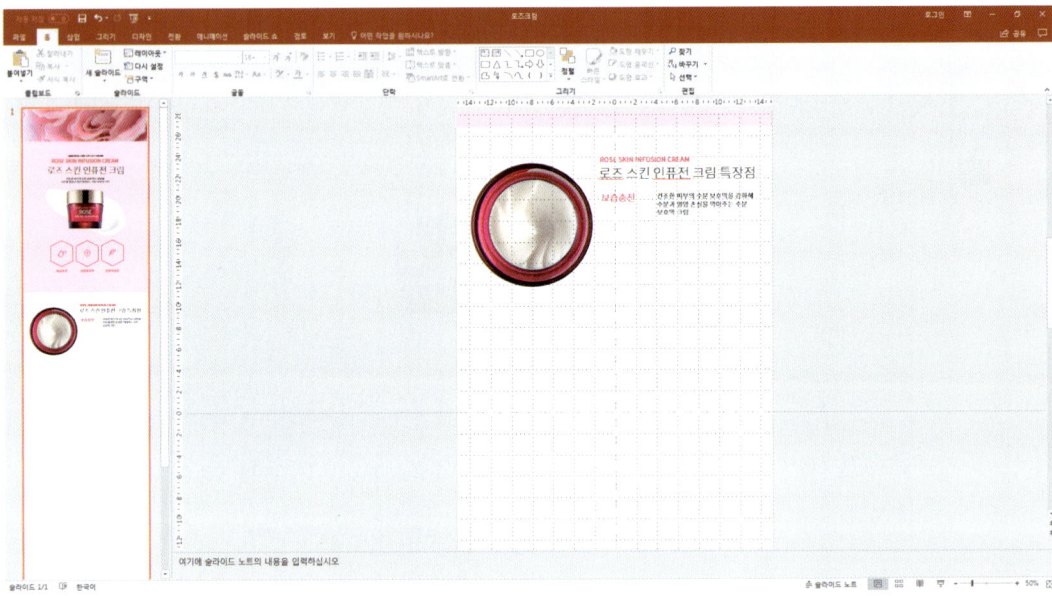

❸ 이와 같은 레이아웃으로 '**하단에 특징을 추가**'합니다.

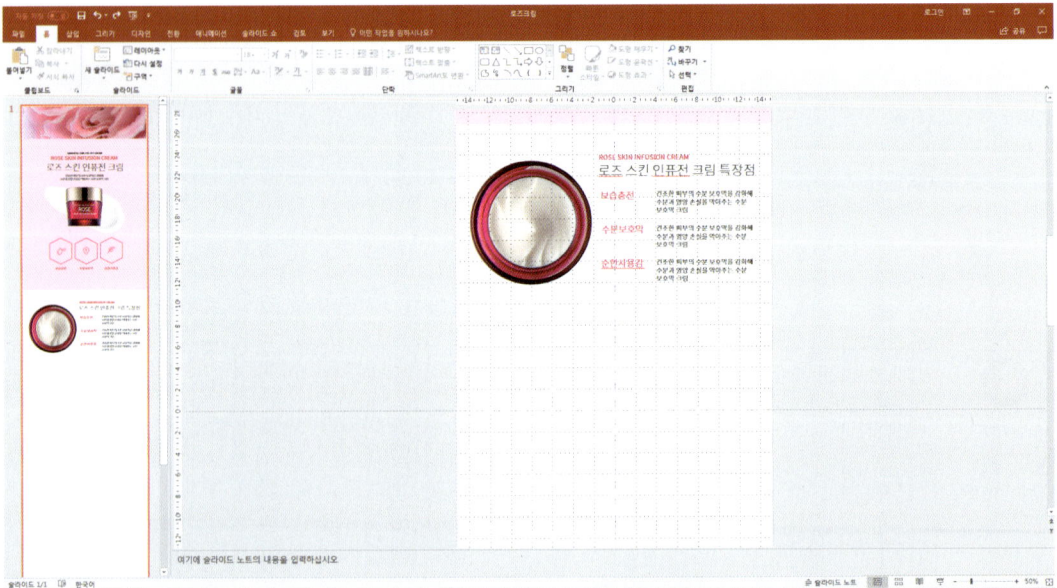

3-8. 가장 중요한 특장점 상세히 안내하기

❶ 다음 섹션에는 '**5% 어두운 흰색으로 너비 30cm/높이 28cm**'의 컬러 박스를 넣습니다. 상단에 '**로즈핑크 라인**'으로 포인트를 주고 '**글꼴 Noto Sans Thin 38pt/Medium 46pt**'로 메인 문구를 넣습니다.

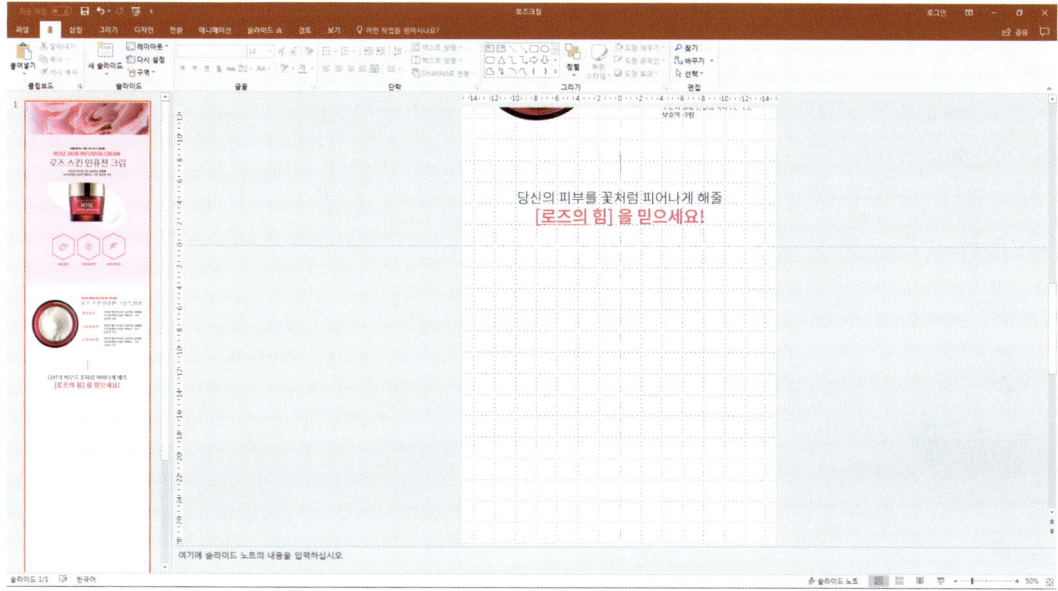

❷ 중앙에 이미지를 배치하고, 상세 설명은 '**글꼴 Noto Sans Thin/Medium 18pt**'로 주요 내용에 '**강조 강약**'을 줍니다.

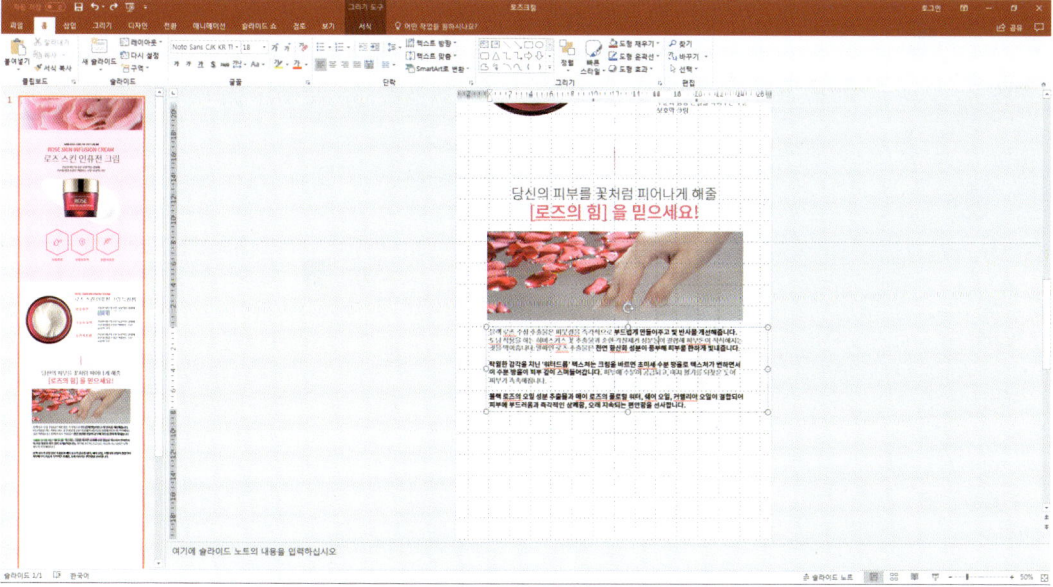

3-9. '이런 분에게 추천합니다' 만들기

❶ 다음 섹션은 '**추천대상**에 관한 설명입니다. '**핑크 라인**'으로 글머리를 만들어 넣어주고, 부분 사진 이미지 아래 같은 너비의 테두리 라인 '**1.75pt 두께의 15% 어두운 흰색 라인 박스**'를 만듭니다. 그 위에 '**맑은 고딕 31pt**'로 순서 번호 및 '**글꼴 Noto Sans Light 22pt**'로 문구를 넣어줍니다.

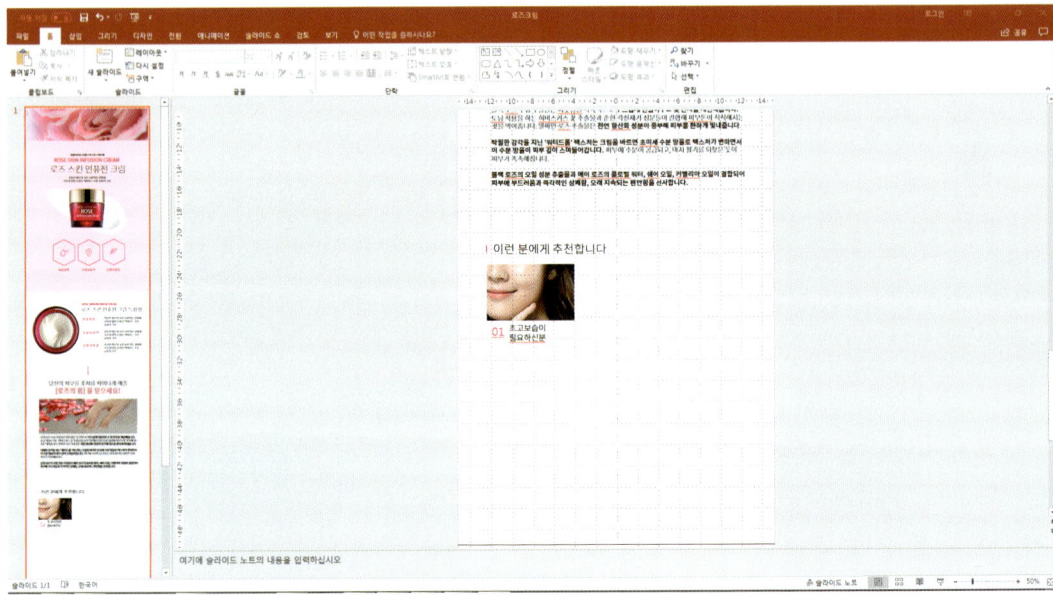

❷ 이와 동일한 디자인으로 '**3가지 추천사항**'을 정리합니다. 각각 그룹화 하여 정렬해줍니다.

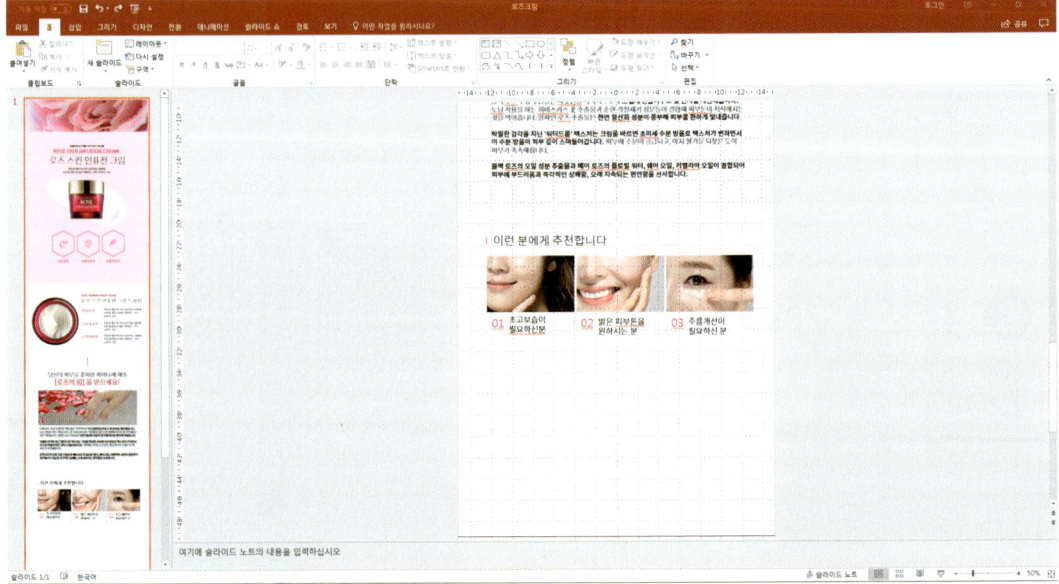

3-10. '사용방법' 만들기

❶ 다음은 사용방법 순서입니다. 약 5cm 크기의 원형을 '**로즈핑크 R234/G61/B109**'으로 넣고, '**글꼴 Arial 24pt**'로 스텝, '**글꼴 Noto Sans Light 19pt**'로 하단 설명을 넣습니다.

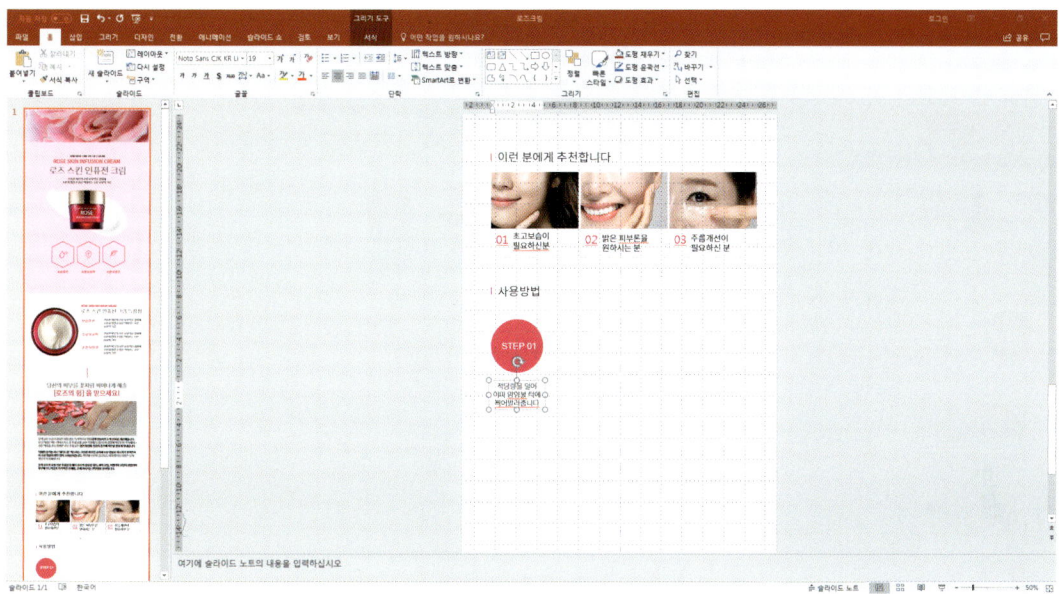

❷ 작은 원형으로 화살표 형태를 만들어 그룹핑합니다. 이와 마찬가지 방법으로 '**사용 방법 순서도**'를 완성합니다.

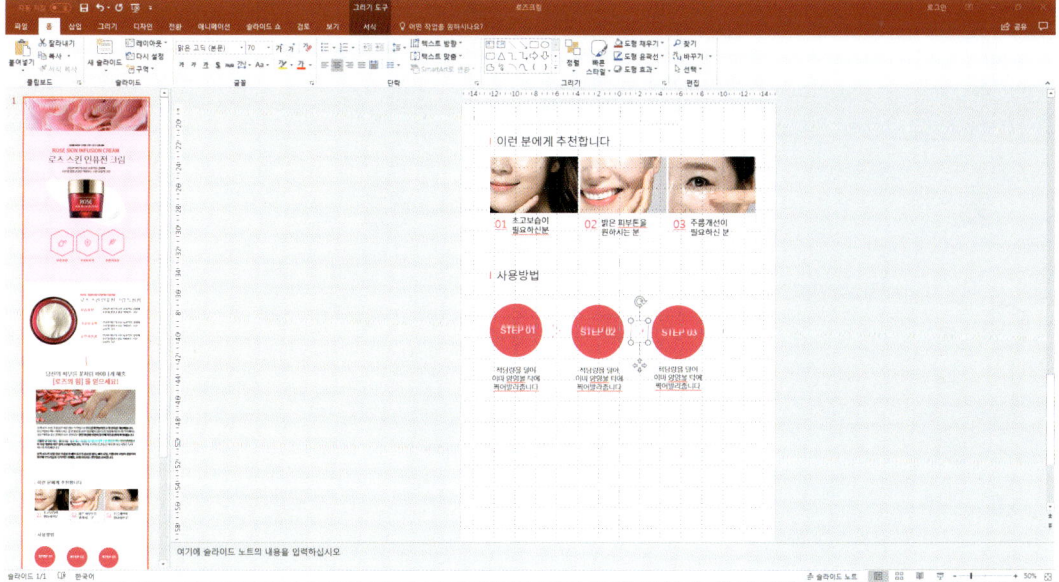

3-11. '제품정보' 만들기

❶ 사용방법 아래에 구분 선을 넣어주고, 하단 '**제품정보 섹션**'을 만듭니다.
❷ 제품명 등을 '**글꼴 Noto Sans Light 18pt**'로 넣습니다.

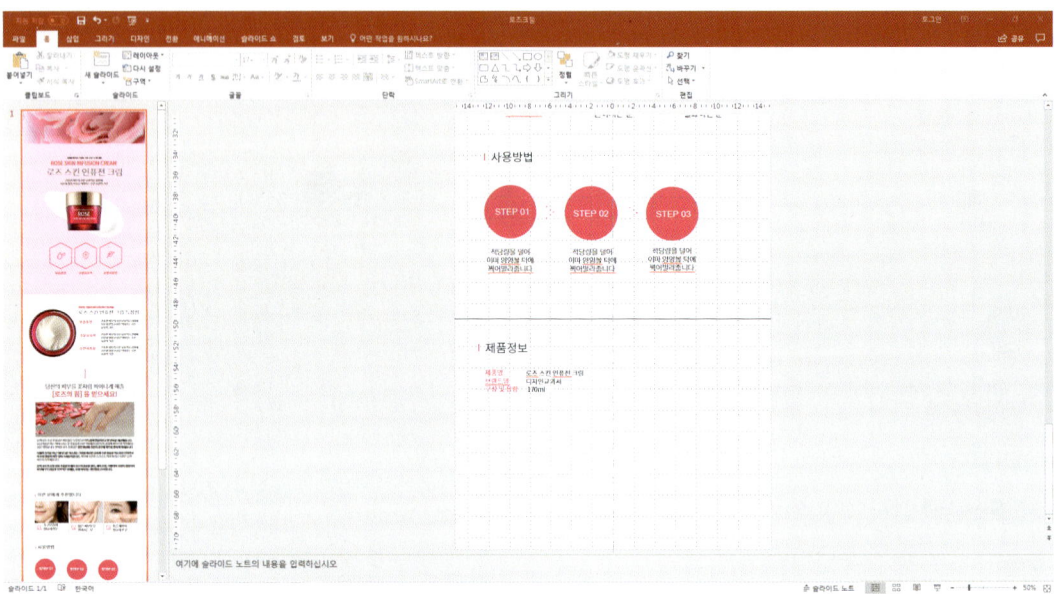

❸ '직선 윤곽선 대시 ▶ 둥근 점선 형'으로 성분에 대한 내용을 넣습니다. '**글꼴 Noto Sans Light 17pt/좌측 정렬**' 해줍니다.

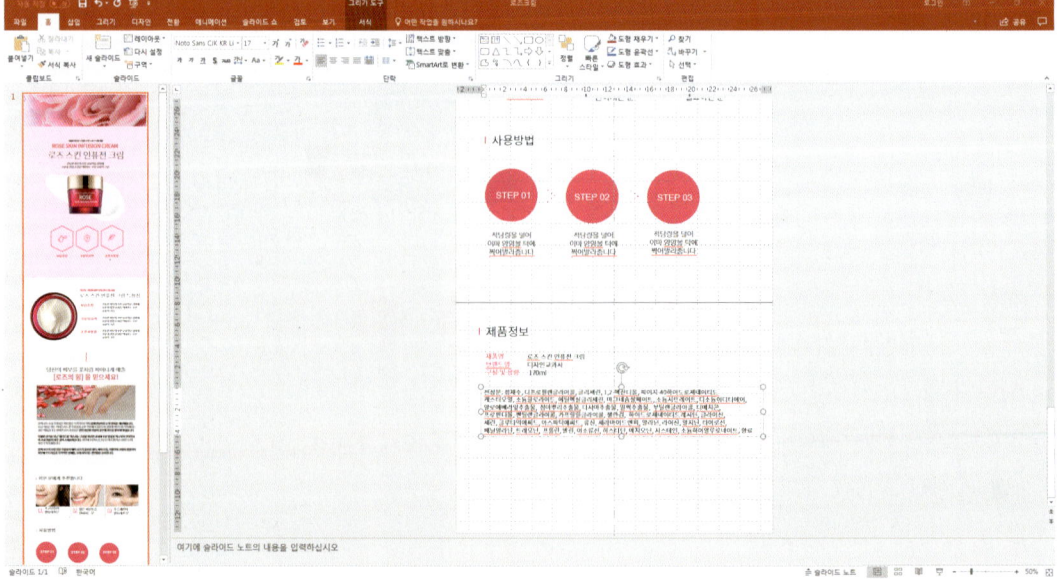

❹ 최하단 정보를 '**글꼴 Noto Sans Medium 18pt/좌측 정렬**'로 정리합니다. '**화장품**' 상세 페이지가 완성되었습니다.

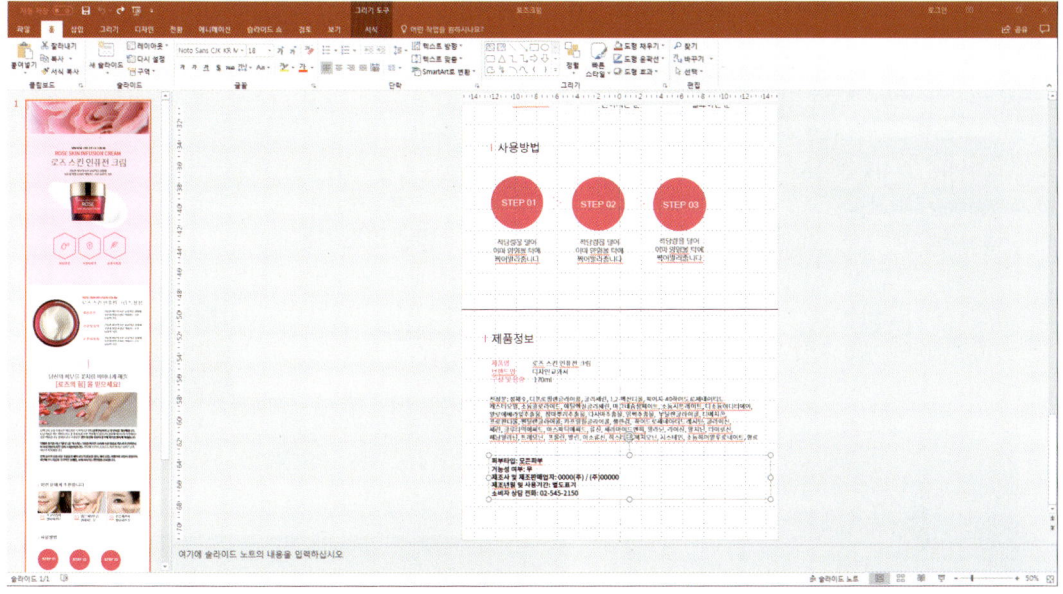

3-12. 저장하기

❶ 파일 → 다른이름으로저장 → 파일형식을 '**png**'형식으로 설정하여 저장합니다.

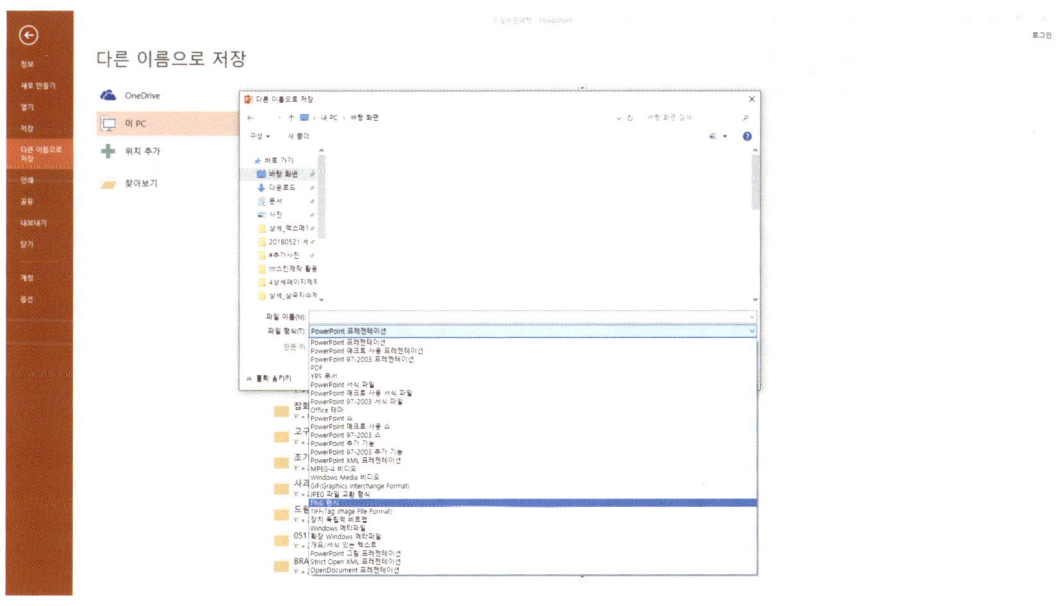

3-13. 이미지 등록하기

❶ 저장된 이미지를 쇼핑몰에 등록합니다.

SECTION 3. 식품, 농수산물

1. 수산물 상세페이지

1-1. 새로운 슬라이드

❶ 슬라이드 크기를 '**너비 약 30cm/높이 약 102cm**'로 '**세로 길이로 지정**'합니다.

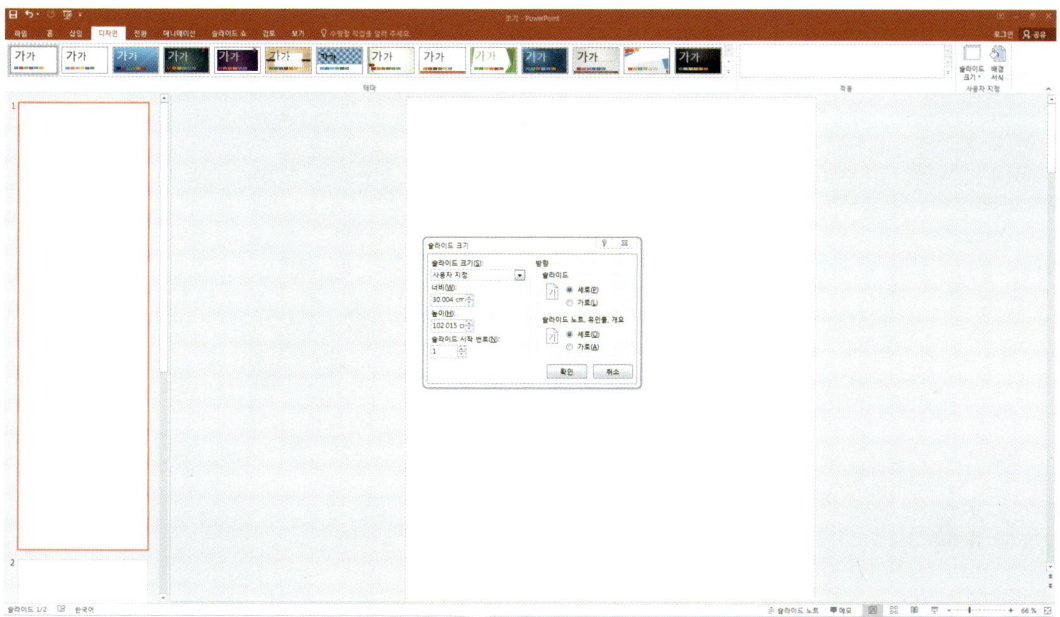

1-2. 인트로 만들기

❶ 메인 인트로 섹션을 만듭니다. 조기 이미지를 '**26.24cm x 29.98cm**'로 넣어줍니다.

❷ 텍스트 박스 '**16.2cm x 11.4cm R44/G113/B146 투명도11%**'로 설정하고, 상단에 '**2.3cm x 11.4cm**' 흰색 박스를 넣어줍니다.

❸ 흰색 박스에는 '**글꼴 12롯데마트행복Medium 26pt R44/G113/B146**'로 넣습니다. 제품명은 텍스트 상자 > 세로 텍스트 상자로 입력합니다. '**글꼴 12롯데마트행복Medium 72pt 화이트**'로 적용합니다. 보조문구는 '**세로 텍스트로 Noto Sans CJK KR Regular 23pt 화이트**'로 적용합니다.

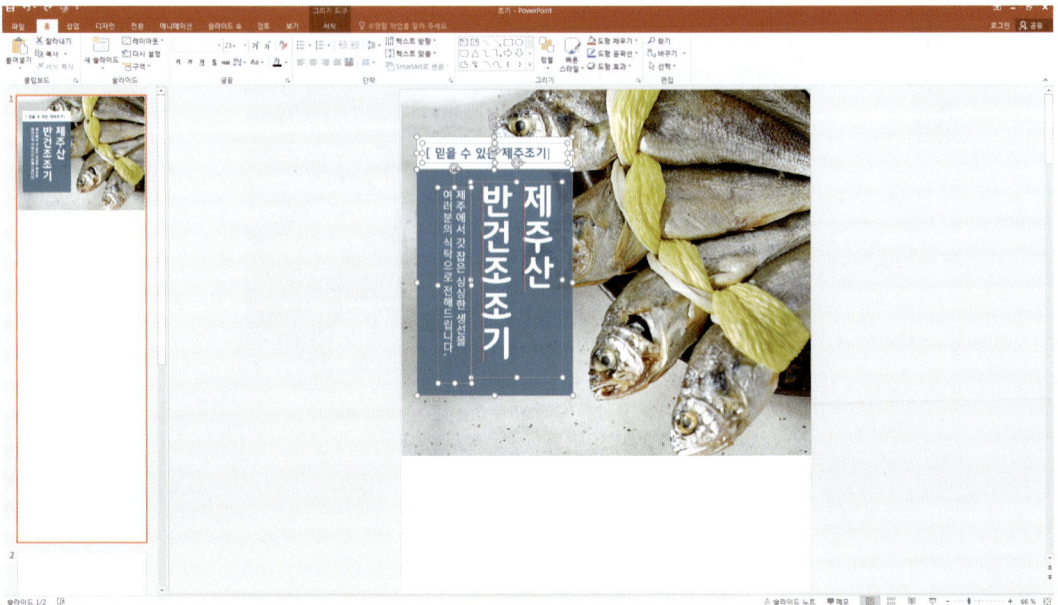

1-3. 주요 포인트 넣기

❶ '바다/사용자 지정 컬러 R13/G65/B55/조기 이미지 박스(12.35cm x 10.13cm)'를 넣어줍니다.

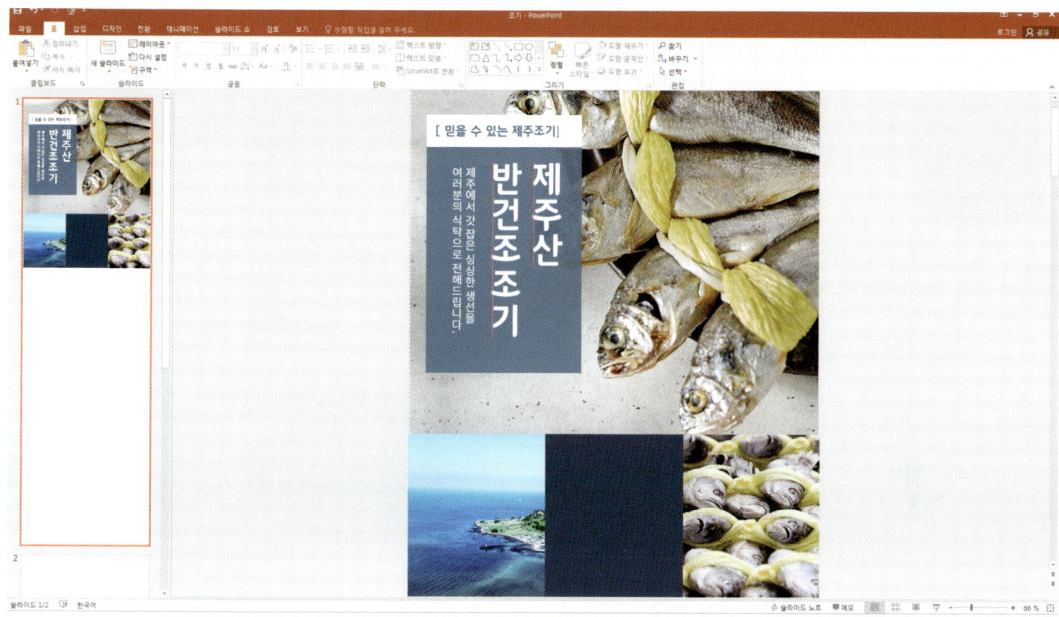

❷ 앞 페이지에서 사용한 컬러박스를 이미지 위에 덮어줍니다. **'투명도는 50%'**으로 지정하여 이미지를 덮습니다.

❸ '**글꼴 12롯데마트행복Medium 34pt**'로 '100% 제주산' 원 도형 안에 문구를 넣고, 보조 문구는 '**글꼴 Noto Sans CJK KR Regular 24pt**'로 넣어줍니다.

1-4. 상세설명 만들기

❶ 원산지 소개를 메인과 같이 '**세로 텍스트 상자**'로 타이틀을 넣고, 가로로 구분을 '**선 (0.28cm x 10.05cm)**'을 넣어 줍니다.

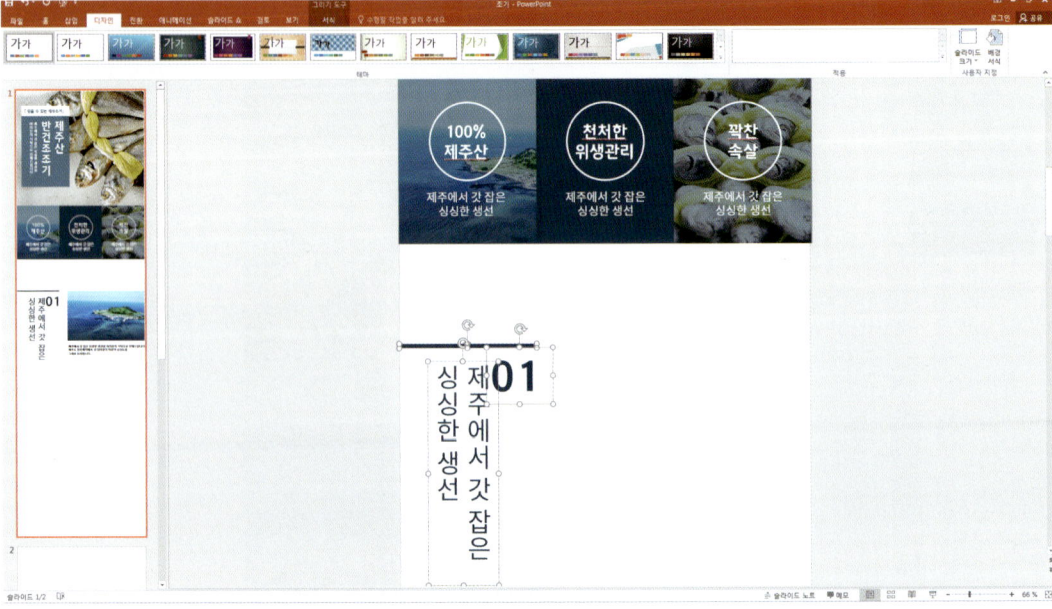

❷ 바다 사진 '**11.36cm x 18.06cm**'과 함께 '**원산지에 대한 소개**'를 넣어 줍니다. 소개 문구는 '**글꼴 Noto Sans CJK KR Regular 17pt 블랙**'으로 적용합니다.

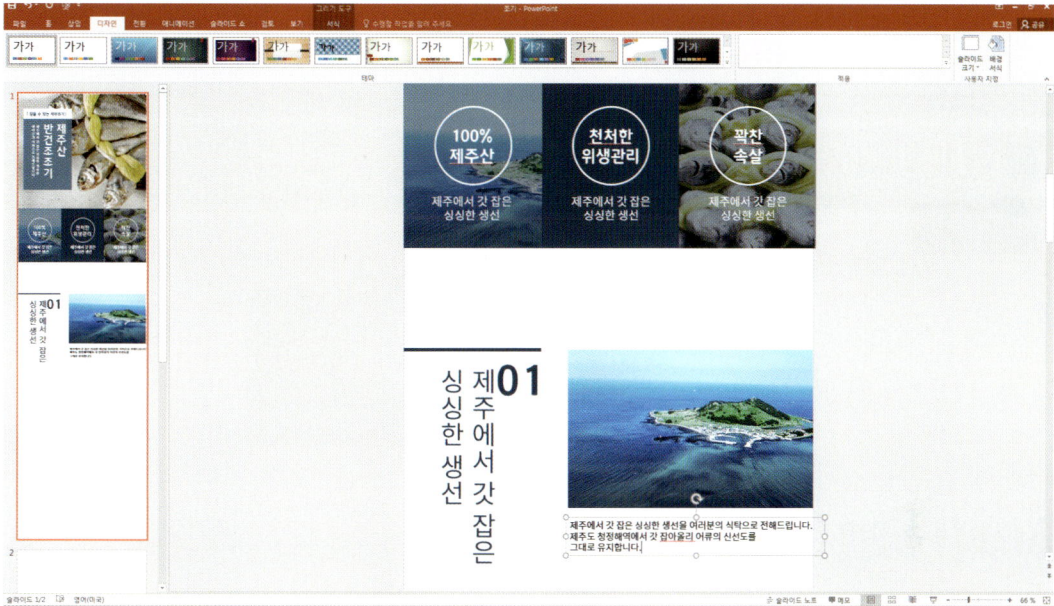

❸ 이와 같은 방법으로 '**사진 및 특징/부가 설명**'을 넣어줍니다.

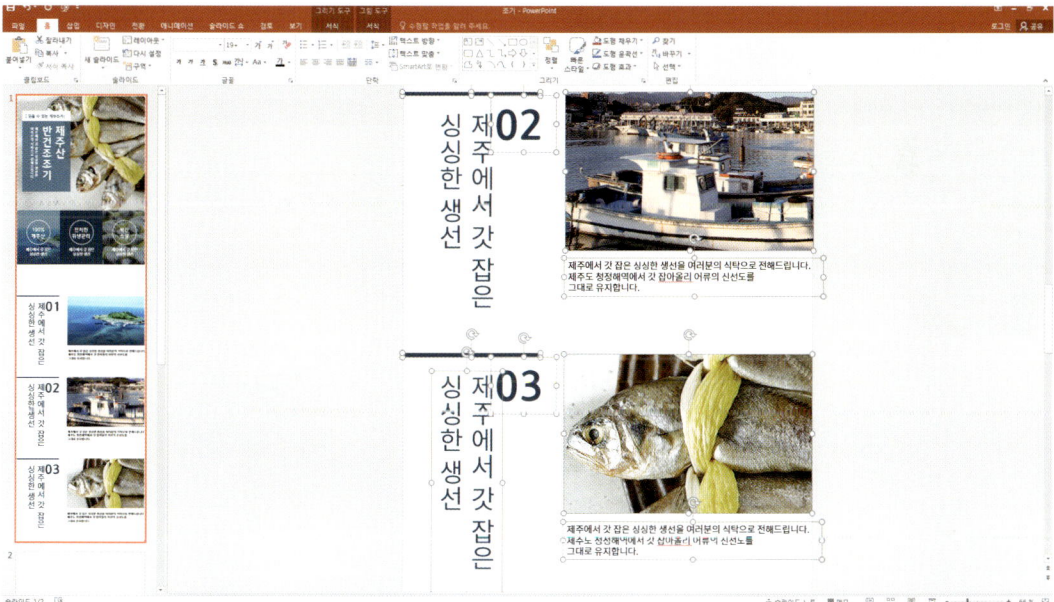

1-5. 강조하고 싶은 주요 포인트 넣기

❶ 제품 특징을 소개할 섹션에 어울리는 이미지 '**24.84cm x 30cm**'를 넣어 줍니다.

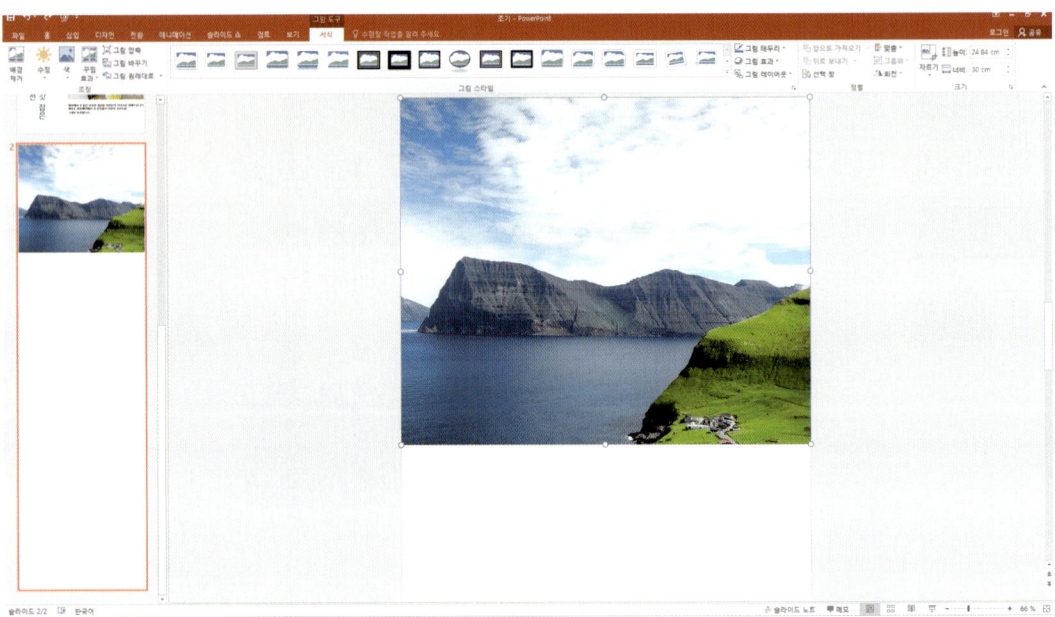

❷ '**16.2cm x 17.8cm 흰색**' 텍스트 박스를 넣습니다. 메인문구를 '**글꼴 12롯데마트행복Medium 53pt R13/G65/B88**'로 넣습니다. 보조문구는 '**글꼴 Noto Sans CJK KR Regular 23pt 블랙**'으로 적습니다.

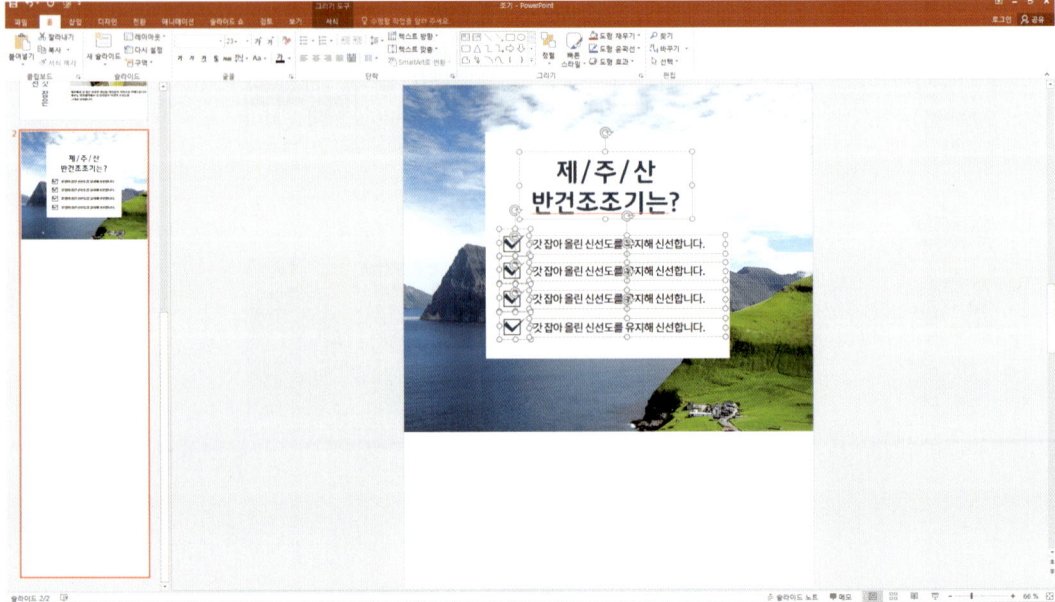

1-6. 전체 요약 이미지 마무리 하기

❶ 조기 사진 '**30.9cm x 30.05cm**'을 넣어줍니다.

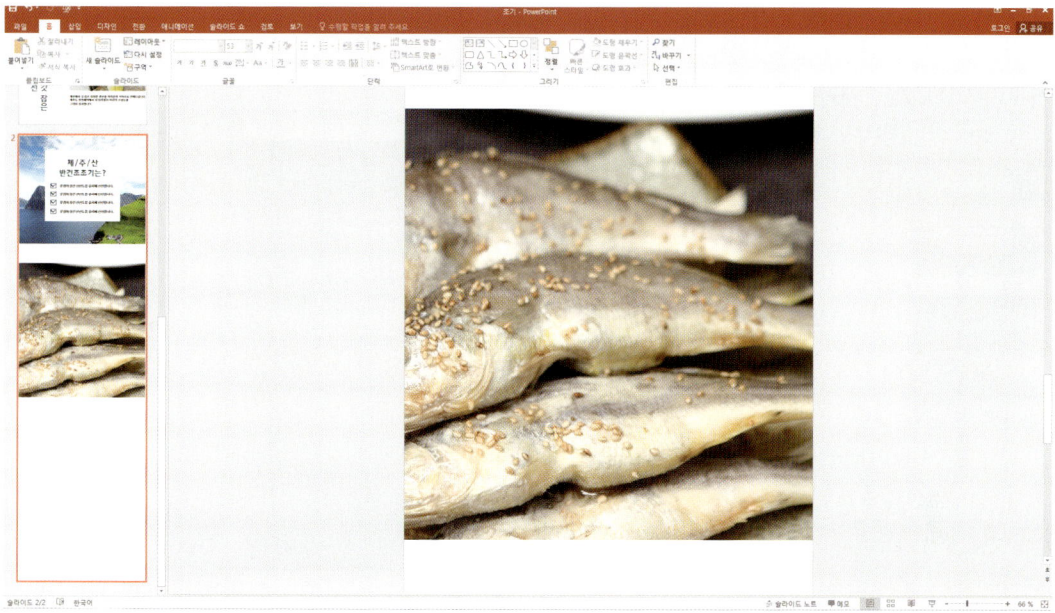

❷ 앞 페이지에서 사용한 컬러박스를 이미지 위에 덮어줍니다. '**투명도는 50%**'으로 지정하여 이미지를 덮습니다.

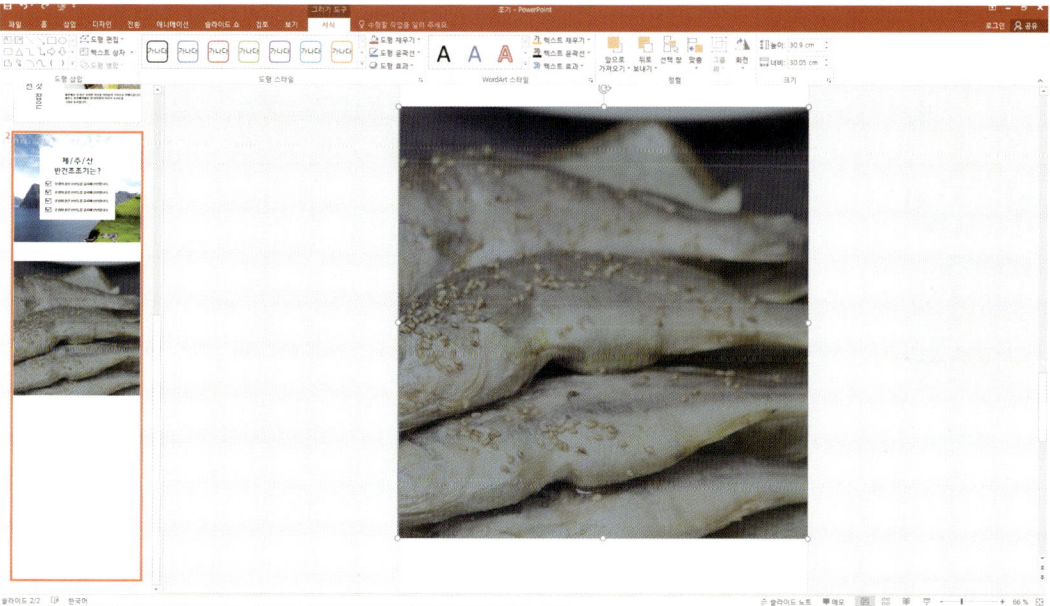

❸ 설명을 넣어줄 텍스트 박스 '16.18cm x 18.5cm를 R16/G65/B88'로 설정합니다. 메인 '글꼴 12롯데마트행복Medium 50pt (화이트)' 보조 문구 '글꼴 Noto Sans CJK KR Regular 20pt(화이트)'로 넣습니다.

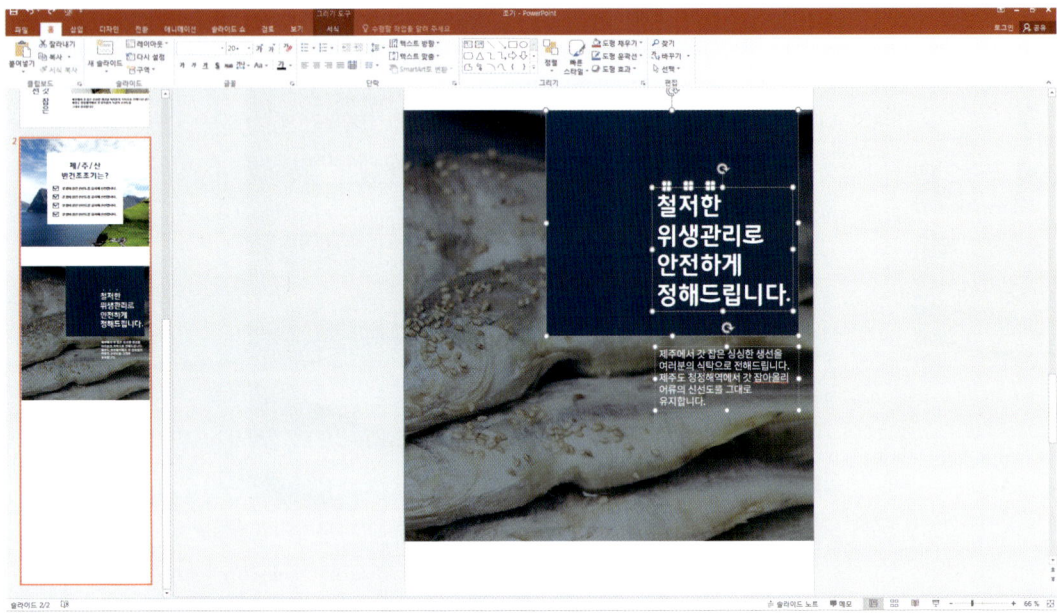

❹ 조기 사진 크기 '19.5cm x 16cm'로 넣어줍니다.

1-7. 고객센터/배송안내-1

❶ 가장 하단에는 고객센터 전화번호와 운영시간을 넣습니다. '**글꼴 Noto Sans Bold/thin 28/53pt**'로 넣고, 텍스트 위/아래 라인을 활용하여 포인트를 줍니다.

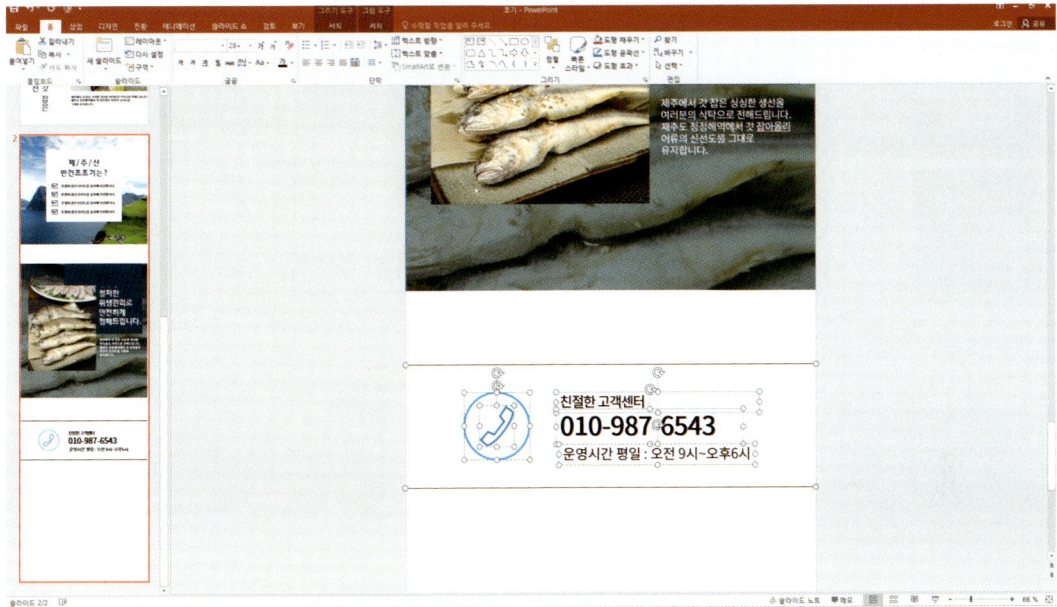

❷ 배송 안내 '**글꼴 Noto Sans Medium 23pt 가운데 정렬**'해주고, 상세 설명은 '**글꼴 Noto Sans Bold 18pt으로 왼쪽 정렬**'해줍니다.

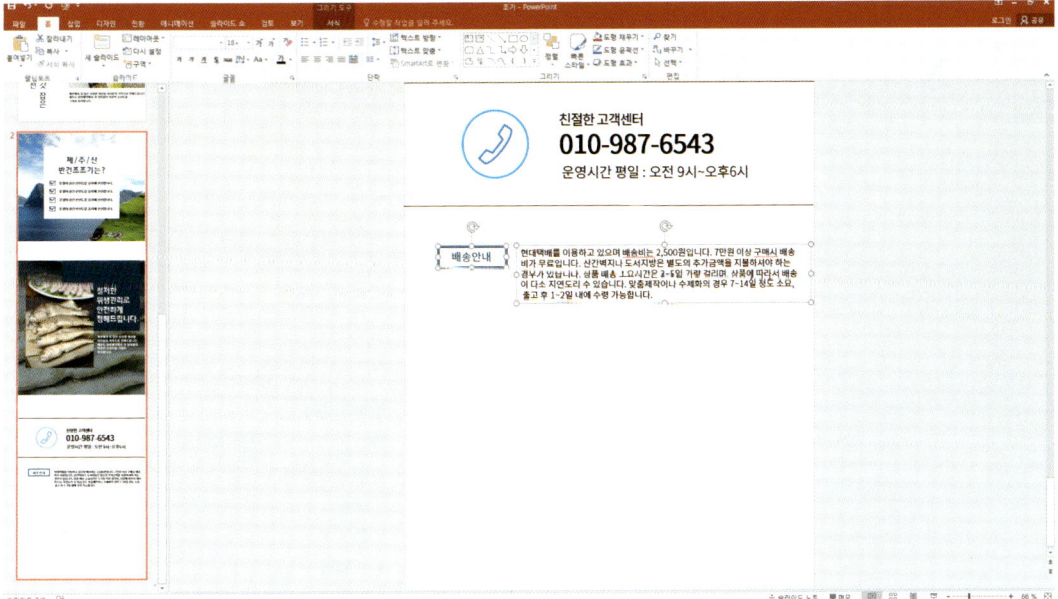

❸ 이와 마찬가지 레이아웃으로 '**교환/반품**'에 대한 안내를 넣습니다.

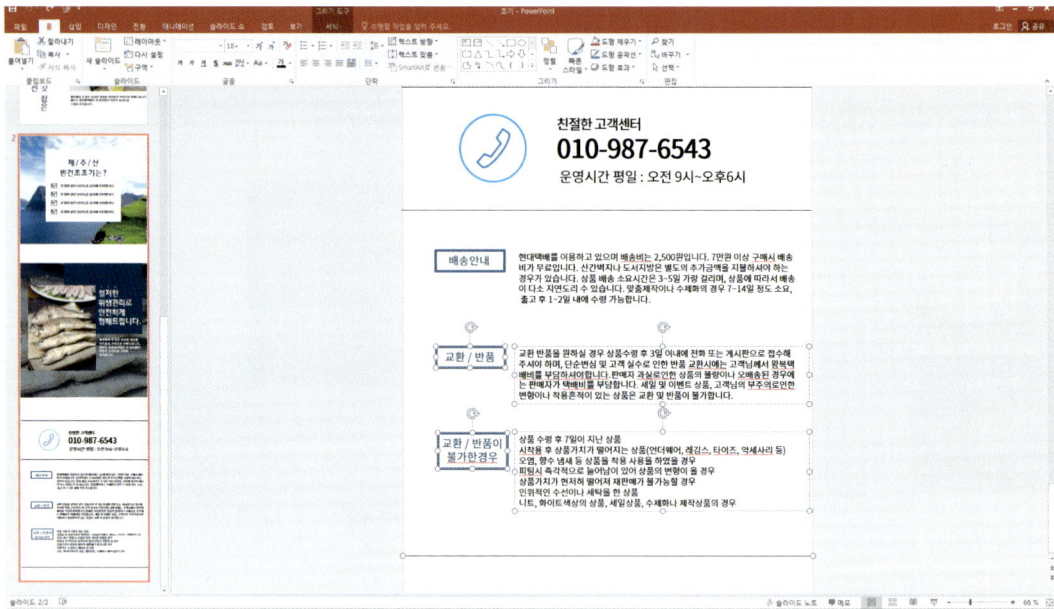

1-8. 저장하기

❶ 파일 → 다른이름으로저장 → 파일형식을 '**png**'형식으로 설정하여 저장합니다.

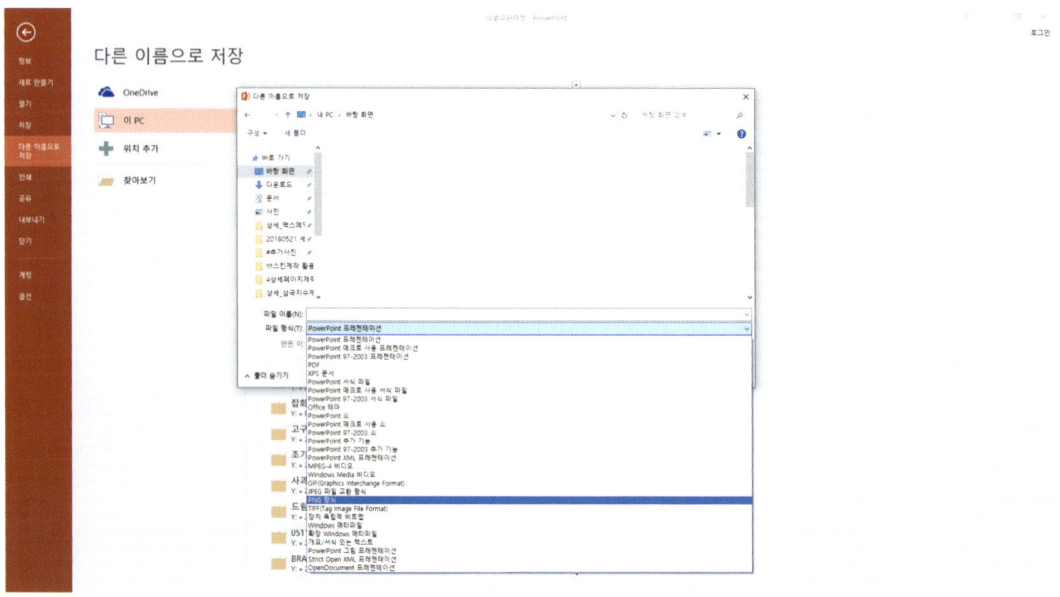

1-9. 이미지 등록하기

❶ 저장된 이미지를 쇼핑몰에 등록합니다.

2. 고구마 상세페이지

2-1. 새로운 슬라이드

❶ 슬라이드 크기를 '**너비 약 30cm/높이 약 109cm**'로 '**세로 길이로 지정**'합니다.

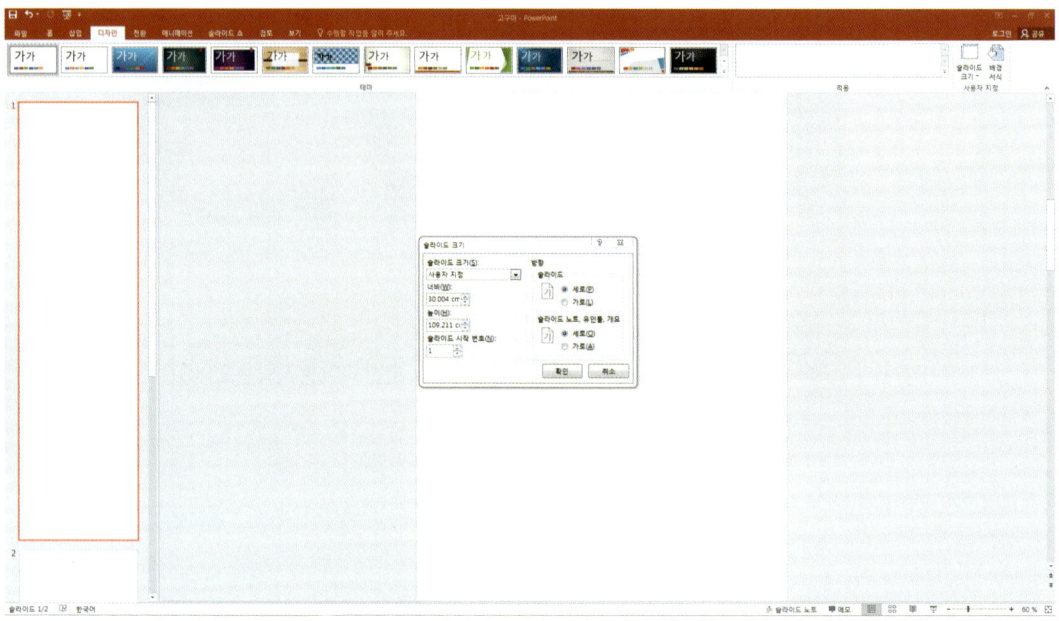

2-2. 인트로 바탕색 넣기

❶ 메인 인트로 전경색을 '**사용자 지정 색상 R249/G215/B202**'로 설정하고, 박스 크기는 '**22.52/30cm**'로 지정합니다.

2-3. 인트로 만들기

❶ 메인인트로 섹션을 만듭니다. 상품명을 '**글꼴 나눔고딕(굵게) 57pt/ R255/G255/B255**'로 넣습니다. 상단 글꼴도 '**나눔글꼴 57pt**'로 서브 문구를 넣어줍니다.

❷ " "를 '**글꼴 Noto Sans CJK KR Bold 143pt**'로 '**양 옆 위아래**'로 넣어 포인트를 줍니다.

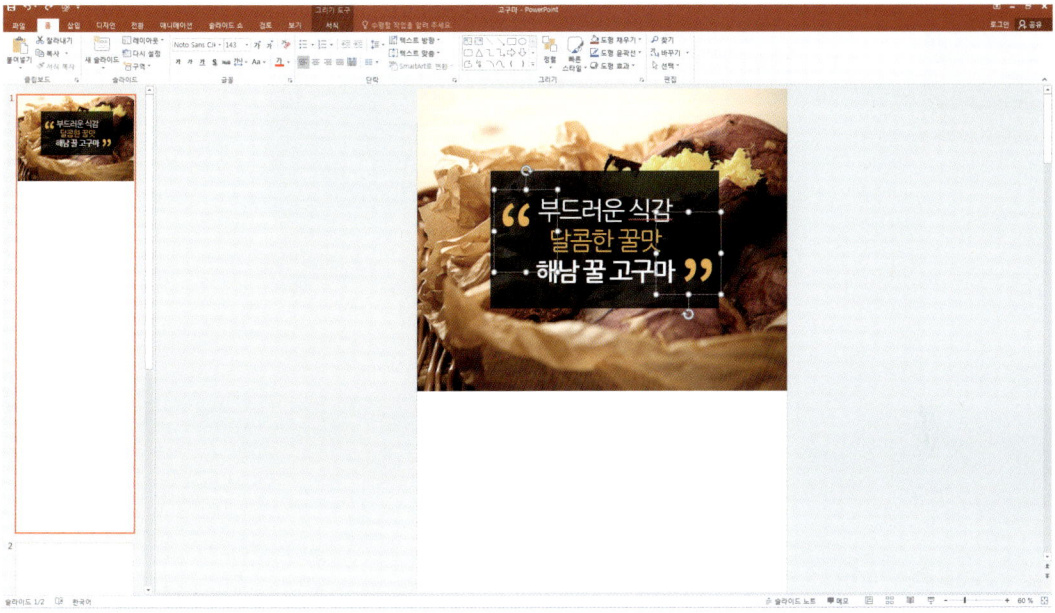

2-4. 주요 포인트 채우기

❶ 하단 아래에는 배경으로 확대 '**R255/G196/B54**' 색으로 '**15.09cm X 30cm**' 도형을 넣어줍니다. '**높이 15cm 선 도형 2줄**'을 '**가로 간격**'을 맞춰 넣어줍니다.

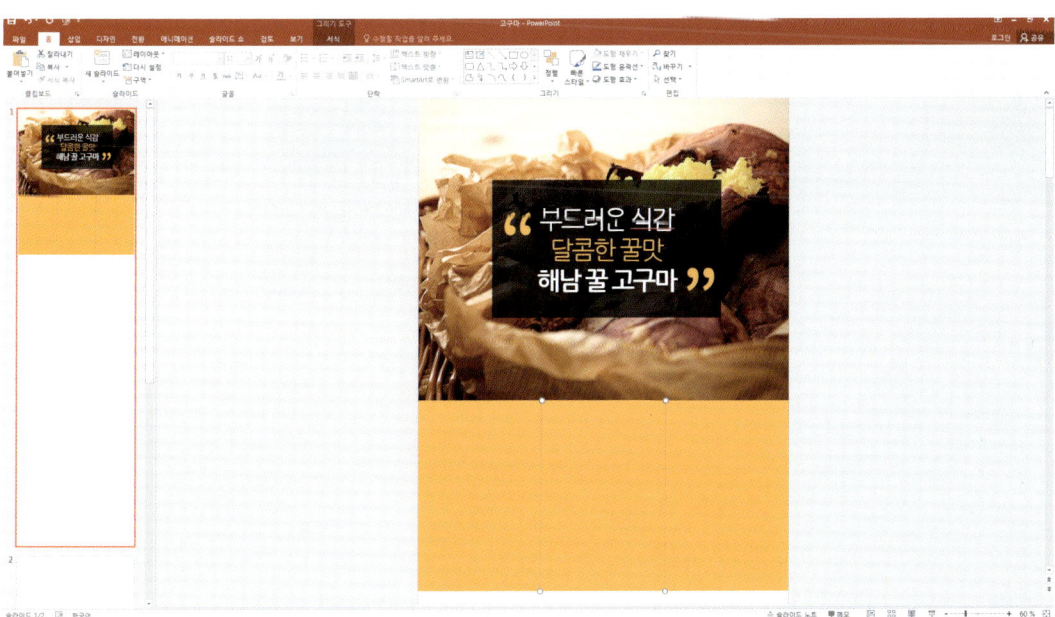

❷ '2cm x 2cm 동그라미 도형'에 '01'을 '글꼴 나눔고딕'으로 넣어 숫자 동그라미를 만들어 줍니다.

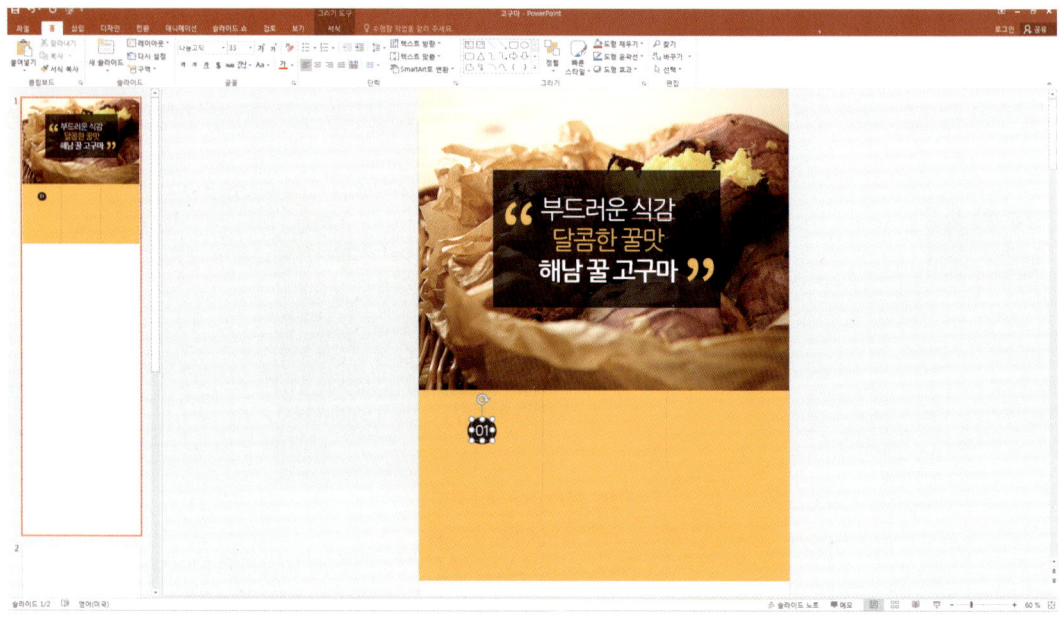

❸ 제품의 특징 키워드를 '**42pt 나눔고딕**'으로 숫자 동그라미 아래 넣어줍니다. '**선 도형 1.1cm**'를 넣어 내용이 연결되는 디자인을 만들어 줍니다. 그 아래 문구를 '**글꼴 맑은 고딕 26pt/Bold**'로 넣어줍니다.

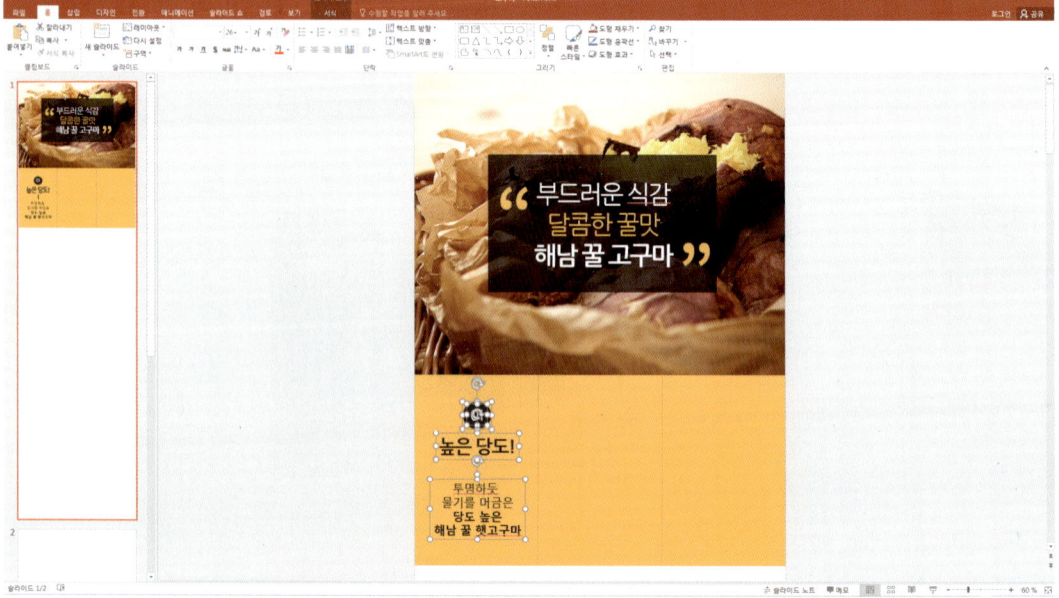

❹ 이와 동일한 디자인으로 '**3가지 추천 사항**'을 정리합니다. 각각 그룹화하여 정렬해줍니다.

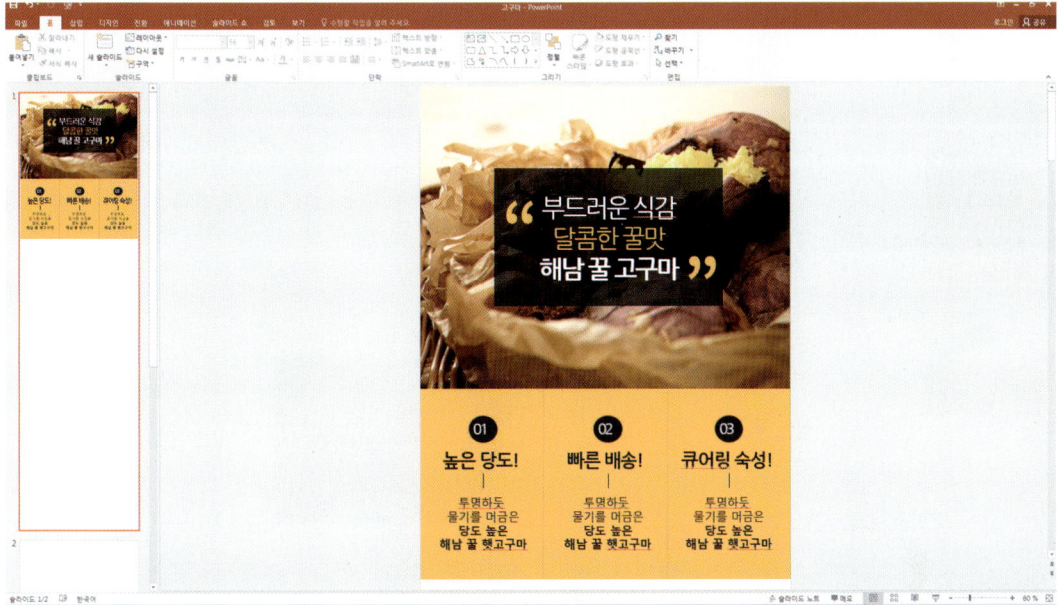

2-5. 상세 타이틀 넣기

❶ '글꼴 나눔고딕 48pt'로 메인 텍스트를 넣습니다. '**왜**'를 강조하기 위해 '**R255/G196/B54**' 색으로 '**원 포인트**'를 줍니다.

❷ 배경이 제거된 상품 이미지를 '**가운데**' 넣습니다. 상품 이미지 및 텍스트는 '**가운데 맞춤**'으로 정리해줍니다.

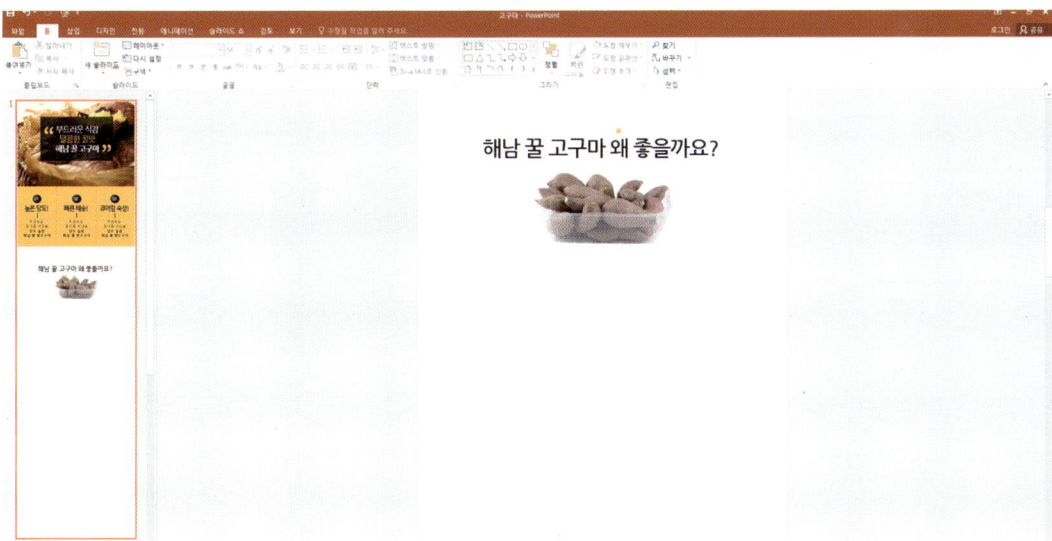

> **TIP**
> 배경 제거 방법은 본 책 '**상세페이지 제작에 필요한 파워포인트 핵심기능**'에 안내되어 있습니다.

2-6. 상세 포인트 설명하기

❶ 고구마 이미지를 삽입합니다.

❷ 말풍선의 그림자처럼 '**검정색**'으로 배경을 만들어 줍니다.

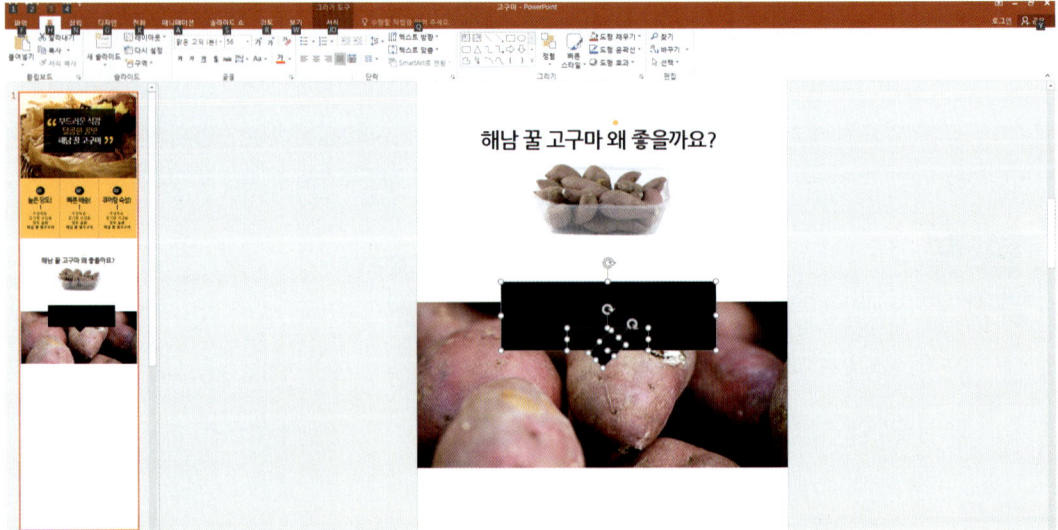

> **TIP**
>
> 모서리가 둥근 네모로 큰 사각형을 윤곽선이 있게 만들고 윤곽선이 있는 일반 네모를 작게 만들어 90°돌리면 마름모 모양이 됩니다. 이 마름모를 아랫쪽 말풍선 꼭지에 배치하고 마름모 윗쪽을 윤곽선은 새로운 윤곽선이 없는 흰 배경 네모를 만들어 덮어 안보이게 만들어주면 윤곽선이 있는 예쁜 말풍선 모양이 완성됩니다.

❸ 흰색 배경에 검정색 윤곽선을 넣어 말풍선을 만들어 줍니다.

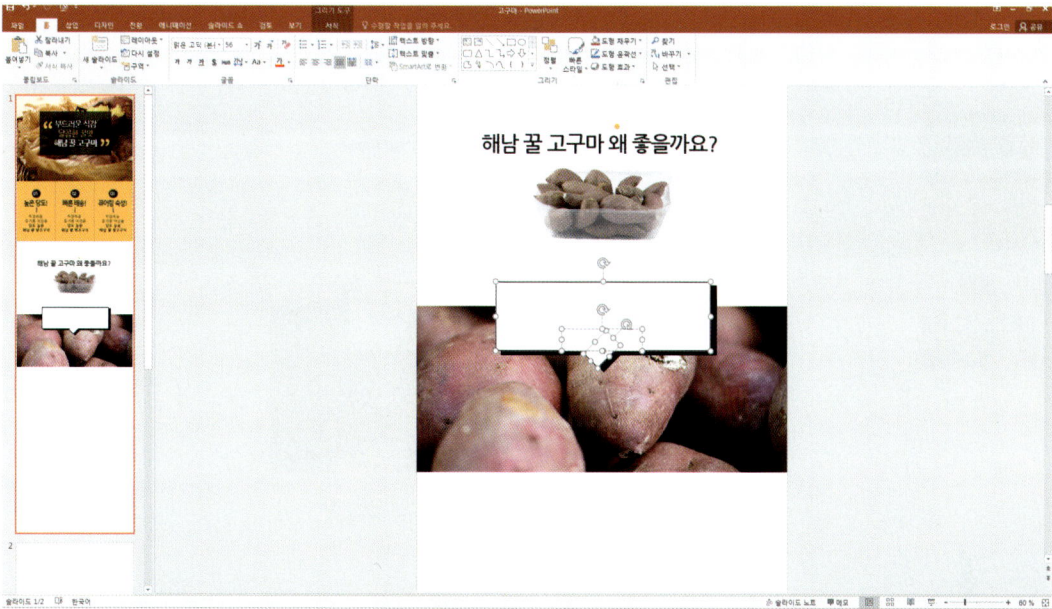

❹ 셀링 포인트를 설명합니다. '**Bold 56pt**'로 단어를 넣습니다.
❺ 원하는 배경이 다 지워지지 않거나 추가로 더 지우고 싶은 부분이 있을 때는 '**제거할 영역 표시**'를 누른 후 지우고자 하는 영역을 드래그합니다.

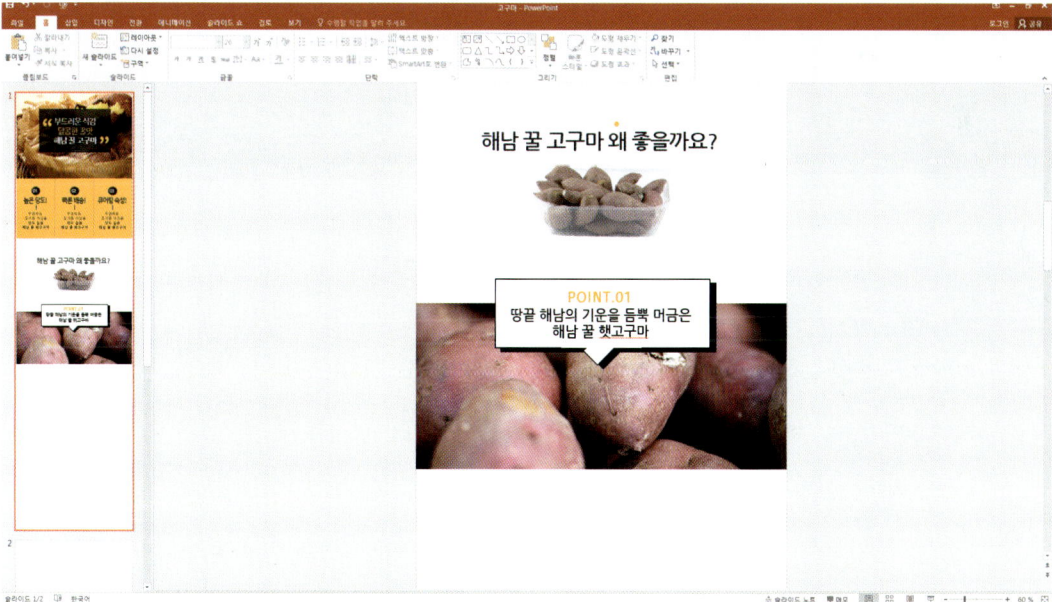

❻ '**중앙**'에 이미지를 배치하고, 상세 설명은 '**글꼴 맑은고딕 26pt**'로 '**가운데 정렬**'합니다.

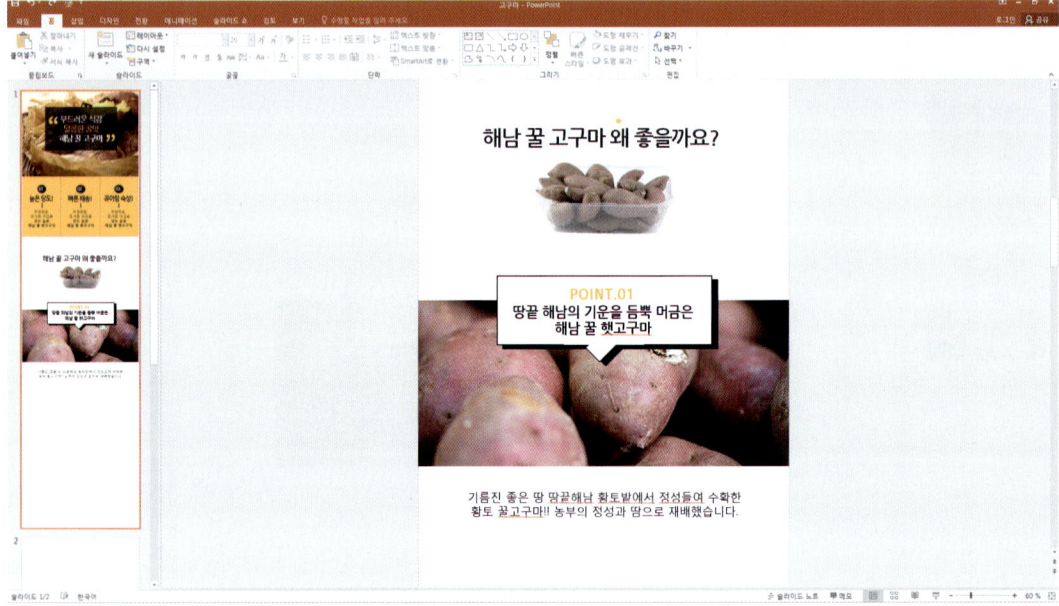

2-7. 강조하고 싶은 특징 설명하기

❶ 다음으로 '**0.34cm x 4cm R255/G196/B54 사이즈 사각 도형**'을 넣어 포인트를 주고, 상하의 구분을 해줍니다. '**글꼴 나눔고딕 54pt 상단 Medium/하단 Bold**'로 메인문구를 넣습니다.

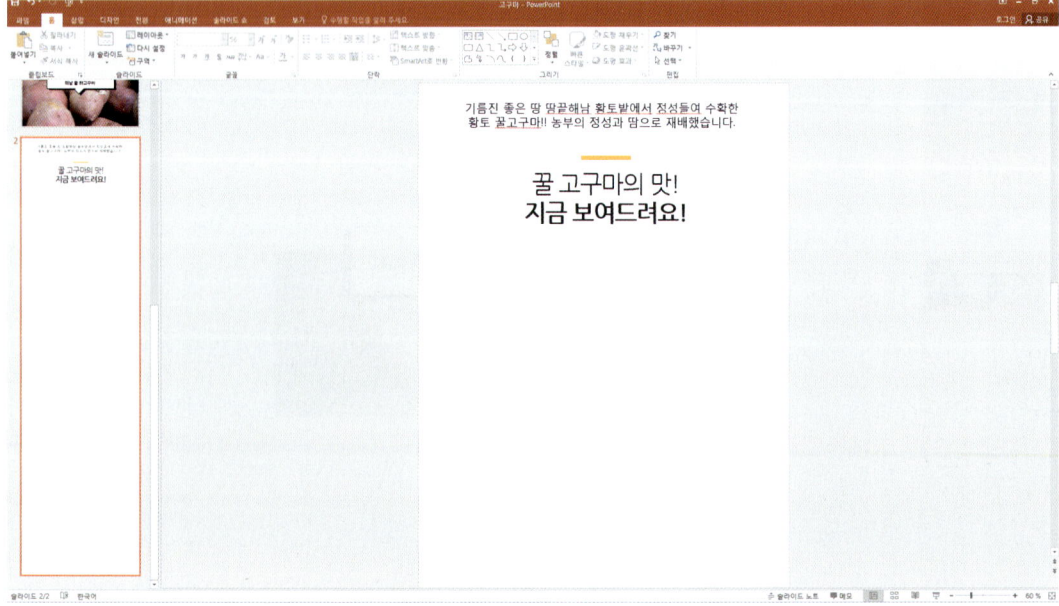

❷ 고구마 이미지를 삽입합니다.

❸ 고구마 단면에 말풍선을 넣어 고구마의 포인트를 '**글꼴 나눔고딕 26pt Bold**'로 넣어줍니다.

❹ 고구마 단면에 배경색 없이 라인만 있는 원을 만들고 선을 그려 사진 밖 상세설명 쪽으로 연결합니다. 상세설명은 '**글꼴 맑은고딕 26pt**'로 가운데 정렬합니다.

2-8. 리뷰 타이틀 넣기

❶ 다시 한번 '**0.34cm x 4cm R255/G196/B54 사이즈 사각 도형**'을 넣어 포인트를 주고, 상하의 구분을 해줍니다. '**글꼴 나눔고딕 54pt 상단 Medium/하단 Bold**'로 메인문구를 넣습니다.

2-9. 구매 후기 이미지 넣기

❶ 홈페이지나 게시판에 있는 '**상품 후기를 캡쳐**'해서 넣어줍니다.

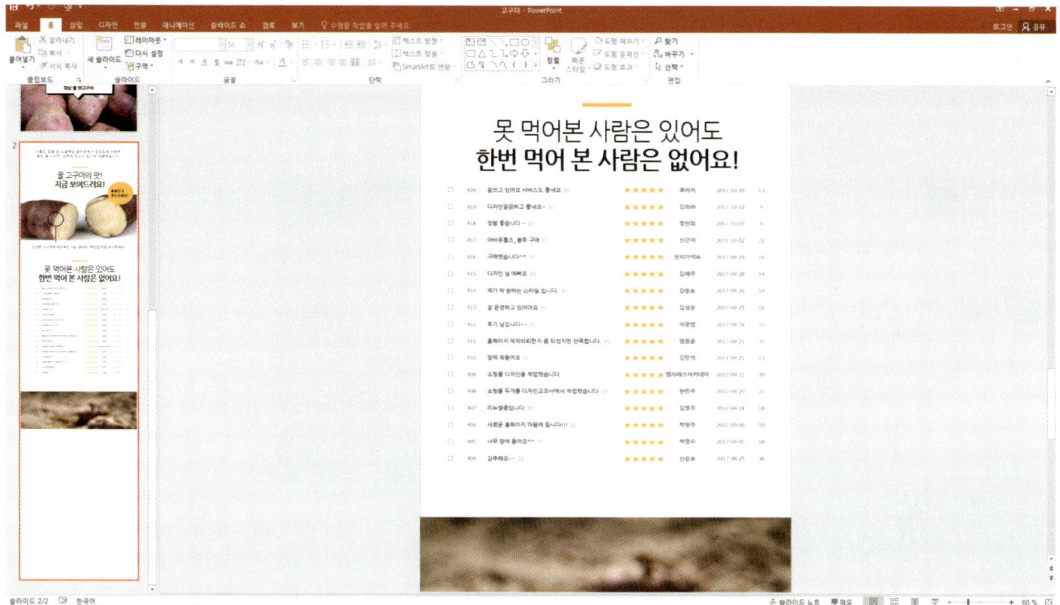

2-10. 마무리 이미지 만들기

❶ 고구마 이미지를 삽입합니다.

2-11. 마무리로 강조하고 싶은 문구 넣기

❶ 마지막으로 강조하고 싶은 상품의 특징을 정리해 줍니다. 상단 문구는 '**글꼴 맑은고딕 26pt**' 하단 메인 문구는 '**글꼴 맑은고딕(Bold) 48pt**'로 넣어 줍니다. 달콤과 촉촉에 '**원형 도형**'으로 포인트를 줍니다.

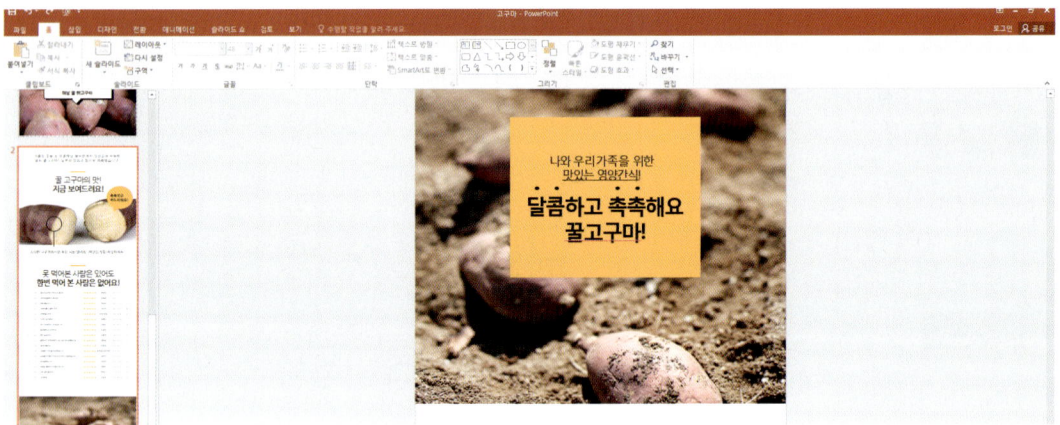

2-12. 고객센터

❶ '**고객센터 번호와 운영시간**'을 안내합니다. 전화 아이콘으로 포인트를 줍니다. 고객센터와 운영시간은 '**글꼴 맑은고딕 26pt R225/G196/B54**' 연락처는 '**글꼴 Arita Sans Bold 66pt**'로 넣어줍니다.

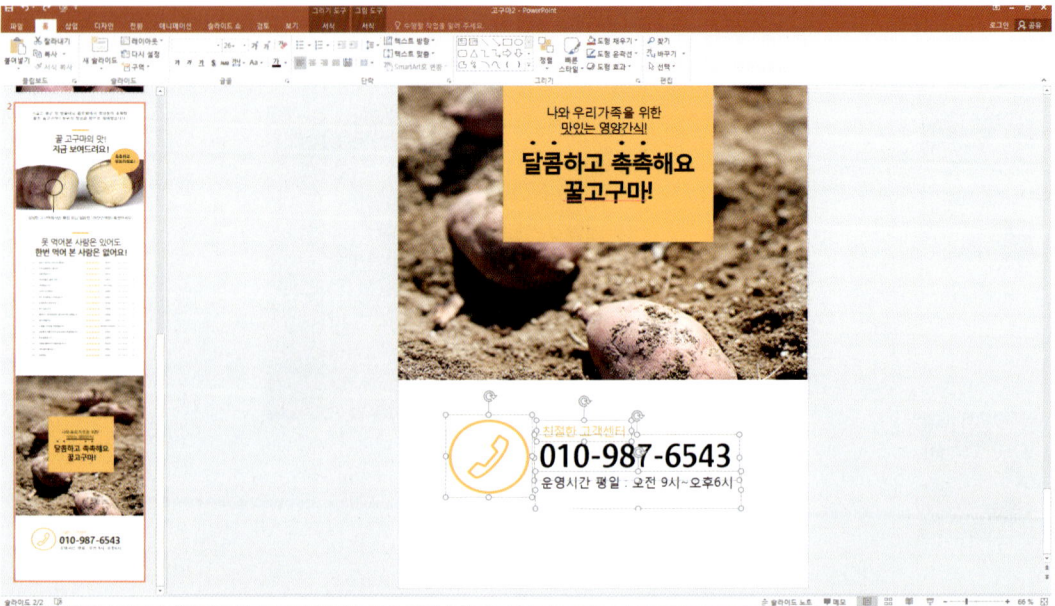

TIP

무료아이콘은 https://www.flaticon.com/, http://icooon-mono.com/?lang=en https://www.iconfinder.com/ 등에서 찾으실 수 있습니다.

2-13. 저장하기

❶ 파일 → 다른이름으로저장 → 파일형식을 'png'형식으로 설정하여 저장합니다.

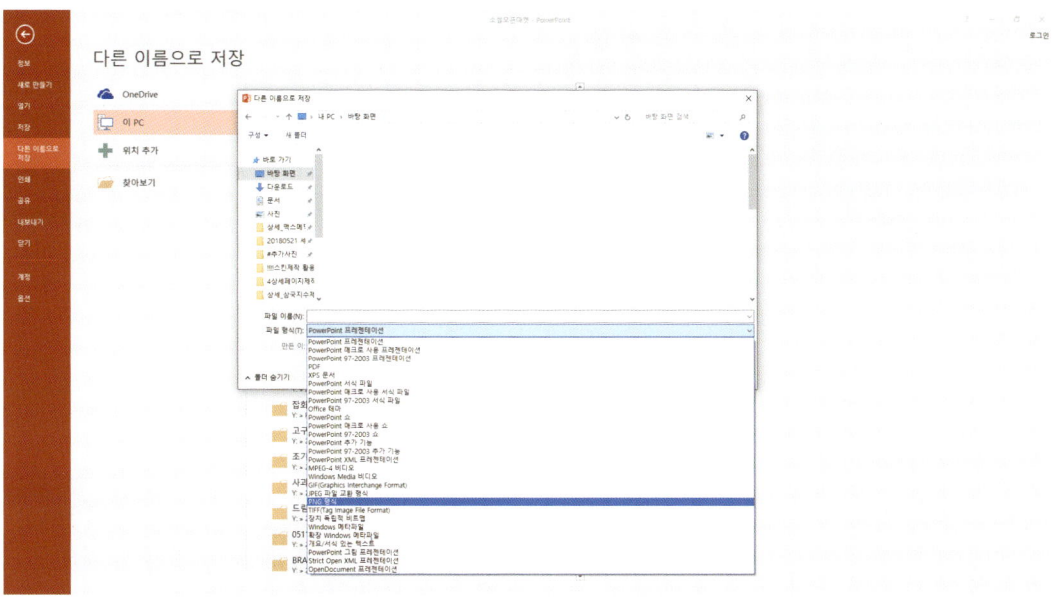

2-14. 등록하기

❶ 저장된 이미지를 쇼핑몰에 등록합니다.

4. 떡 상세페이지

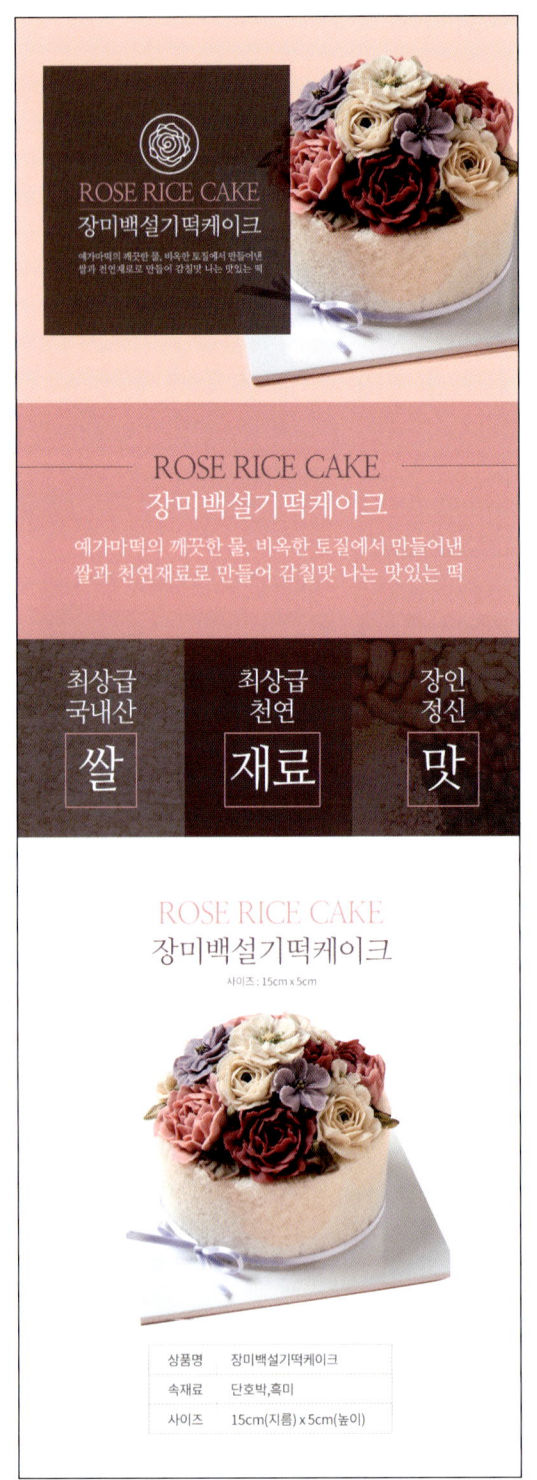

주문전 꼭 확인해주세요!

배송안내
현대택배를 이용하고 있으며 배송비는 2,500원입니다. 7만원이상 구매시 배송 비가 무료입니다.
산간벽지나 도서지방은 별도의 추가금액을 지불하셔야 하는 경우가 있습니다. 상품 배송 소요시간은
3~5일 가량 걸리며, 상품에 따라서 배송 이 다소 지연도리 수 있습니다. 맞춤제작이나 수제화의 경우
7~14일 정도 소요, 출고 후 1~2일 내에 수령 가능합니다.

교환 / 반품
현대택배를 이용하고 있으며 배송비는 2,500원입니다. 7만원이상 구매시 배송 비가 무료입니다.
산간벽지나 도서지방은 별도의 추가금액을 지불하셔야 하는 경우가 있습니다. 상품 배송 소요시간은
3~5일 가량 걸리며, 상품에 따라서 배송 이 다소 지연도리 수 있습니다. 맞춤제작이나 수제화의 경우
7~14일 정도 소요, 출고 후 1~2일 내에 수령 가능합니다.

교환 / 반품이 불가한 경우
현대택배를 이용하고 있으며 배송비는 2,500원입니다. 7만원이상 구매시 배송 비가 무료입니다.
산간벽지나 도서지방은 별도의 추가금액을 지불하셔야 하는 경우가 있습니다. 상품 배송 소요시간은
3~5일 가량 걸리며, 상품에 따라서 배송 이 다소 지연도리 수 있습니다. 맞춤제작이나 수제화의 경우
7~14일 정도 소요, 출고 후 1~2일 내에 수령 가능합니다.

CS CENTER
000.987.6543
WEEK 10:00~17:00
LUNCH 12:00~13:00
주말, 공휴일 휴무입니다.

4-1. 새로운 슬라이드

❶ 슬라이드 크기를 '**약 30/142.24(최대)cm**'로 세로로 지정합니다.

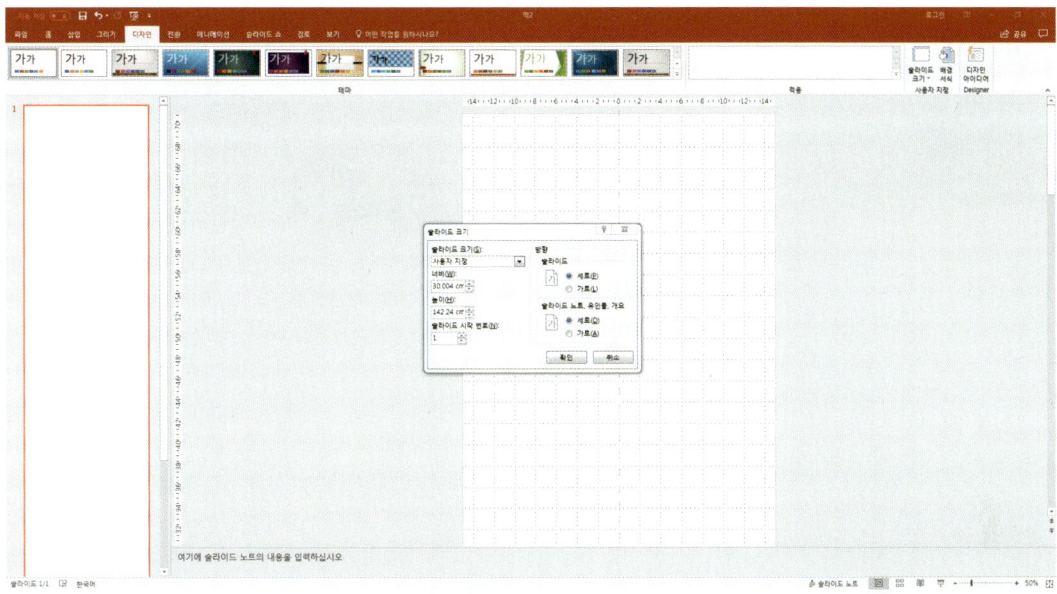

4-2. 인트로 바탕색 넣기

❶ 메인 인트로 전경색을 '**사용자 지정 색상 R249/G215/B202**'로 설정하고, 박스 크기는 '**22.52/30cm**'로 지정합니다.

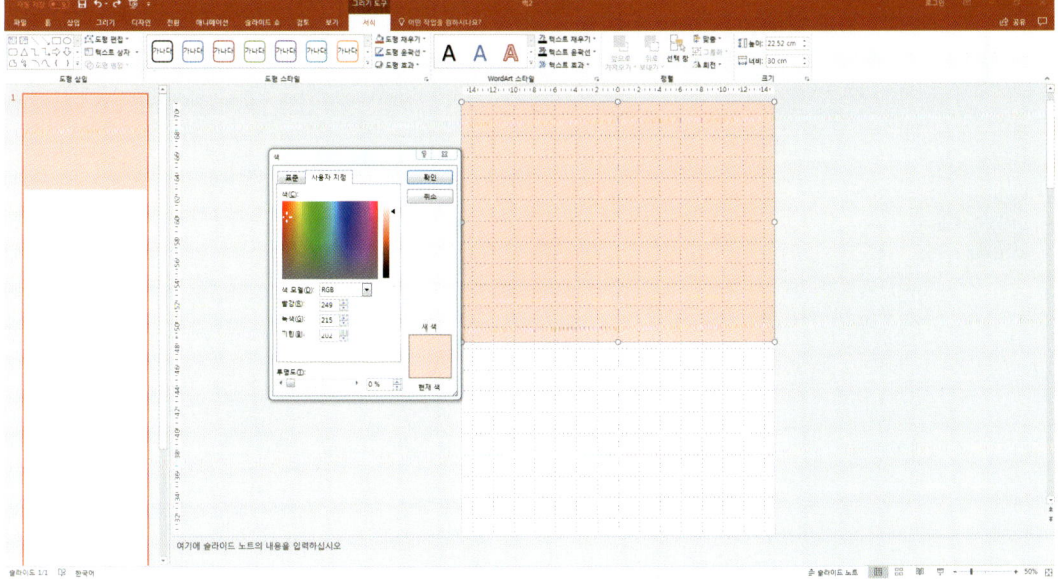

4-3. 이미지 넣기

❶ 배경이 제거된 케익 이미지를 삽입합니다.

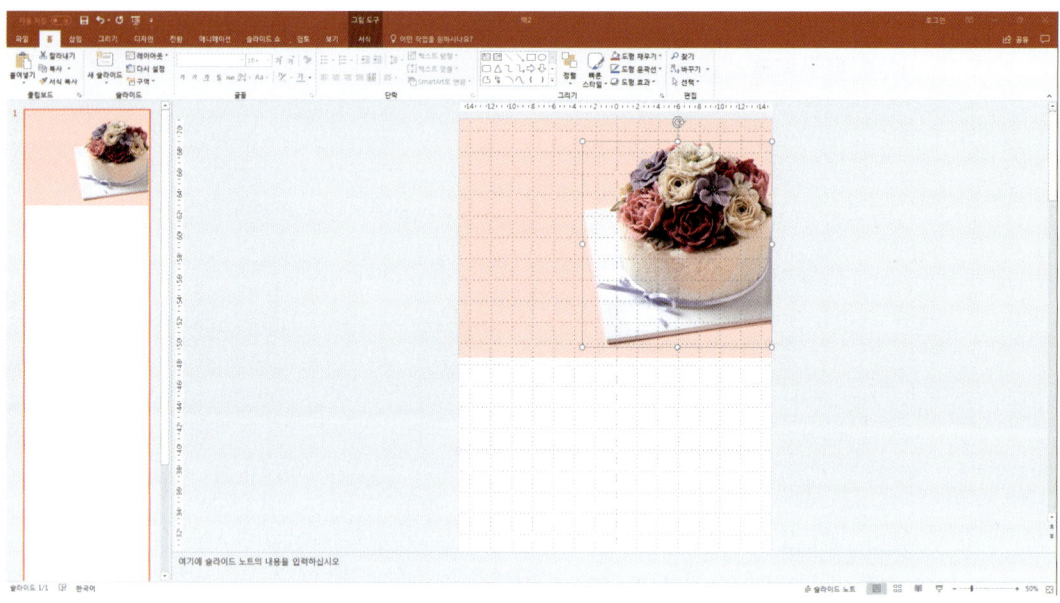

4-4. 메인 카피 꾸며 넣기

❶ 메인 상품 설명을 넣어줄 '**텍스트 박스 15.6cm×14.8cm**'를 사용자 지정 '**브라운 색 R93/G62/B57**'으로 채워주고 '**투명도 7%**'로 설정합니다. 상품 로고는 '**글꼴 나눔 명조 36pt**'로 사용자 지정색 '**R235/G159/B163 핑크색**'으로 영문 상품명 및 제품명을 넣어줍니다. 하단의 설명은 '**글꼴 나눔명조 18pt 화이트**'로 넣습니다.

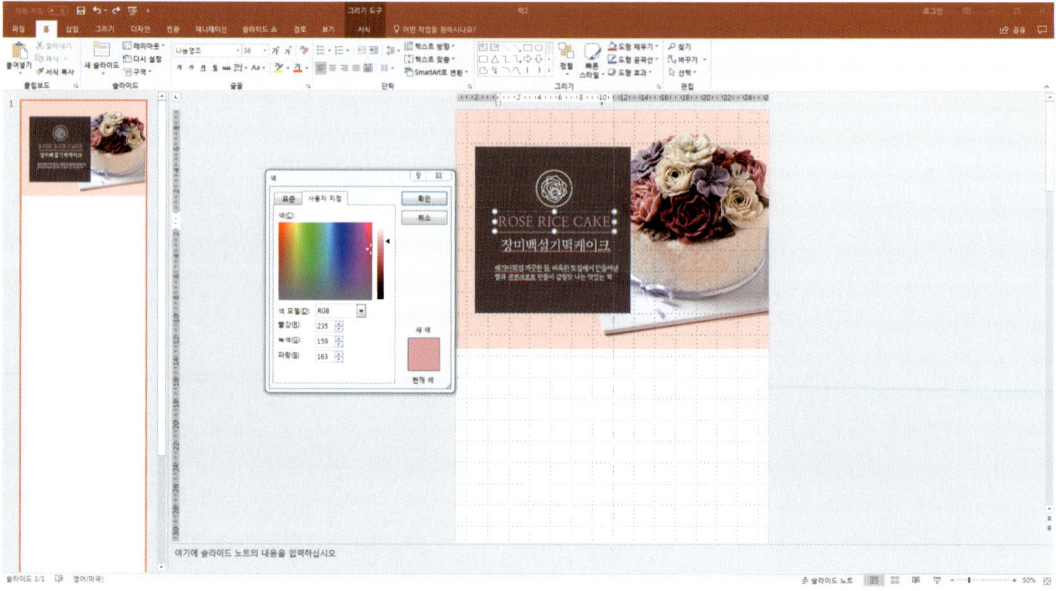

4-5. 주요 포인트

❶ 하단 섹션의 전경색은 'R235/G159/B163'으로 지정하고, 크기는 '13.6/30cm'로 설정합니다.

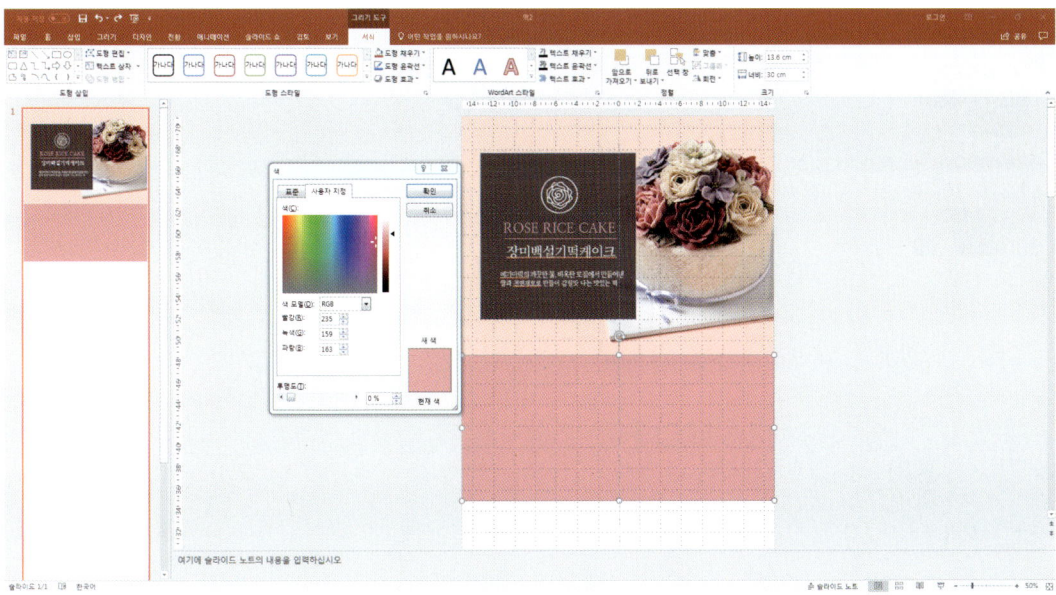

❷ 'R133/G88/B81' 색상으로 '영문명 및 선'을 넣어줍니다.

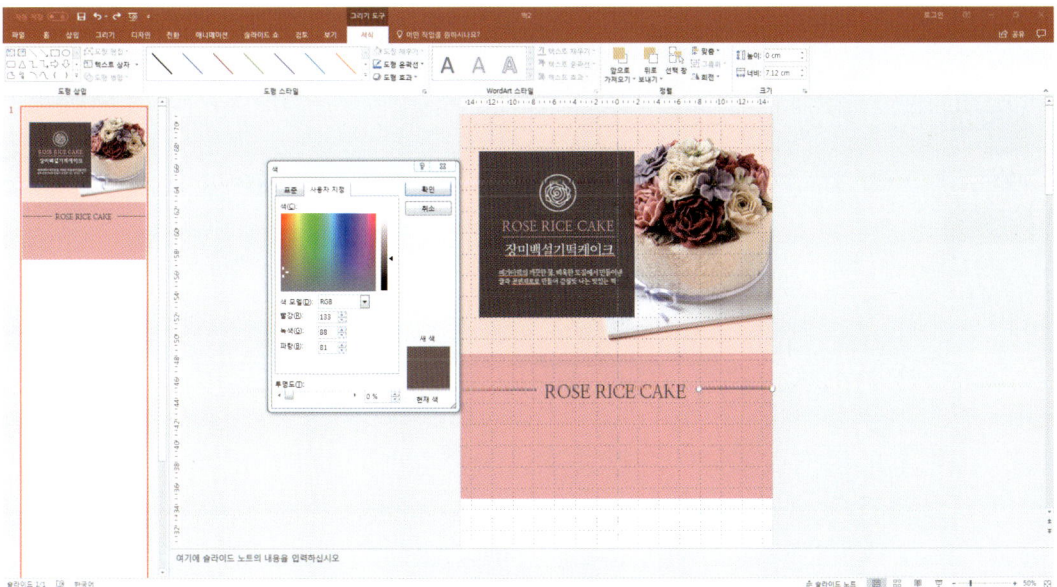

❸ 메인문구는 '글꼴 나눔명조 48pt 화이트'로 넣어주고 보조문구는 '글꼴 나눔명조 32pt'로 넣습니다. 쌀/잡곡 상품 이미지는 사용자 지정 컬러 'R75/G47/B47'로 박스를 넣어줍니다.

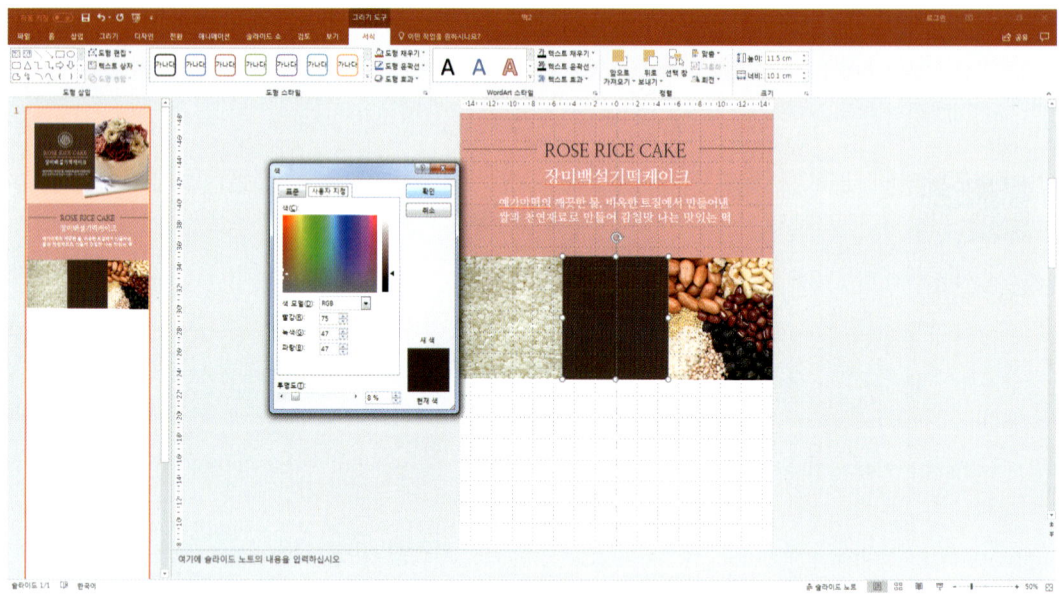

❹ 앞 페이지에서 사용한 컬러박스를 이미지 위에 덮어줍니다. '투명도 14%'으로 지정하여 이미지를 덮습니다.

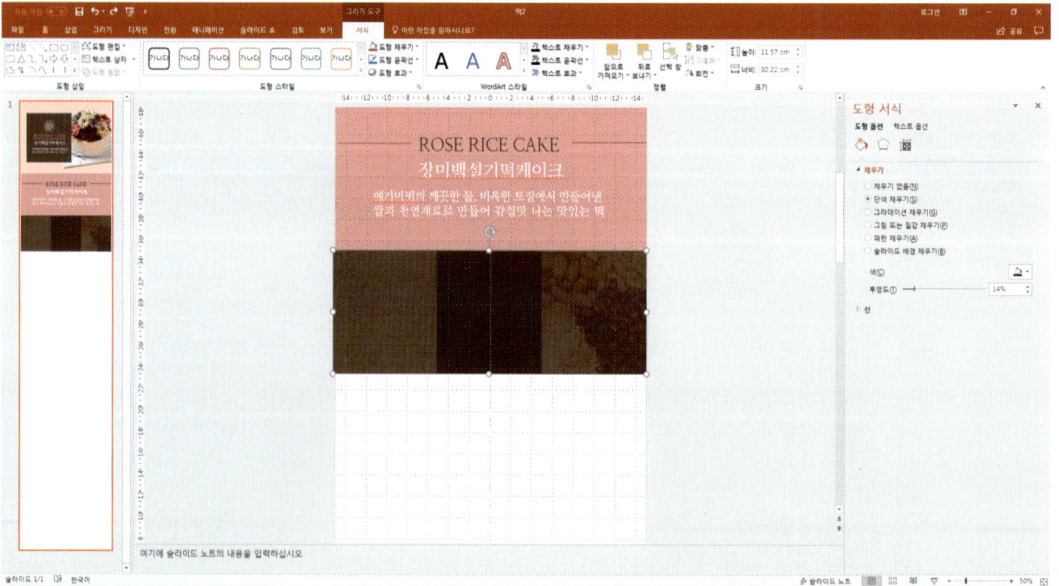

❺ '**글꼴 나눔명조 45pt**'로 '**최상급국내산**',등 보조문구를 넣고, '**글꼴 나눔명조 75pt**'로 메인 단어를 넣어줍니다. 사용자 지정 색상으로 '**3pt**' 두께의 라인 박스로 포인트를 줍니다.

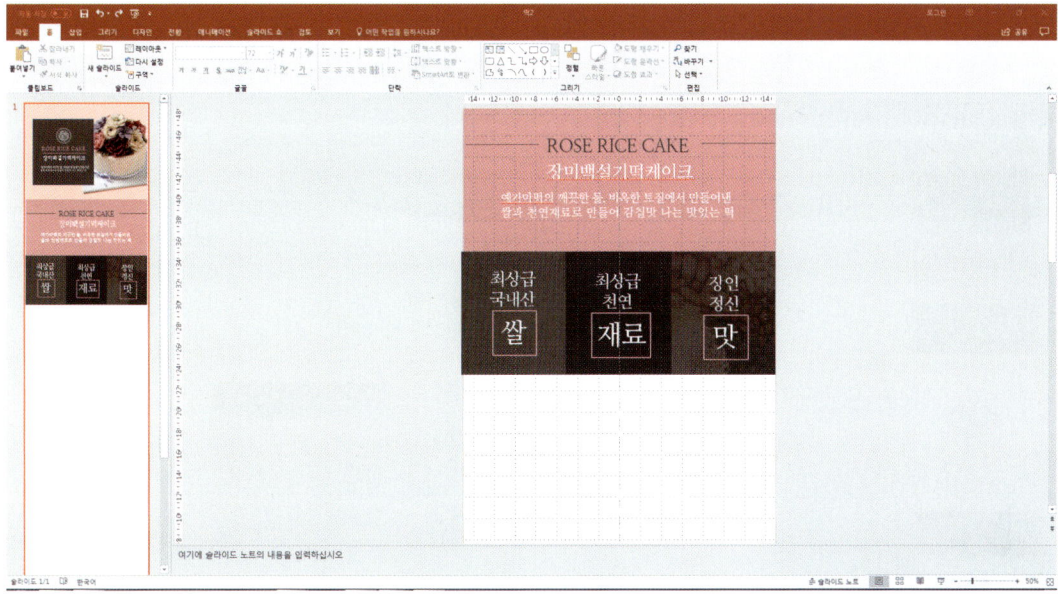

4-6. 이미지 넣기

❶ 다음 섹션에는 '**동일한 서체(나눔명조)**'로 배경이 제거된 상품 이미지 및 제품명을 넣어줍니다. 하단 제품크기는 '**글꼴 Noto sans Regular**'로 '**16pt**'을 적용합니다.

4-7. 상품 상세 정보 넣기

❶ 표를 적용하여 '**상품명/속재료/사이즈**'를 기입합니다. 테두리 색은 '**사용자 지정 색R93/G62/B57**'으로 지정합니다.

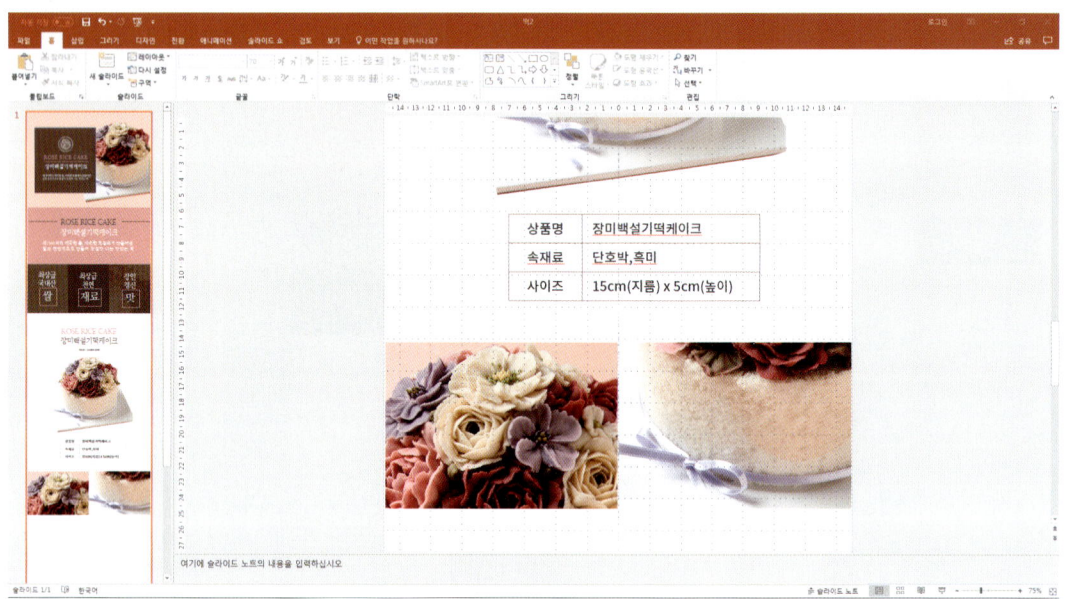

4-8. 주문 전 확인 사항 넣기

❶ 주문안내 메인문구는 '**글꼴 나눔명조 48pt**'로 넣어주고 배송안내 부분은 '**글꼴 Noto Sans Regular 사용자 지정 핑크색**'으로 넣습니다. 상세설명은 '**글꼴 Noto Sans Medium**'로 넣어줍니다.

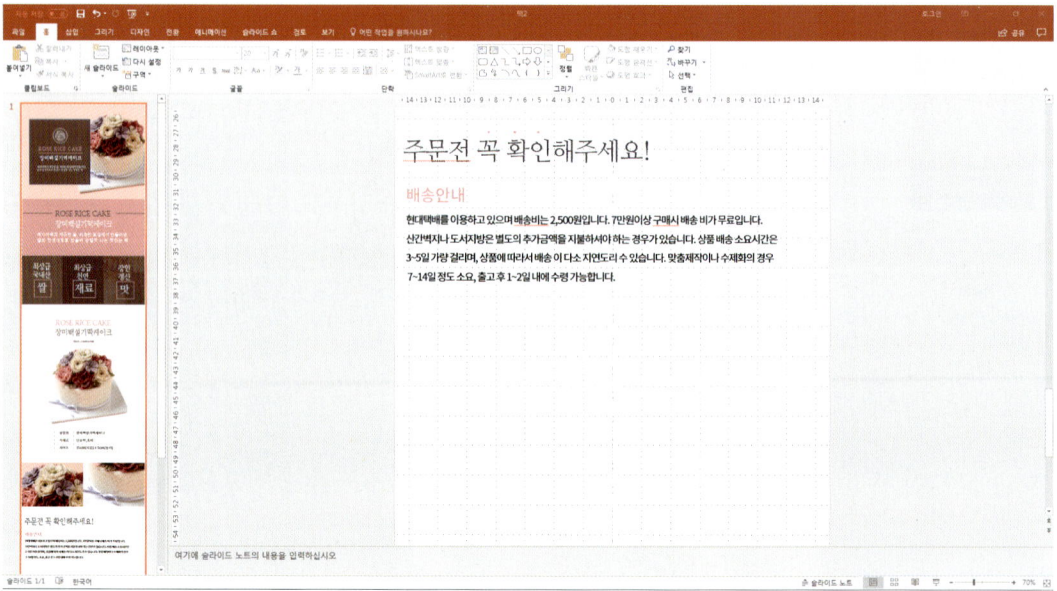

❷ '하단 교환/반품' 관련 텍스트를 넣어줍니다.

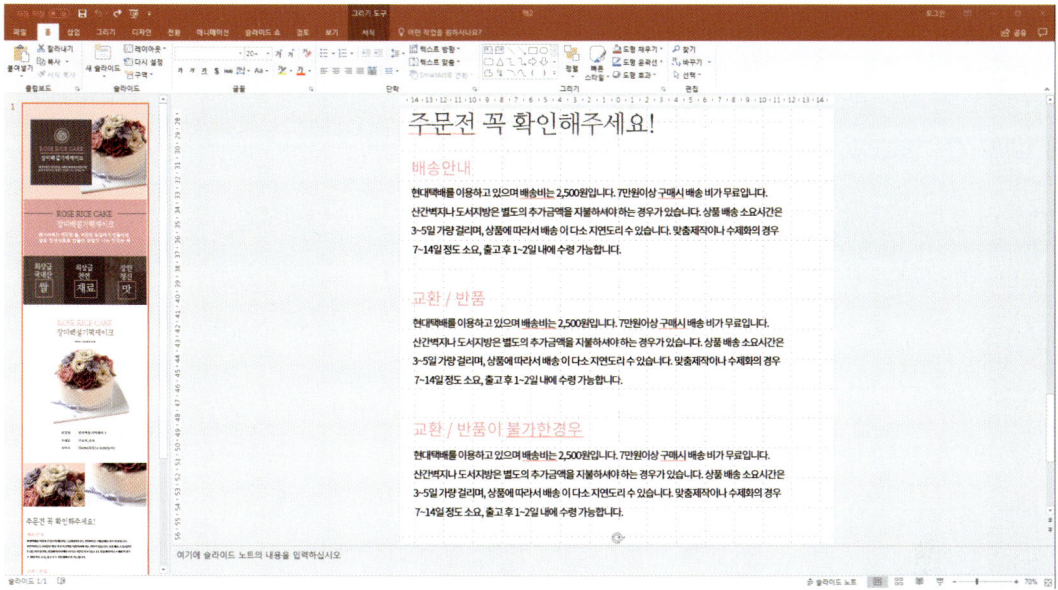

4-9. 고객센터 정보 넣기

❶ '사용자 지정 브라운 색으로 테두리 원형'을 넣어주고, '나눔명조/나눔고딕'으로 '고객센터 및 운영시간'을 넣습니다. '**식품_떡**' 상세페이지가 완성되었습니다.

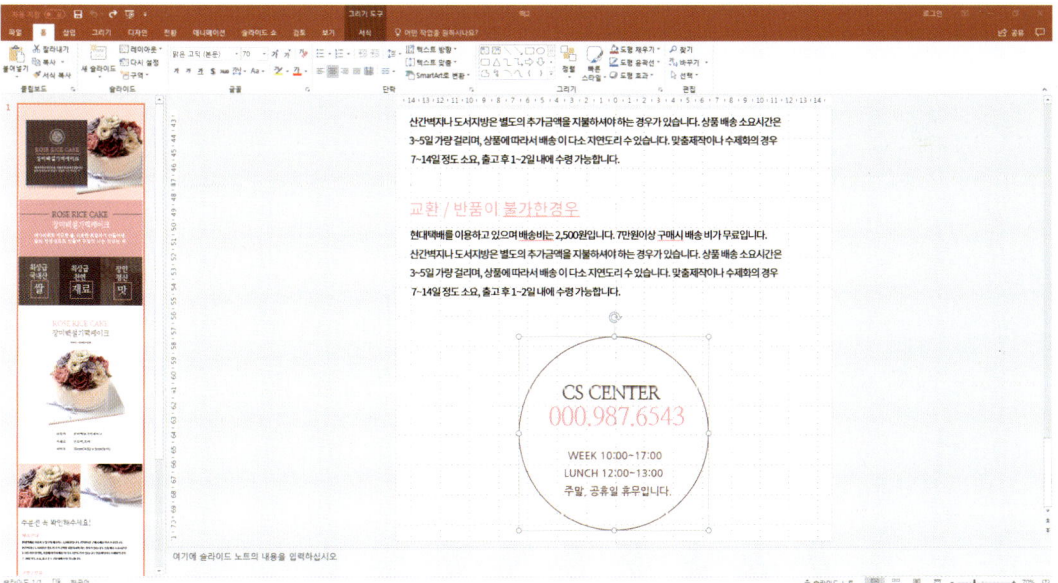

4-10. 저장하기

❶ 파일 → 다른이름으로저장 → 파일형식을 'png'형식으로 설정하여 저장합니다.

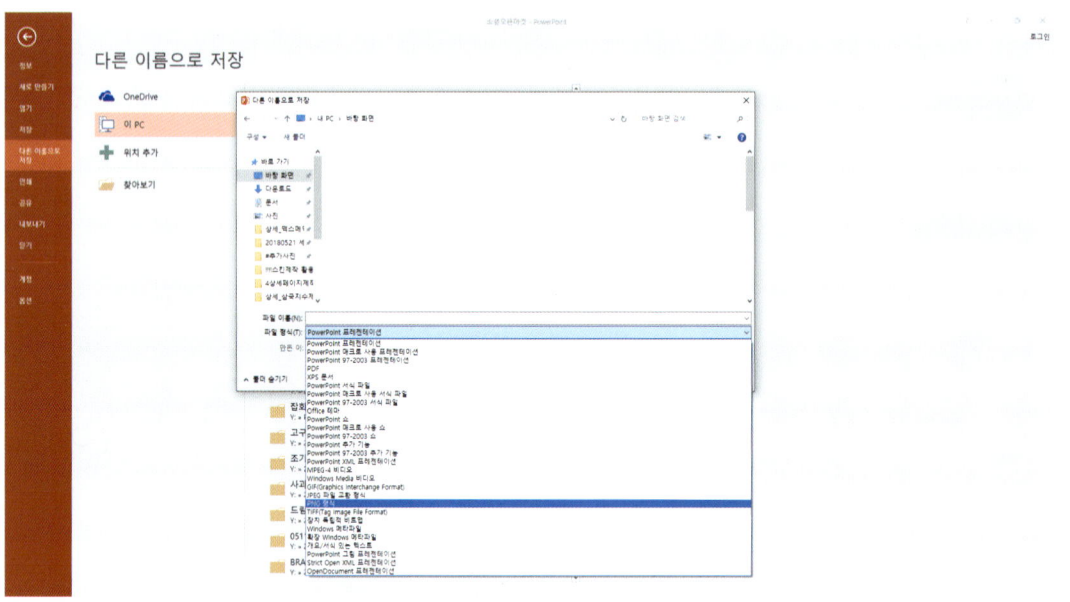

4-11. 등록하기

❶ 저장된 이미지를 쇼핑몰에 등록합니다.

5. 피자 상세페이지

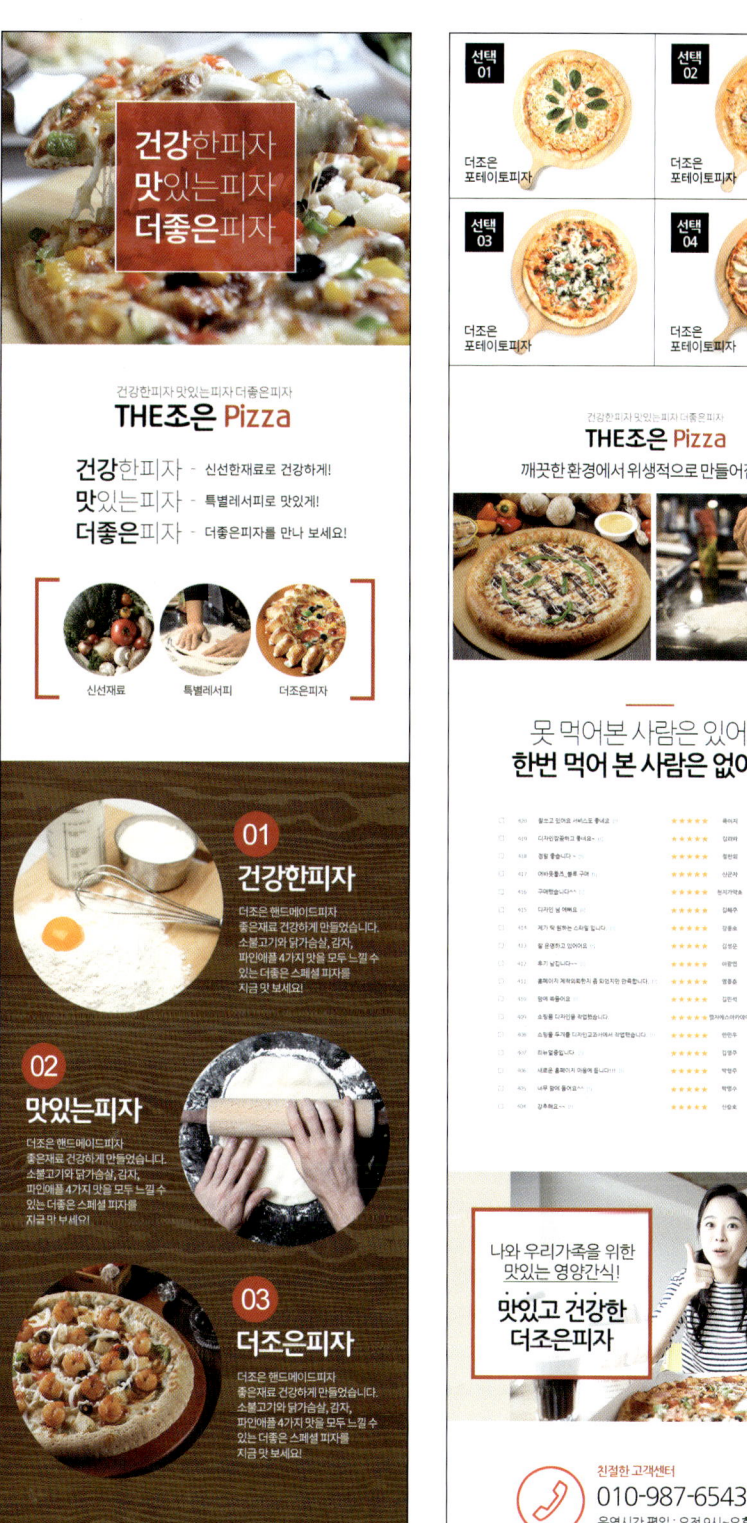

5-1. 새로운 슬라이드

❶ 새로운 슬라이드를 열어 '**너비 30cm/높이 142.24cm**'로 크기 지정합니다.

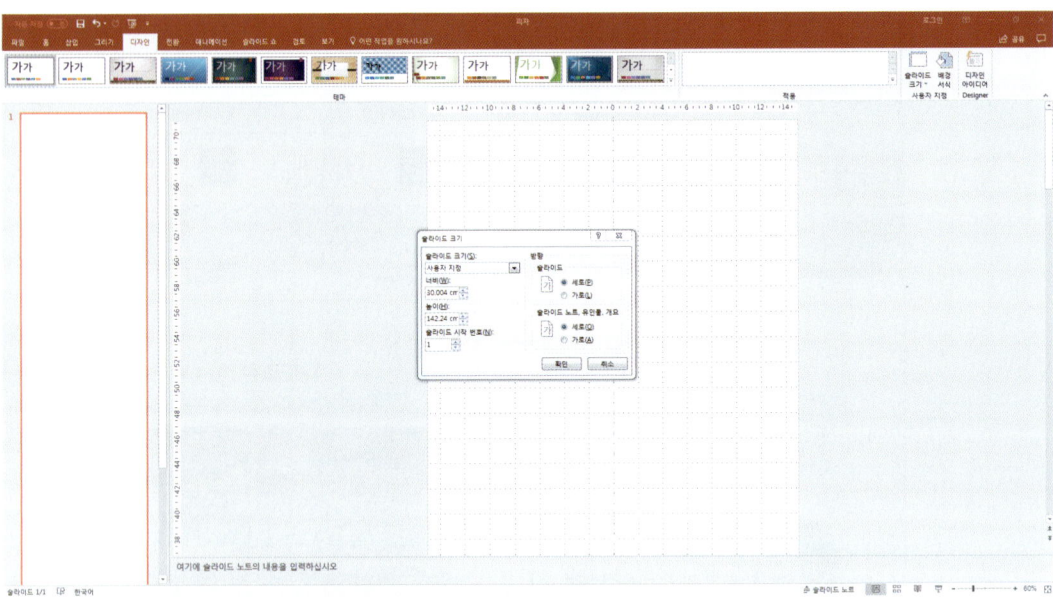

5-2. 메인 이미지 만들기

❶ 상단 메인 인트로 부분에 '**피자 이미지**'를 넣고, '**너비 12.2cm/높이 13.2cm**'의 색상 박스를 만듭니다. '**투명도 28%**' 설정하고, '**화이트 테두리 선**'을 지정해줍니다.

5-3. 메인 카피 넣기

❶ 메인문구를 '**글꼴 Noto Sans Regular/Thin 66pt**'로 넣습니다. 텍스트 박스/후면 색상 박스를 '**중앙정렬**'해줍니다.

5-4. 주요 포인트 넣기

❶ 메인 인트로 사진 아래의 상품명을 '**글꼴 롯데마트 행복 Bold 54pt**'로 넣습니다. 상품명 위에도 보조문구를 넣어줍니다.

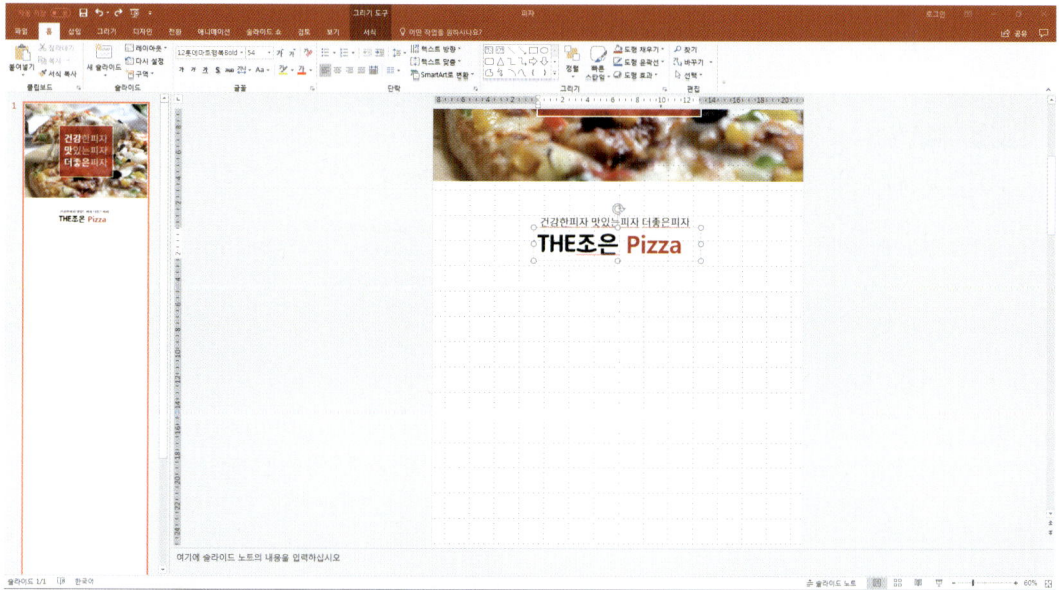

❷ 인트로에 쓰인 메인 문구를 '**좌측**'에 넣고, 특징에 대한 설명을 '**글꼴 Noto Sans Medium/28pt**'로 적습니다.

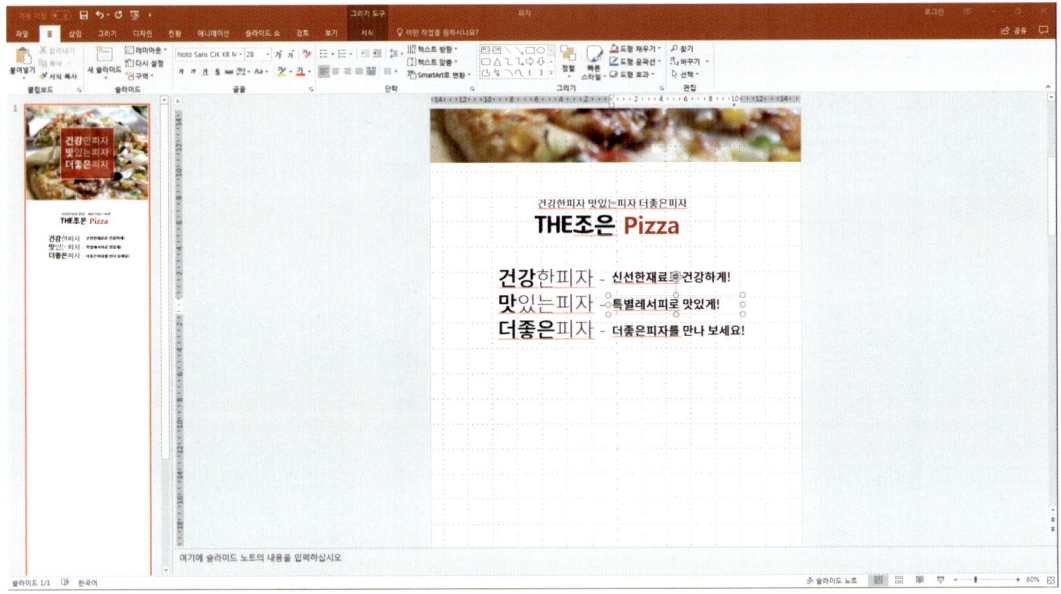

5-5. 주요 포인트 이미지 꾸미기

❶ '**괄호 형태의 도형**'을 만들어 넣어줍니다. '**레드**' 색상으로 변경 및 선 두께 지정 후 '**모서리 굴곡**' 조정을 해줍니다.

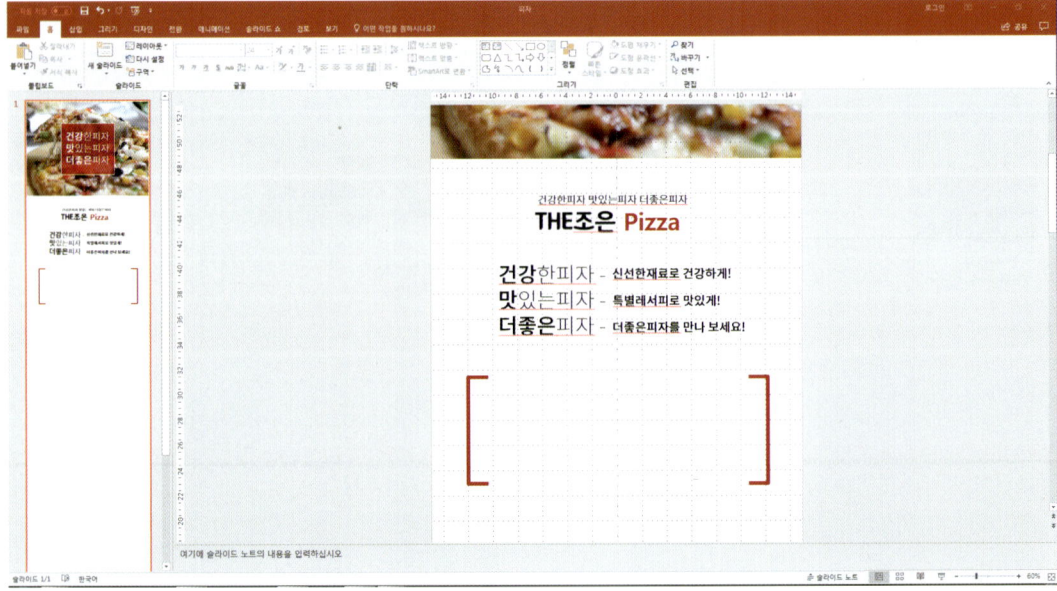

❷ 대괄호 안에 '**주요 상품 이미지와 특징**'을 넣어줍니다.

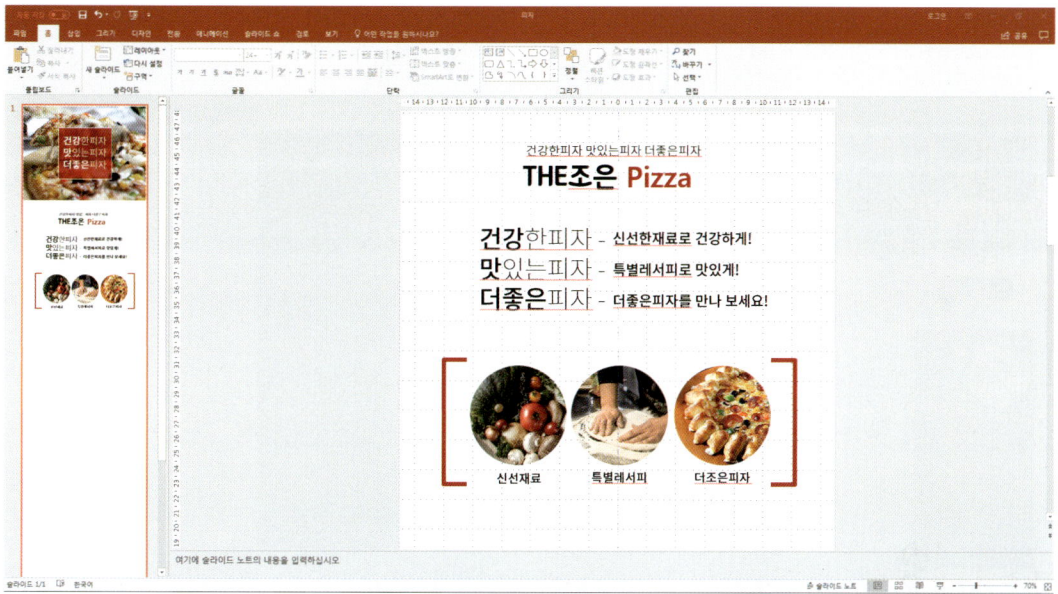

5-6. 특장점 상세하게 설명하기

❶ 다음 섹션은 '**상품 특징**'을 다시 설명하는 부분입니다. 나무 재질감의 배경 이미지를 넣습니다.

❷ 상품특징을 '**세 가지 파트**'로 나누어 넣겠습니다. 재료 이미지를 불러옵니다.

❸ 상품 설명 위에 '**원형 텍스트 박스**'를 넣고 상품명을 '**01 글꼴 Arial 60pt**'로 넣어줍니다.

❹ 하단에 좌측 정렬로 설명 문구를 '**글꼴 Noto Sans Light 22pt**'로 넣어줍니다.

❺ 이와 같은 방법으로 사진 및 특징/부가 설명을 넣어줍니다.

❻ 마지막으로 1번과 동일한 위치로 3번 특징/부가 설명을 넣어줍니다.

5-7. 선택 상품 나열하기

❶ 하단에는 상품 리스트란을 만듭니다. '¾ 포인트'로 '약 6cm' 높이의 상품란을 4칸으로 나올 수 있게 '가로/세로 선'을 그어줍니다.

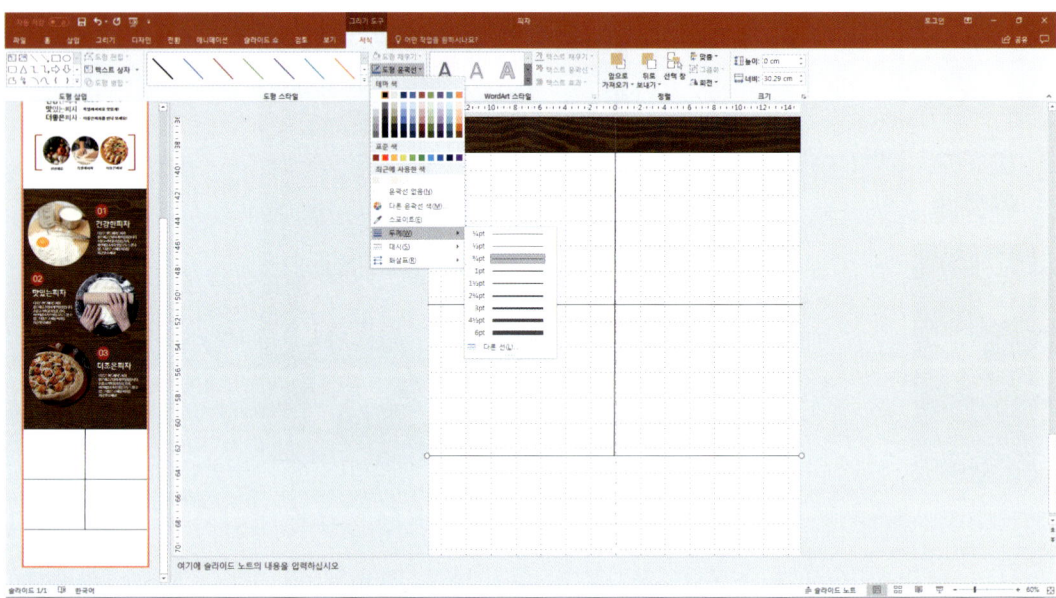

❷ 선택번호란을 '글꼴 나눔고딕 28pt'로 만듭니다. 텍스트 박스 배경은 '블랙'으로 글씨색은 '화이트'로 넣어줍니다.

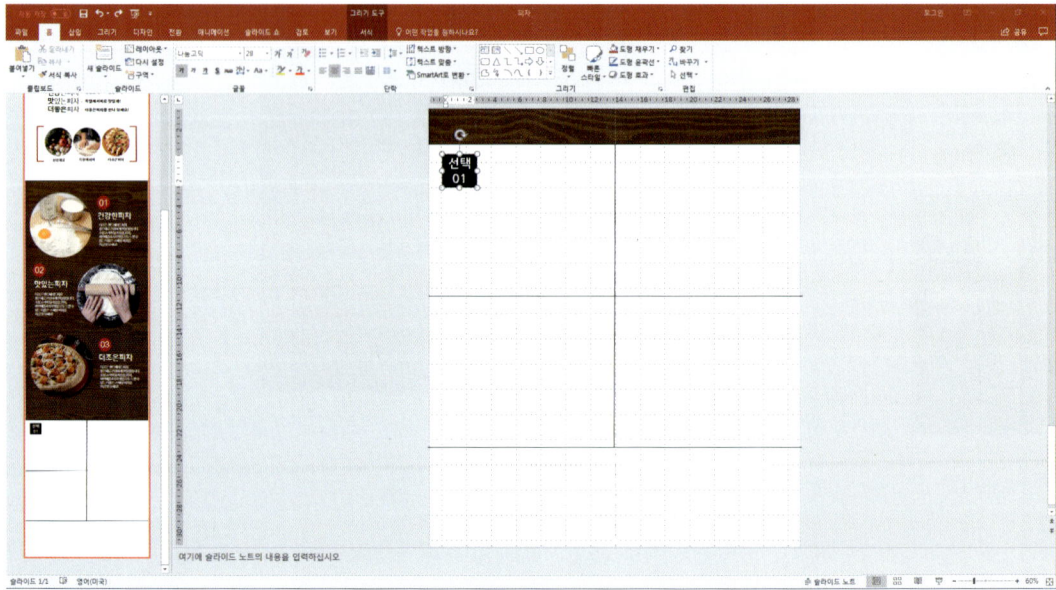

❸ 상품명은 제품란 하단에 '**글꼴 Noto sans medium**'로 넣습니다.

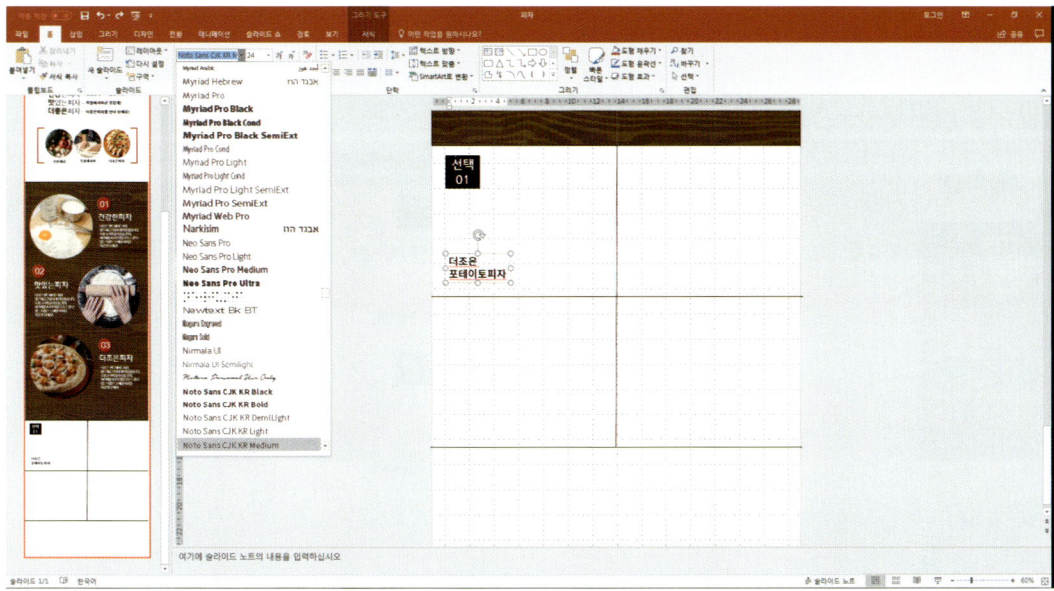

❹ 상품 이미지를 넣습니다.

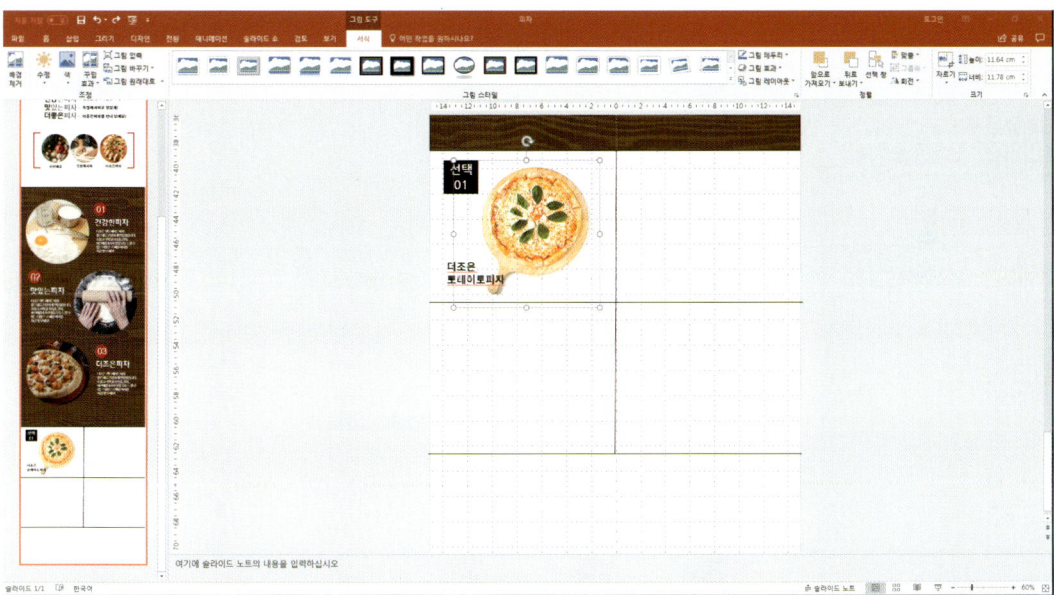

❺ 나머지 번호란과 상품 이미지를 동일한 레이아웃으로 배치해 넣습니다. '**식품_피자**' 상세 페이지가 완성되었습니다.

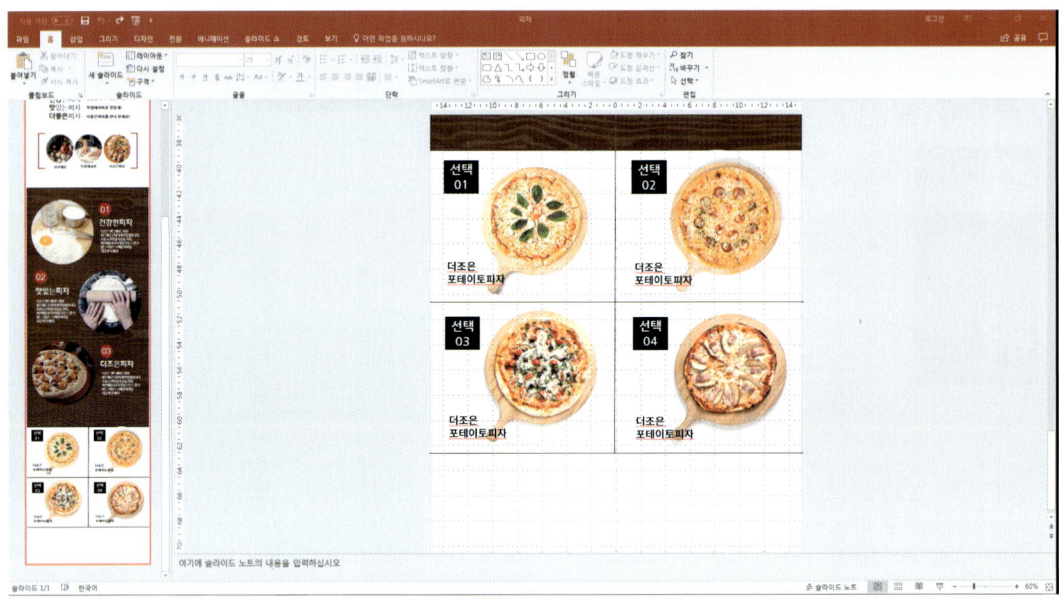

5-8. 저장하기

❶ 파일 → 다른이름으로저장 → 파일형식을 '**png**'형식으로 설정하여 저장합니다.

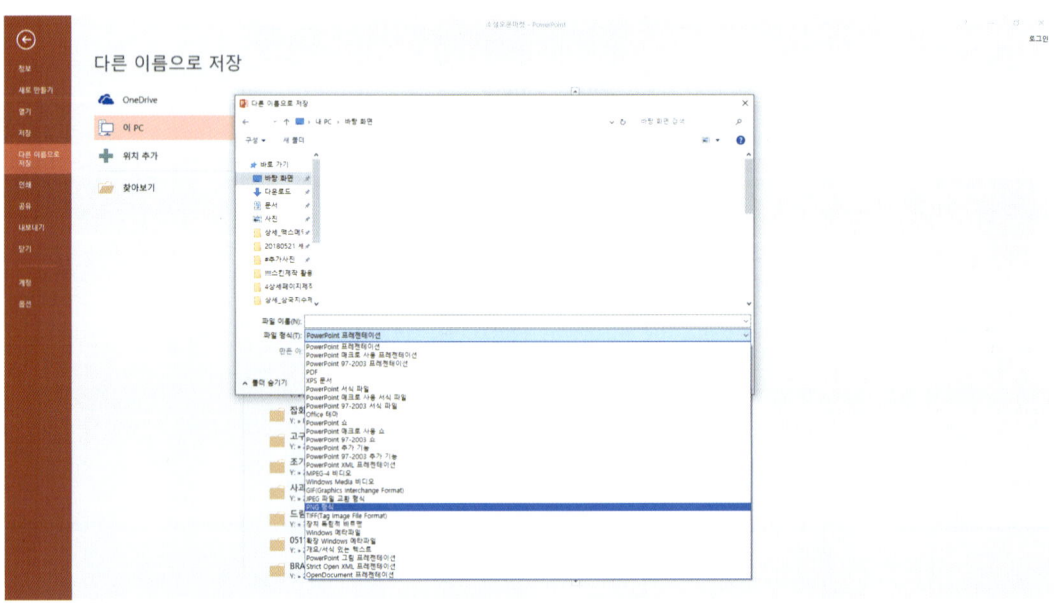

5-9. 등록하기

❶ 저장된 이미지를 쇼핑몰에 등록합니다.

6. 사과 상세페이지

6-1. 새로운 슬라이드

❶ 슬라이드 크기를 '**너비 약 19cm/높이 약 62cm**'로 '**세로 길이로 지정**'합니다.

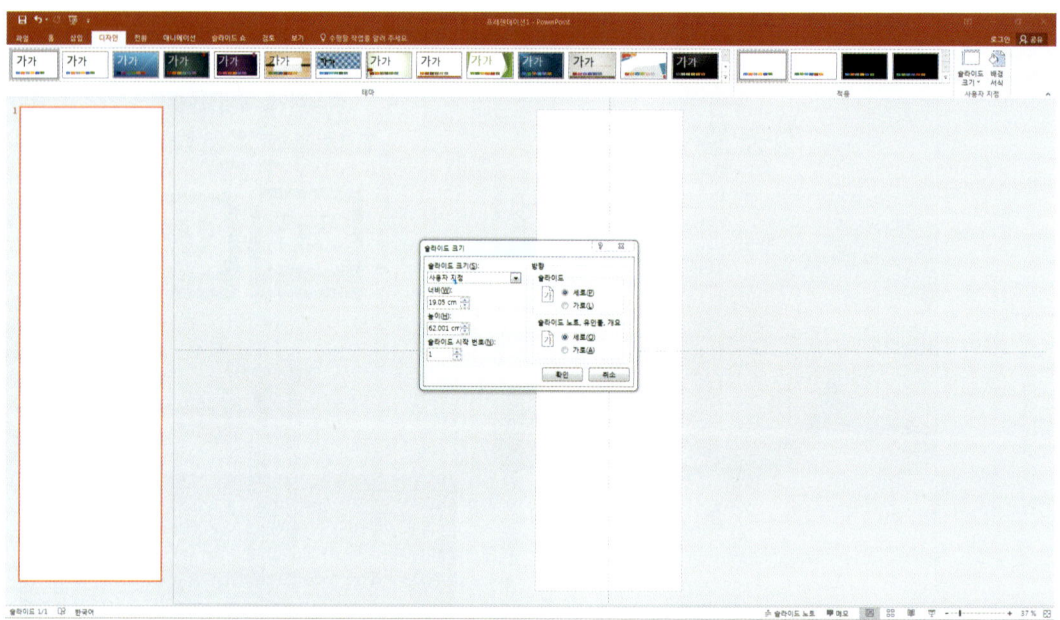

6-2. 최상단 메인포인트

❶ 상단 메인 인트로 부분에 '**5.14cm 타원 R255**'을 만듭니다. 메인문구를 '**글꼴 Noto Sans CJK KR Medium 24pt**'로 넣습니다. 타원 아래에 상품명을 '**가운데 정렬**'로 넣습니다.

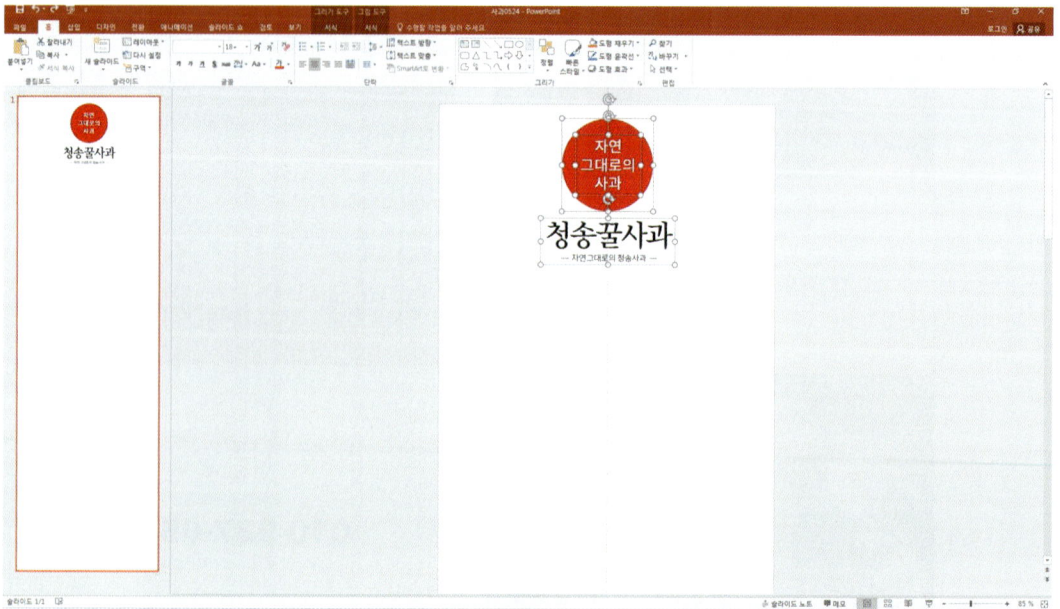

6-3. 특장점 설명

❶ 상단 메인 인트로 부분에 사과 이미지 '**16.17cm x 19.05cm**'를 넣어 줍니다.

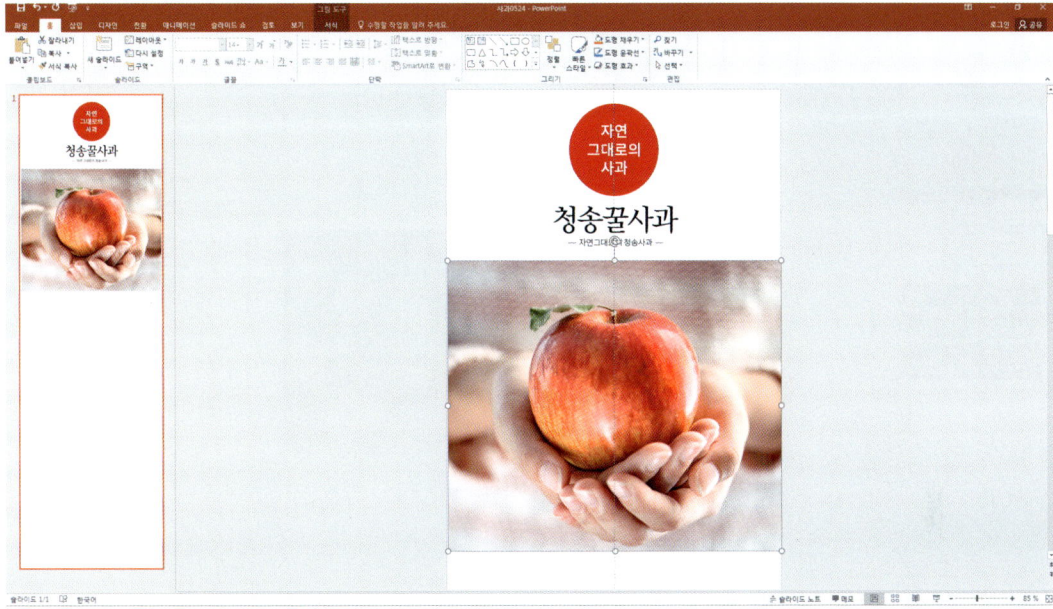

❷ 다음 섹션에는 '**글꼴 Noto sans DemiLight 48pt**'로 제목을 넣고, " "를 '**글꼴 Noto sans DemiLight 48pt 그레이**'로 넣습니다. 하단에는 보조문구를 '**14pt 그레이**'로 넣습니다.

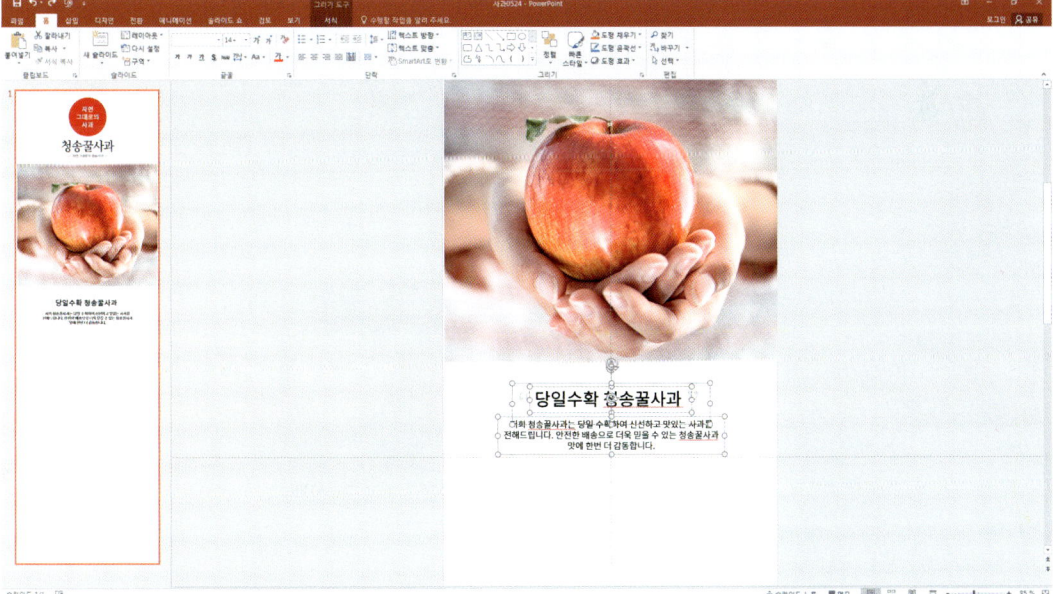

❸ 다음 섹션에 사과 사진을 '**12.46cm x 19.05cm**'로 넣어줍니다.

6-4. 주요 포인트 넣기

❶ '**약 5.4cm**'의 '**원형 3개**'를 넣어줍니다. '**흰색-빨간색-흰색**' 순으로 넣고 흰색 원형의 윤곽선을 '**빨간색**'으로 넣어줍니다.

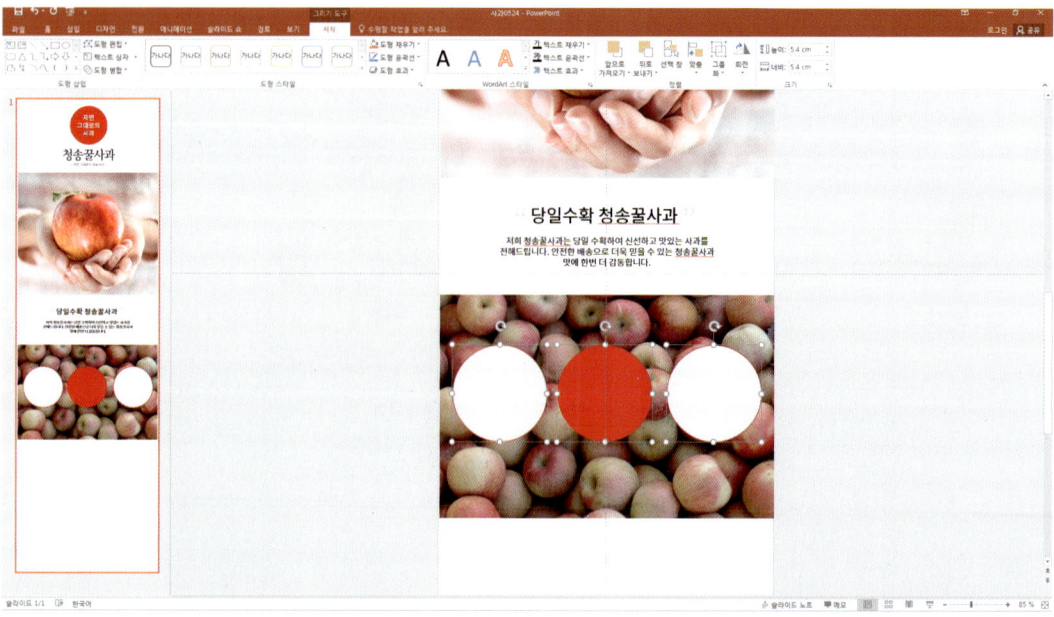

❷ 사과의 특징 키워드 '**3가지**'를 넣습니다.

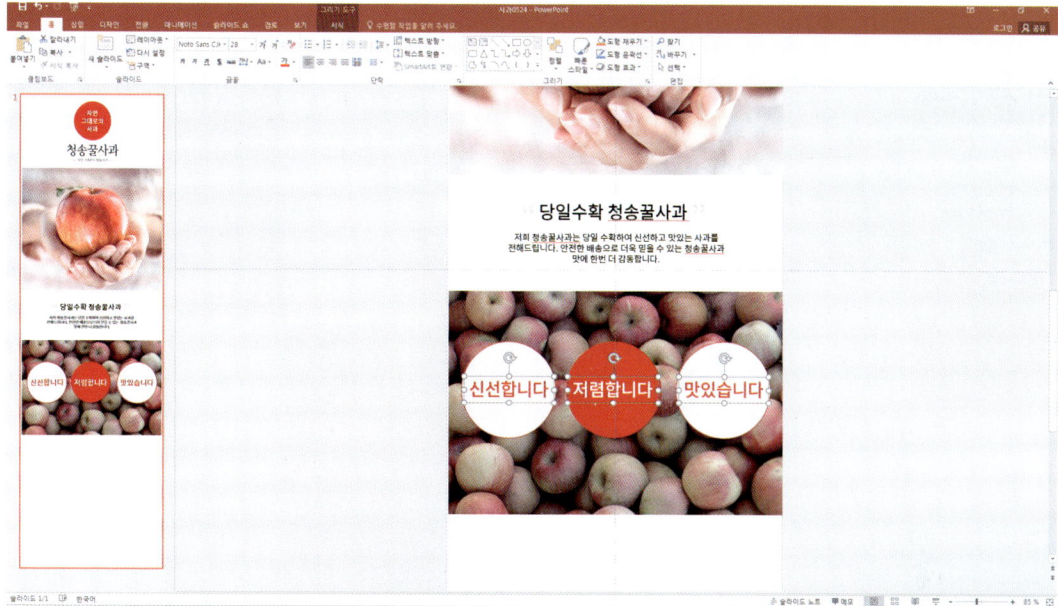

6-5. 강조하고 싶은 특징 설명넣기

❶ 인증 마크 이미지와 인증받은 사과 이미지를 넣어줍니다.

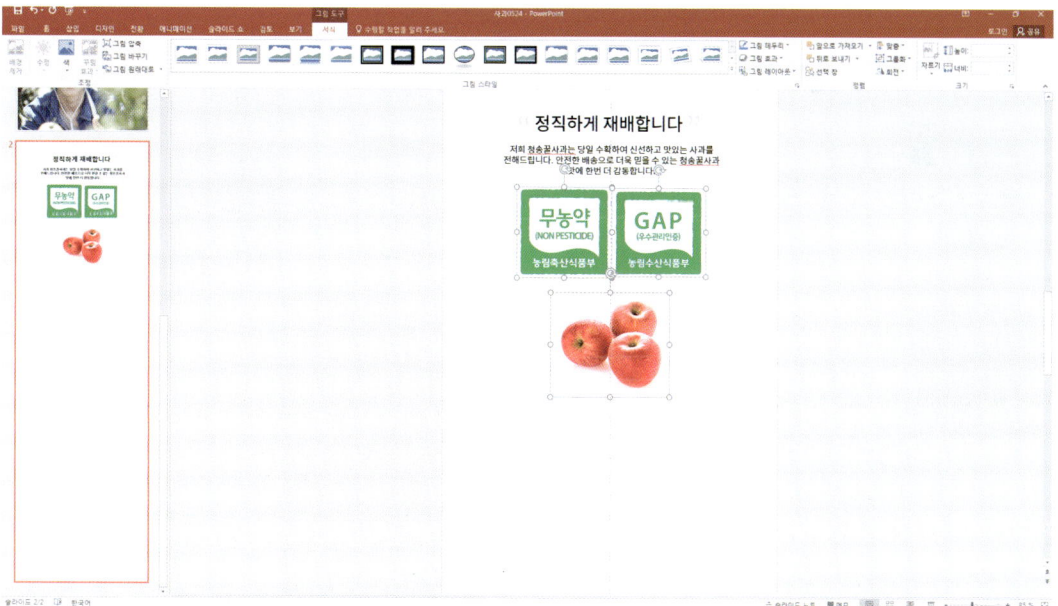

❷ 다음 섹션에 'R192 18.7cm x 19.05cm'로 배경을 넣어 줍니다.

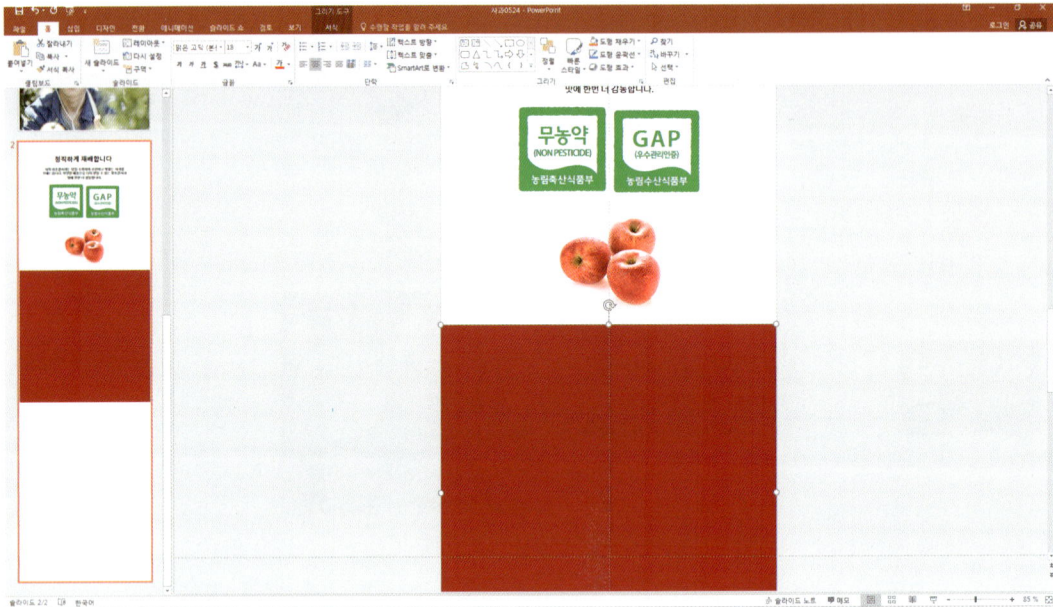

❸ 다음 섹션에는 '글꼴 Noto Sans DemiLight 48pt'로 "으로 포인트를 넣고, 사과의 특징을 '의문문 형식'으로 표현합니다. '글꼴 Noto Sans CJK KR Medium 40pt 화이트'로 넣고, 보조문구는 '글꼴 맑은 고딕 18pt 화이트'로 넣습니다.

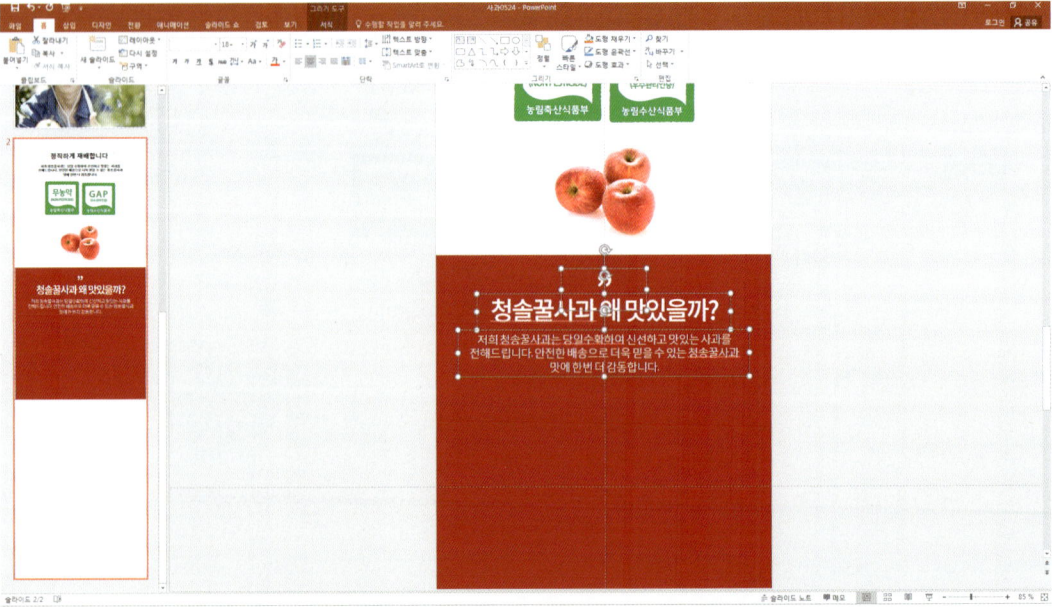

❹ 원을 '10.6cm x 10.6cm' 사이즈로 넣어주고 원에서 오른쪽 마우스를 클릭하여 '**도형서식에서 채우기 → 그 또는 질감 채우기**'하여 '**파일**'을 선택하여 이미지를 불러와 원형의 사진 이미지를 넣어줍니다.

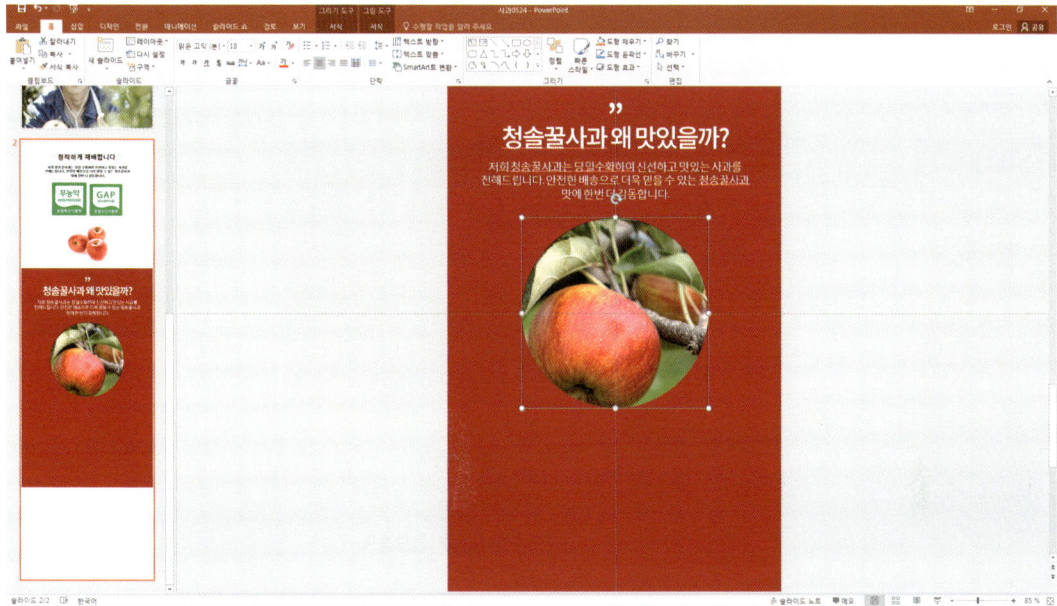

❺ 사과의 장점을 마지막으로 정리해 줍니다. 4가지 키워드 배경으로 모서리가 둥근 직사각형을 '**1.4cm x 4.6cm**' 넣어줍니다. 직사각형 색은 배경과 구분되는 '**R122**'로 합니다. '**글꼴 맑은 고딕 20pt**'로 넣고 보조문구 '**14pt 화이트**'로 넣어줍니다.

6-6. 고객센터 안내

❶ '**고객센터 번호와 운영시간**'을 안내합니다. 전화 아이콘으로 포인트를 줍니다.
❷ 고객센터와 운영시간 '**글꼴 맑은고딕 18pt**', 연락처는 '**글꼴 Arita Sans Bold 40pt**'로 '**가운데 정렬**'합니다.

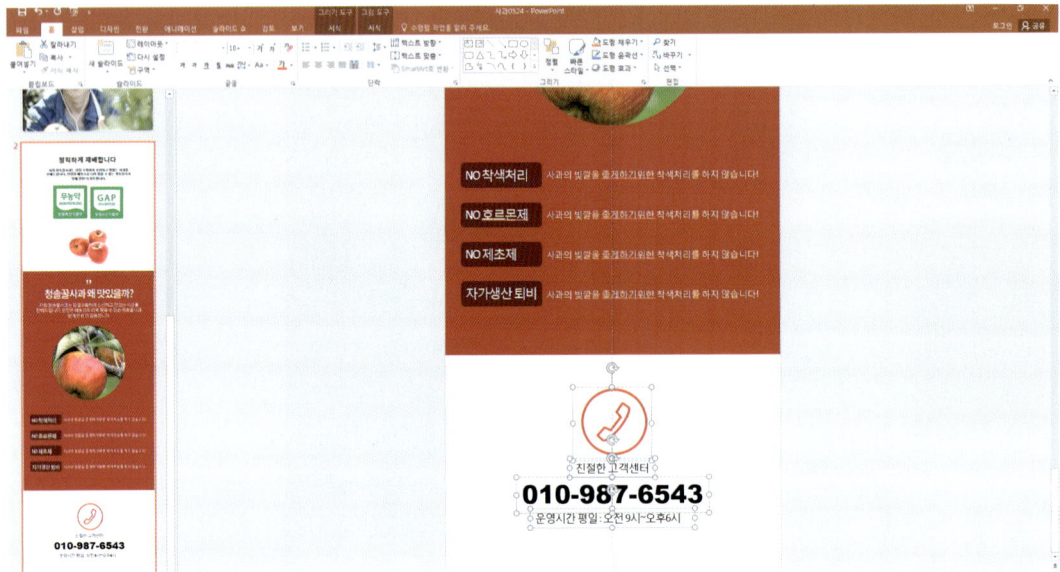

6-7. 저장하기

❶ 파일 → 다른이름으로저장 → 파일형식을 '**png**'형식으로 설정하여 저장합니다.

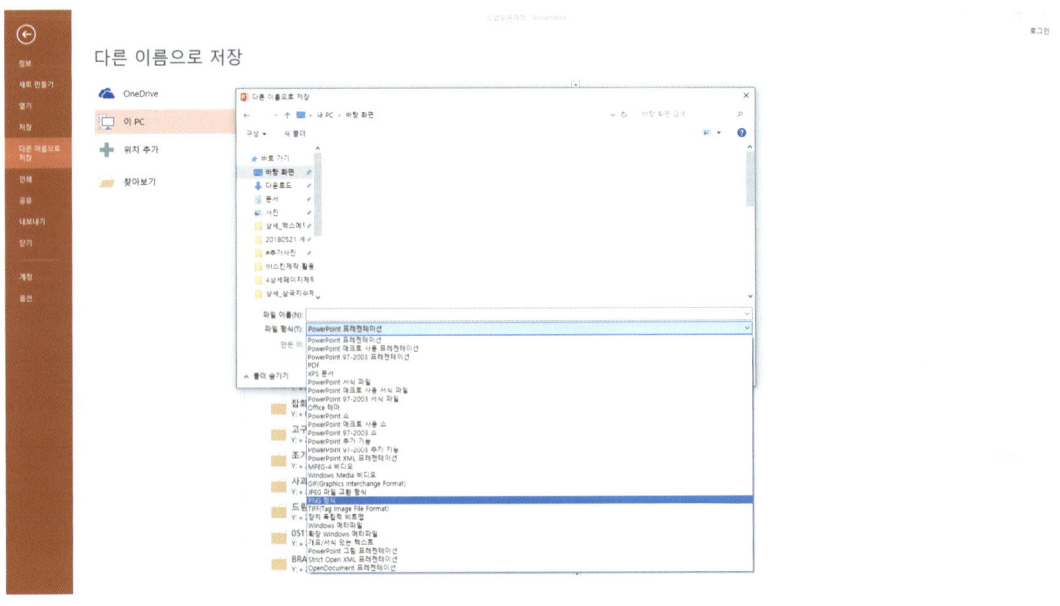

6-8. 등록하기

❶ 저장된 이미지를 쇼핑몰에 등록합니다.

SECTION 4. 유아동, 애견, 스포츠

1. 사료 상세페이지

1-1. 새로운 슬라이드

❶ 사용자 지정크기로 '**너비 약 30cm/높이 90cm**'의 '**세로**'형 슬라이드를 만듭니다.

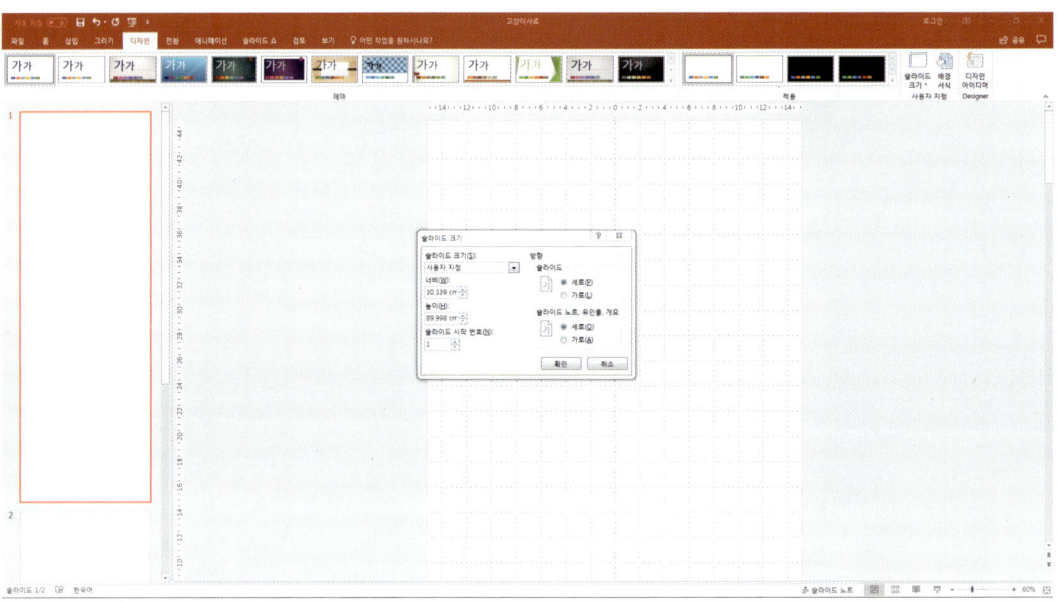

1-2. 인트로 배경 만들기

❶ 배경에 타원을 그려 색을 '**R99/G163/B188**'으로 지정하고 관련 아이콘(무료아이콘 사이트 등에서 수집)을 위치합니다.

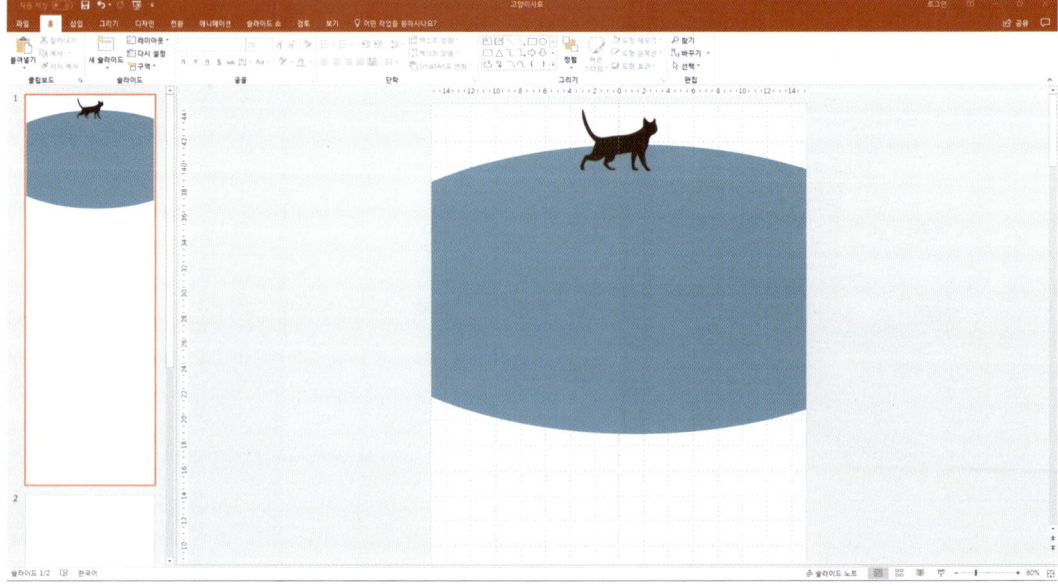

1-3. 타이틀 만들기

❶ 상품 제목을 넣어줍니다. 보조 설명은 '**글꼴 Noto sans DemiLight 28pt**'로 넣습니다.

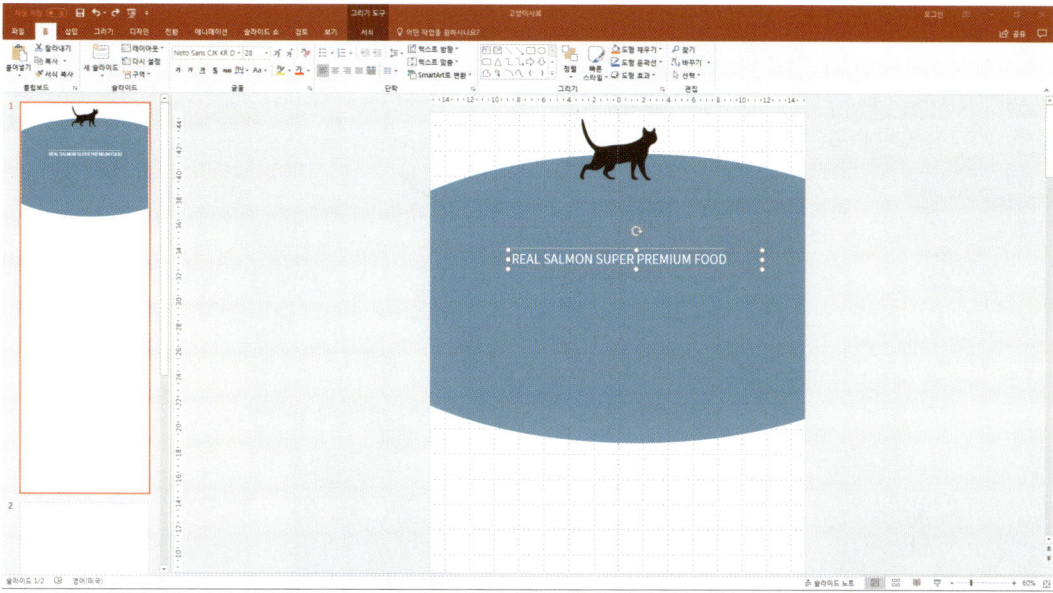

❷ 상품명을 'BrushScriptBT 63pt/Chaparral Pro 74pt'로 넣습니다.

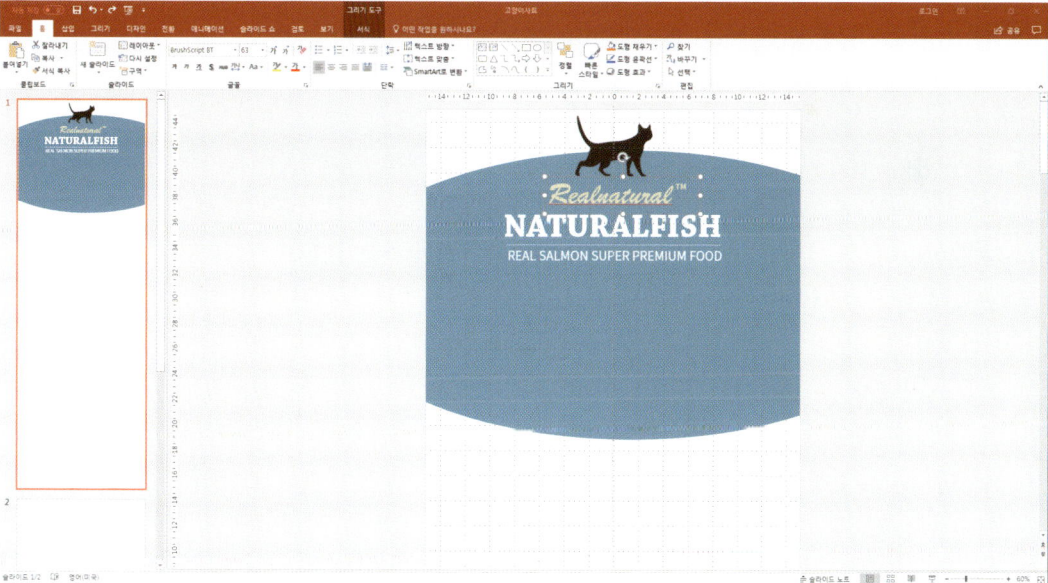

1-4. 메인 이미지 넣기

❶ 배경이 제거된 '**상품 이미지와 보조 이미지**'를 넣어줍니다. '**메인 인트로 부분**'이 완성되었습니다.

1-5. 상품 포인트 넣기

❶ 다음 섹션에는 '**글꼴 Noto sans DemiLight 48pt**'로 성분 제목을 넣고, 하단에는 보조문구를 '**30pt 그레이**'로 넣습니다.

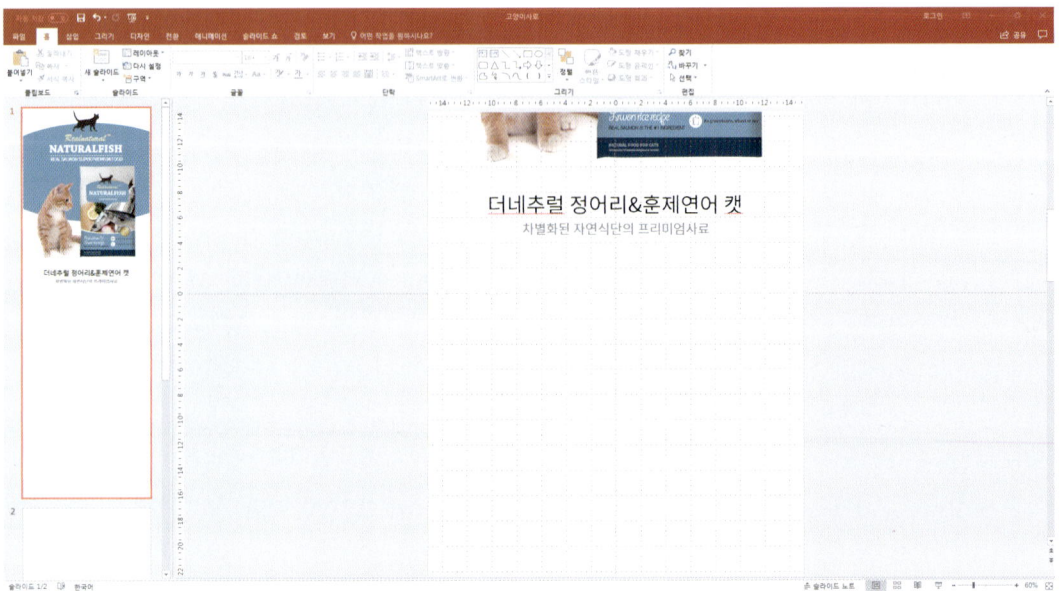

❷ 상단에 쓰인 '**블루 색상 R133/G189/B211**'으로 '**약 8.2cm의 원형**'을 넣어주고, 상품 특징을 '**글꼴 Noto sans Bold 30pt (브라운R73/G55/B43)/Regular 21pt(화이트)**'으로 적습니다.

❸ 중앙부분에는 작은 선으로 포인트를 줍니다. '**가운데 맞춤**'으로 정렬해줍니다.

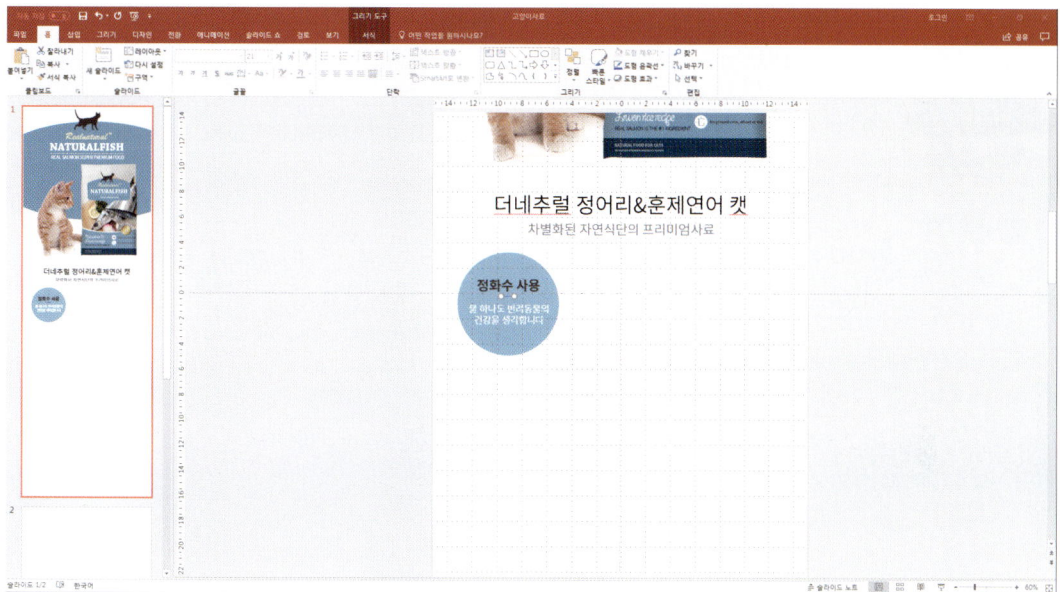

❹ 이러한 디자인으로 '**3가지 특징**'을 정리합니다.

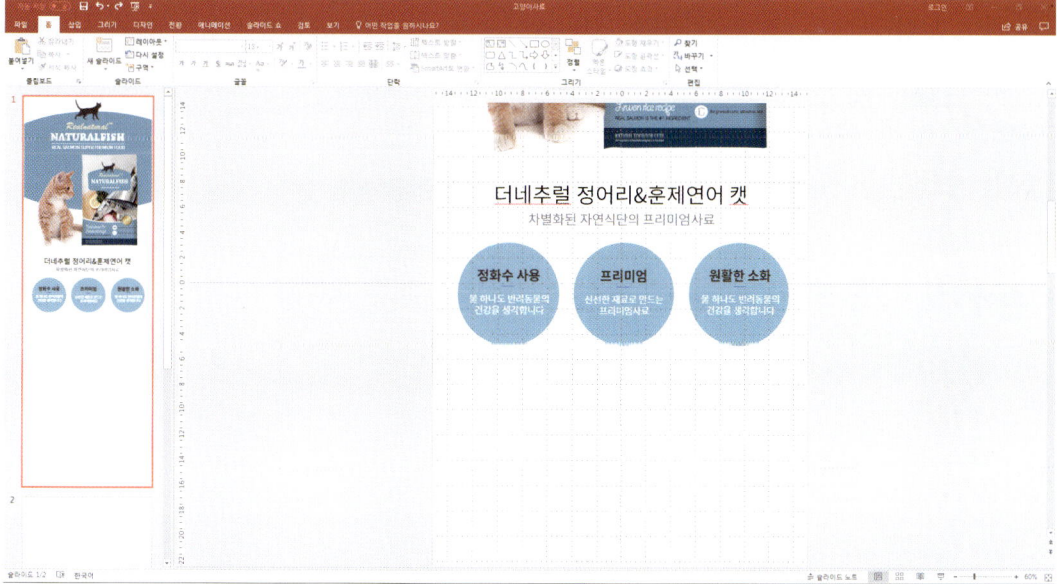

1-6. 제품특징 넣기

❶ 다음 섹션에 나무 질감의 배경 이미지를 넣습니다.

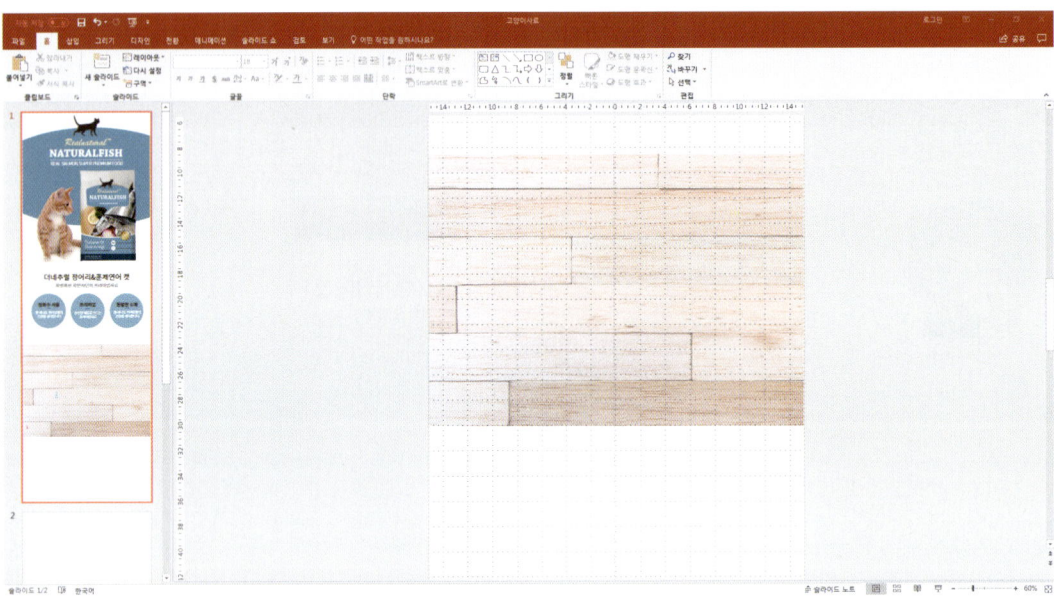

❷ 우측에는 '**투명도 16%**'가 설정된 브라운 색의 '**높이17/너비15**'의 박스를 넣고, 상단에 사용된 상품명을 축소하여 넣어줍니다.

❸ 하단에는 '**제품 특징**'을 넣습니다. 앞에는 라인을 활용한 글머리 표시로 강조해줍니다.

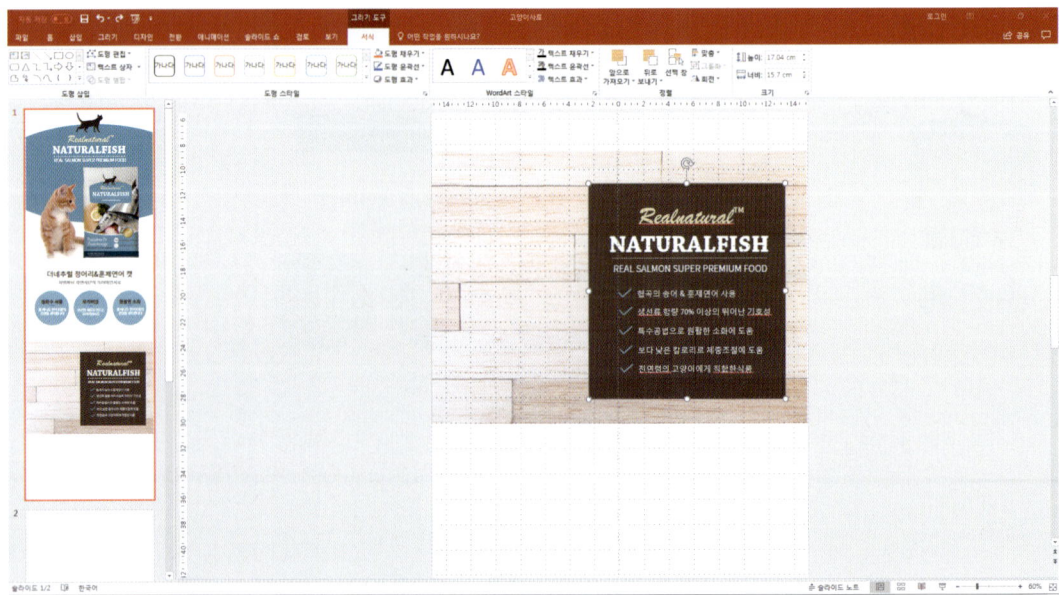

❹ 우측에는 배경이 제거된 상품 이미지를 넣어줍니다.

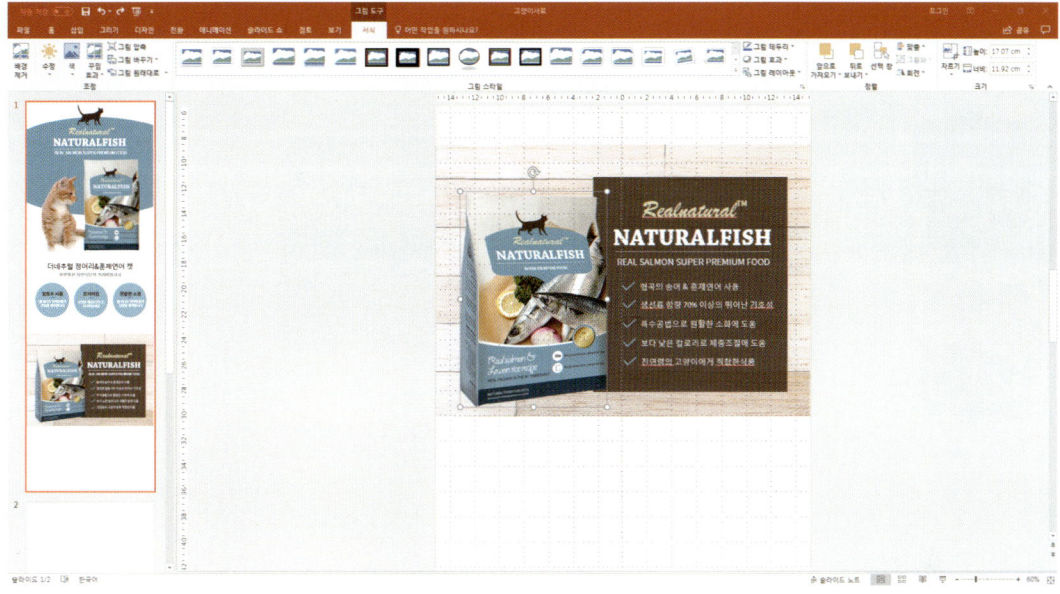

1-7. 제품 상세 정보 넣기

❶ 다음 섹션에는 '**제품 성분**'에 대한 내용을 넣어줍니다. 인트로에 쓰인 동물 아이콘 이미지와 제품성분 타이틀은 '**글꼴 Noto Sans Bold 43pt**'로 넣습니다.

❷ 하단에는 성분에 대한 내용을 '**글꼴 Noto Sans Bold 26pt/Light 18pt**'로 넣어줍니다.

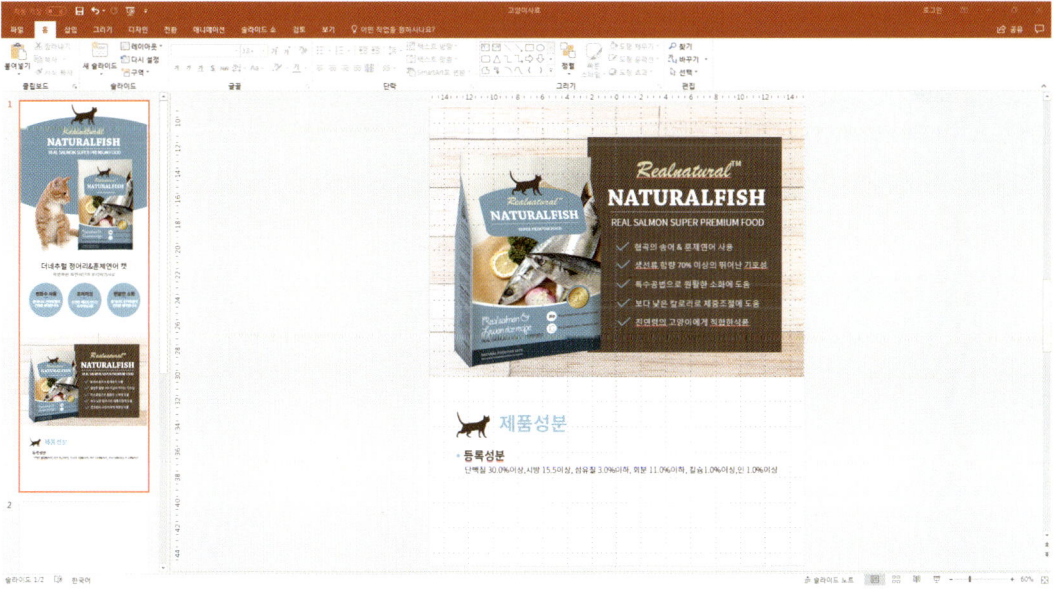

❸ 이와 같은 폰트 및 레이아웃으로 '**원료명 및 상세 설명**'을 적어줍니다.

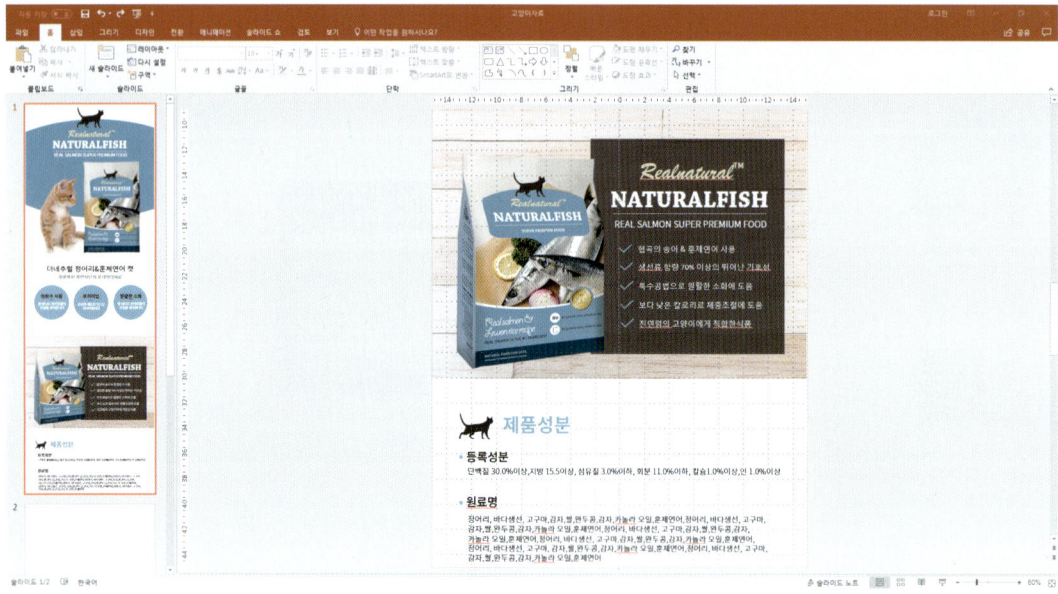

1-8. 감성 이미지 만들기

❶ 사용자 지정크기로 '**너비 약30/높이90**'의 '**세로**'형 슬라이드를 만듭니다.

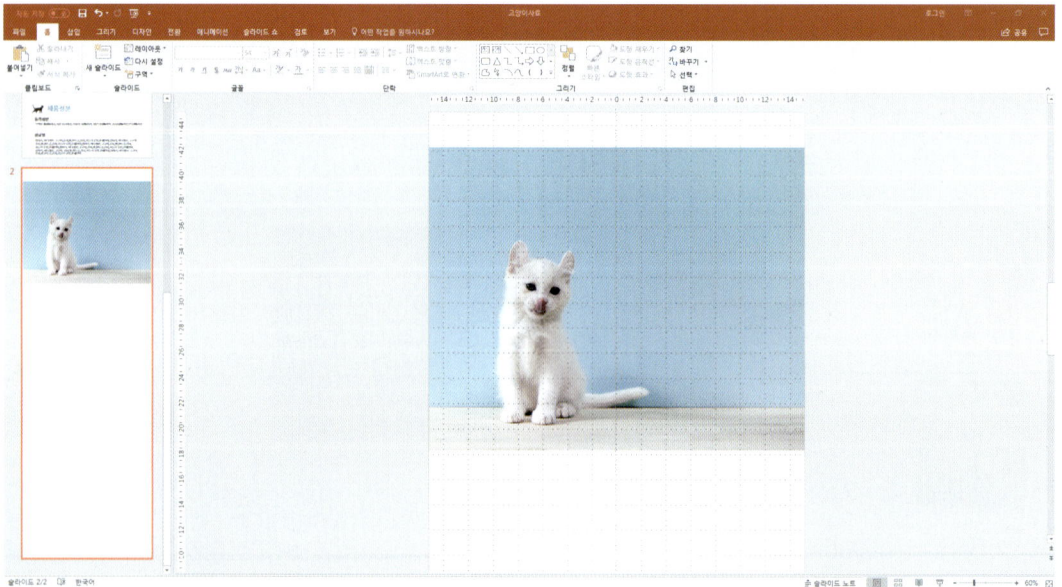

❷ 우측에 포인트 문구 '**글꼴 더페이스샵잉크립퀴드 51pt**'를 넣고, 상품명 및 제품 이미지를 넣어 마무리합니다. '**애완용품**' 상세페이지가 완성되었습니다.

1-9. 저장하기

❶ 파일 → 다른이름으로저장 → 파일형식을 '**png**'형식으로 설정하여 저장합니다.

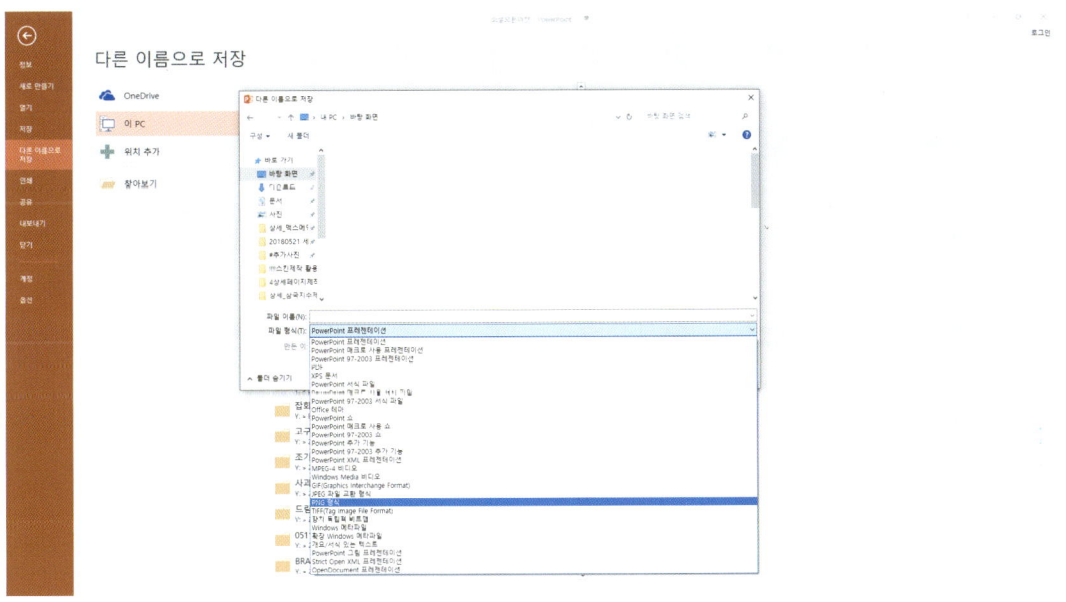

1-10. 등록하기

❶ 저장된 이미지를 쇼핑몰에 등록합니다.

2. 스포츠 상세페이지

2-1. 새로운 슬라이드

❶ 슬라이드 크기를 사용자 지정 사이즈 '**너비 약 30cm/높이 89cm**', '**세로**' 방향으로 지정합니다.

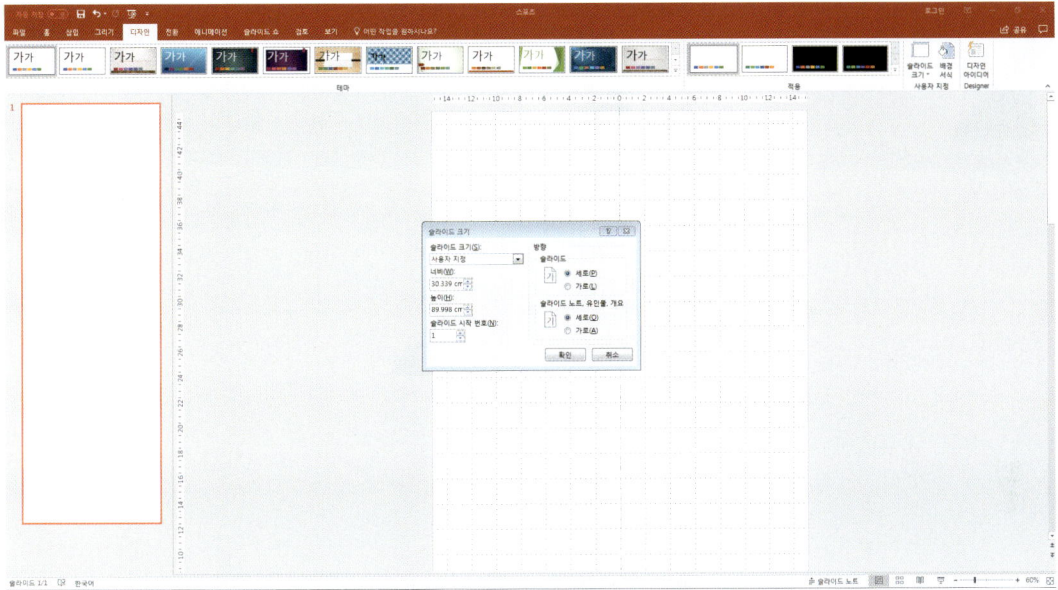

2-2. 메인 배경 만들기

❶ 인트로 부분에 포인트로 삼각형 형태의 자유형 도형을 그려줍니다. 색상은 '**R47/G82/B143**'으로 '**너비 약 25cm/높이 20cm**' 넓이로 '**좌측 부분**'에 넣습니다.

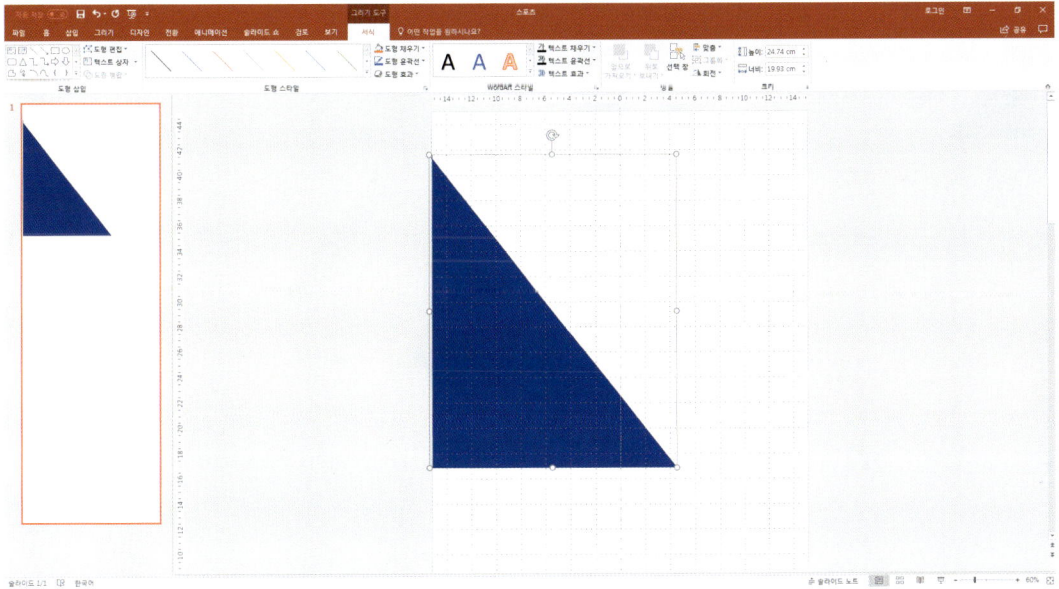

❷ 우측 상단에는 같은 색상의 선으로 삼각형의 등변 각도와 '**같은 각도**'로 포인트를 줍니다.

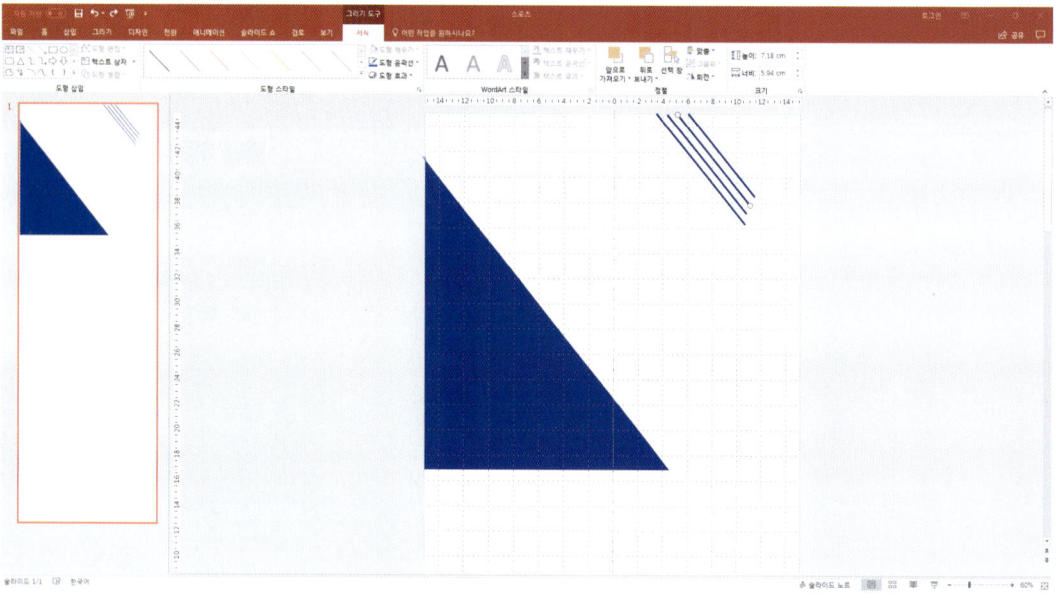

2-3. 메인 카피 넣기

❶ 인트로 메인문구를 '**글꼴** Helvetica Black Hollow/inserat LT st 66pt'로 넣고, 우측 상단에는 보조문구를 '**글꼴** Noto Sans Light 17pt'로 넣어줍니다.

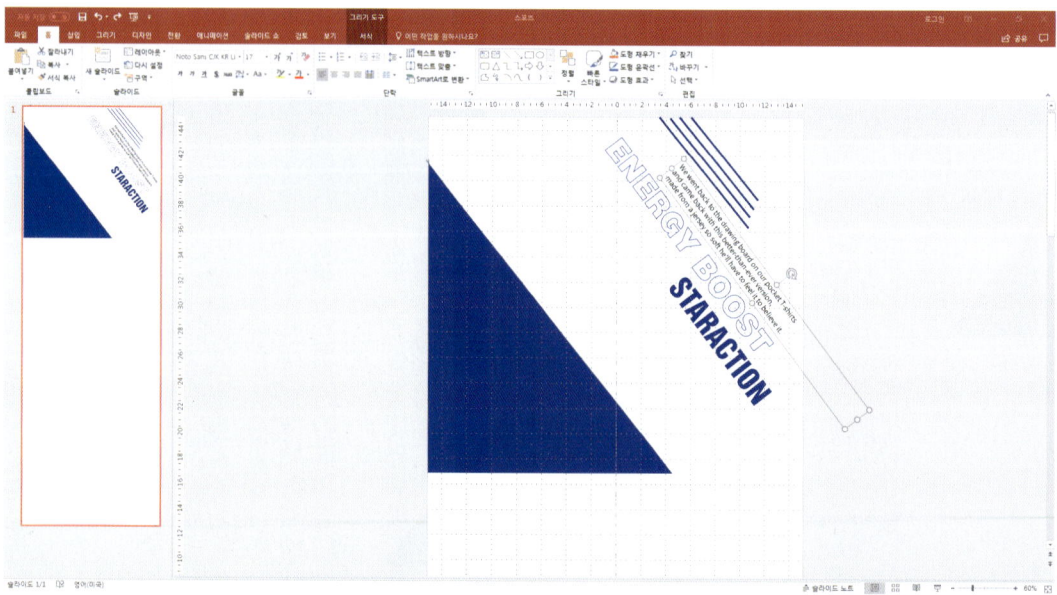

2-4. 메인 이미지 넣기

❶ 배경이 제거된 상품 이미지를 '**센터에 배치**'합니다.

2-5. 브랜드 소개하기

❶ 다음 섹션에 '**모노톤**'의 배경 이미지를 넣습니다.

❷ '**투명도 30% 13.74/12.65cm**'의 블랙 색상 박스에 브랜드 명과 보조 문구를 각각 '**글꼴 Helvetica Black inserat LT st 46pt**'로 넣습니다.

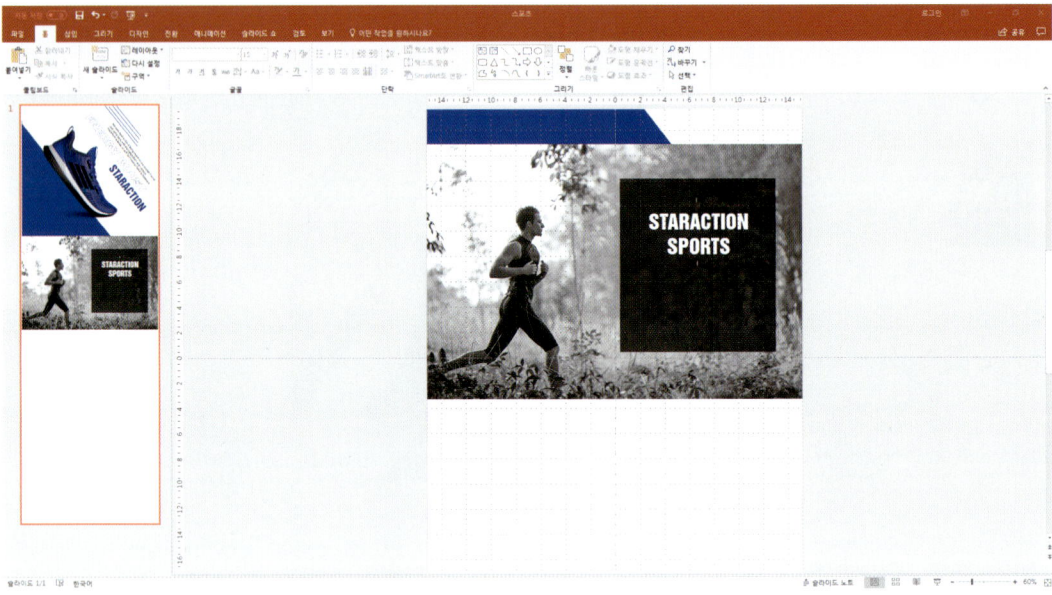

❸ 하단에는 '**글꼴 Noto Sans Thin 15pt/가운데 맞춤**'으로 보조문구를 넣습니다.

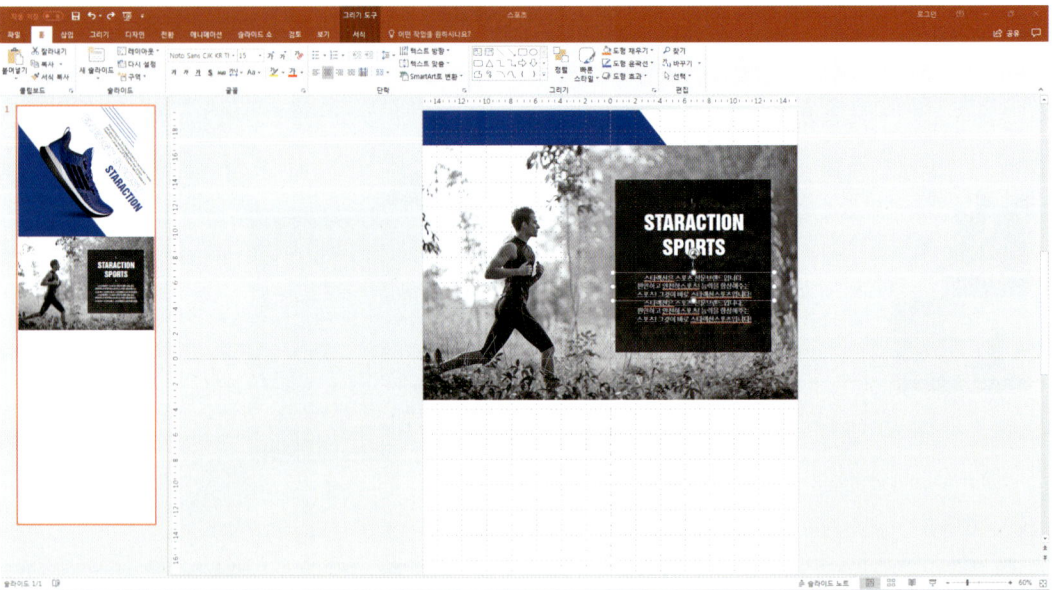

2-6. 제품 포인트 넣기

❶ 다음 섹션에는 삼각형 형태를 활용한 '**프로포션 배경 이미지**'를 만듭니다. 블랙 색상의 '**약 7/8cm**'의 삼각형을 만들어줍니다.

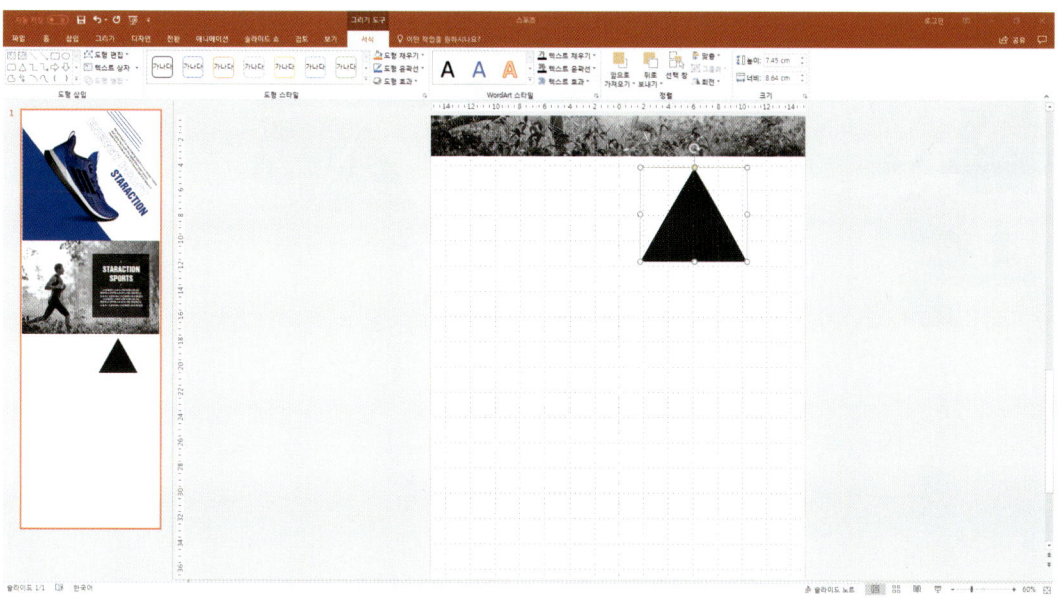

❷ 상단의 '**블루 색상/그레이**' 등을 적용하여 배치합니다.

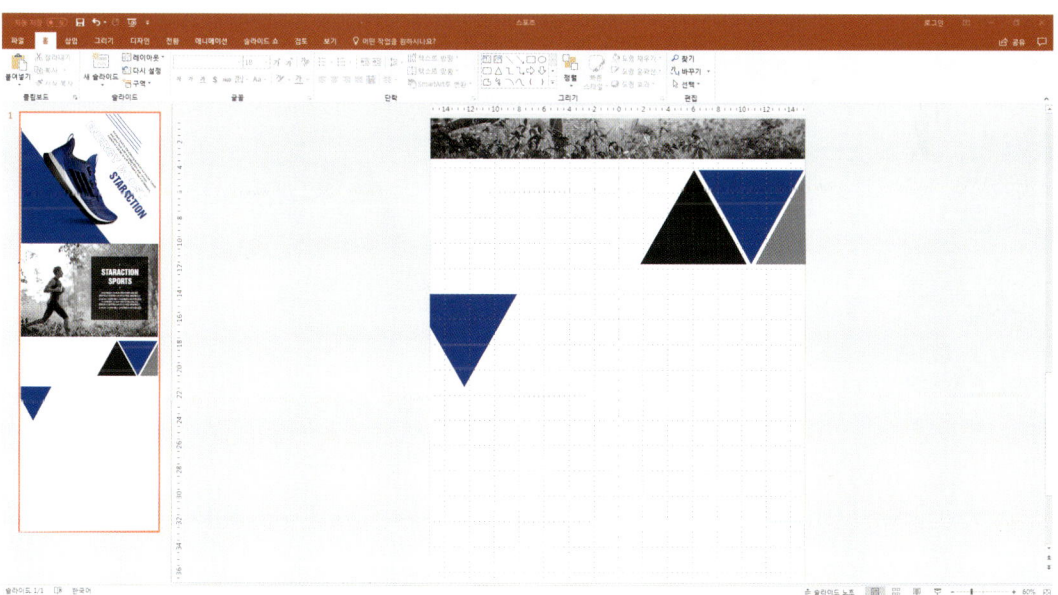

❸ 삼각형 내에 '**글꼴 Noto Sans Thin 29pt/Helvetica Black inserat LT 24pt**'로 문구를 넣어줍니다.

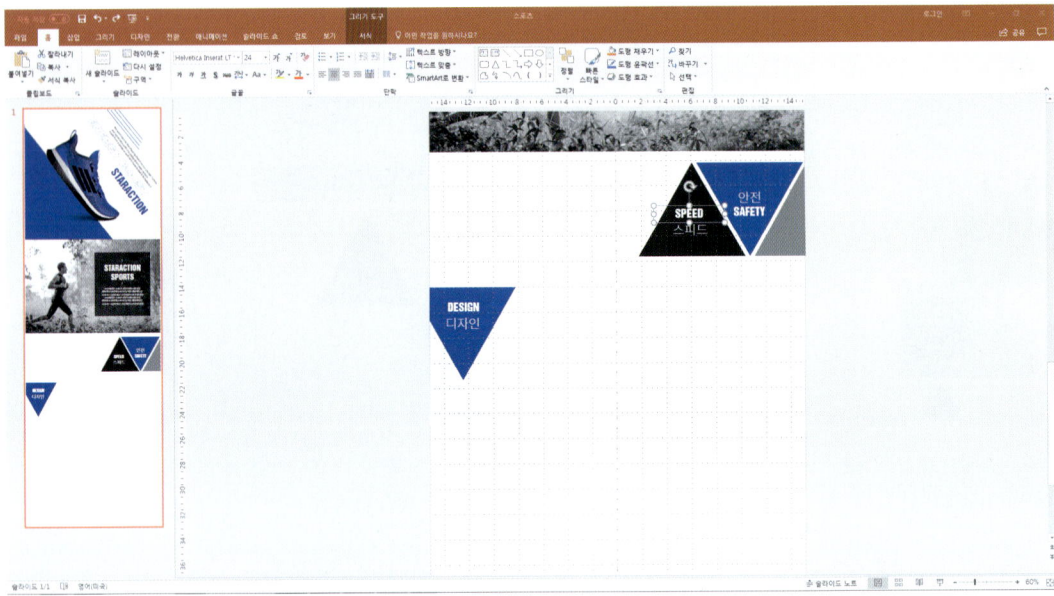

❹ 상품 이미지를 '**중심**'에 넣고, '**글꼴 Helvetica-Black 54p/Noto Sans Light 26pt**'로 메인 문구를 넣습니다. 하단에는 '**글꼴 Noto Sans Thin 17pt**'로 보조문구를 넣어줍니다.

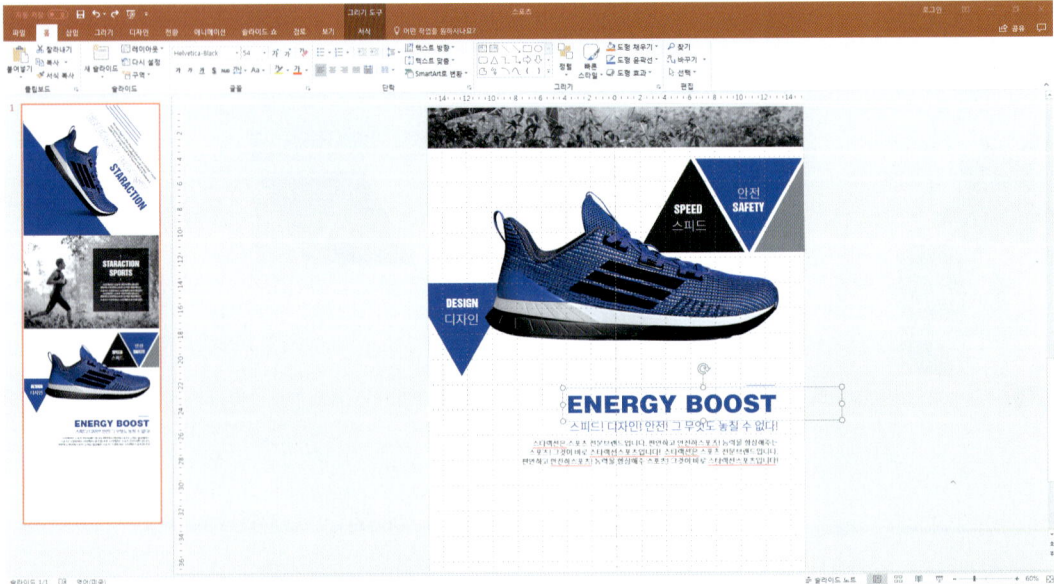

2-7. 제품 특장점 설명하기

❶ 다음 파트는 '**상품 상세 설명**' 부분입니다. 우측에 상품 확대 상세이미지를 넣습니다.

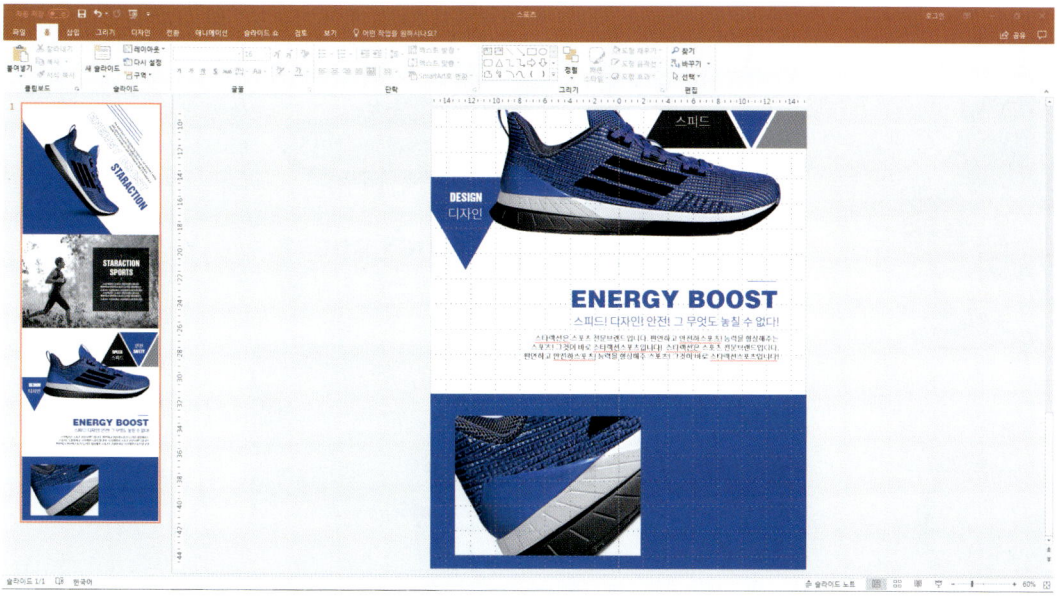

❷ '글꼴 Noto Sans Bold 20pt/36pt'로 우측에 제목 및 설명 문구를 넣습니다. '**좌측 정렬**' 합니다.

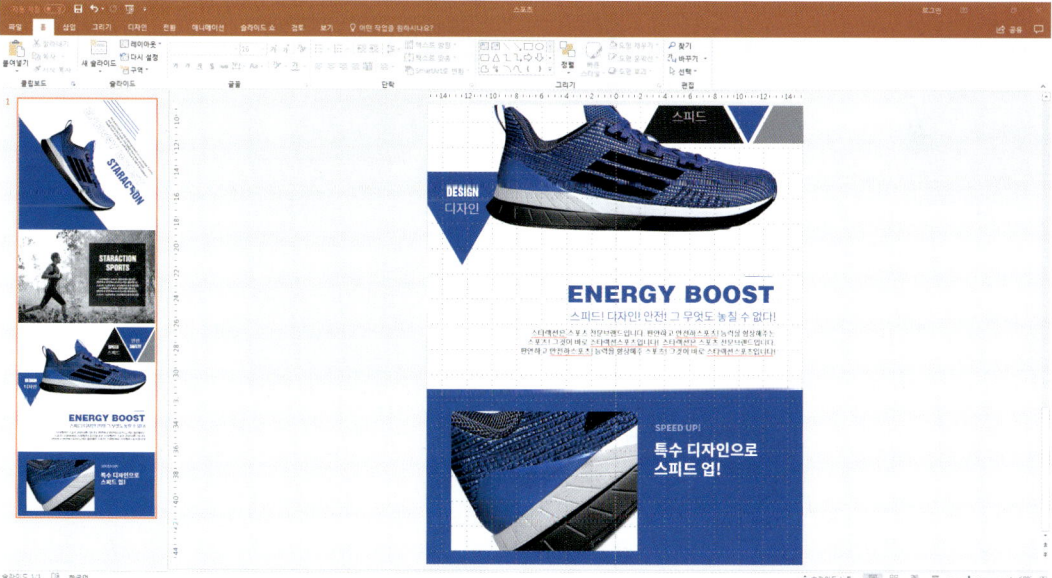

❸ '**글꼴 Noto Sans Thin 16pt**'로 하단 보조문구를 넣습니다. '**좌측 정렬**'합니다.

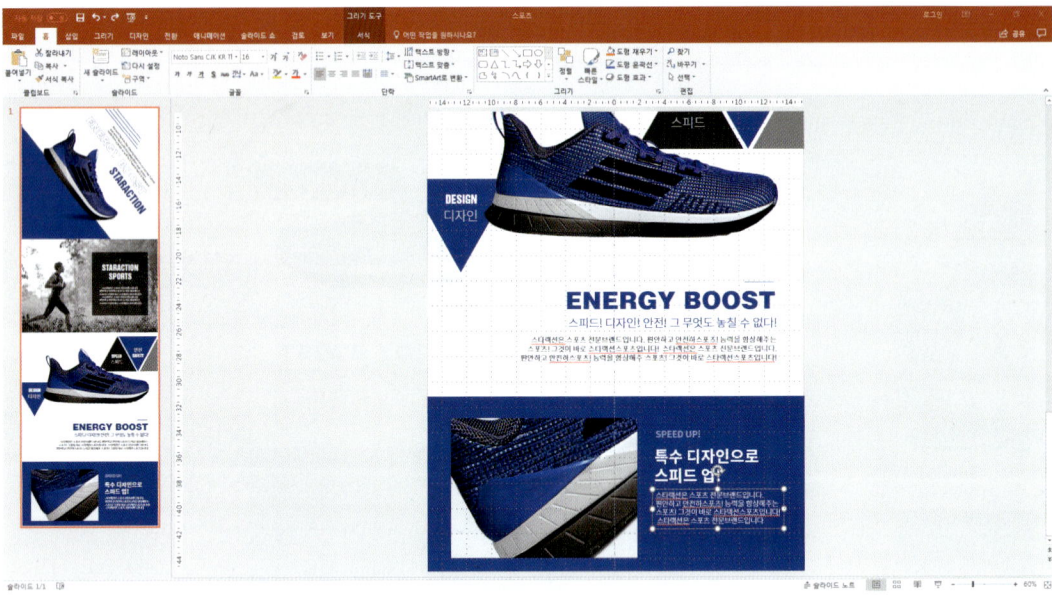

❹ 이와 같은 레이아웃으로 상품 상세 설명을 넣어줍니다.

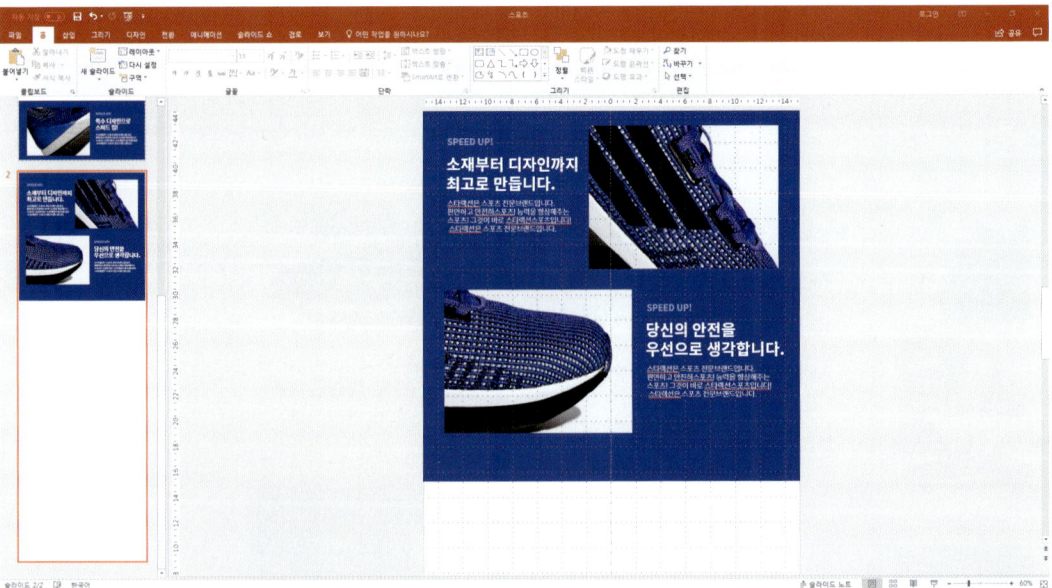

2-8. 제품 상세정보

❶ 다음 섹션에는 상품 이미지 및 스펙을 보여줍니다. '**글꼴 Noto Sans Regular 32pt**'로 상품명을, '**글꼴 Bold 18/Regular 18pt**'로 상세 스펙을 넣습니다.

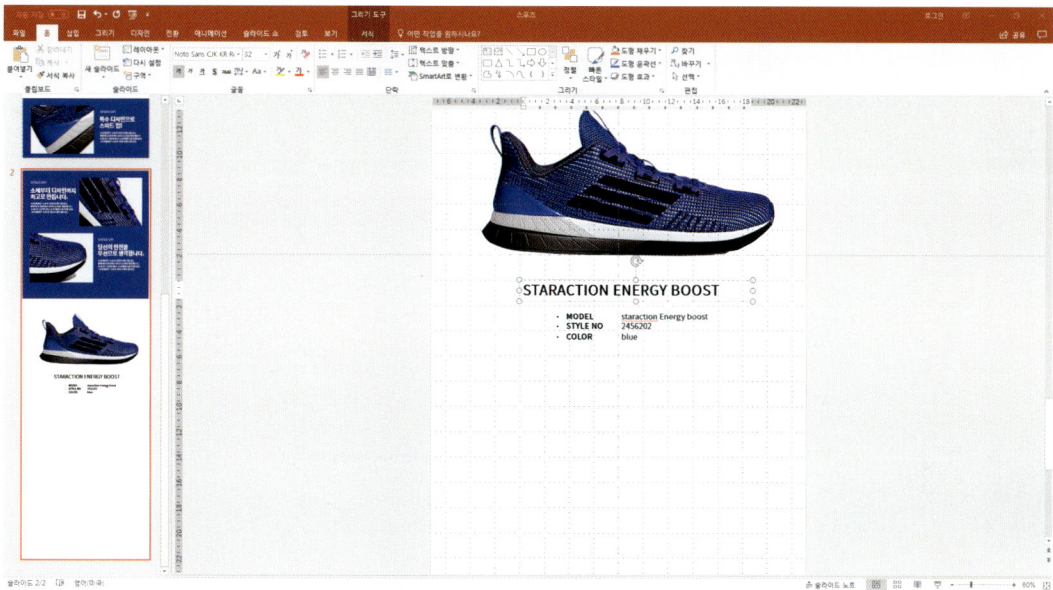

2-9. 사이즈정보

❶ 하단에는 도표를 활용한 '**규격리스트**'를 넣어줍니다. '**글꼴 Noto Sans Regular 18pt/ Arial 18pt**'로 규격을 넣어줍니다. '**스포츠 상품**' 상세페이지가 완성되었습니다.

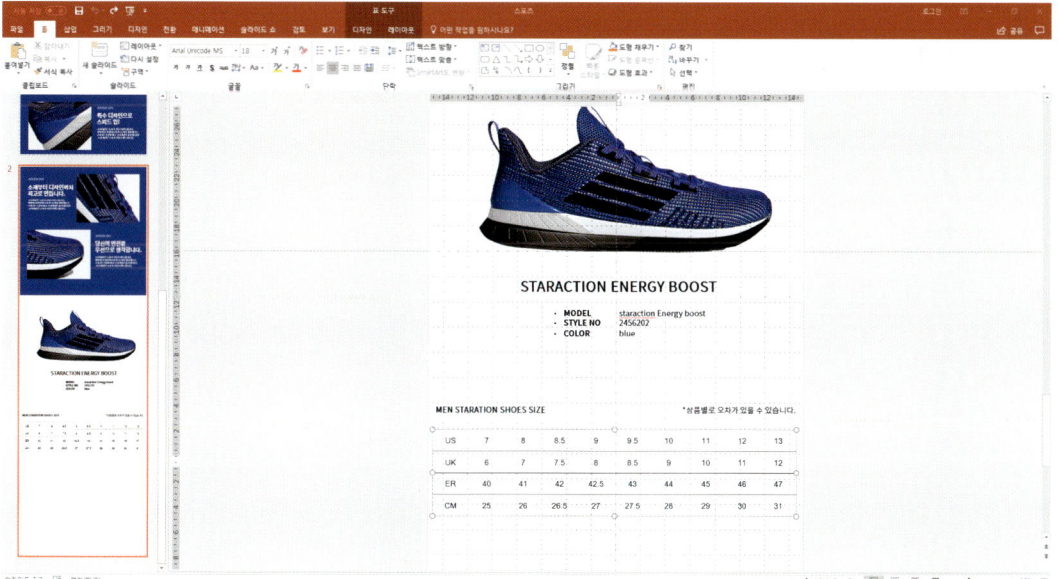

2-10. 저장하기

❶ 파일 → 다른이름으로저장 → 파일형식을 '**png**' 형식으로 설정하여 저장합니다.

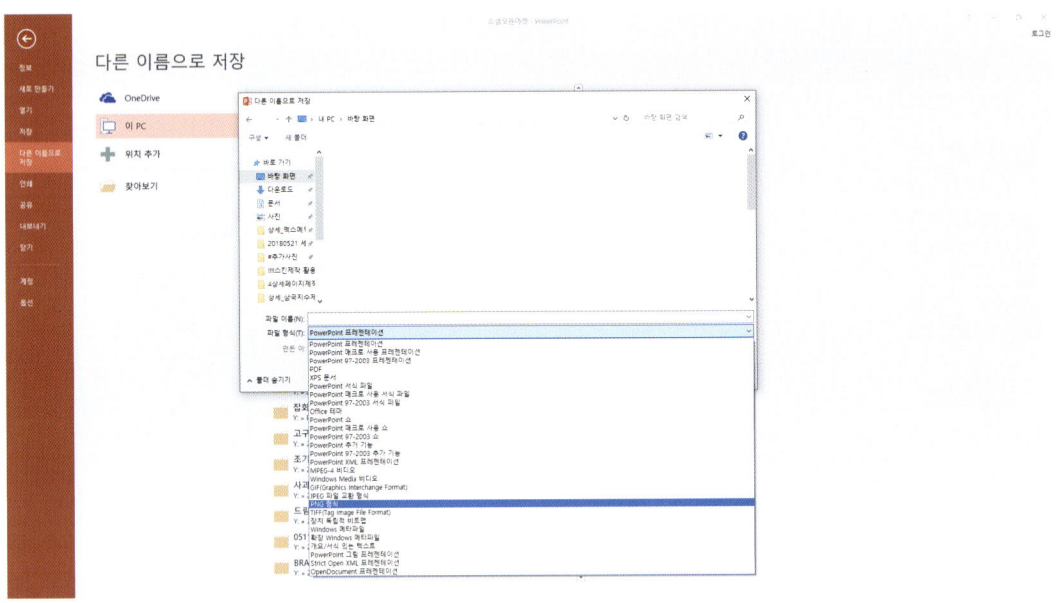

2-11. 등록하기

❶ 저장된 이미지를 쇼핑몰에 등록합니다.

3. 유아동 상세페이지

바이오틱스 포 베이비
아기의 장건강을 위해 아낌없이 채웠습니다.

바이오틱스 포 베이비는 장까지 도달하는
보장균수 30억 마리로 식품의약품 안전처에서 인정받았습니다.

- 프로바이오틱스 100억마리
- 프리바이오틱스 (부원료)
- 소화효소 (부원료)

3 POINT FOR BABY
바이오틱스 포 베이비의 아기를 위한 5가지 포인트!

01 100억 유산균
자연그대로의 15종 균주와 100억 유산균을 듬뿍 담았습니다
유산균은 다양한 종류만큼이나 그 역할이 다르며 다양한 유해균 억제와 유산균 증식을 도와줍니다.

02 무화학 부형제
자연그대로의 15종 균주와 100억 유산균을 듬뿍 담았습니다
유산균은 다양한 종류만큼이나 그 역할이 다르며 다양한 유해균 억제와 유산균 증식을 도와줍니다.

03 소화효소
자연그대로의 15종 균주와 100억 유산균을 듬뿍 담았습니다
유산균은 다양한 종류만큼이나 그 역할이 다르며 다양한 유해균 억제와 유산균 증식을 도와줍니다.

바이오틱스 포 베이비
제품정보

- 제품명: 바이오틱스 포 베이비
- 제품유형: 건강기능식품
- 내용량: .21 FL OZ (7ml)
- 섭취량: 1일 한방울

DELIVERY INFOMATION
[배송안내]

배송안내
현대택배를 이용하고 있으며 배송비는 2,500원입니다. 7만원 이상 구매시 배송비가 무료입니다.
산간벽지나 도서지방은 별도의 추가금액을 지불하셔야 하는 경우가 있습니다.
상품 배송 소요시간은 3~5일 가량 걸리며, 상품에 따라서 다소 지연되기도 있습니다.
맞춤제작이나 수제화의 경우 7~14일 정도 소요, 출고 후 1~2일 내에 수령 가능합니다.

교환 / 반품
교환 반품을 원하실 경우 상품수령 후 3일 이내에 전화 또는 게시판으로 접수해주셔야 하며, 단순변심 및
고객 실수로 인한 반품 교환시에는 고객님에서 왕복택배비를 부담하셔야합니다. 판매자 과실로 인한
상품의 불량이나 오배송된 경우에는 판매자가 택배비를 부담합니다. 세일 및 이벤트 상품, 고객님의 부주의로인한
변형이나 착용흔적이 있는 상품은 교환 및 반품이 불가합니다.

교환 / 반품이 불가한 경우
상품 수령 후 7일이 지난 상품 사용을 후 상품가치가 떨어지는 상품(언더웨어, 레깅스, 타이즈, 악세사리 등)모양,
향수 냄새 등 상품을 착용 사용을 하였을 경우
피팅시 즉각적으로 늘어남이 있어 상품의 변형이 올 경우
상품가치가 현저히 떨어져 재판매가 불가능할 경우
인위적인 수선이나 세탁을 한 상품
니트, 와이트색상의 상품, 세일상품, 수제화나 제작상품의 경우

3-1. 새로운 슬라이드

❶ 사용자 지정 크기로 '**너비 약 30cm/약 90cm**'로 '**세로**'형 슬라이드를 새로 만듭니다.

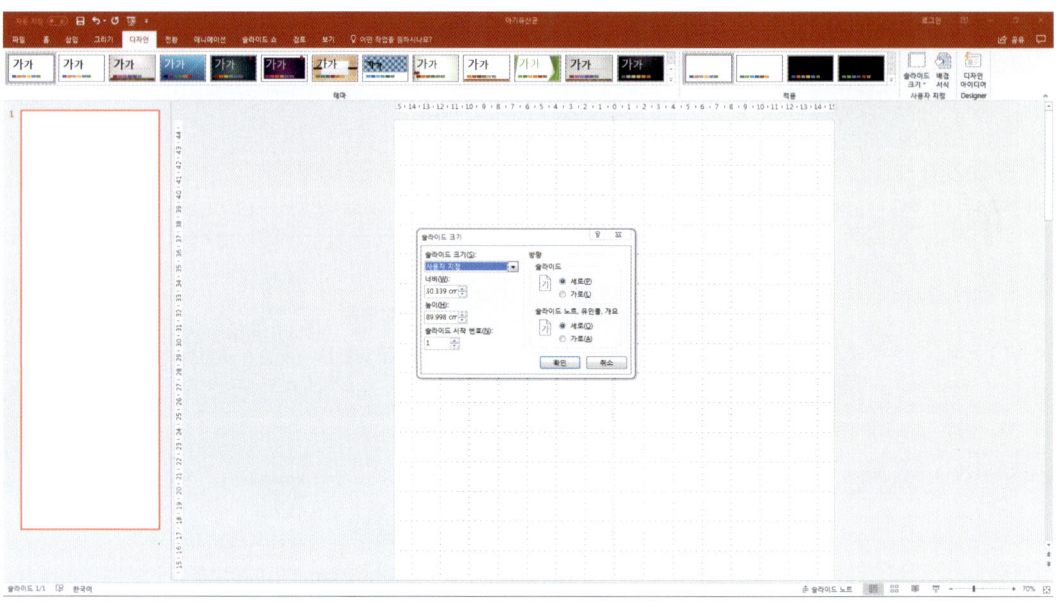

3-2. 메인 배경 만들기

❶ 인트로 배경으로 '**R94/G185/B100 그린색**'의 '**약 47cm**'의 '**원형**'을 넣어줍니다. 출력되는 부분만 활용합니다.

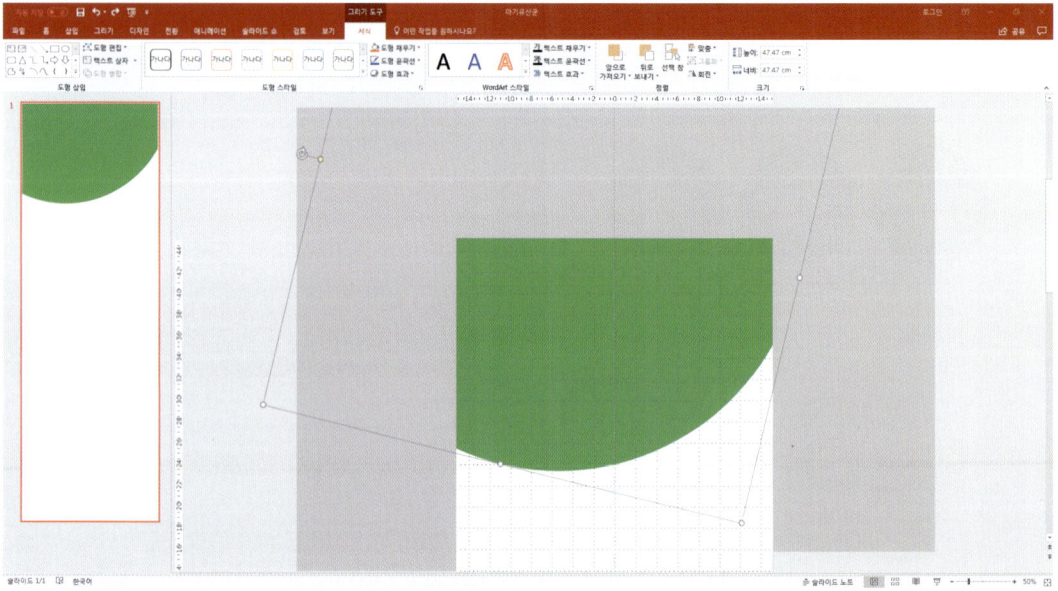

❷ 대형 부분 원형 아래에 '**작은 사이즈의 원형**'을 포인트로 넣습니다. '**그린/그레이**'로 색상을 지정하고 각각 '**투명도를 지정**'하여 줍니다.

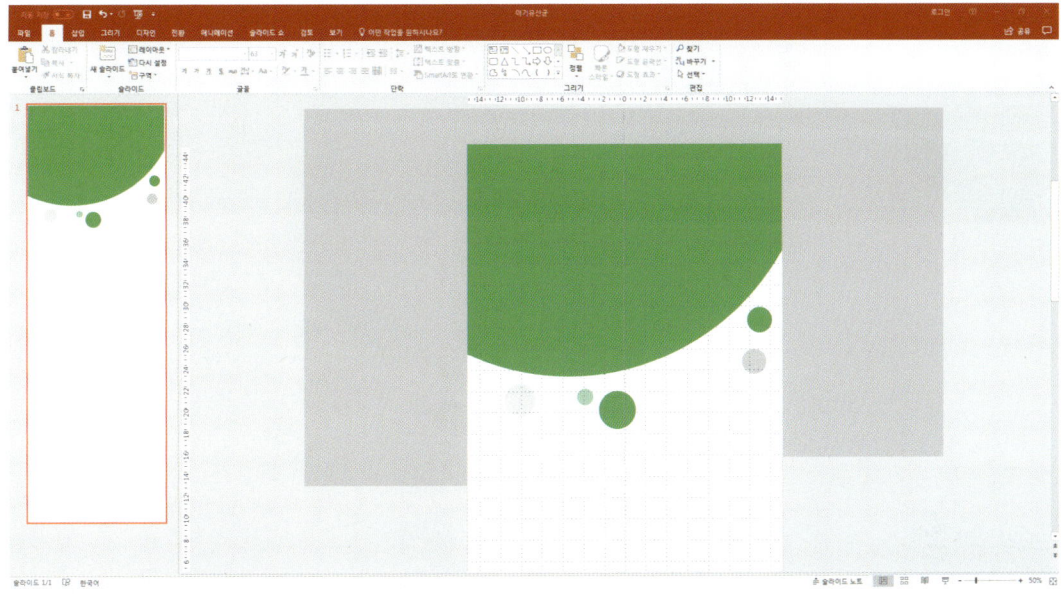

3-3. 메인 카피 넣기

❶ 메인 문구를 넣습니다. '**글꼴 Noto Sans Bold 63pt 화이트**'로 상품명을, 보조설명은 '**글꼴 Noto Sans Bold 38pt 다크 그린(R19/G93/B24)/Noto Sans Light 31pt 화이트**'로 넣고, '**상하로 보조선**'을 넣어줍니다.

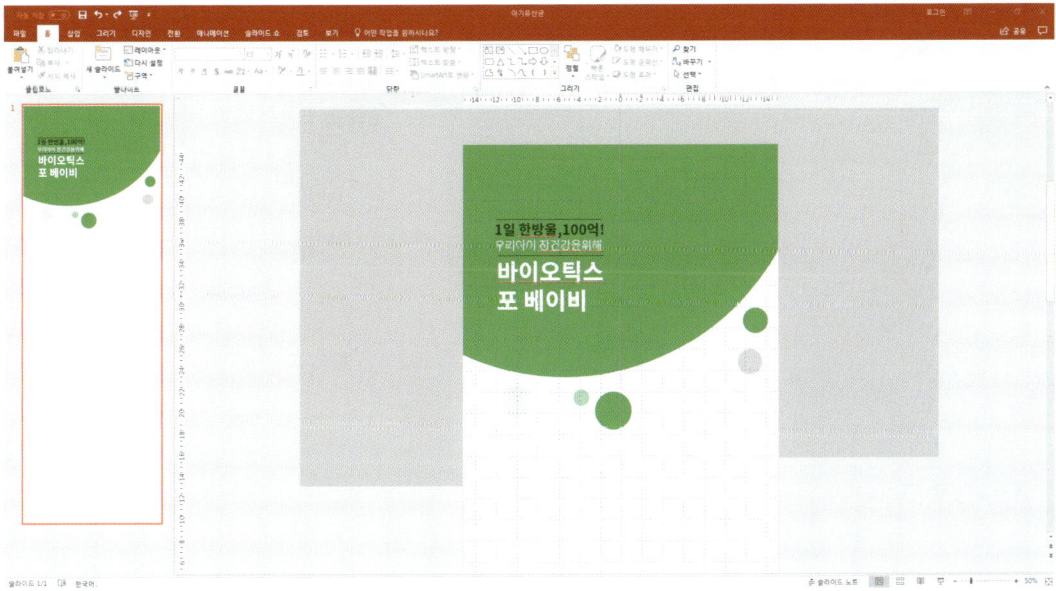

3-4. 메인 이미지 넣기

❶ 보조문구 위에는 상품 로고를 '**글꼴 Dolce vita Heavy 40pt**'로 넣습니다.

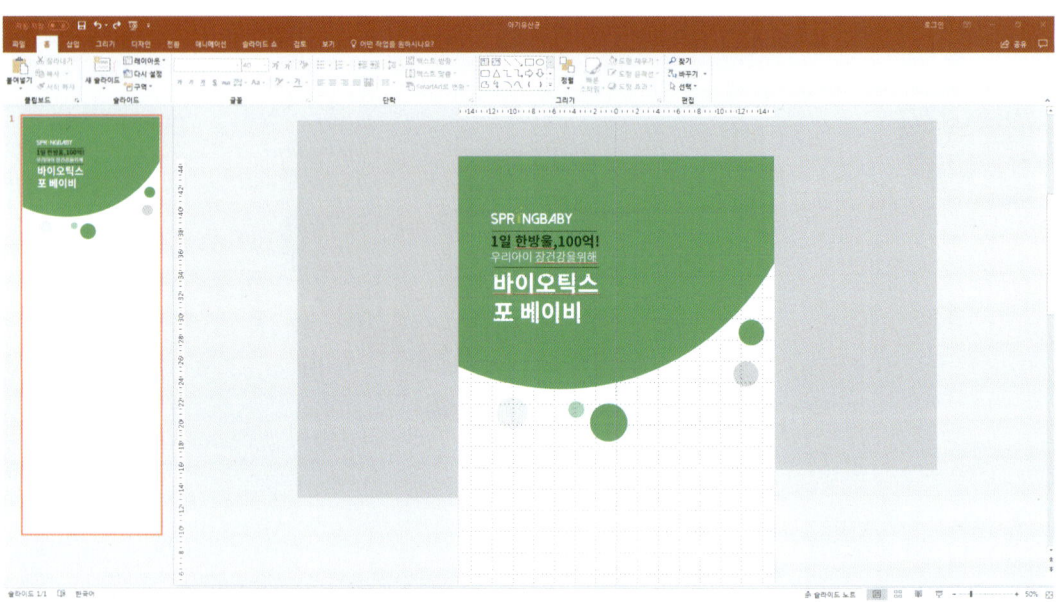

3-5. 상품 이미지 넣기

❶ 우측에는 상품 이미지를 넣습니다.

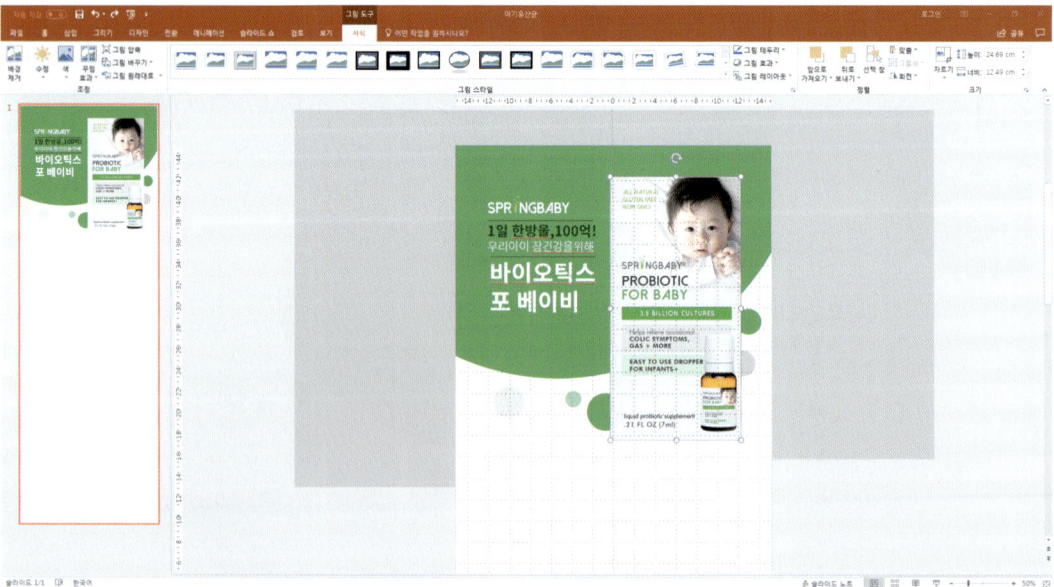

3-6. 감성 이미지 넣기

❶ 다음 섹션에는 배경 이미지를 넣어줍니다.

❷ 이미지 좌측에 '**글꼴 Noto Sans Light 42pt/Bold 56pt**'로 셀링 포인트 문구를 넣습니다.

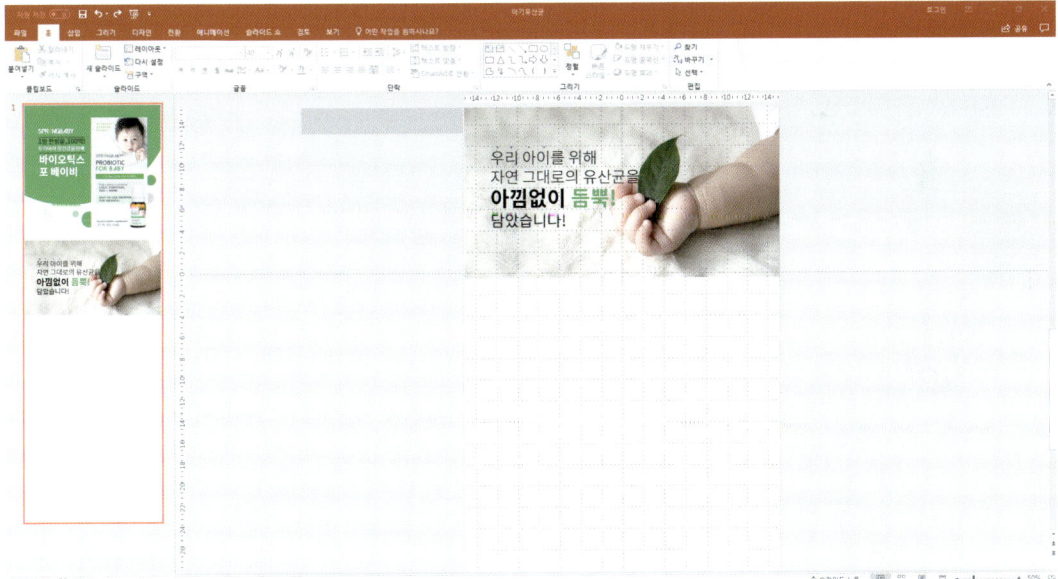

3-7. 제품 포인트 넣기

❶ 다음 섹션에 인트로에 쓰인 상품명을 넣고, 하단에는 '**글꼴 Noto sans Light 44pt/25pt**' 로 '**설명 문구**'를 넣습니다.

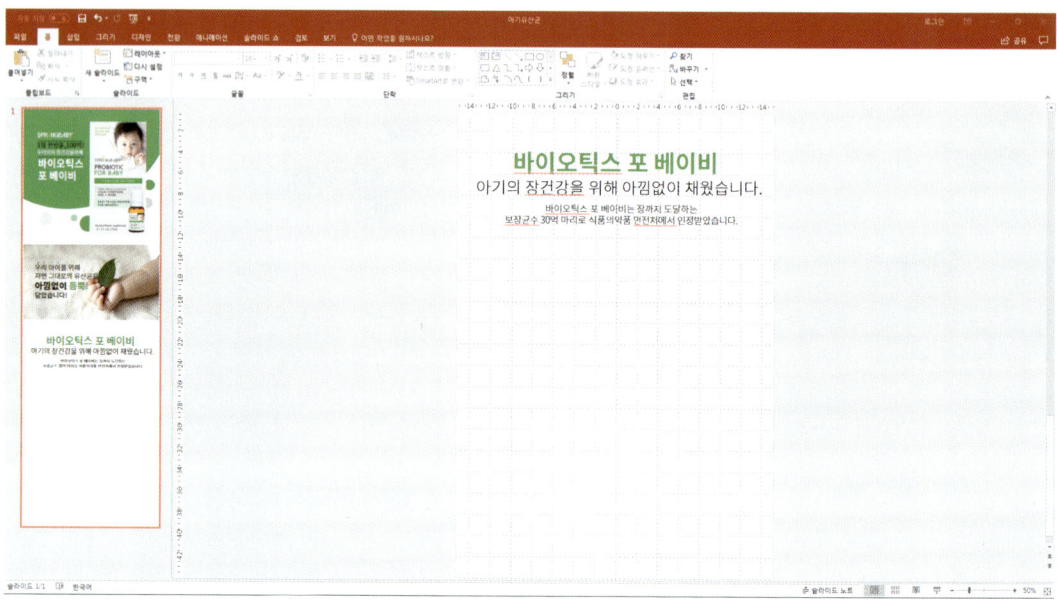

❷ 상품 특징을 '**그린색 원형(7.36cm)**'에 '**글꼴 Noto Sans Bold 29pt**'로 넣습니다. '**가운데 맞춤**' 정렬해줍니다.

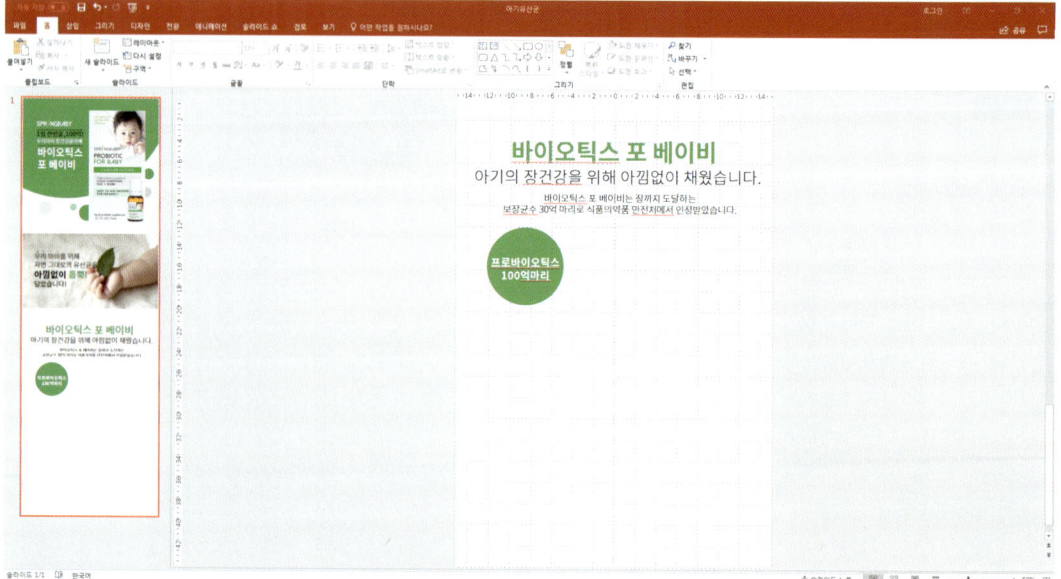

❸ 이와 동일한 디자인으로 '**3가지**' 상품 특징 부분을 정리합니다.

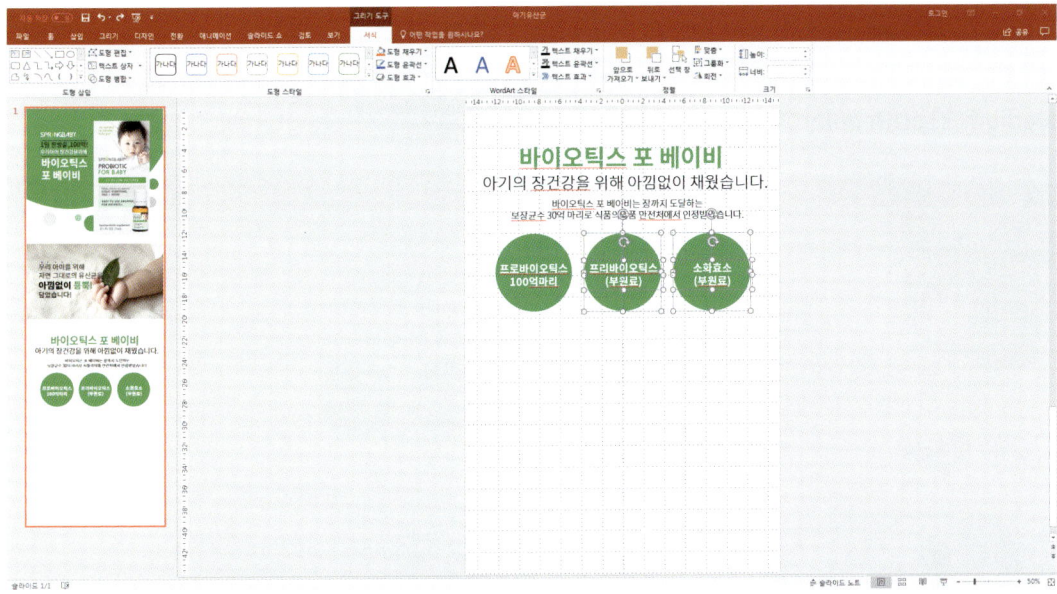

3-8. 제품 특장점 넣기

❶ 아래 섹션에는 상품에 대한 특징을 다시 설명합니다. 배경색상을 '**그레이**' 박스로 만듭니다. 상단에 상품 이미지 및 '**글꼴 Noto Sans Bold 217pt/52pt**'로 주제 설명을, 하단에는 '**글꼴 Regular 39pt**'로 보조 설명을 넣습니다.

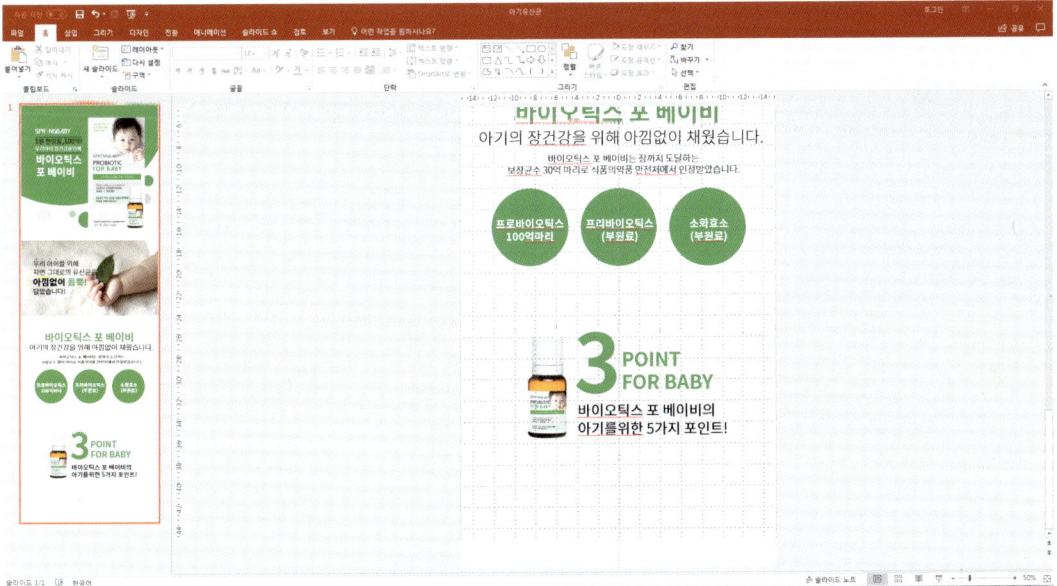

❷ '**셀링 포인트**'를 설명합니다. – '**화이트 박스**'로 개별 특징 란을 만들어줍니다.

❸ 좌측에는 그린색 테두리가 설정된 원형(7.36cm)을 넣고, '**글꼴 Bold 56pt**'로 단어를 넣습니다.

❹ 우측에는 그린색 사각 텍스트 박스 안에 '**순서**'를, 특징 설명은 '**글꼴 Noto sans Medium 31pt/Regular 20pt**'로 각각 써줍니다. '**좌측 정렬**'하여 정리합니다.

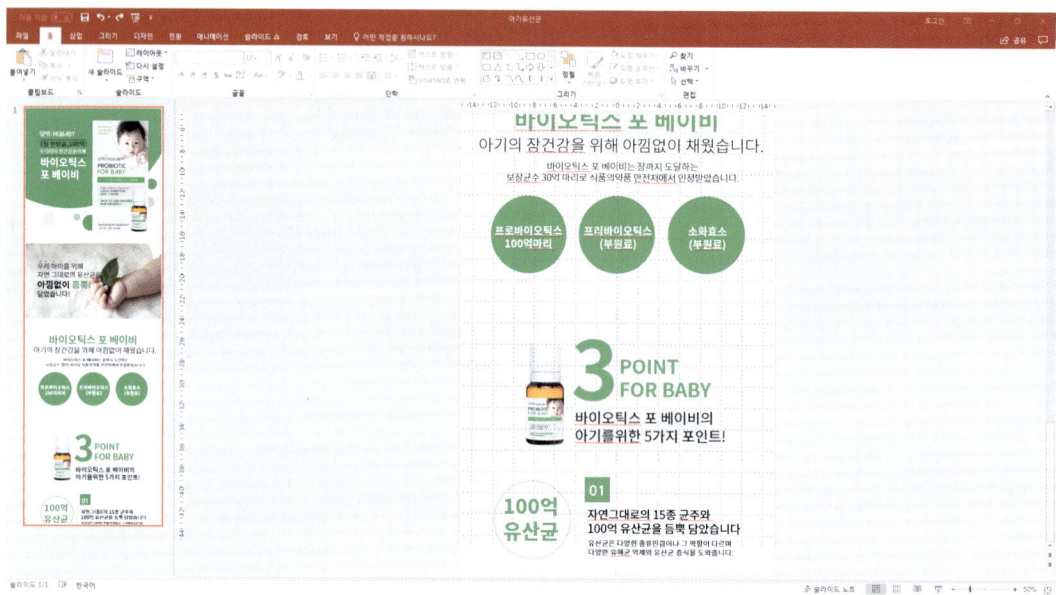

❺ 이와 같은 형태의 디자인으로 '**3가지**' 특징을 넣습니다.

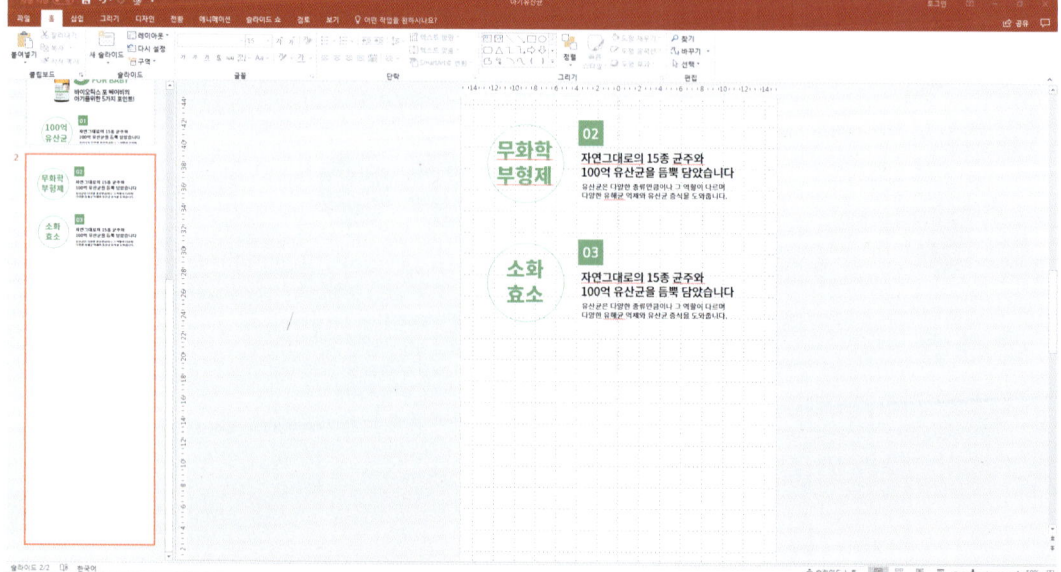

3-9. 제품 정보

❶ 하단에 제품에 대한 정보를 넣습니다. 좌측에는 제품이미지, 우측에는 상품 명 및 상세 정보를 '**글꼴 Noto Sans Bold 42pt/Medium 26pt/Regular 22pt**'로 넣습니다. '**좌측 정렬**' 하여 정리하고, '**실선**'으로 텍스트 간 구분을 줍니다.

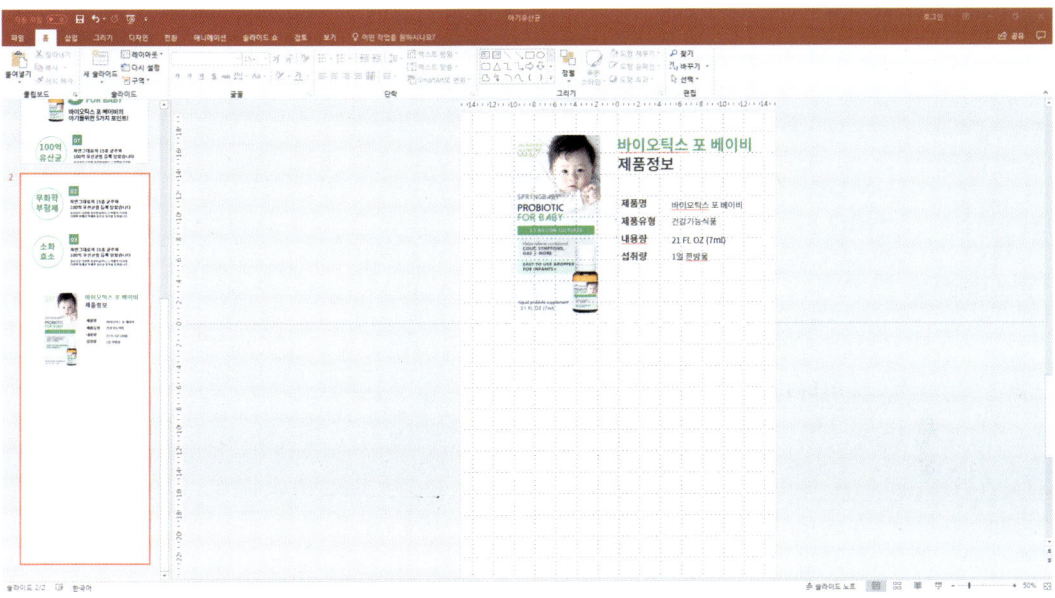

3-10. 배송안내

❶ 다음은 '**배송관련**' 안내입니다. '**그린 컬러 박스**'로 섹션을 나누어 주고, 배송안내를 '**글꼴 Noto sans Bold 30/40pt**'로 넣습니다.

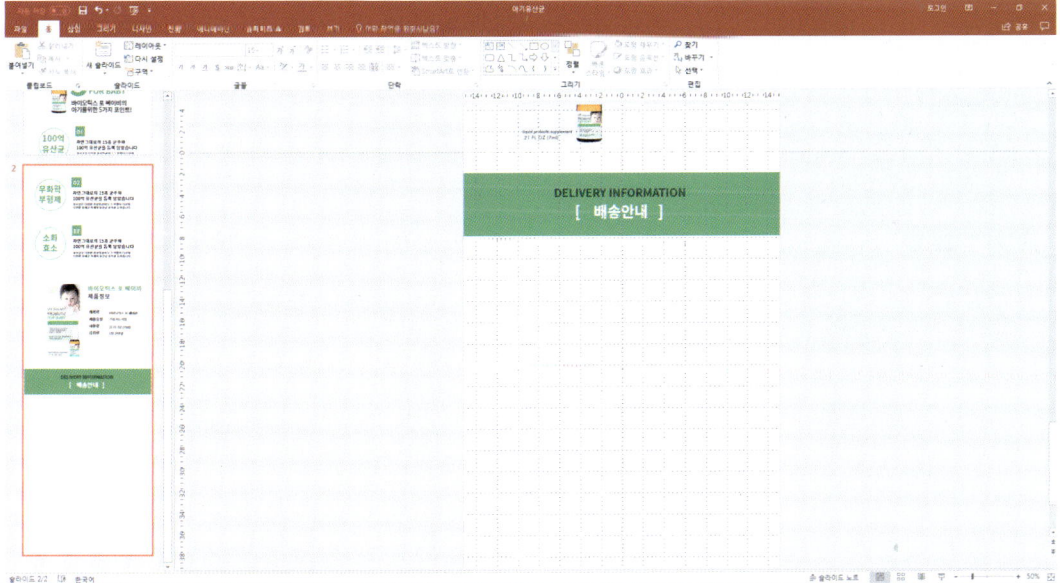

❷ '**글꼴 Noto Sans Bold 23pt/Medium 15pt**'로 배송안내 및 설명을 넣습니다. '**좌측 정렬**' 해줍니다.

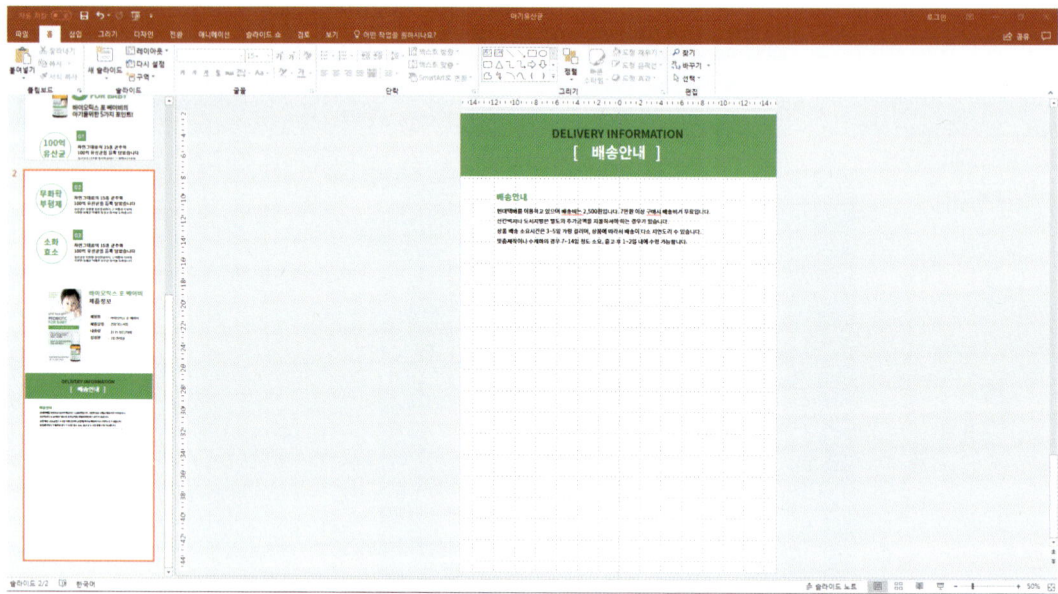

❸ 이와 같은 레이아웃으로 '**교환 관련 안내 사항**'을 넣어 마무리합니다. '**유아동_아기유산균**' 상세페이지가 완성되었습니다.

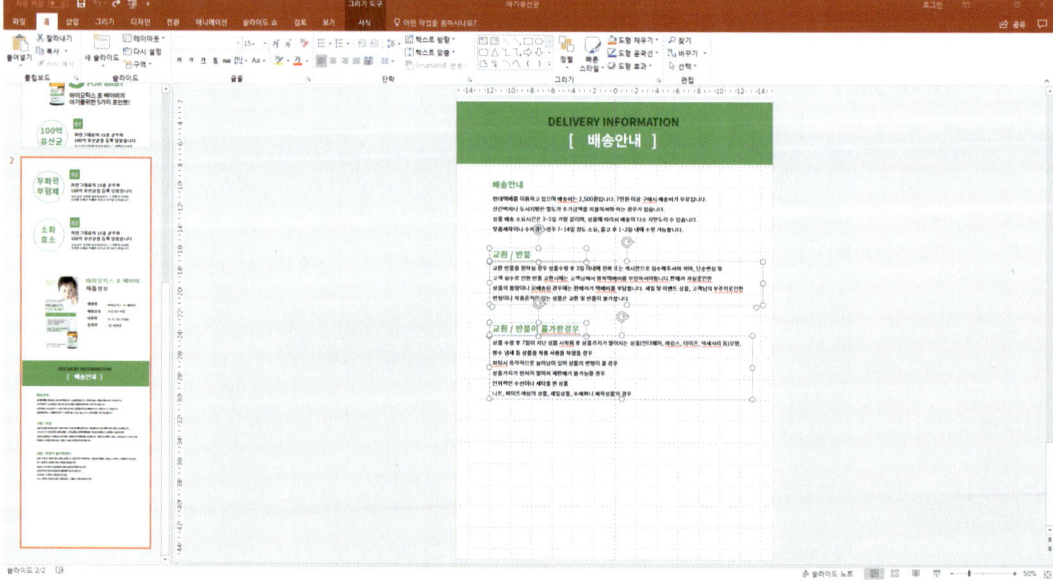

3-11. 저장하기

❶ 파일 → 다른이름으로저장 → 파일형식을 'png'형식으로 설정하여 저장합니다.

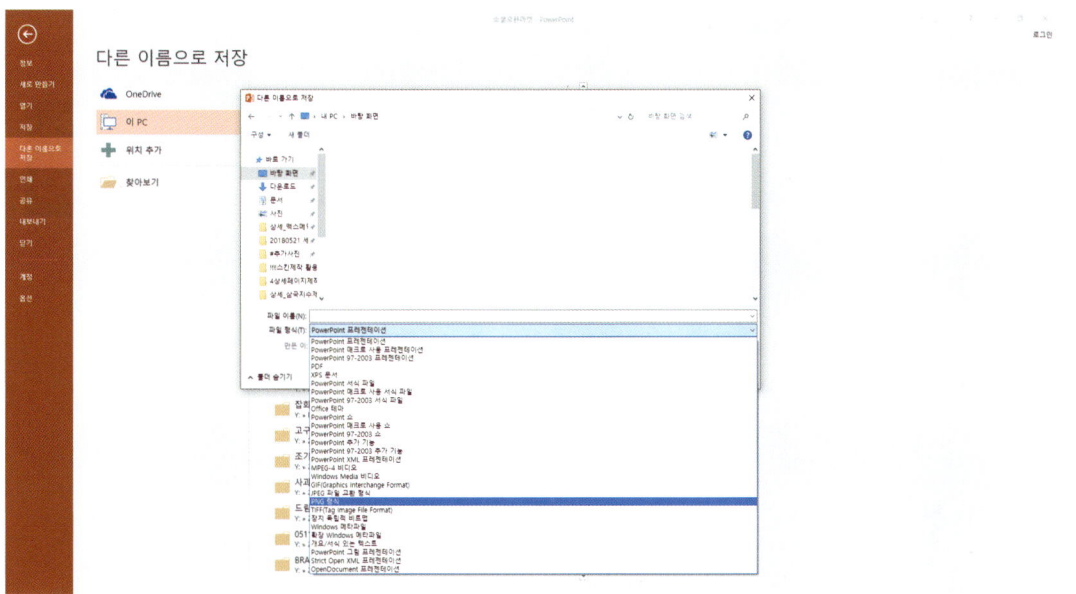

3-12. 등록하기

❶ 저장된 이미지를 쇼핑몰에 등록합니다.

CHAPTER 01
파워포인트로 썸네일 만들기

썸네일은 고객이 문을 열고 들어오게 하는 간판입니다. 따라서 실제 상세페이지보다 중요한 것이 바로 썸네일 디자인입니다. 하지만 많은 사람들이 썸네일 이미지에 소홀히 하곤 합니다. 파워포인트로 고객의 눈을 끌고 호기심을 자극할 수 있는 디자인을 만들어보세요!

SECTION 1. 기본형 썸네일 만들기

1. 새로운 슬라이드

❶ 상세페이지의 '**상품 썸네일**'을 만듭니다. 슬라이드 크기는 '**약 21cm의 정방향 사각**'으로 지정합니다.

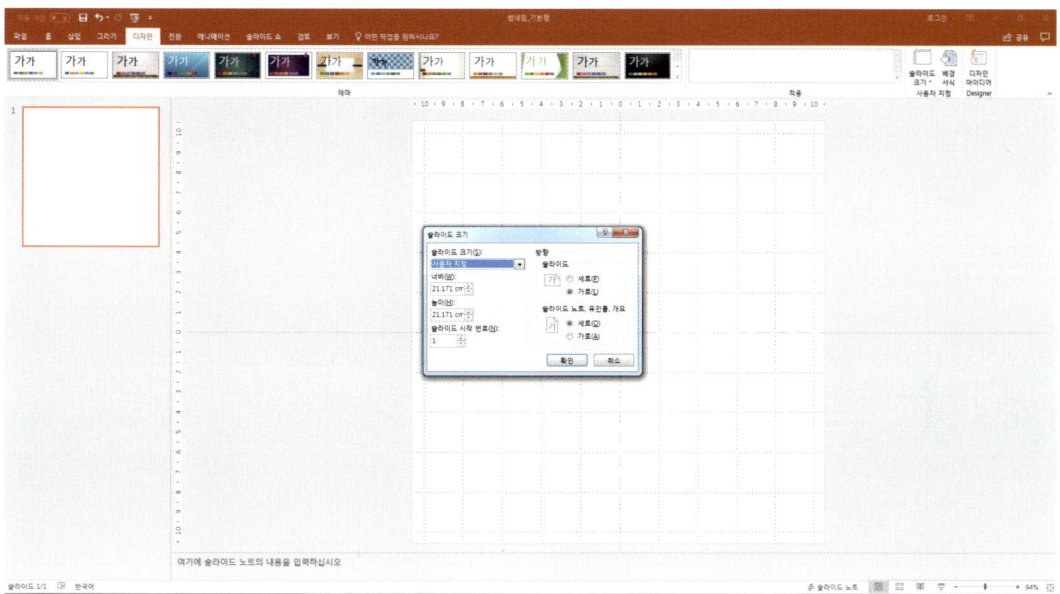

2. 상품 이미지 넣기

❶ 가장 기본적인 썸네일 디자인은, 배경이 제거된 상품 이미지를 넣어 주는 레이아웃입니다. 메인 상품 이미지 하나로 썸네일이 완성되었습니다.

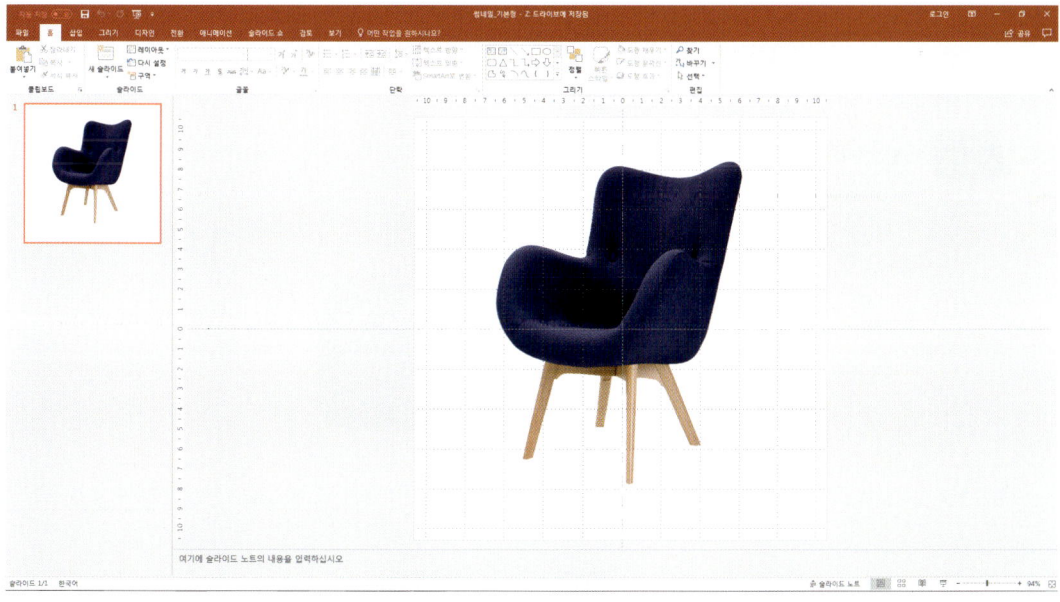

SECTION 2. 디자인 가미형 썸네일 만들기

1. 새로운 슬라이드

❶ 상세페이지의 '**상품 썸네일**'을 만듭니다. 슬라이드 크기는 '**약 21cm의 정방향 사각**'으로 지정합니다.

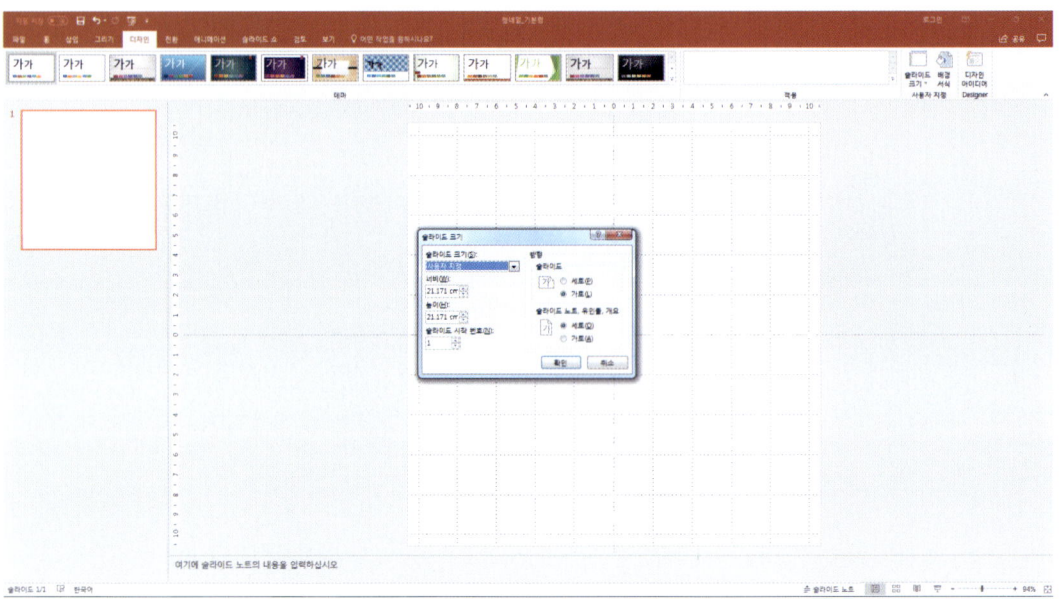

2. 상품 이미지 넣기

❶ 배경이 없는 기본 상품 이미지를 먼저 넣어줍니다.

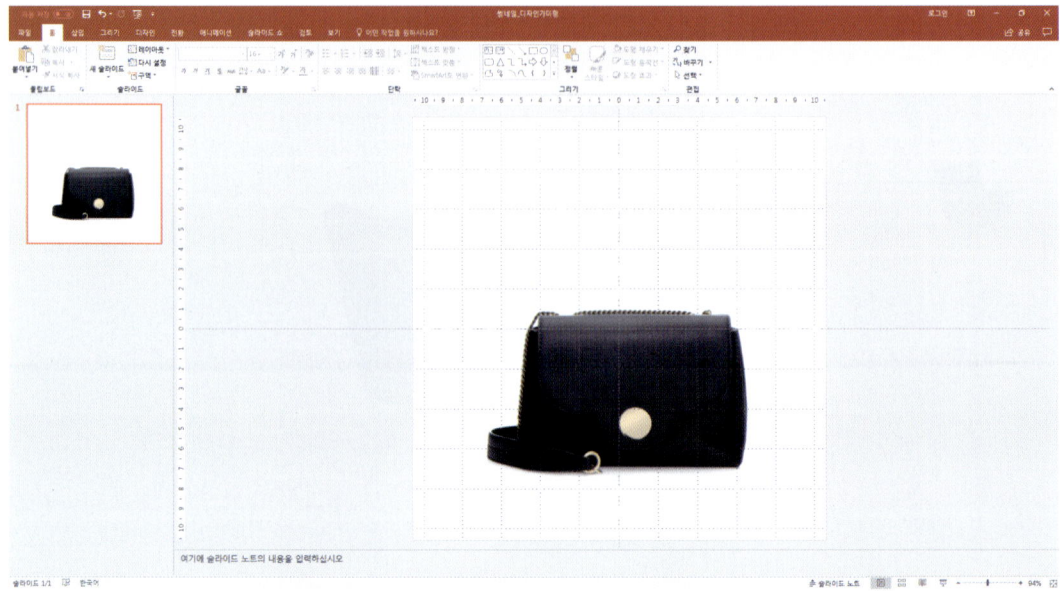

3. 카피 넣기

❶ '**상품명 및 설명**'을 이미지 상단에 넣어 마무리합니다.

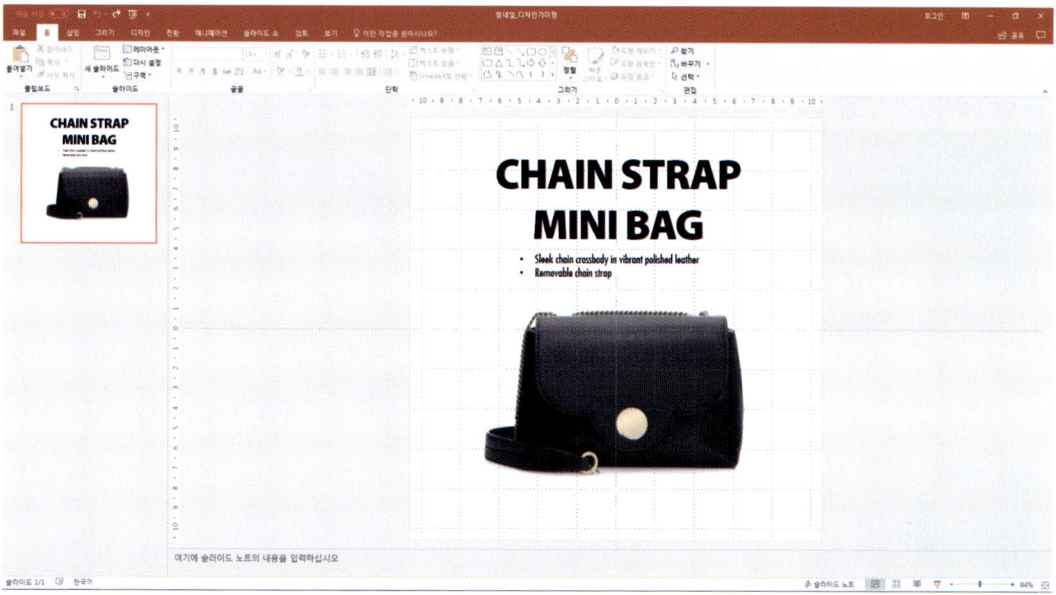

SECTION 3. 주목형 썸네일 만들기

1. 새로운 슬라이드

❶ 상세페이지의 '**상품 썸네일**'을 만듭니다. 슬라이드 크기는 '**약 21cm의 정방향 사각**'으로 지정합니다.

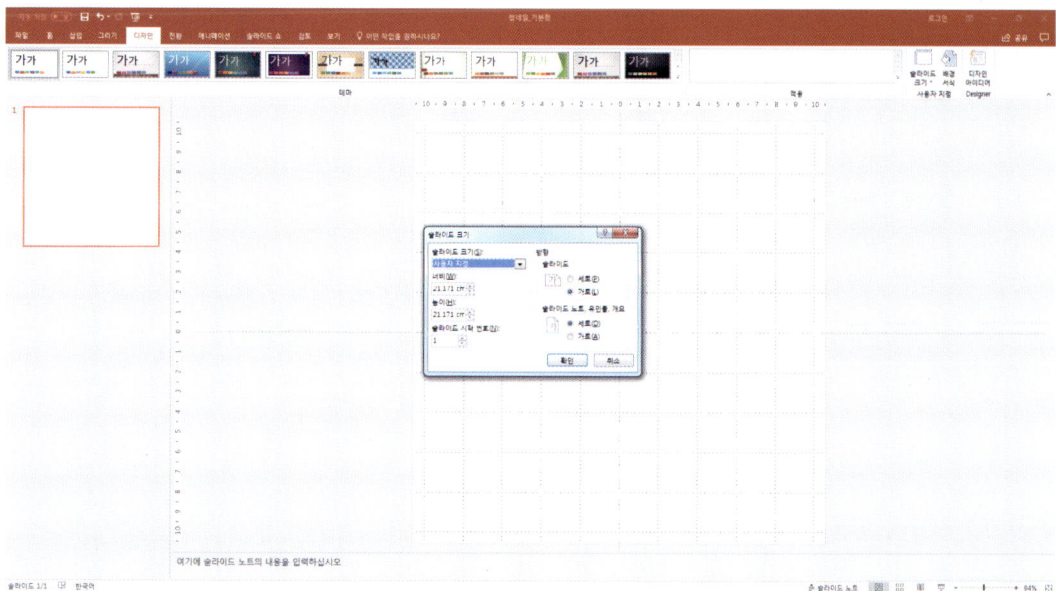

2. 배경 만들기

❶ 다음은 '**주목형 썸네일**'입니다. 애완용품 상세페이지에 쓰인 색상을 '**썸네일 배경색**'으로 넣어줍니다.

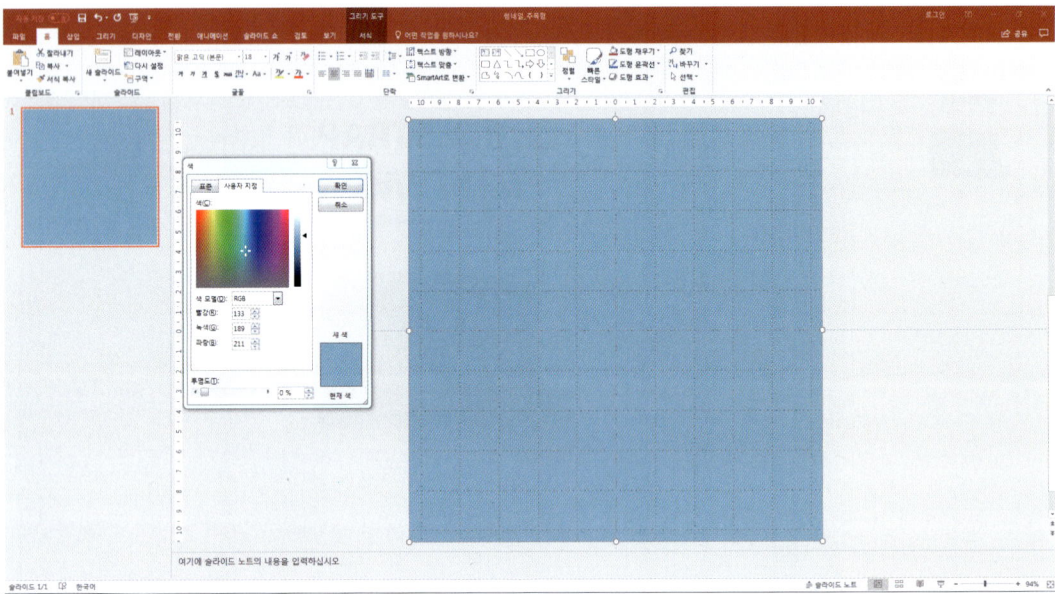

❷ 상품 이미지를 넣을 부분에 '**화이트 배경**'을 넣어 테두리 포인트 색상으로 대비를 줍니다.

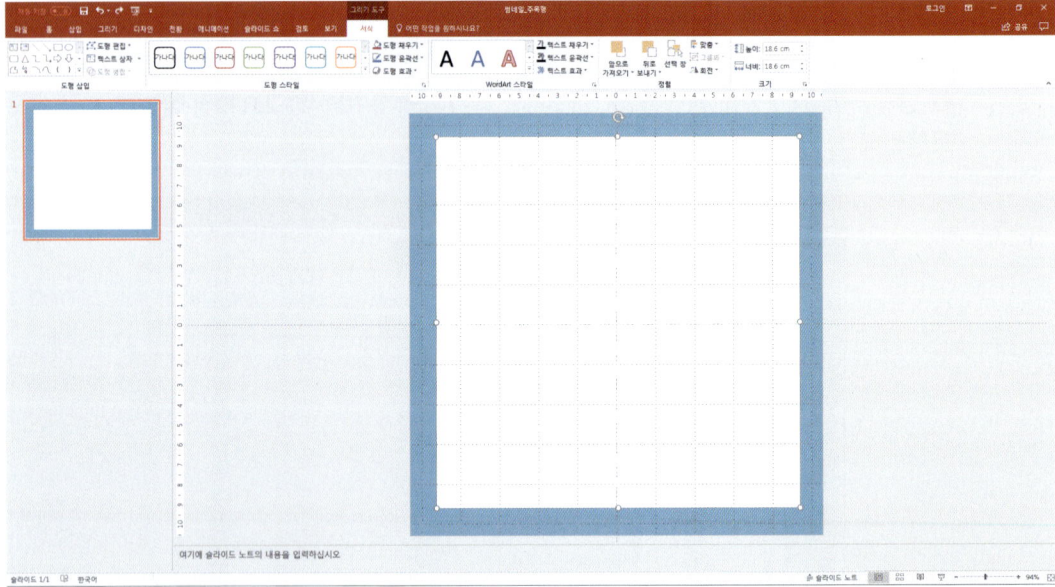

3. 상품 배치하기

❶ '**가운데**'에 제품 이미지를 넣어 완성합니다.

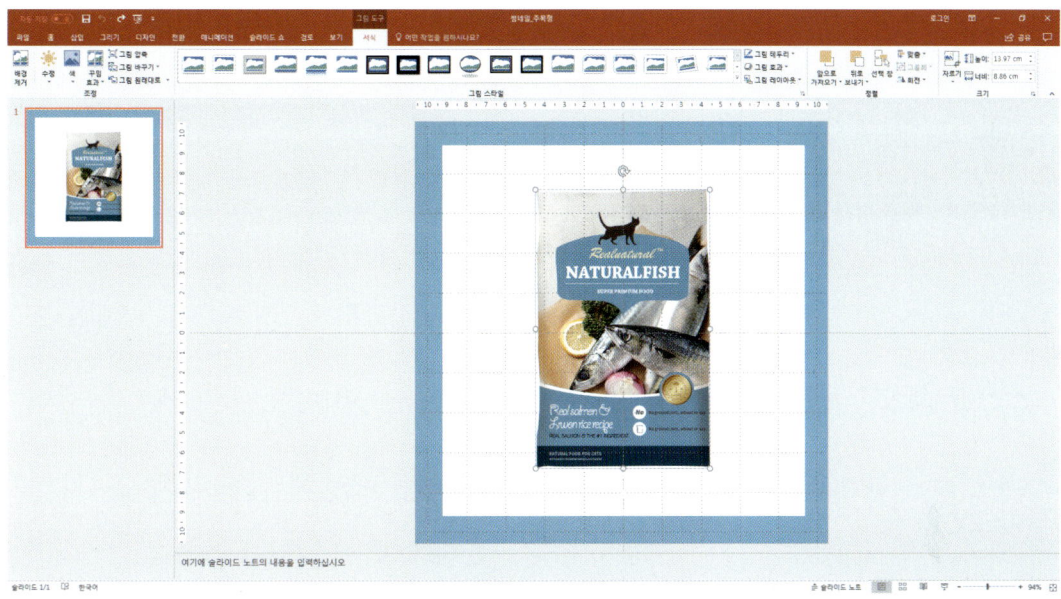

SECTION 4. 공격형 썸네일 만들기

1. 새로운 슬라이드

❶ 상세페이지의 '**상품 썸네일**'을 만듭니다. 슬라이드 크기는 '**약 21cm의 정방향 사각**'으로 지정합니다.

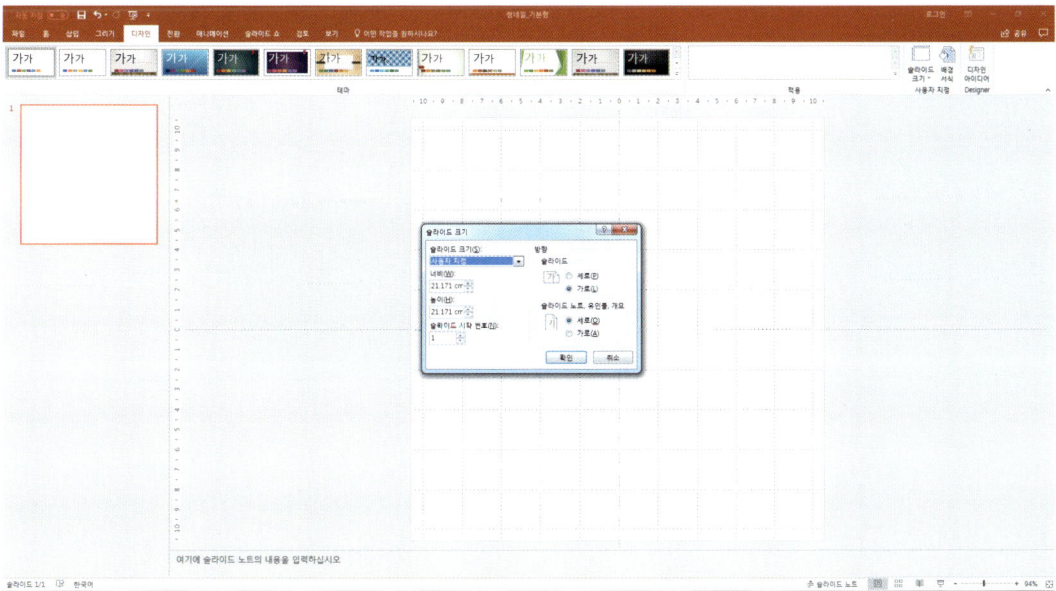

2. 카피 넣기

❶ 상품 상세에 쓰인 '**주요문구**'를 썸네일 '**좌측**'에 넣어줍니다.

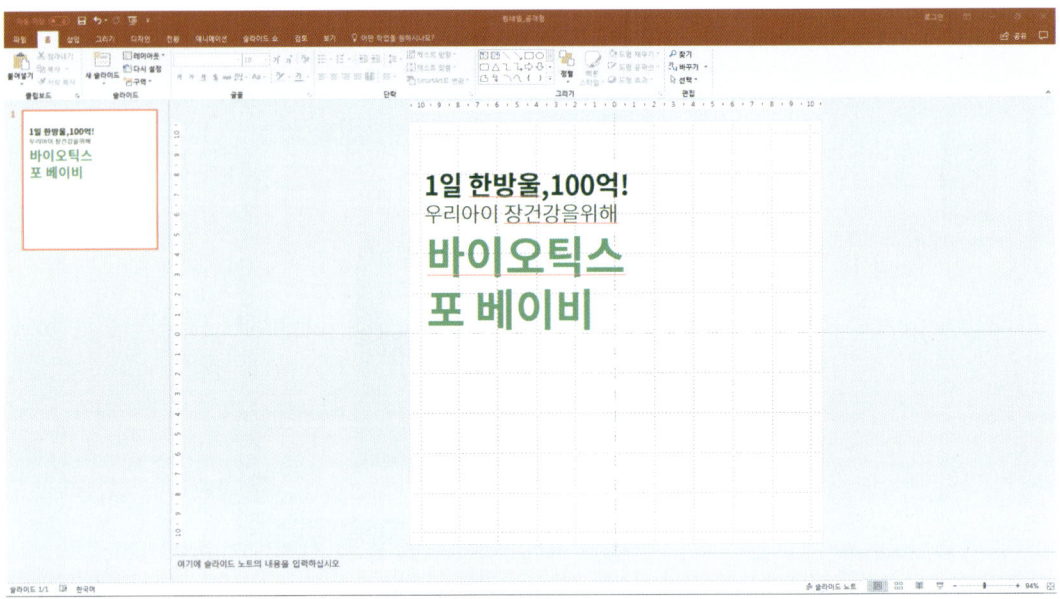

3. 배경 만들기

❶ 하단에도 '**메인 그린 색상**'을 넣어 대비를 줍니다.

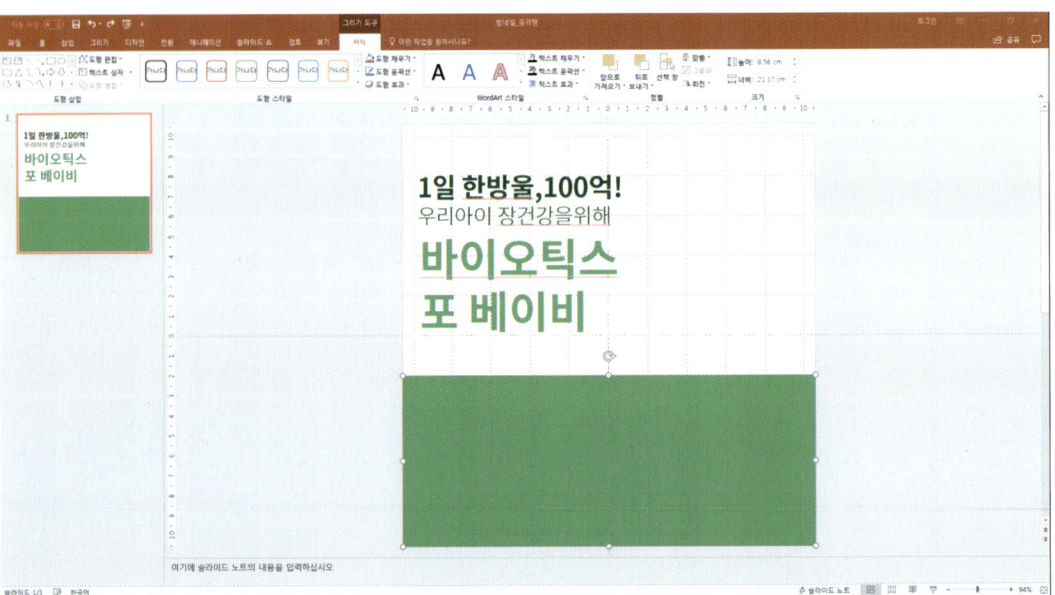

4. 상품 배치하기

❶ 우측과 하단에 주요 '**상품 이미지를 삽입, 배치**'해줍니다.

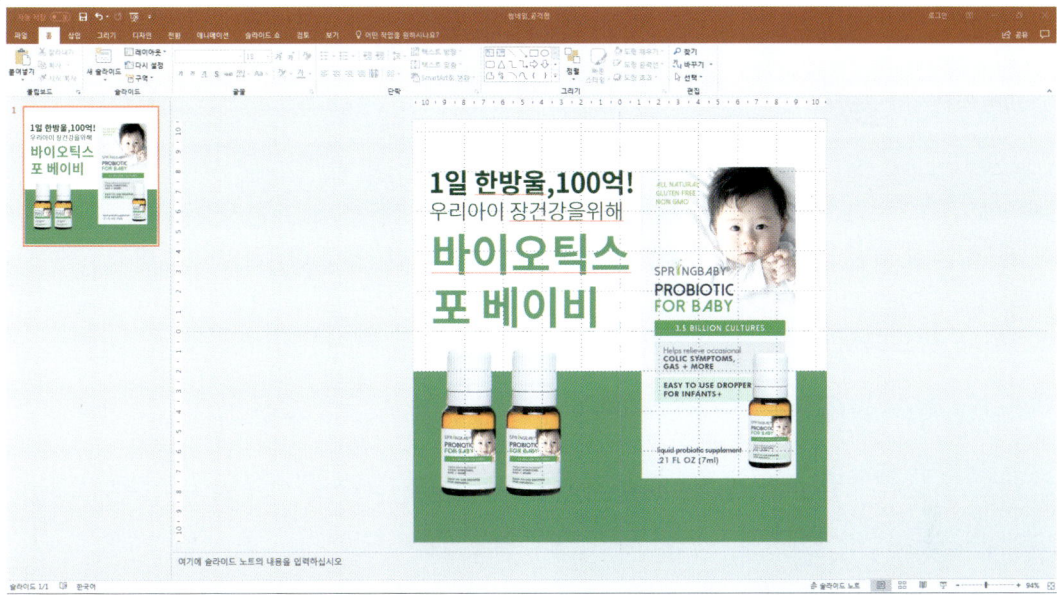

❷ 하단 중심에 '**셀링 포인트 문구**'를 원형으로 넣어 '**강조**'하여 마무리합니다.

파워포인트로 이벤트 페이지 만들기

디자인을 안 할 수 도 없고 디자인을 하기엔 너무 비싸거나 어려운 것이 이벤트 페이지 디자인입니다.
이벤트 페이지도 파워포인트로 쉽고 편하게 제작해보세요.

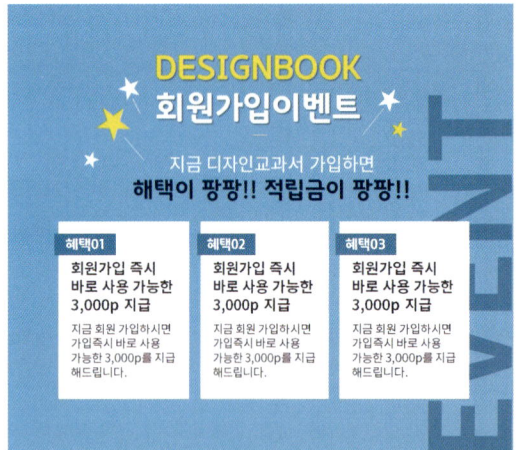

SECTION 1. 회원가입 이벤트 만들기

1. 새로운 슬라이드

❶ '이벤트 상세페이지'를 만들어 봅니다. 슬라이드 크기를 '너비 약 26cm/높이 23cm', '가로형으로 지정'합니다.

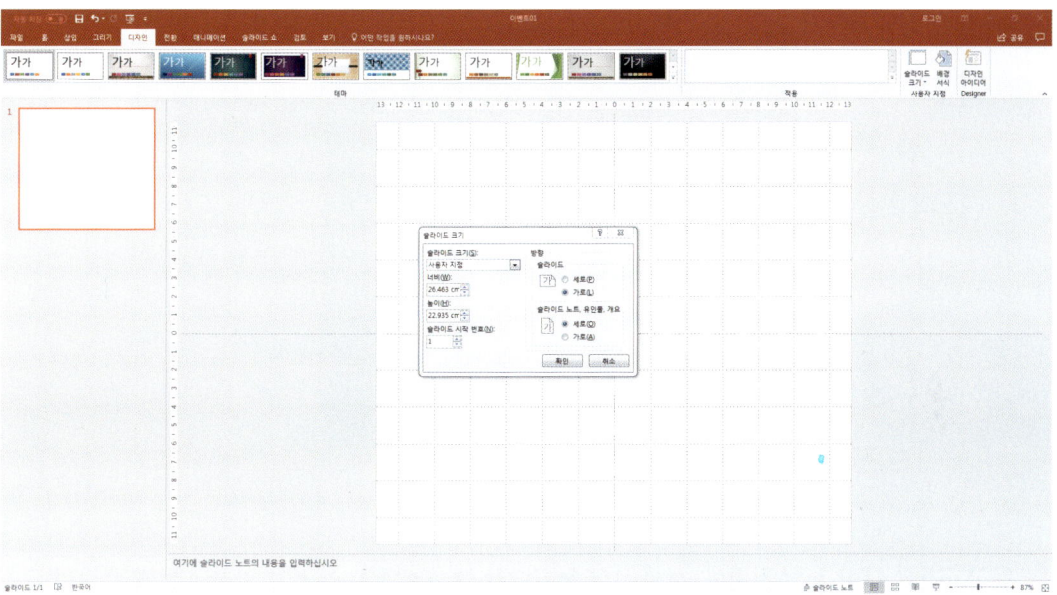

2. 디자인적으로 글씨 배치하기

❶ 우측에 '세로'텍스트를 '글꼴 Noto Sans Bold 166pt 사용자 지정 색상 R66/G134/B164'로 넣어줍니다.

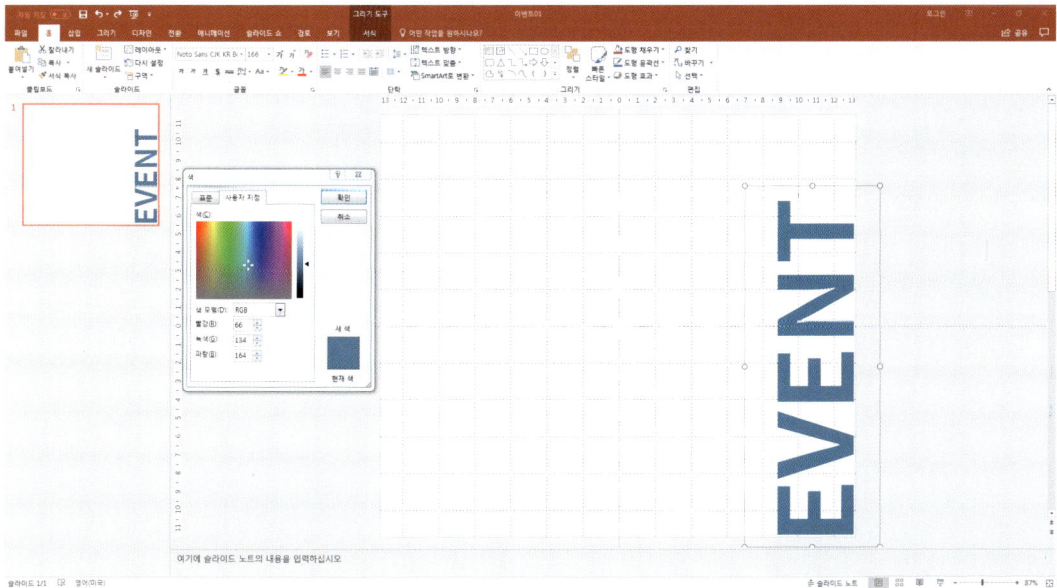

3. 타이틀 넣기

❶ 우측 서체 색보다 밝은 'R105/G178/B207'로 배경 색상을 지정합니다. '중앙 상단'에 메인 문구를 넣습니다.

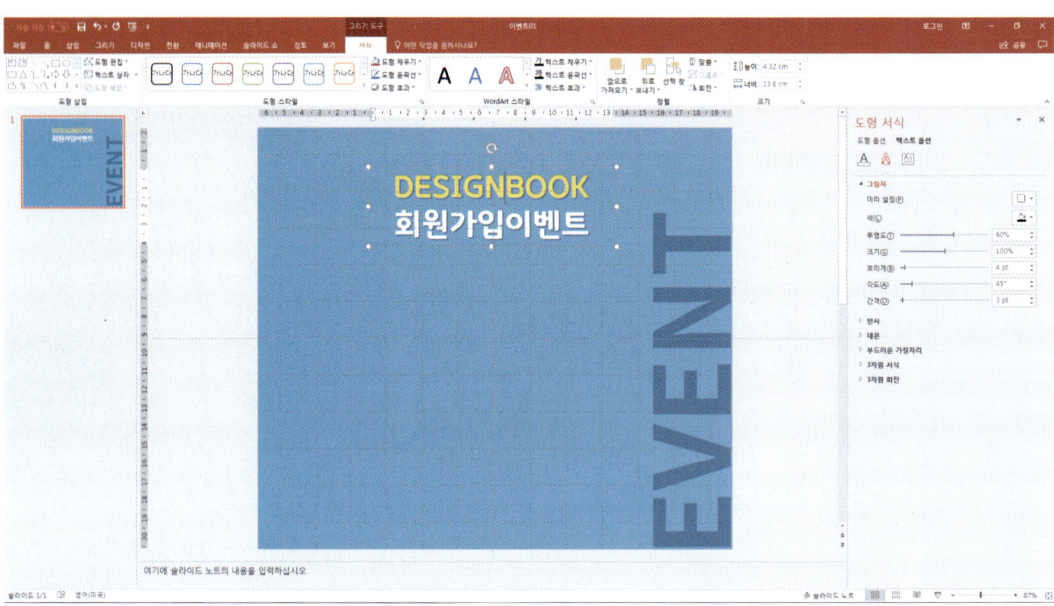

❷ '글꼴 고도B 47pt/노랑,화이트, 서체 서식 ▶그림자 색'을 지정해줍니다. '가운데 맞춤'으로 정렬합니다.

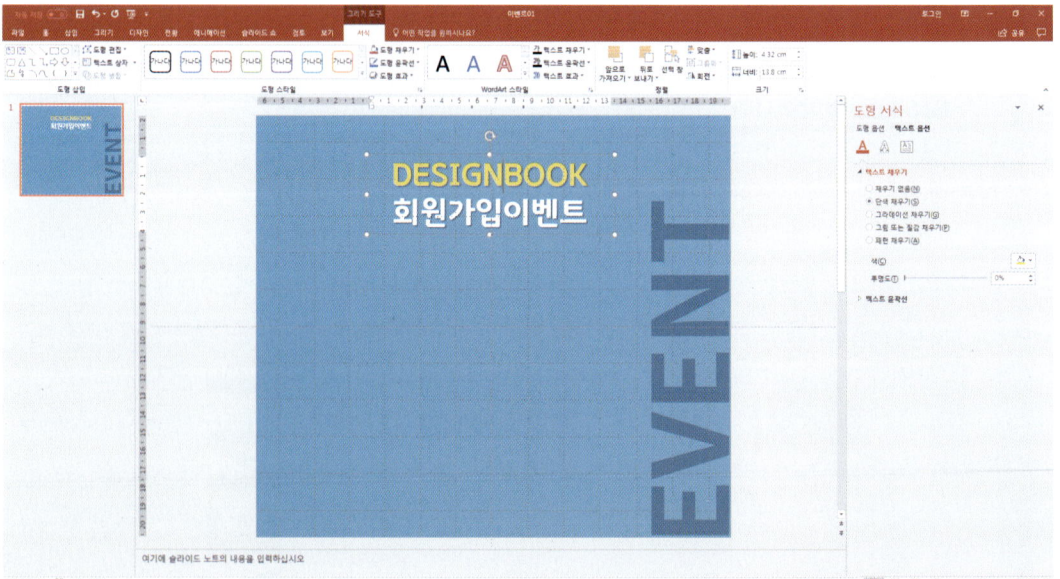

3-1. 타이틀 꾸며주기

❶ 메인 문구 텍스트 양 옆으로 '**도형 라인**' 및 '**5포인트 별 모양**'으로 디자인요소를 줍니다.

3-2. 서브 타이틀 넣기

❶ 메인 문구 아래 '**글꼴 Noto Sans Regular 27pt/고도 B 33pt**'로 보조 설명을 써줍니다.

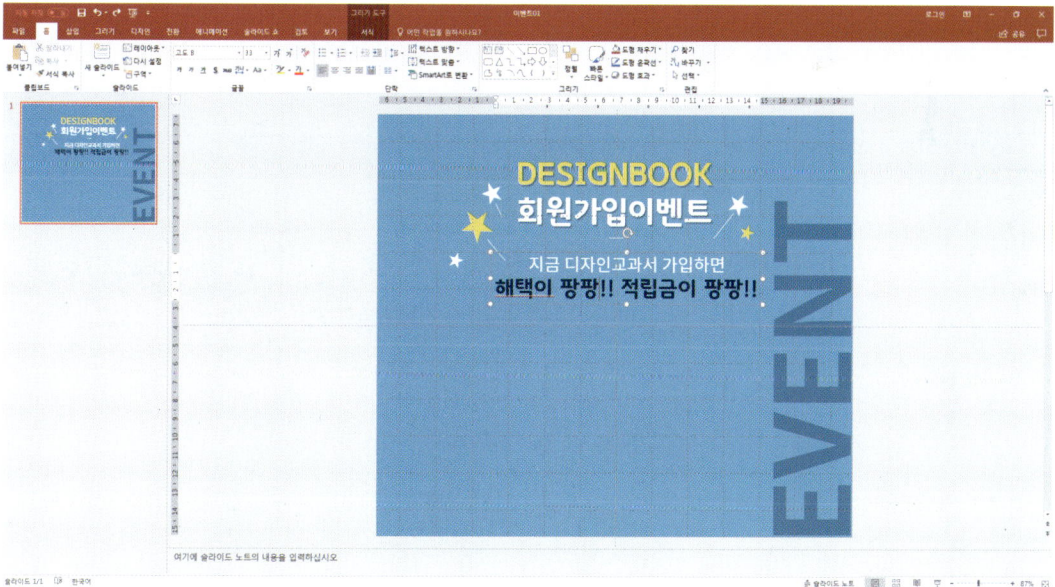

4. 이벤트 상세 내용 넣기

❶ 하단에는 혜택 설명을 넣을 '**화이트 상자 9/7cm**'를 만듭니다. 좌측 위 작은 컬러 텍스트 상자에 '**글꼴 고도B 20pt**'로 '**혜택01**'을 넣습니다.

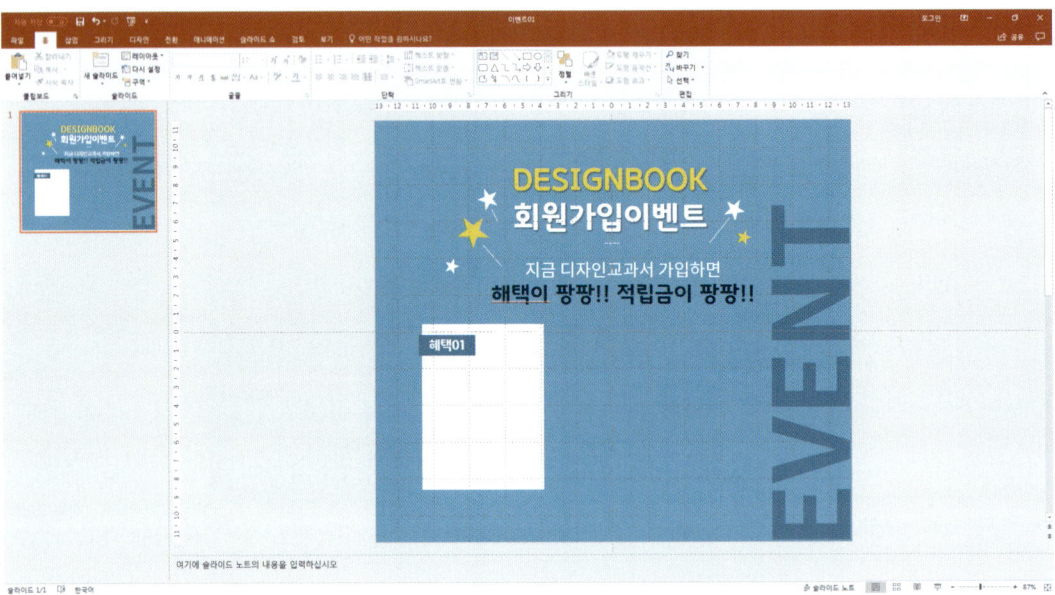

❷ 그 위에 텍스트 상자를 추가하여 '**글꼴 Noto Sans Bold 22pt Regular 17pt**'로 상세내용을 넣습니다.

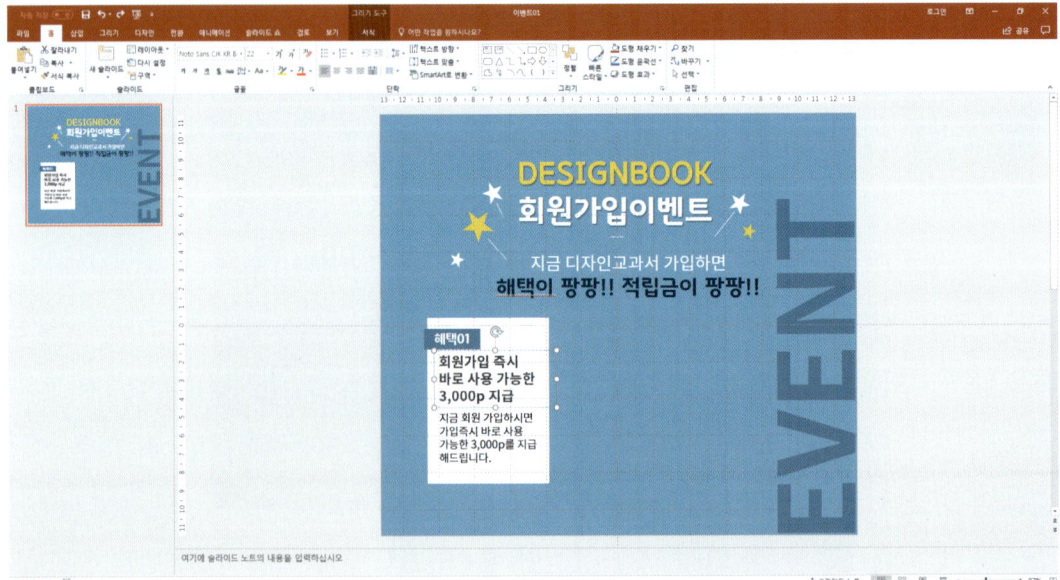

❸ 이와 같은 디자인으로 혜택 2,3번을 넣어 정리합니다. '**회원가입 이벤트 페이지**'가 완성되었습니다.

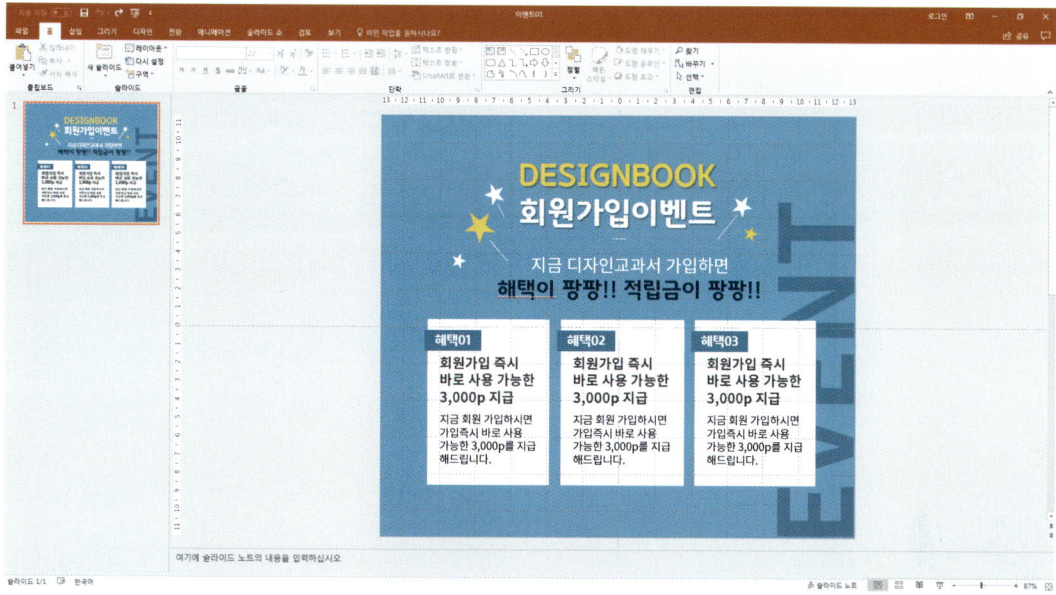

SECTION 2. 구매 후기 이벤트 만들기

1. 새로운 슬라이드

❶ '이벤트 상세페이지'를 만들어 봅니다. 슬라이드 크기를 '**너비 약 26cm/높이 23cm**', '**가로형으로 지정**'합니다.

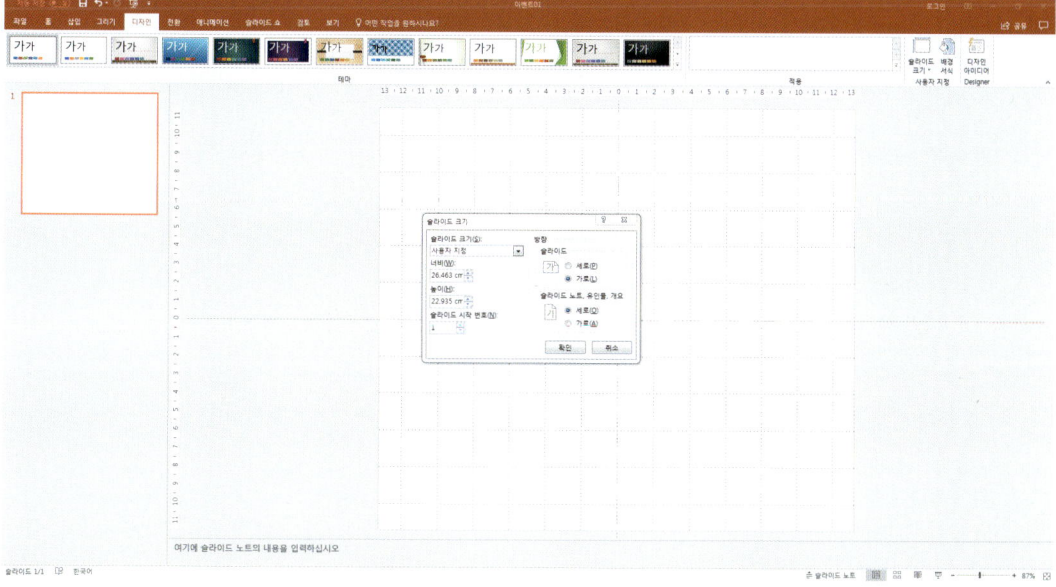

2. 타이틀 넣기

❶ 배경으로 쓰일 도형 색상을 '**사용자 지정으로 R249/G155/B175 핑크색상**'으로 적용하고, '**글꼴 롯데마트 행복Bold 36pt/노랑**'으로 글을 넣어줍니다.

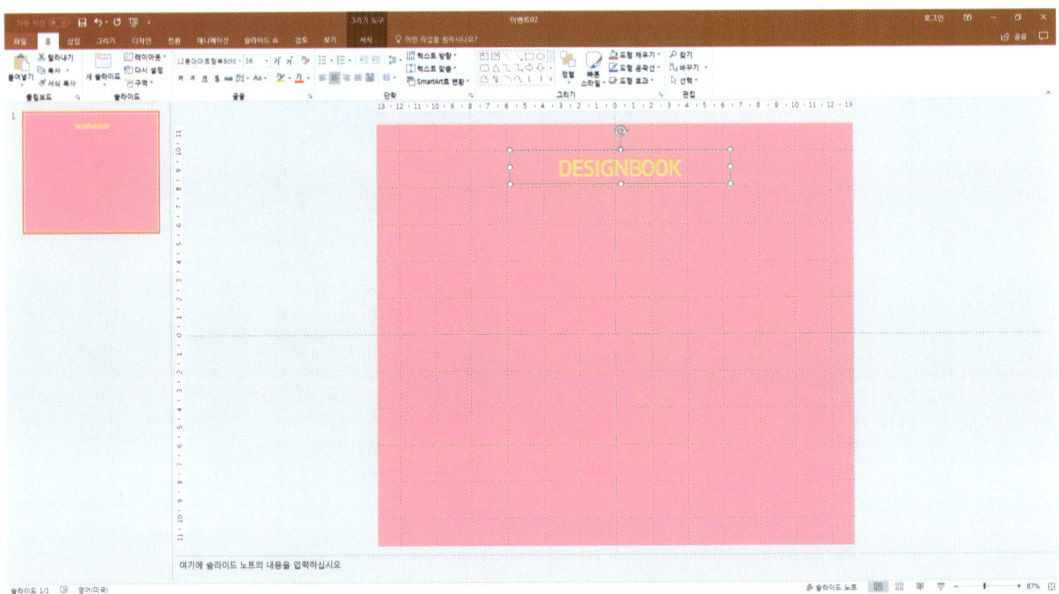

❷ 양 옆에는 '**진한 핑크색 R216/G75/B106**'의 사선으로 포인트를 줍니다.

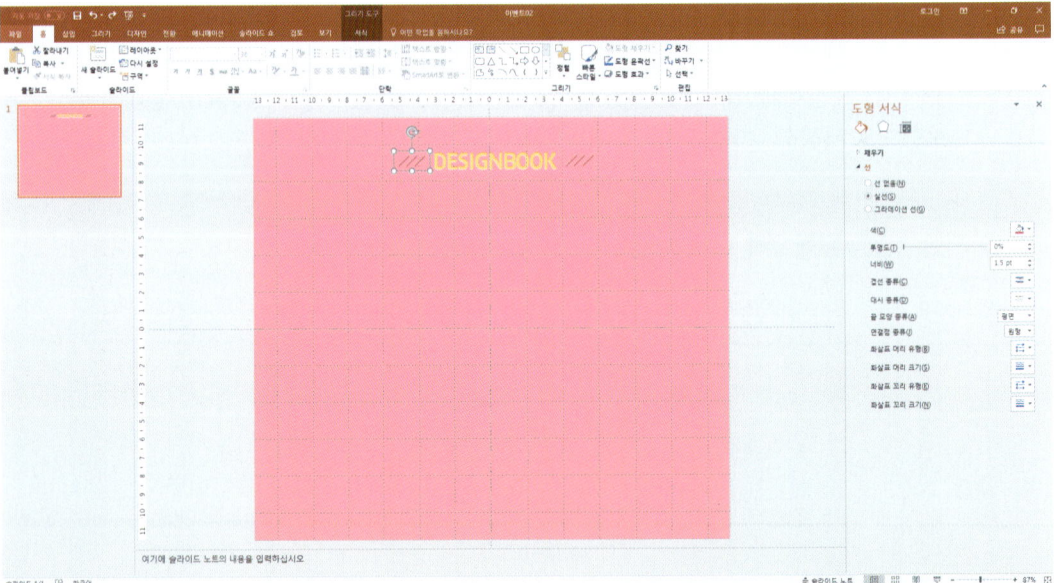

❸ 주제문구를 화이트 테두리가 있는 텍스트 상자에 '**글꼴 롯데마트 Bold 64pt**'로 넣고, '**텍스트 그림자 ▶ 색상(진한핑크)**'을 지정하여 줍니다. '**하트**' 도형도 텍스트 사이에 넣습니다.

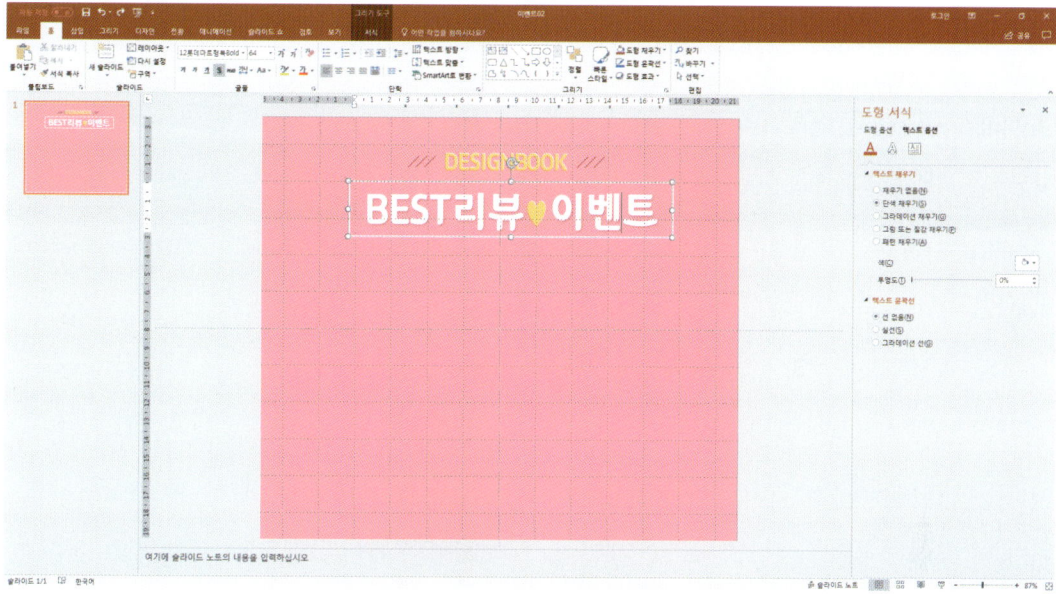

3. 서브카피 넣기

❶ '**글꼴 Noto Sans Kr Light 27pt/Bold**'로 설명 문구를 추가합니다. '**가운데 정렬**'해줍니다.

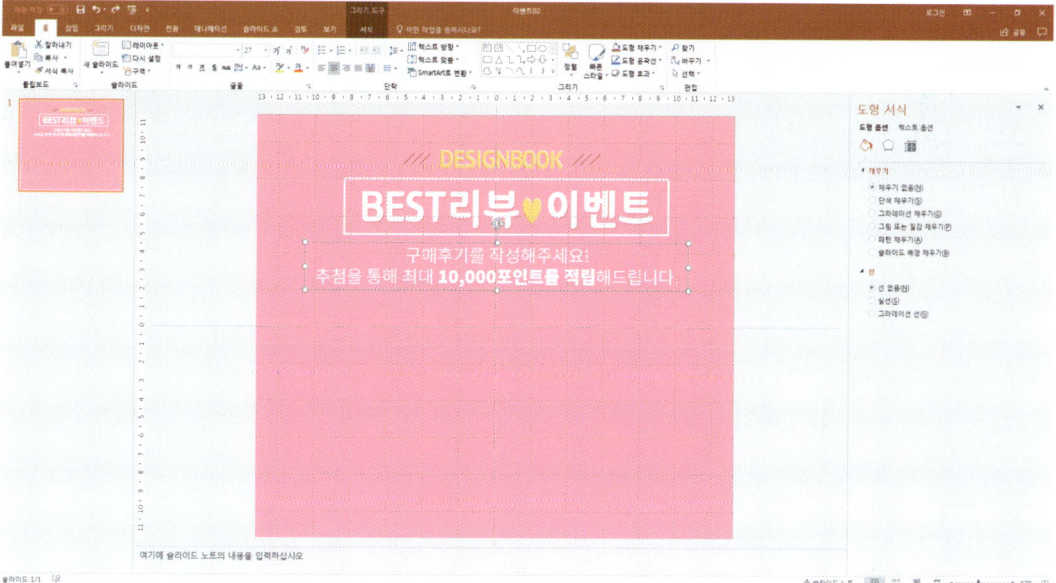

4. 서브 타이틀 꾸미기

❶ 하단에는 '**다이아몬드**' 형태를 활용하여 디자인요소를 넣어줍니다.

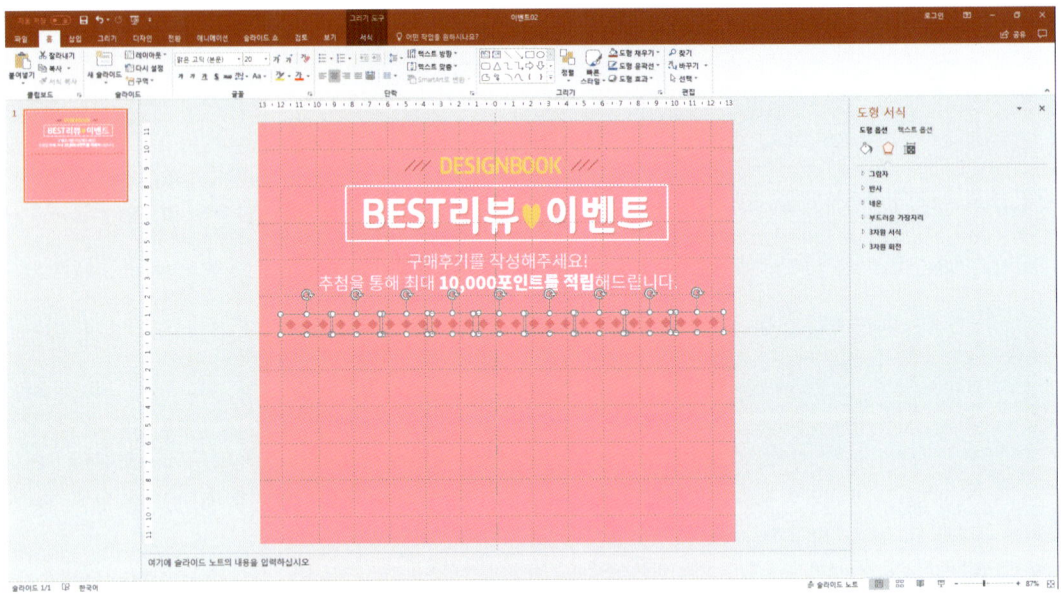

5. 이벤트 상세 내용 넣기

❶ 원형과 사각형 도형을 사용하여 '**메달**' 형태를 만들어줍니다.
❷ 메달 가운데에 '**글꼴 롯데마트행복 Bold 28pt**'로 상품명을 넣습니다.

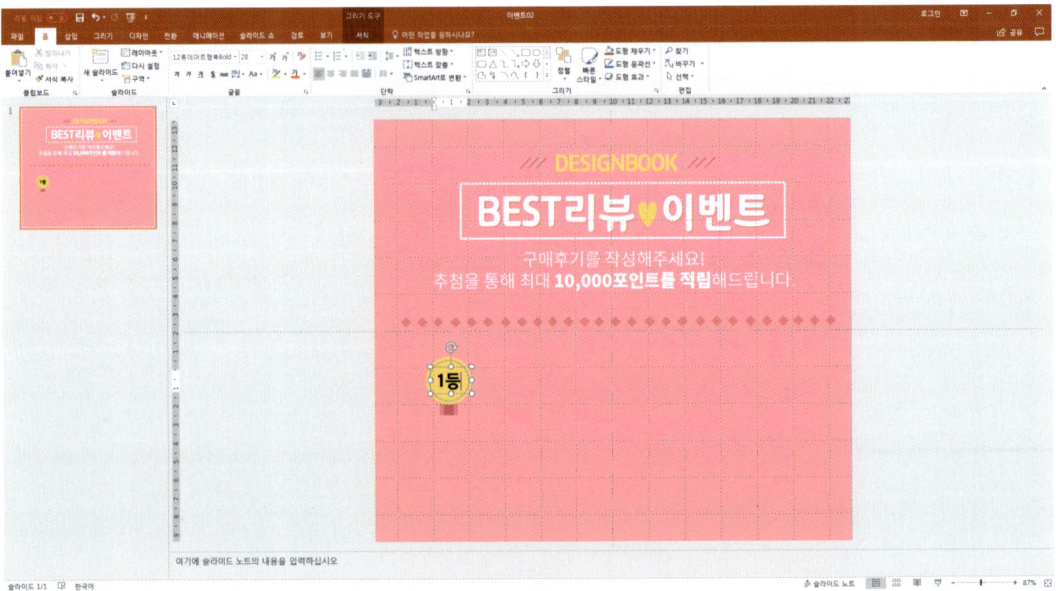

❸ 메달 형태 오른쪽에 '**이벤트 상세 내용**'을 넣습니다. '**글꼴 Noto Sans Medium 22pt**'로 '**가운데 정렬**'합니다.

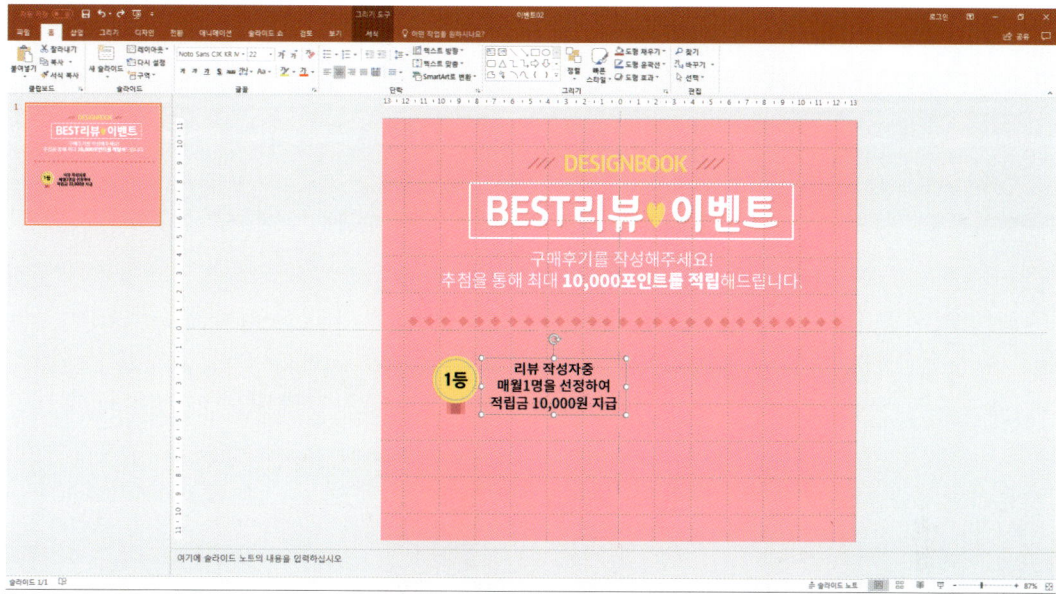

❹ 우측에도 이와 같은 디자인으로 '**이벤트 설명**'을 넣습니다.

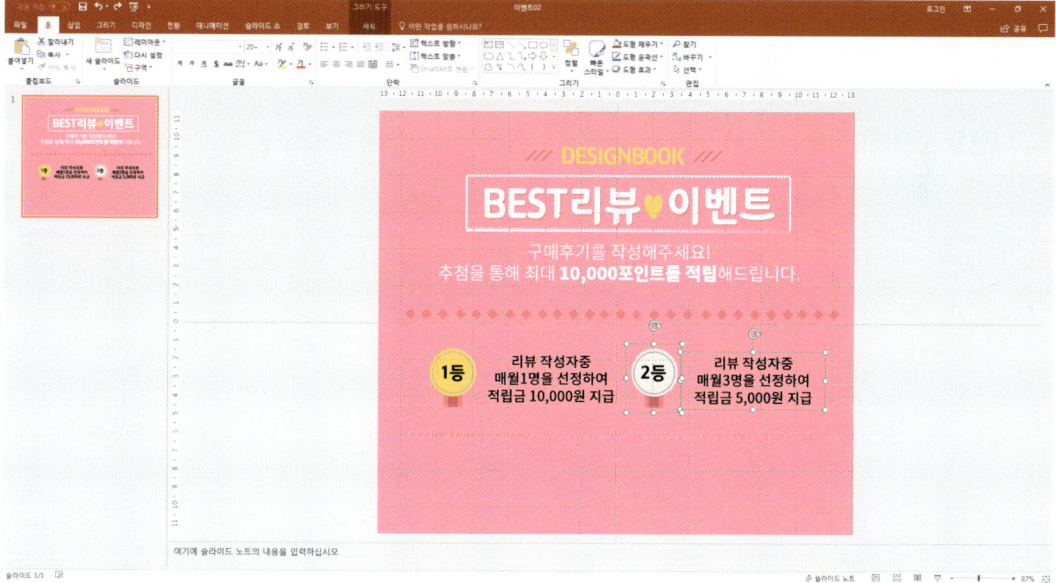

❺ 하단에는 화이트 텍스트 박스 안에 '**글꼴 Noto sans kr Bold/Light 19pt**'로 이벤트 상세 내용을 써줍니다. '**가운데 정렬**'하여 정리합니다.

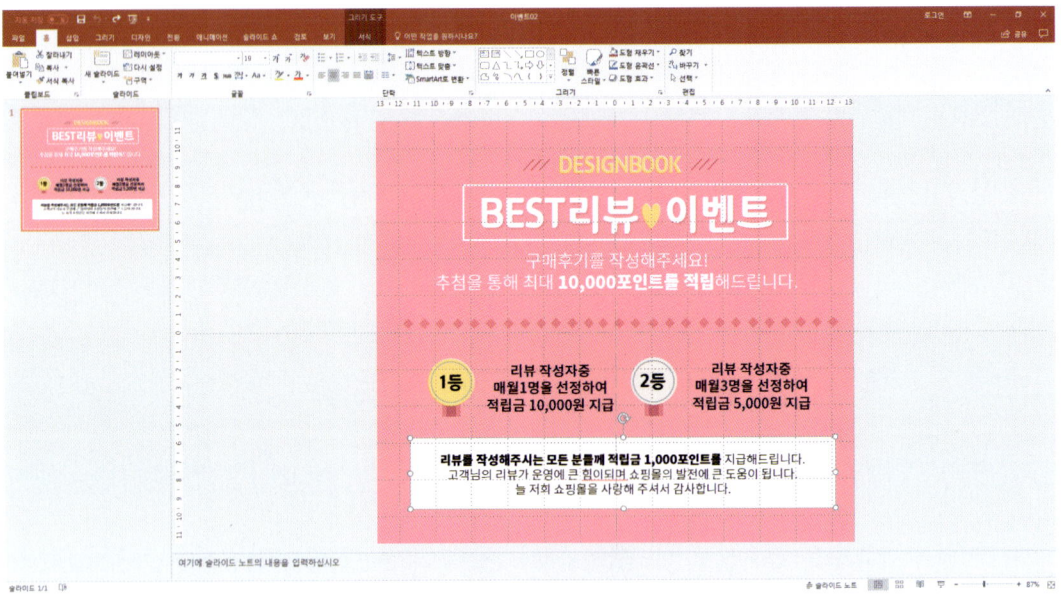

SECTION 3. 카카오톡 이벤트 만들기

1. 새로운 슬라이드

❶ '이벤트 상세페이지'를 만들어 봅니다. 슬라이드 크기를 '**너비 약 26cm/높이 23cm**', '**가로형으로 지정**'합니다.

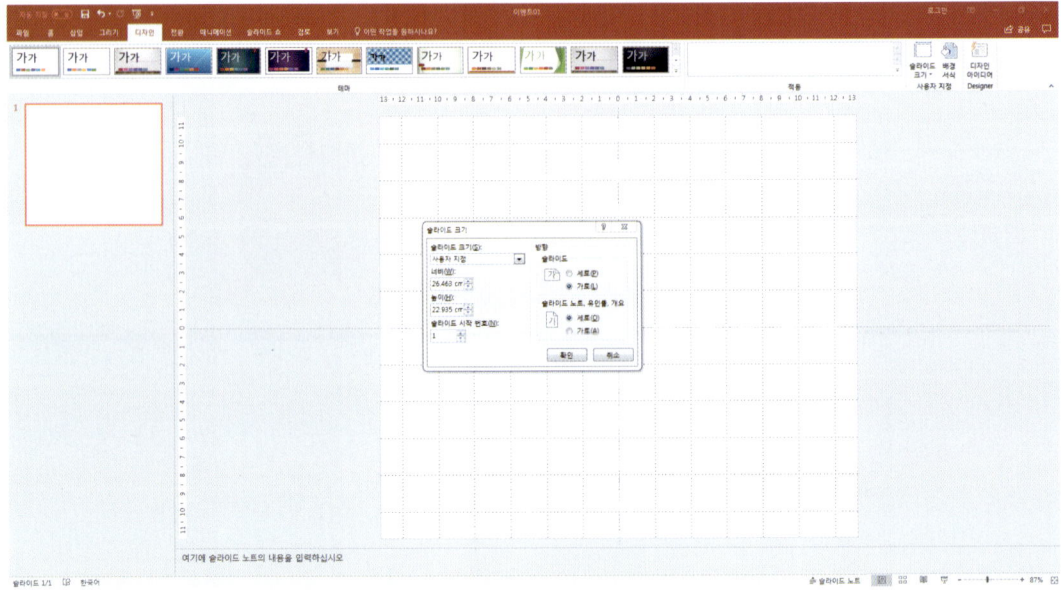

2. 배경 만들기

❶ '노랑 R255/G220/B27'으로 배경 색상을 지정합니다.

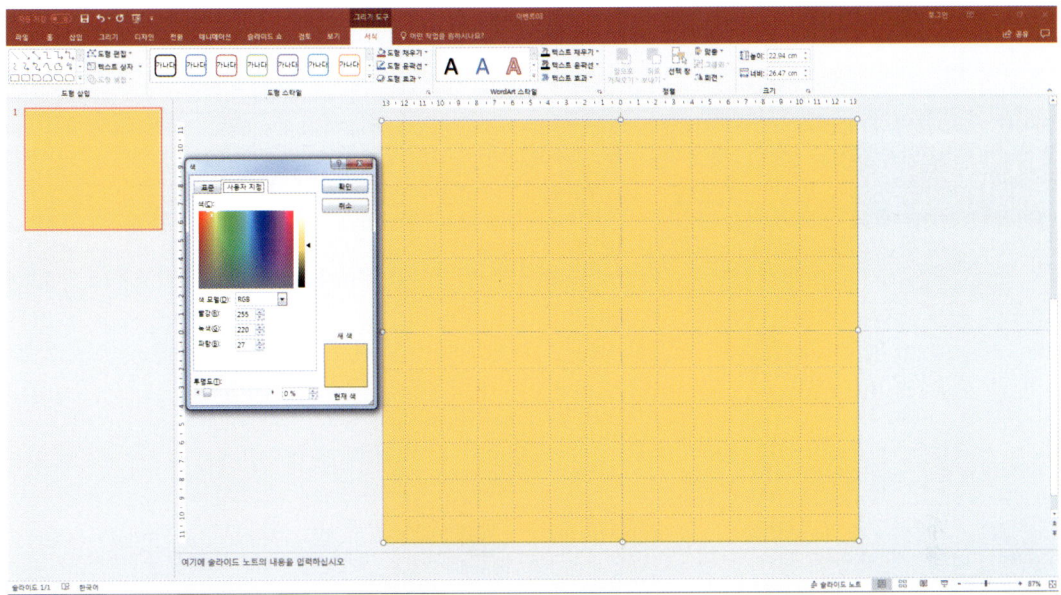

❷ 배경 위에 '**톤 다운된 노랑 색상**'으로 '**사선/삼각형**'을 활용하여 디자인 요소를 줍니다.

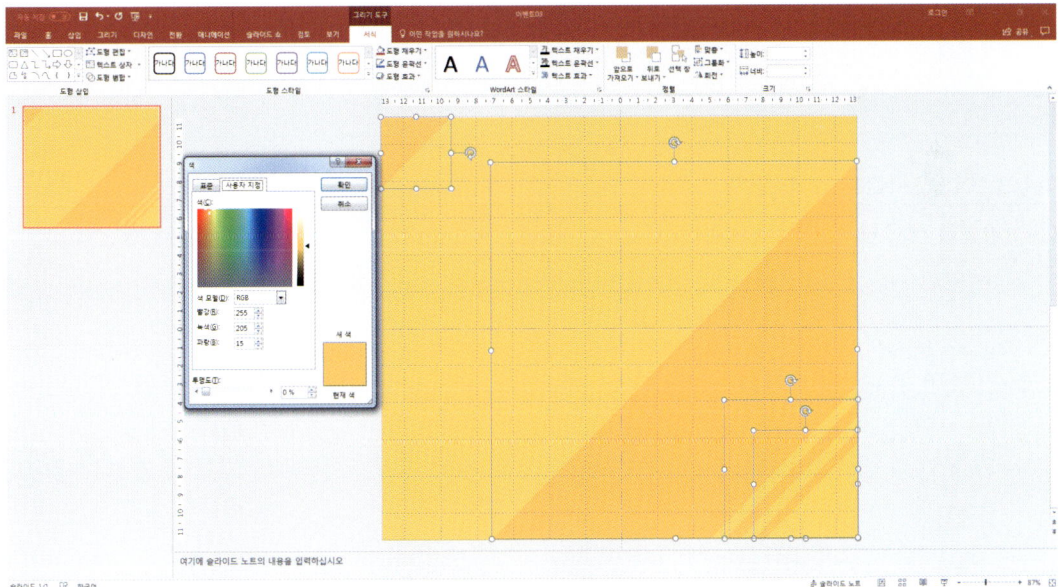

3. 타이틀 꾸미기

❶ 메인 문구를 넣을 '**너비 5.4cm/높이 16.2cm 화이트**' 테두리 박스를 만듭니다.

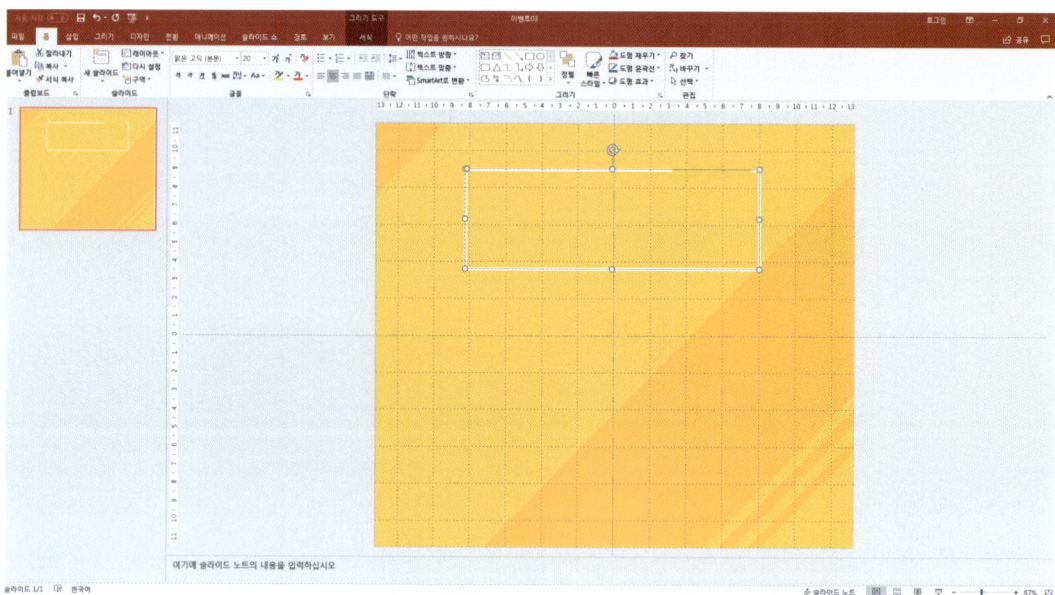

❷ 테두리 박스 우측 위에 포인트 이미지를 삽입하고, 그 뒤에 '**노랑 컬러 박스**'를 넣어 정리합니다.

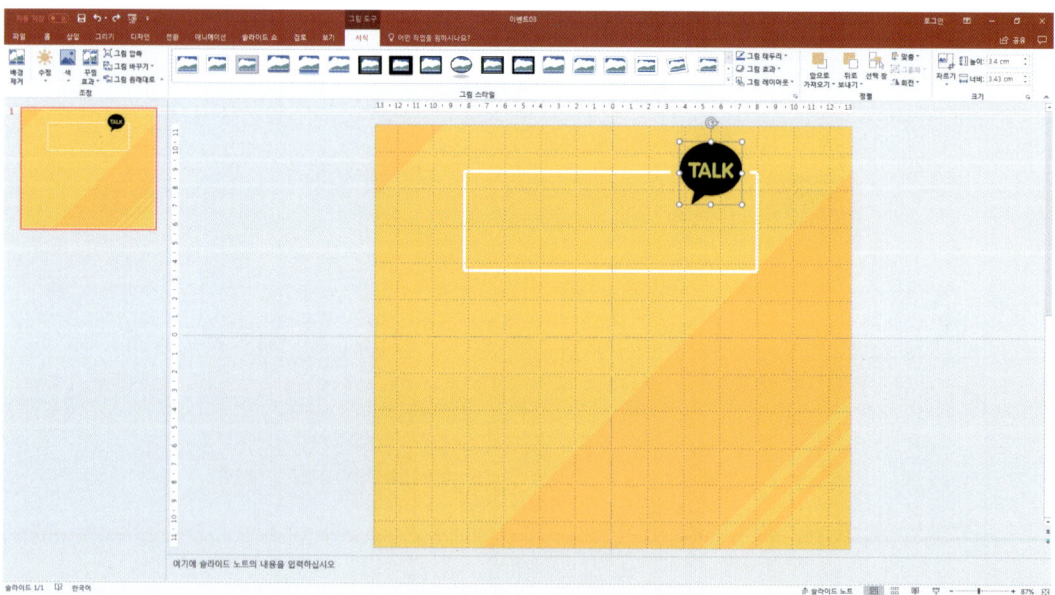

3-1. 타이틀 넣기

❶ '글꼴 고도B 58pt 다크 브라운 색 R56/G30/B31'으로 이벤트 명을 넣습니다.

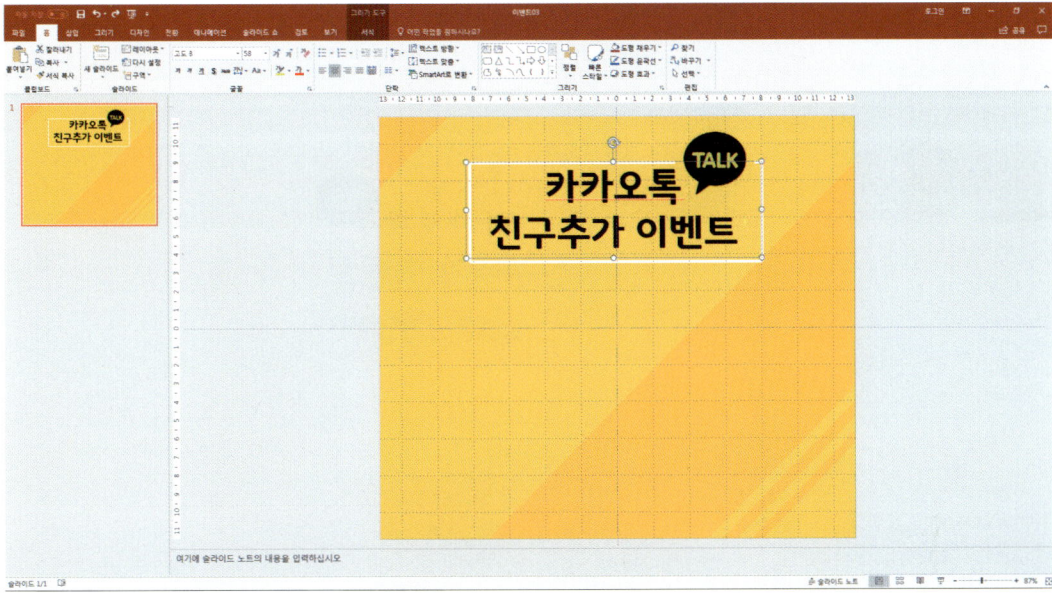

3-2. 서브 타이틀 넣기

❶ 하단 설명은 '글꼴 Noto sans Medium/Black 20pt'로 '가운데 정렬'합니다.

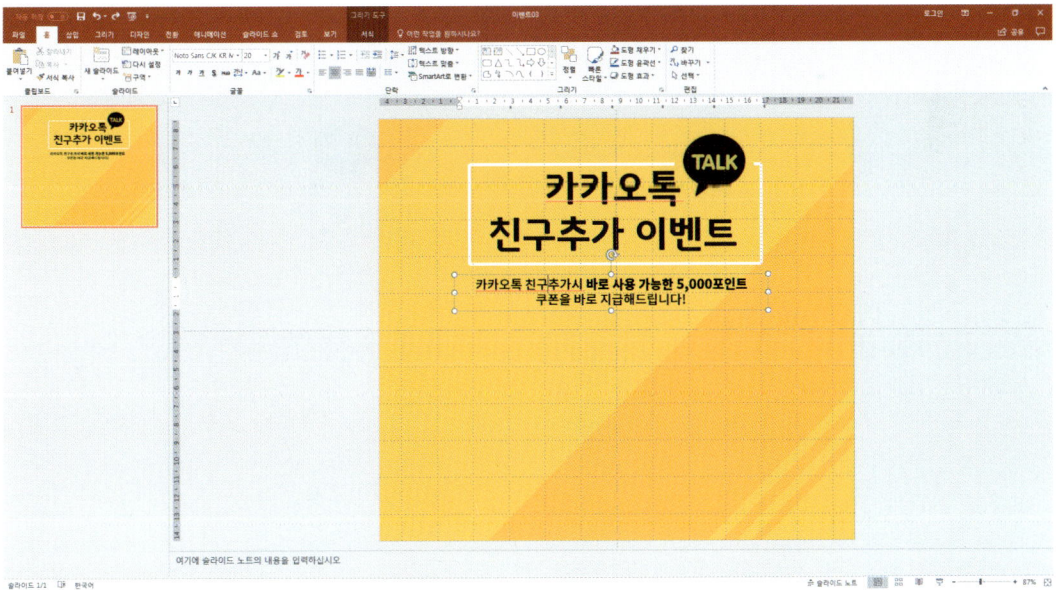

4. 쿠폰 이미지 만들기

❶ 이벤트 설명 아래에는 '**티켓 형태**'의 도형을 만들어 줍니다. 사각 화이트 박스를 만들고, 양 옆에는 작은 반원을 넣어 마무리합니다.

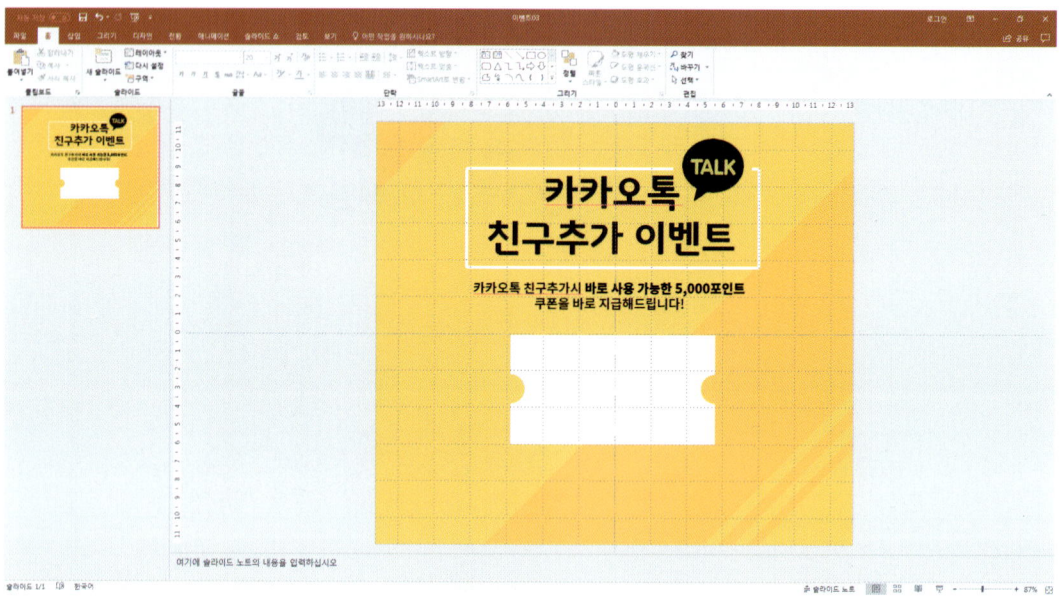

❷ '글꼴 Noto Sans Black 20pt/진한 노랑'으로 이벤트 명을 넣습니다.

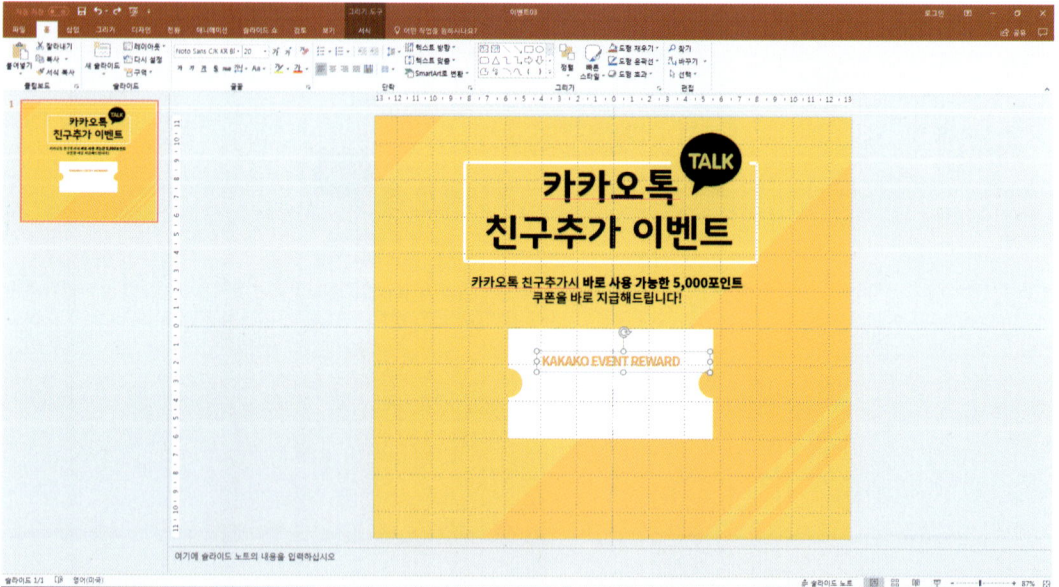

❸ '글꼴 Noto Sans Black 60pt/브라운'으로 이벤트 가격을 넣습니다.

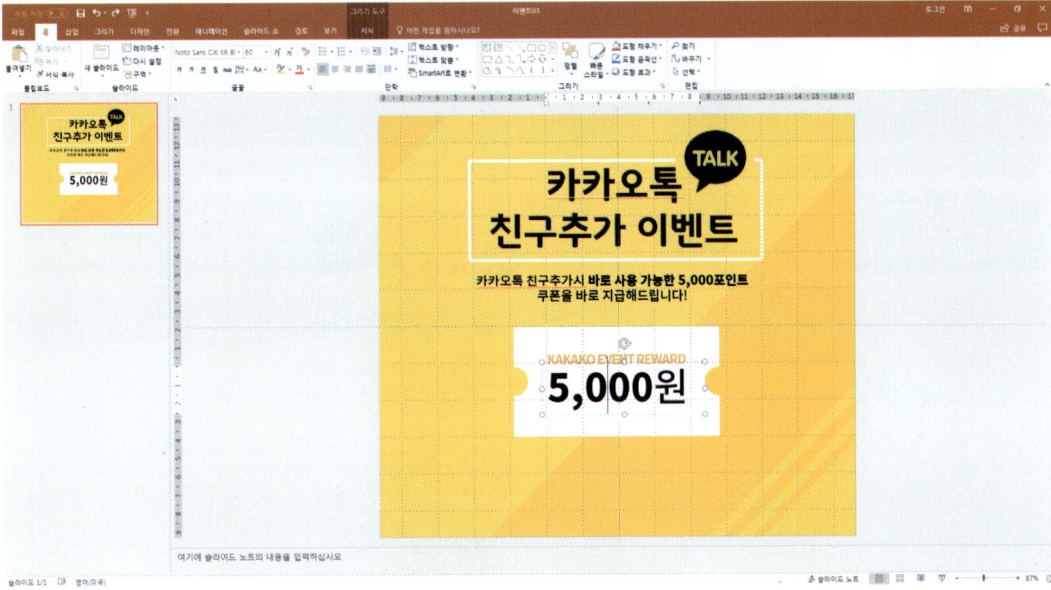

❹ 하단에 영문 텍스트를 활용하여 '**바코드 형태**'를 만듭니다.

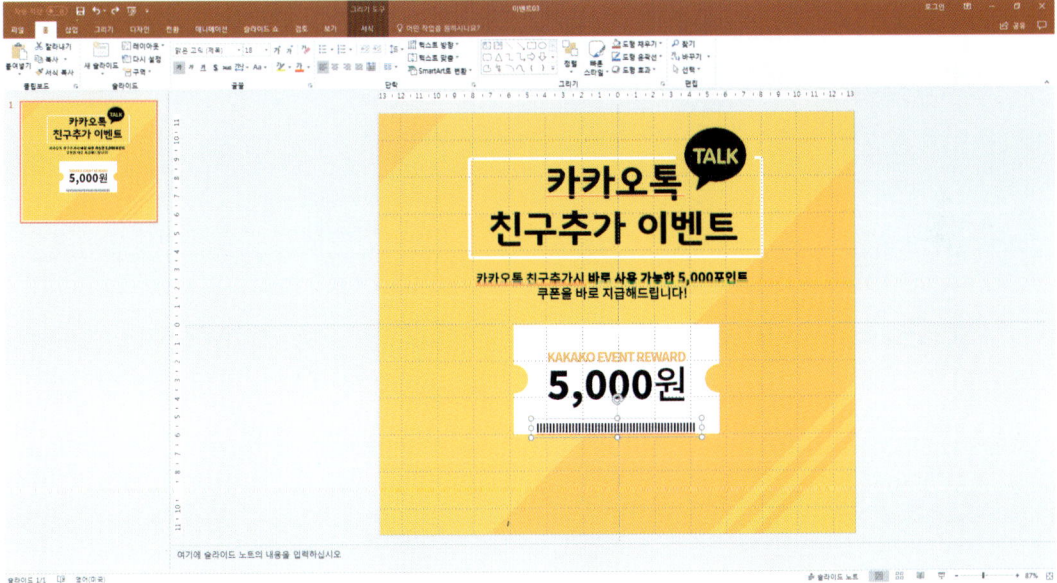

5. 아이디 넣기

❶ 하단에 '글꼴 롯데마트 드림Bold 23pt'로 추천인 설명을 넣습니다. 이벤트 페이지가 완성되었습니다.

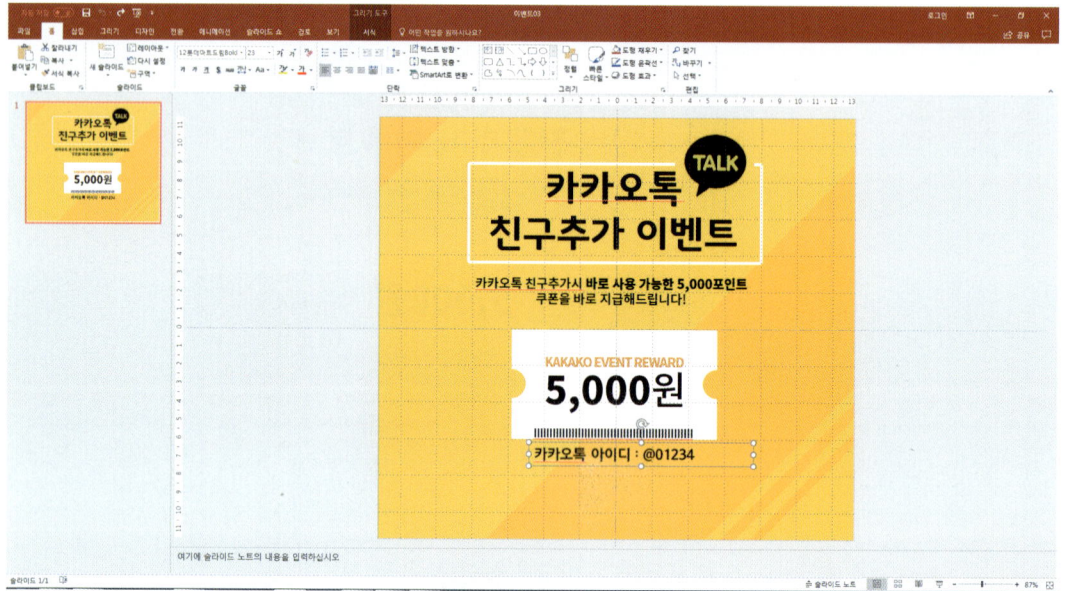

CHAPTER 03 파워포인트로 배너 만들기

배너를 파워포인트로 쉽고 편하게 제작하세요.

SECTION 1. 큰 크기 배너 만들기

1. 새로운 슬라이드

❶ 사이즈는 '**너비 약 21cm/높이 10cm**'로 '**가로형으로 지정**'합니다. 대형 사이즈 배너입니다.

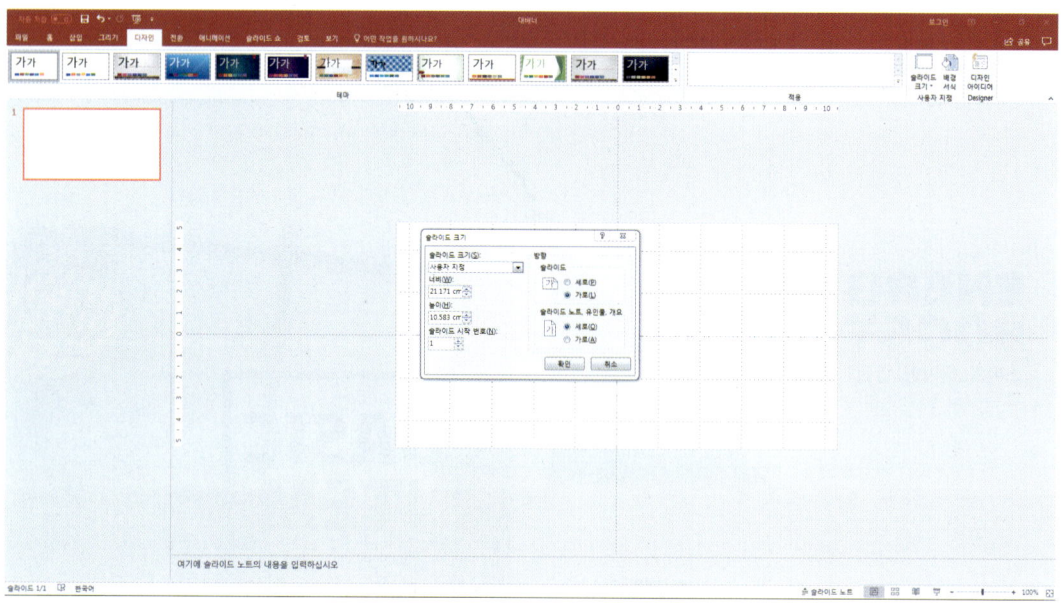

2. 타이틀 넣기

❶ 좌측 상단에 '**글꼴 Helvetica LT Black 56pt, 네이비 R13/G67/B148**'으로 상품명을 넣어줍니다.

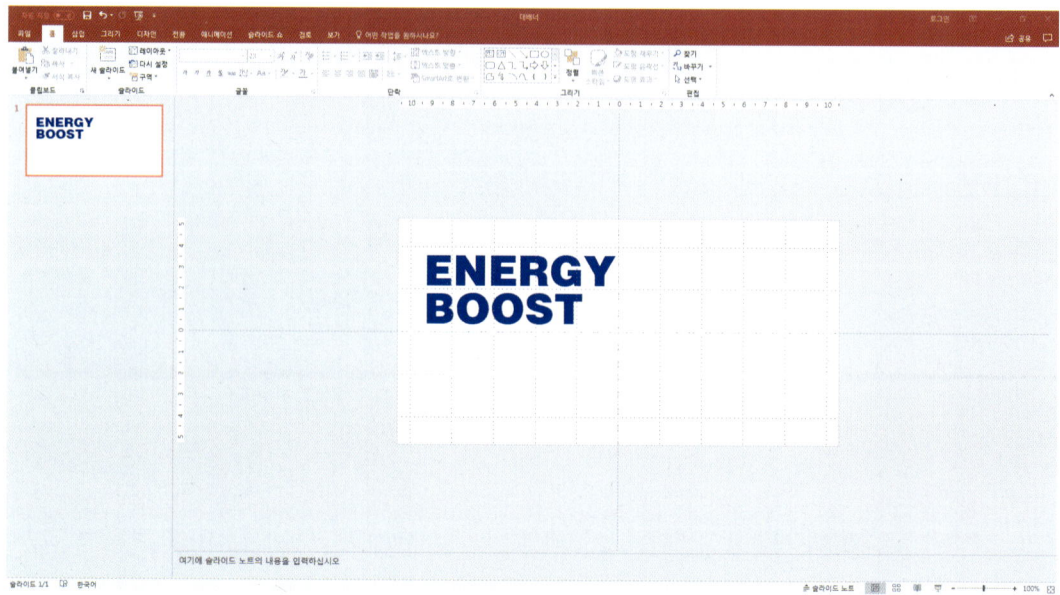

3. 서브카피 넣기

❶ 제품명 하단에는 '**글꼴 Noto Sans Bold/Light 23pt**'로 포인트 문구를 넣습니다.

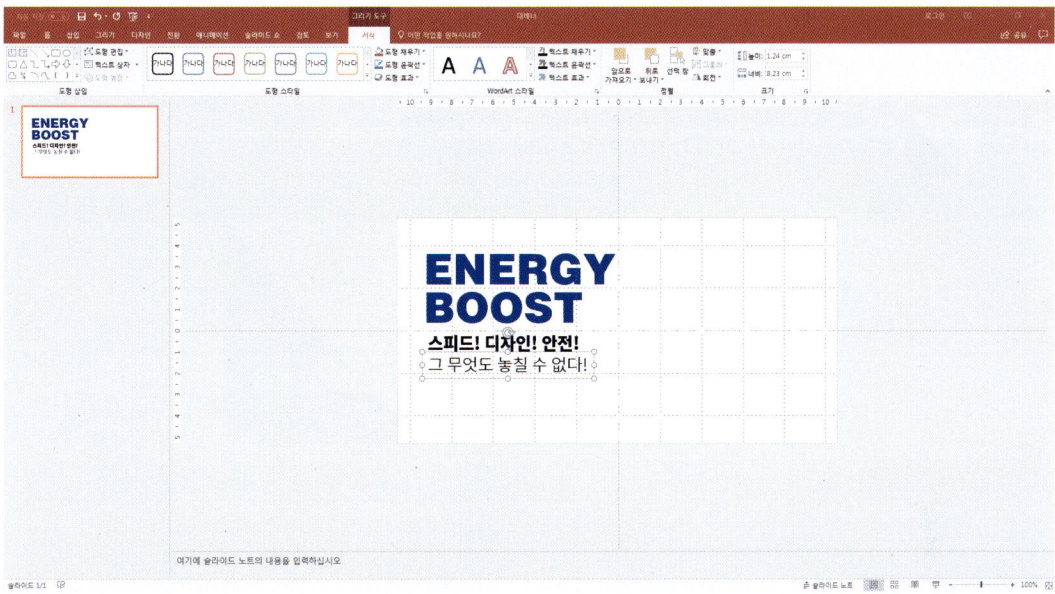

4. 버튼 넣기

❶ 좌측 하단에는 박스로 링크될 '**보기란**'을 만들어줍니다. 테두리 형 텍스트 박스에 '**가운데 정렬**'로 정리합니다.

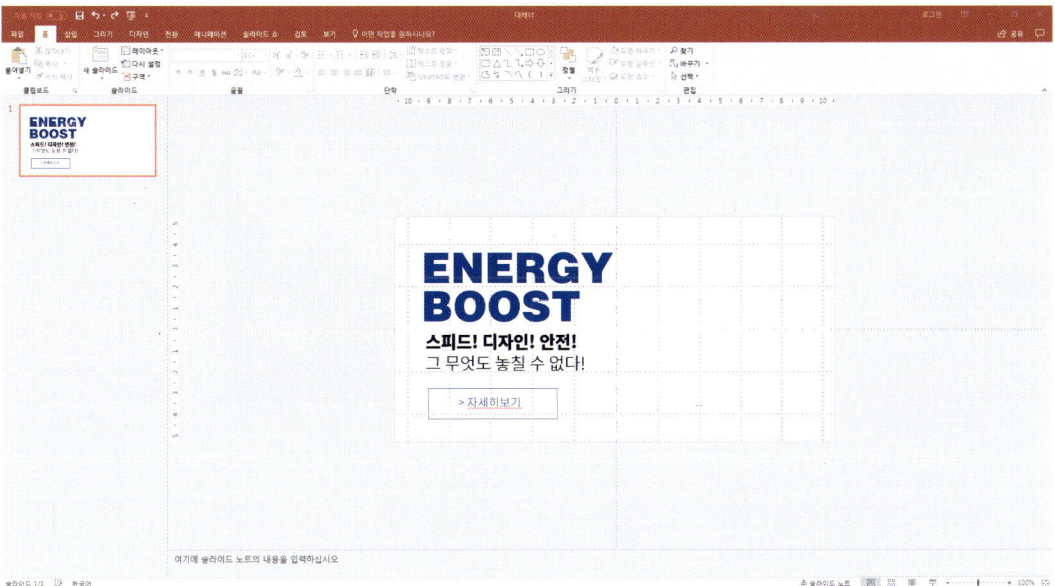

5. 배경 꾸미기

❶ 우측에는 자유형 도형으로 '**삼각형 형태**'의 '**네이비색**' 바탕 포인트를 넣어줍니다.

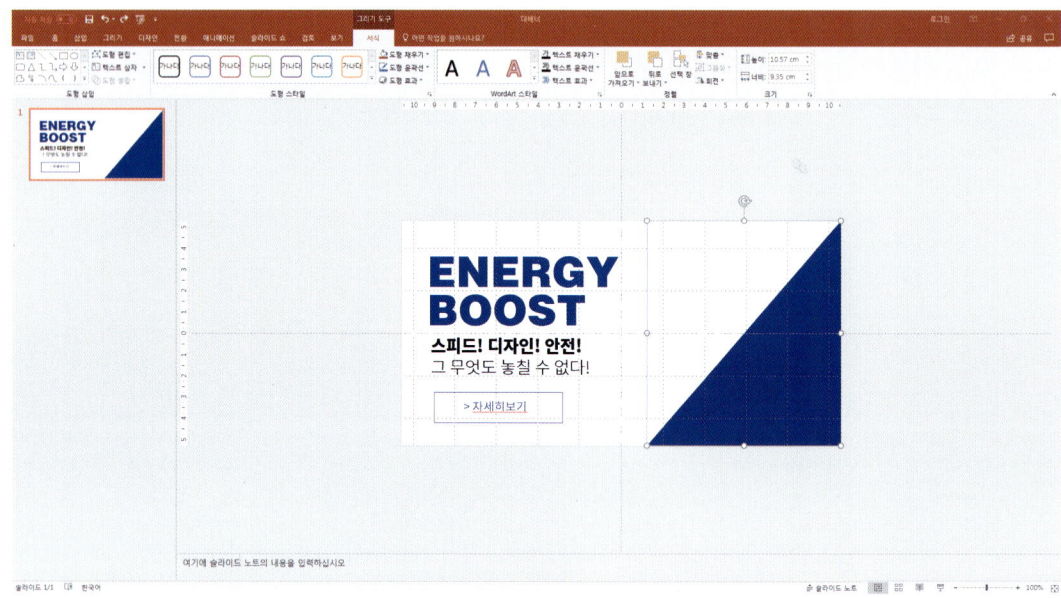

6. 상품 위치하기

❶ 도형 위에 배경이 제거된 '**메인 상품 이미지**'를 넣습니다.

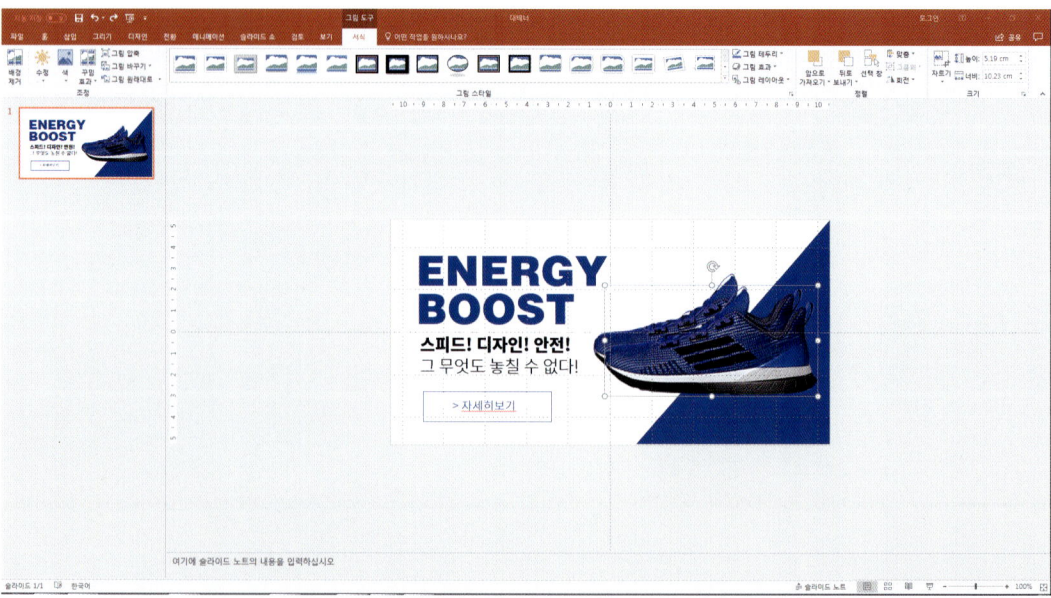

❷ 도형 옆에는 같은 각도의 '**사선**'을 넣어 정리합니다.

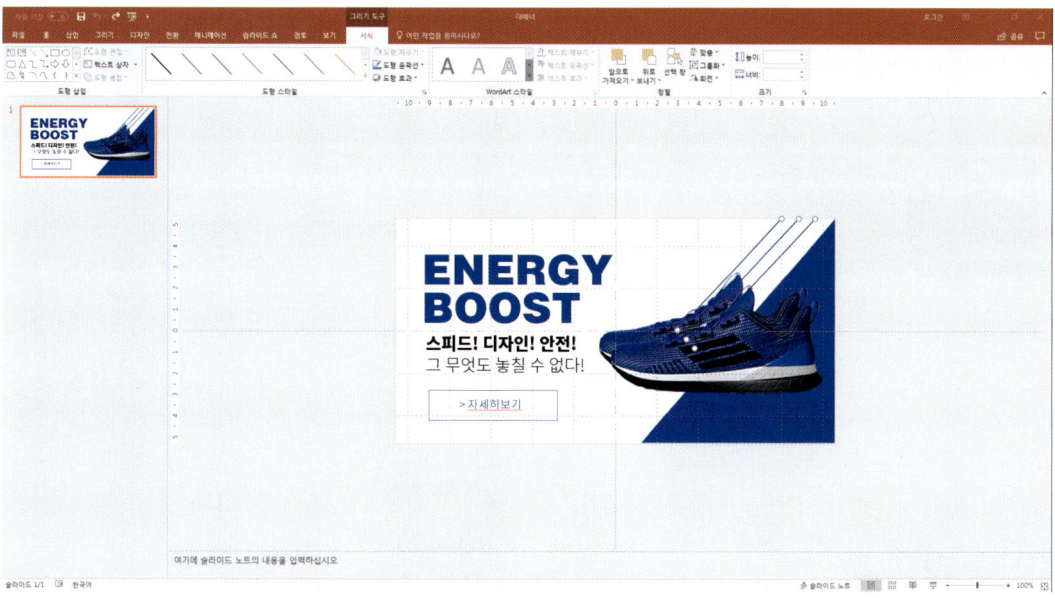

SECTION 2. 중간 크기 배너 만들기

1. 새로운 슬라이드

❶ 사용자 지정 크기로 '**너비 약 9cm/높이10cm**'로 '**세로형**' 배너 슬라이드를 생성합니다.

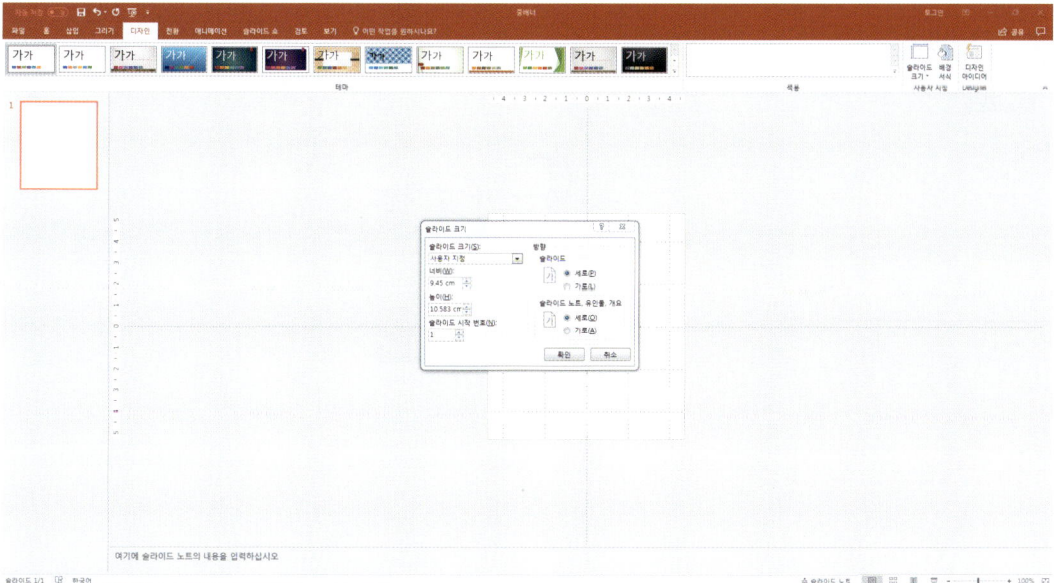

2. 연출 컷 넣기

❶ 메인 연출 컷 이미지를 배경으로 넣어줍니다.

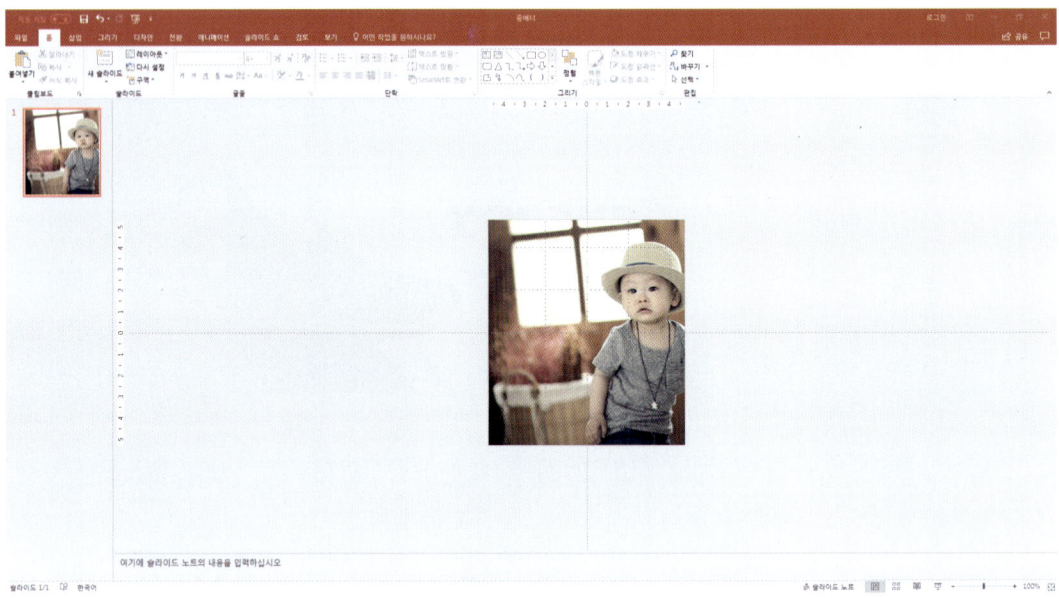

3. 카피 꾸며 넣기

❶ '모서리가 둥근' 블랙 사각프레임의 박스를 만들어줍니다.

❷ '글꼴 Noto Sans Bold 15pt'로 상품 설명을 넣어줍니다.

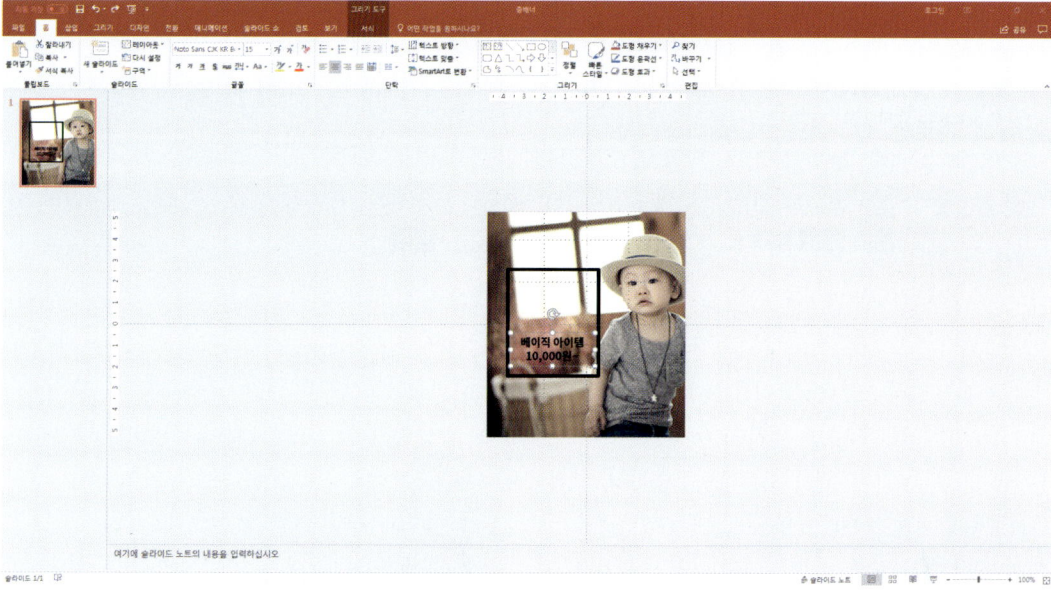

❸ '글꼴 Myriad Pro Black 39pt'로 메인 상품명을 넣습니다.

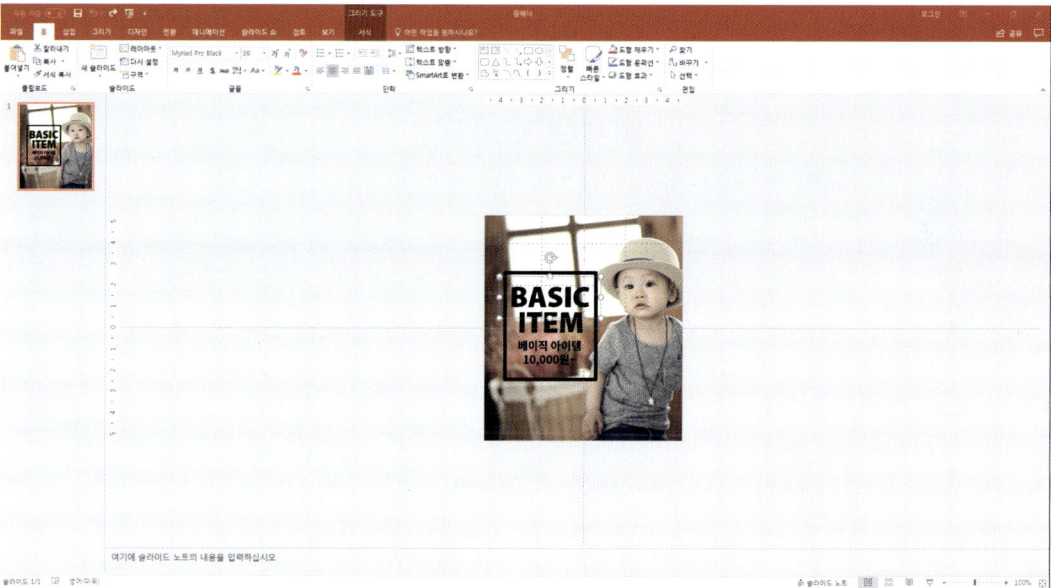

SECTION 3. 작은 크기 배너 만들기

1. 새로운 슬라이드

❶ '화장품 상세페이지'의 소형 배너를 만듭니다. 사용자 지정 크기로 '너비 약 9cm/높이 4cm'의 '가로형' 슬라이드를 만들어줍니다.

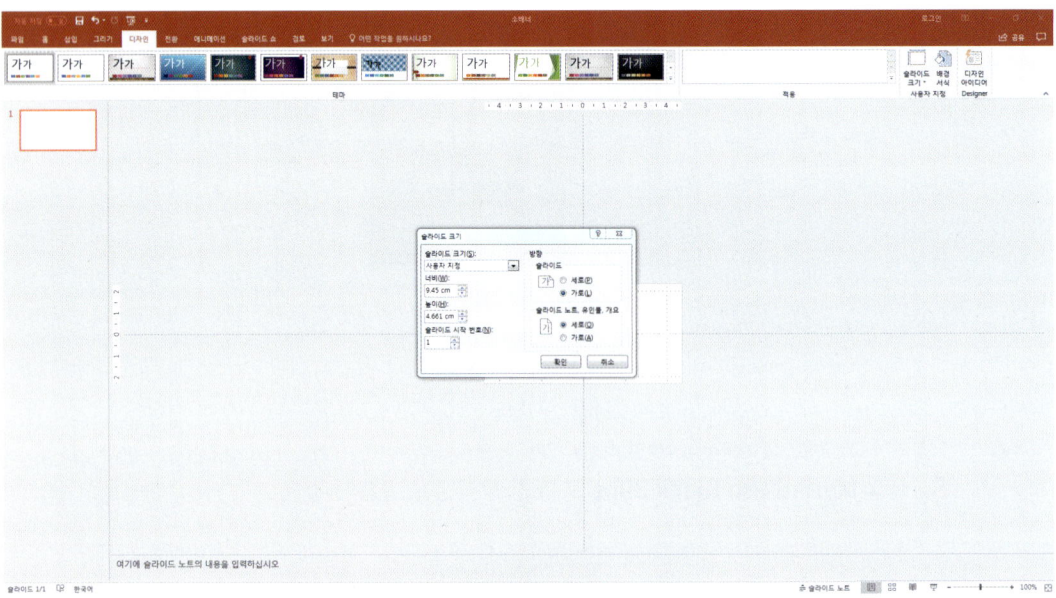

2. 배경색 넣기

❶ 배경 색상으로 '라이트 핑크 R255/G226/B238' 박스를 만듭니다.

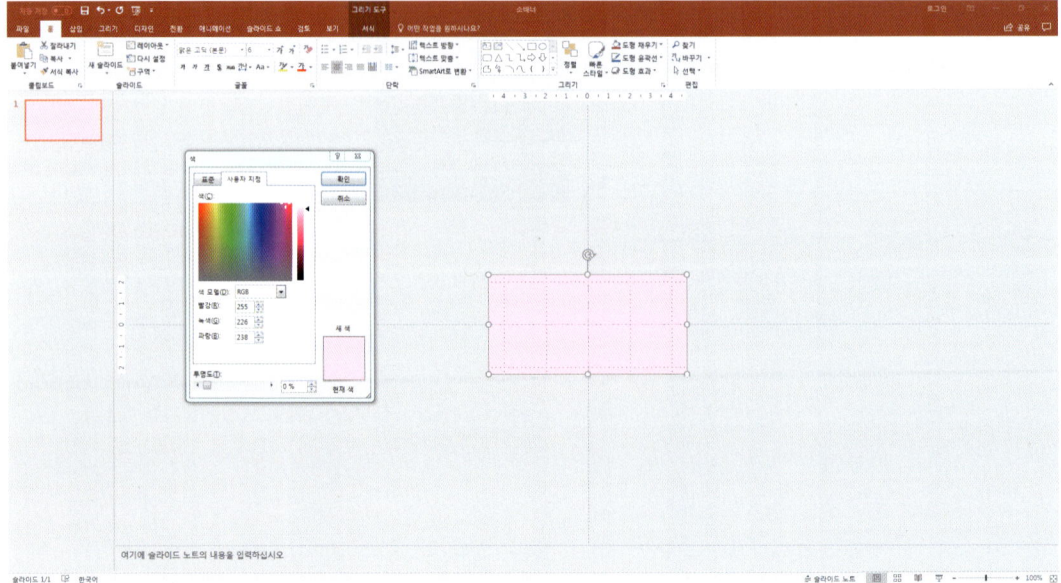

3. 카피 넣기

❶ 좌측에는 '글꼴 Noto Sans Regular 15pt/22pt'로 상품명 및 문구를 넣습니다. '**좌측 정렬**'로 정리합니다.

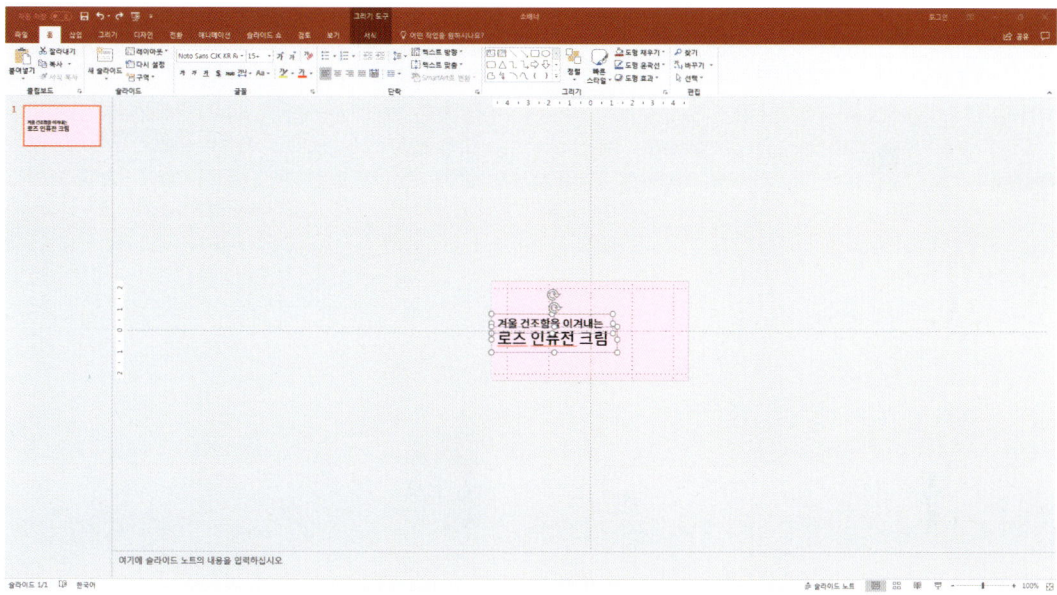

4. 이미지 넣기

❶ 우측에는 배경이 제거된 제형 누끼 위에 '**상품 누끼 이미지**'를 넣어 마무리합니다.

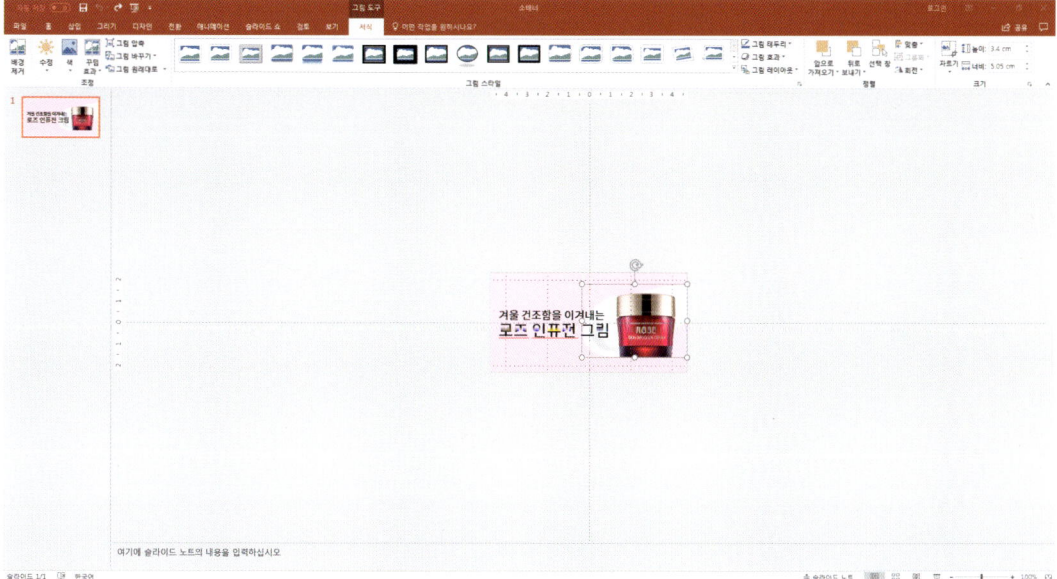

맺음말

디자인도 중요하지만 판매에 대한 열정이 가장 중요합니다.

의외로 많은 온라인판매를 원하는 업체들 중, 난해하게 사업을 시작하려는 경우가 많이 있습니다.

상품에 대한 기획은 상품을 가장 잘 아는 본인이 하는 것이 가장 맞습니다.
물론 전문가의 도움을 요청할 수도 있지만 기본적인 상품에 대한 애착을 가지고 전문가에게 도움을 요청하지 손을 놓고 돈으로 해결하려는 마음으로는 사업을 긍정적으로 이끌어갈 수 없다고 생각합니다.

기획이 잘 나왔을 때 디자인도 좋은 디자인이 나옵니다. 잘못된 기획에선 절대로 좋은 디자인이 나올 수 없습니다. 결국 디자인이라는 것은 정보를 얼마나 효과적으로 보기 좋게 전달하느냐 인데 정보 자체에 문제가 있다면 좋은 디자인이 나올 수가 없습니다.

또한 마케팅도 기획, 디자인만큼 중요하다는 사실을 잊지 말아야합니다.
좋은 상품과 좋은 기획과 디자인이 있더라도 아무도 오지 않으면 팔릴 수가 없기 때문입니다.

[기획+디자인+마케팅+상품품질] 이 네 가지를 성공적으로 만들어 낸다면 상품은 안 팔릴 수가 없습니다.

잘 될 수 있다는 믿음과 열정을 갖고 도전해보셨으면 합니다. 적극적인 자세로 창업에 임한다면 꼭 좋은 결과가 있을 것이라고 생각합니다.

성공적인 온라인사업을 이뤄낼 수 있기를 기원합니다. 감사합니다.

```
┌─────────┐
│ 저자협의 │
│ 인지생략 │
└─────────┘
```

포토샵 없이도 인터넷 쇼핑몰에서 바로 통하는 파워포인트로 상세페이지 만들기

1판 1쇄 인쇄   2018년   7월   10일
1판 1쇄 발행   2018년   7월   15일

―

지 은 이 서수정
발 행 인 이미옥
발 행 처 디지털북스
정   가 18,000원
등 록 일 1999년 9월 3일
등록번호 220-90-18139
주   소 (03979) 서울 마포구 성미산로 23길 72 (연남동)
전화번호 (02)447-3157~8
팩스번호 (02)447-3159

―

ISBN 978-89-6088-231-7 (13000)
D-18-13
Copyright ⓒ 2018 Digital Books Publishing Co., Ltd

www.digitalbooks.co.kr

Book · Character · Goods · Advertisement · Graphic · Marketing · Brand   consulting

D·J·I
BOOKS
DESIGN
STUDIO

facebook.com/djidesign

D·J·I BOOKS
DESIGN STUDIO

굿즈
캐릭터
광고
브랜딩
출판편집

D·J·I BOOKS
DESIGN STUDIO
2018

J&JJ BOOKS
2014

I THINK BOOKS
2003

DIGITAL BOOKS
1999

facebook.com/djidesign